开放的创新生态：创新与全球链接

——2023 浦江创新论坛

Open Innovation Ecosystem:Innovation for Global Connectivity

Pujiang Innovation Forum 2023

中国科学技术发展战略研究院　编

科学技术文献出版社

·北京·

图书在版编目（CIP）数据

开放的创新生态：创新与全球链接：2023浦江创新论坛 = Open Innovation Ecosystem:Innovation for Global Connectivity—Pujiang Innovation Forum 2023 / 中国科学技术发展战略研究院编. -- 北京：科学技术文献出版社，2024.6. -- ISBN 978-7-5235-1543-3

Ⅰ.F121-53

中国国家版本馆 CIP 数据核字第 2024VN4515 号

开放的创新生态：创新与全球链接——2023浦江创新论坛

策划编辑：张　闫　　责任编辑：王　培　　责任校对：张永霞　　责任出版：张志平

出　版　者	科学技术文献出版社
地　　　址	北京市复兴路15号　　邮编　100038
出　版　部	（010）58882952，58882087（传真）
发　行　部	（010）58882868，58882870（传真）
官方网址	www.stdp.com.cn
发　行　者	科学技术文献出版社发行　全国各地新华书店经销
印　刷　者	北京厚诚则铭印刷科技有限公司
版　　　次	2024 年 6 月第 1 版　2024 年 6 月第 1 次印刷
开　　　本	787×1092　1/16
字　　　数	439千
印　　　张	21.75
书　　　号	ISBN 978-7-5235-1543-3
定　　　价	69.00元

版权所有　违法必究

购买本社图书，凡字迹不清、缺页、倒页、脱页者，本社发行部负责调换

《浦江创新论坛创新研究丛书》
编委会

（按姓氏笔画排序）

主　任：徐冠华
副主任：林　新
委　员：朱启高　刘冬梅　陈宏凯　骆大进　解　敏
编写组：马　双　马艺方　王　冰　王　超　王伟楠
　　　　毛义君　田念平　李　哲　李睿婕　杨　娟
　　　　杨　晶　吴　婷　吴伊人　邵学清　周　琰
　　　　周代数　郑君倢　姜　扬　姜晨野　贺　琼
　　　　秦　铮　韩元建　韩军徽　谢宗伯　潘洁晞
　　　　戴海涛

浦江创新论坛简介

　　由中华人民共和国科学技术部和上海市人民政府共同主办的浦江创新论坛,创设于2008年,论坛主席为科技部原部长、中国科学院院士徐冠华先生。16年来,论坛始终围绕创新议题,旨在汇聚全球创新力量、研讨科技创新趋势、构建开放创新生态、凝聚创新治理共识,积极应对时代挑战和重要全球性问题。

　　论坛始终围绕创新主题,紧扣时代脉搏,携手全球创新力量,聚焦创新驱动发展战略,关注创新体系建设,洞悉产业变革风云,以全球视野谋划和推动创新。论坛已成功举办十六届,共吸引了全球超过2300位政界高层、学界泰斗和商界精英汇聚浦江,聚焦创新合作、创新活力、创新趋势,围绕产业、创业者、区域、政策、金融、全球健康和未来科学等方面的焦点、热点,从不同层面、不同角度深入研讨国际创新趋势、展望发展前景,形成了一批对经济发展和产业创新具有突出价值的深刻见解,产生了重要的社会影响力。

　　为进一步促进中国与世界各国发展科技伙伴关系,拓展创新网络,论坛于2012年首创主宾国机制,设立主宾国论坛。过去几年,德国、芬兰、俄罗斯、以色列、英国、丹麦、葡萄牙、新加坡、塞尔维亚、阿联酋、荷兰、巴西等国分别以主宾国身份亮相论坛,习近平主席和时任总理李克强及历届主宾国国家领导人先后为论坛发来贺信或作视频致辞,引起全球广泛关注,为不同国家、不同机构的创新合作搭建桥梁。科技部部长和上海市人民政府主要领导每年均出席论坛并作主旨演讲。

　　为进一步促进区域协同创新发展,论坛于2012年首创主宾省(市)机制。北京市、四川省、黑龙江省、江苏省、浙江省、安徽省、广东省、河北省、陕西省、重庆市、海南省、湖北省先后担任论坛主宾省（市），重点依托区域（城市）论坛、政策论坛等专题论坛及主宾省（市）延伸活动，开展各类交流互动、促进区域协同发展、优化资源配置、打造新的增长极。

作为连接科技创新供需双方的创新桥梁，论坛于2020年首次增设"全球技术转移大会（INNO-MATCH EXPO）"，以"创新需求"为导向，突出"以需带供，创新服务"概念，搭建科技成果供需资源汇聚平台，发掘合作潜力、创造合作价值。又于2023年增设"全球创业投资大会（WeStart）"，聚焦科技创业项目和投资，为创业人才搭平台、汇资源，提供创业资本、孵化空间、技术验证、专业服务、生活配套等服务，吸引全球技术创业团队集聚，培育科技创新企业。

立足新时代、新起点，论坛将紧紧围绕世界科技强国和具有全球影响力的科技创新中心建设，在科技创新领域中聚焦重点、把握特点、引导热点、突出亮点，以"启迪创新思想、传播创新理念、激励创新精神"为使命，致力于建设成为"全球科技创新交流平台"，不断提升国际影响力，在推动世界和中国科技创新、支撑引领全球创新发展方面发挥更大的作用。

前 言

2023年，浦江创新论坛以"开放的创新生态：创新与全球链接"为主题，聚焦后疫情时代及当前国际形势，探讨秉承"开放包容、互惠共享"理念，如何推进高水平制度性开放，为科技发展打造开放、公平、公正、非歧视的环境和创新生态，搭建全球科技合作网络，构建全球创新服务体系，促进创新要素有效流动，提升全球创新链接水平。

2023年论坛举办了1场开幕式及全体大会、2场主题论坛（创新体系与科技评价、区域创新发展——新领域，新赛道，新空间），2场展会对接（全球创业投资大会、全球技术转移大会），2场特别对话（外国科学家座谈会、青年科学家座谈会），围绕创新文化、女科学家、"一带一路"、绿色低碳、全球健康、未来科学等议题举办了9场专题论坛，多场发布会、中巴之夜等活动集中亮相。论坛主宾国为巴西联邦共和国，主宾省为湖北省。在开幕式及全体大会上，习近平主席和巴西联邦共和国总统卢拉分别为论坛致贺信。

本届论坛邀请来自中国、巴西、美国、英国、德国、法国、塞尔维亚、柬埔寨等32个国家和地区，以及12个国际科技组织的300多位中外嘉宾发表演讲，其中境外嘉宾占比达40%。线下参会人数达3万人，线上点击量达6000万次。海内外媒体反响热烈，境内相关报道近2万篇，总阅读量近3亿次；海外宣传报道超过600篇，海外社交平台发文曝光量超过50万次。

浦江创新论坛正加快实现前沿创新思想的策源地、世界科技发展的风向标、国际科技合作的助推器、全球创新人才的引力场、全球技术转移的枢纽地"五大功能",成为促进全球科技创新交流合作的重要平台。

Contents 目录

第1章 浦江创新论坛（上半场）：开幕式 ... 1
  1 领导贺信 ... 1
    国家主席习近平的贺信 ... 1
    巴西联邦共和国总统卢拉的贺信 ... 2
  2 领导致辞 ... 3
    巴西科学技术创新部部长卢西亚娜·桑托斯的视频致辞 ... 3
    上海市委书记陈吉宁的致辞 ... 3
    湖北省省长王忠林的致辞 ... 5
  3 主旨演讲 ... 6
    时任科技部党组书记、部长王志刚的讲话 ... 6
    巴西创新研究署（Finep）主席塞尔索·潘塞拉的讲话 ... 11
    全国人大常委会副委员长、民盟中央主席、中国科学院院士丁仲礼的讲话 ... 13

第2章 浦江创新论坛（下半场）：全体大会 ... 16
  1 主题演讲 ... 16
    国际热核聚变实验堆（ITER）计划 ... 16
    中国大飞机的创新发展 ... 18
    开放科学时代，合作释放无限潜力 ... 20
    围绕从基因组到表型组的主题展开 ... 22
    见微知著——通过中微子探索极端宇宙 ... 23
  2 圆桌论坛：开放的创新生态，创新与全球链接 ... 25

第3章 创新文化论坛：追光——创新的精神与动力 28

    1   论坛综述 28

    2   嘉宾演讲实录 28

        以创新文化软实力涵养科技硬实力 28

        巴西国家创新体系中的技术转移 32

        全民科学素质和科学文化 35

        开放与链接：互联网技术助推文化遗产全球共享 39

        像以色列未来学者那样对未来进行思考 41

        "李约瑟之问"与文明互鉴的意义 43

        《几何原本》的两次翻译：以徐光启和李善兰为中心 47

        欧盟视角的数据和人工智能系统的伦理自我评估 50

    3   圆桌论坛 52

第4章 女科学家峰会：探索无界，链接未来 60

    1   论坛综述 60

    2   嘉宾致辞 60

        中华全国妇女联合会党组书记黄晓薇的致辞 60

        科技部党组成员、科技日报社社长张碧涌的致辞 62

        时任上海市委副书记吴清的致辞 63

        塞尔维亚科技创新部科学部长助理、贝尔格莱德大学西尼沙·斯坦科维奇生物研究所首席研究员玛丽娜·索科维奇的致辞 65

    3   嘉宾演讲实录 66

        解开细胞死亡的秘密 66

        巴西绿色低碳政策研究和创新激励措施 68

        建设开放创新生态，推进高水平对外开放 69

        大洋钻探与中国 72

        我的大洋钻探：深部生命科学研究经历与感悟 74

        前沿孵化模式探索与标杆孵化器北京实践 76

        从创新药研发看市场思维和科研思维链接 78

        大飞机：创新驱动下的工业皇冠 80

第5章 "一带一路"专题研讨会:构建开放创新生态,开启建设"一带一路"创新之路新征程 84

    1 论坛综述 84
    2 嘉宾致辞 85
        科技部国际合作司司长戴钢的致辞 85
    3 嘉宾演讲实录 86
        "一带一路":利用全球化的本地生态系统 86
        "一带一路"科技创新:从国际合作到开放创新生态 88
        在变化的世界中,以科技创新赋能包容性的可持续发展 91
        全球互联互通:释放开放创新生态系统力量,应对全球挑战 93
        如何在"一带一路"倡议下构建农业创新生态系统? 96
        全球数字化浪潮下的北斗应用 98
        发展和扩散全球卫生与气候新技术的混合融资 102
        打造"一带一路"跨国创新生态 105
    4 互动对话 109

第6章 主题论坛:创新体系与科技评价 115

    1 论坛综述 115
    2 嘉宾演讲实录 116
        对科技评价改革的认识与思考 116
        面向高水平科技自立自强的技术预测与评价工作思考 119
        AI赋能的技术估值方法 122
        基于五大价值导向的"破四唯"和"立新标"
        完善科技人才评价体系 124
        西湖大学科技评价探索与实践 128
    3 互动对话 129

第7章 主题论坛:区域创新发展——新领域,新赛道,新空间 135

    1 论坛综述 135
    2 嘉宾演讲实录 135
        科技创新,智慧协同 135
        区域发展创新,打造绿色未来 138

　　　　　协同创新，共赢未来——湖北推动区域发展与科创高地
　　　　　建设的实践探索 139
　　　　　创新发展与生态建设 142
　　　　　区域协同创新的逻辑与路径 143
　　　　　粤港澳大湾区创科发展的机遇 145
　　　3　互动对话 148

第8章　科技创新青年峰会：开放科学——拥抱知识共享与科学合作的未来 153

　　　1　论坛综述 153
　　　2　嘉宾致辞 154
　　　　　时任科技部外国专家服务司副司长李昕的致辞：青年科学家——
　　　　　创新与合作 154
　　　3　主旨演讲 155
　　　　　从分子到宏观：开放科学如何推动微生物学
　　　　　与环境科学的交叉合作 155
　　　　　AIGC研究助力开放科学 157
　　　　　开放科学：关于巴西的经验和趋势 159
　　　　　交通运输系统运营之数据科学与运筹优化 161
　　　　　安全可信的智能化开放共享 163
　　　4　青年科学家深度对话：平行未来的N次元特别版 165
　　　5　互动对话 174
　　　　　青年力量共创开放科学的未来 174

第9章　首届中巴纳米技术研讨会 181

　　　1　论坛综述 181
　　　2　嘉宾致辞 182
　　　　　巴西科学技术创新部副秘书长奥索里奥的致辞 182
　　　　　时任科技部国际合作司副司长徐捷的致辞 183
　　　　　巴西驻沪总领事馆副总领事范天阳的致辞 184
　　　3　主旨报告 185
　　　　　巴西主要纳米技术项目及拟与中国开展的合作活动 185

中国主要纳米技术项目及与巴西开展的合作 187
巴西能源与材料研究中心的研究设施与机会 189
医工融合促进纳米诊疗技术的研发与转化 192

4 主题报告 194
光子学和纳米技术：国内观点与国际合作 194
纳米环境与纳米能源技术的研发与应用 196
INCT应用于能源转换器的铁性体材料 199
纳米技术及应用国家工程研究中心的研发方向及成果介绍 200
纤维素纳米生物材料：走向低碳经济 204
用于生物医学治疗的光介导功能微纳材料 206

5 闭幕致辞 208
巴西科学技术创新部副秘书长奥索里奥的致辞 208
巴西驻沪总领事馆副总领事范天阳的致辞 208

第10章 绿色低碳创新论坛：聚焦绿色转型，共享低碳未来 210

1 论坛综述 210

2 嘉宾致辞 210
上海市人民政府副市长刘多的致辞 210
柬埔寨工业与科技创新部部长韩万迪的致辞 212
时任科技部社会发展科技司司长祝学华的致辞 213
世界知识产权组织助理总干事爱德华·卡卡的致辞 215

3 主旨演讲 216
绿色技术的成就与未来 216
原材料产品生命周期碳足迹评价现状和展望 218
绿色技术创新加速可持续发展目标实现 220
以科技创新助力上海发展海洋绿色能源，
提升全球海洋中心城市能级 222
开泰银行的脱碳路径与绿色转型可持续融资支持 224
支持中国低碳转型的融资机遇 225

第11章 全球健康与发展论坛：创新技术的新应用和新市场加速促进全球健康与发展 227

    1 论坛综述 227

    2 主持人致辞 227

        时任"一带一路"国际科学组织联盟（ANSO）秘书处执行主任曹京华的致辞 227

    3 开幕式演讲 229

        创新技术如何加速全球健康和发展的进程 229

    4 主旨演讲 230

        创新技术改善资源匮乏地区的基层医疗服务 230

        创建宫内儿科学，助力国家人口战略 233

        诊断技术公平可及的发展趋势 237

        亚洲病原体基因组学现状 241

        研究型医院建设，上海临床研究中心的探索 244

    5 全球健康与发展项目演讲 248

        AI赋能基层超声检测 248

        生成式AI赋能药物研发 250

        赋能基层诊疗：创新分子POCT技术及平台 252

    6 圆桌论坛：推动全球健康与发展的新技术、新应用和新市场 255

第12章 全球创业投资大会开幕式及主论坛 265

    1 论坛综述 265

    2 嘉宾致辞 265

        上海市人民政府副市长刘多的致辞 265

        时任科技部副秘书长贺德方的致辞 267

    3 嘉宾演讲实录 269

        以高科技孵化新产业 269

        万科集团创始人、董事会名誉主席，深石集团创始人王石的演讲 272

        西湖大学遗传学讲习教授、副校长，复星领智董事长许田的演讲 274

        围绕高质量孵化器在中国、在全球未来的发展方向 277

中科创星创始合伙人米磊的演讲......280
　　　趋势线集团董事长兼首席执行官托德·多林格的演讲......283
　　　时任科技部火炬中心政策与协调处处长于磊的演讲......288
　　　爱思唯尔分析研究部资深分析师赵璐的演讲......290
　4　圆桌论坛：孵化新未来，破局新发展......292

第13章　2023全球技术转移大会暨第四届世界技术经理人峰会：万"象"需求，全球揭榜......298
　1　论坛综述......298
　2　嘉宾致辞......299
　　　时任科技部副部长张雨东的致辞......299
　　　上海市人民政府副市长刘多的致辞......300
　　　巴西驻华大使高望的致辞......301
　　　湖北省科技厅党组书记、厅长冯艳飞的致辞......303
　3　主旨演讲......304
　　　巴西科创体系中的技术转移创新驱动......304
　　　中美科技发展与未来经济......307
　　　持续改革，促进科技成果高质量转化......309
　　　科技创新与全球治理......312
　　　中法科研合作赋能创新药物研究......315
　　　中新科技合作新模式新经验......319
　　　技术转移人才队伍建设——湖北实践......321
　4　圆桌论坛：经验与未来——国际开放创新生态建设......324

第1章
浦江创新论坛(上半场):开幕式

2023年9月10日,由科技部和上海市人民政府共同主办的2023浦江创新论坛在上海东郊宾馆隆重开幕。本届论坛以"开放的创新生态:创新与全球链接"为主题。国家主席习近平、主宾国巴西总统卢拉分别向论坛致贺信。巴西科学技术创新部部长卢西亚娜·桑托斯,中共中央政治局委员、上海市委书记陈吉宁,主宾省代表团团长、湖北省省长王忠林分别向大会致辞。时任科技部党组书记、部长王志刚,巴西创新研究署(Finep)主席塞尔索·潘塞拉,全国人大常委会副委员长、民盟中央主席、中国科学院院士丁仲礼分别在开幕式上作主旨演讲。首届全球创业投资大会和第四届中国—巴西创新周在大会上正式启动。国际热核聚变实验堆(ITER)计划总干事彼得罗·巴拉巴斯基,中国商用飞机有限责任公司党委书记、董事长贺东风,爱思唯尔首席执行官白可珊,中国科学院院士、复旦大学校长兼上海医学院院长金力,李政道学者、李政道研究所副教授徐东莲分别在全体大会上作主题演讲。

1 领导贺信

国家主席习近平的贺信

习近平 中华人民共和国主席

当前世界百年未有之大变局加速演进,新一轮科技革命和产业变革深入发展,科技创新是人类共同应对风险挑战、促进和平和发展的重要力量。中国将坚定奉

> 行互利共赢的开放战略，不断加大高水平对外开放力度，持续以更加开放的思维和举措推进国际科技交流合作，建设具有全球竞争力的开放创新生态，同各国携手打造开放、公平、公正、非歧视的科技发展环境。

值此2023年浦江创新论坛开幕之际，我谨表示祝贺！当前世界百年未有之大变局加速演进，新一轮科技革命和产业变革深入发展，科技创新是人类共同应对风险挑战、促进和平和发展的重要力量。中国将坚定奉行互利共赢的开放战略，不断加大高水平对外开放力度，持续以更加开放的思维和举措推进国际科技交流合作，建设具有全球竞争力的开放创新生态，同各国携手打造开放、公平、公正、非歧视的科技发展环境。希望浦江创新论坛坚持以创新为主题，启迪创新思想、传播创新理念、激励创新精神，为推进国际科技合作、增进人类共同福祉做出新的贡献！

巴西联邦共和国总统卢拉的贺信

卢拉　巴西联邦共和国总统

> 今年是中巴建立战略伙伴关系30周年，2024年两国将庆祝建交50周年。中巴科技创新合作具有历史意义，是推动技术进步、造福两国的宝贵动力。巴西与中国在科技园区建设和推动先进技术公司伙伴关系发展方面具有巨大潜力，能促进更多的投资流动，提升国家能力和生产力。在企业创新领域，有无数机会扩大和深化我们两国初创企业与投资者之间的交流。私营主体可以通过本次论坛挖掘更多的机会。

作为本届浦江创新论坛的主宾国，巴西深感荣幸，我向中国科技部、上海市人民政府和其他主办方就成功举办这一活动表示热烈的祝贺。经过多年发展，该论坛已成为世界创新和高科技领域的典范。今年是中巴建立战略伙伴关系30周年，2024年两国将庆祝建交50周年，我们将团结在一起，相互尊重，共同促进社会可持续繁荣发展。中巴科技创新合作具有历史意义，也是推动技术进步、造福两国的宝贵动力。

今年论坛的主题为"开放的创新生态：创新与全球链接"，我们就迅速发展的科技和开放生态系统所带来的无限可能性，共同探讨如何深化合作。我们希望加强各研究机构间的协同，在世界知名机构中推动建立合作和科研生产网络。巴西与中国在科技园区建设和推动先进技术公司伙伴关系发展方面具有巨大潜力，能促进更多的投资流动，提升国家能力和生产力。在企业创新领域，也有无数机会可以扩大和深化我们两国初创企业与投资者之间的交流。私营主体可以通过本次论坛挖掘更多的机会。

最后，我谨代表巴西联邦共和国人民和政府预祝浦江创新论坛圆满成功，并重申对促进巴西和中国未来共同繁荣的坚定承诺。谢谢大家！

2 领导致辞

巴西科学技术创新部部长卢西亚娜·桑托斯的视频致辞

卢西亚娜·桑托斯　巴西科学技术创新部部长

> 在科技、技术方面中巴已经合作40年，希望两国在各个领域有更加紧密的合作。我们面临着各种问题，如水资源短缺、海平面上升、突发卫生事件和粮食短缺等，这些问题不分国界，要通过国际合作来解决。我们要建立新的合作关系，加强国际合作与科技创新外交。

女士们先生们，感谢王志刚部长和龚正市长的邀请，在科学、技术方面我们已经合作40年，为科学、技术和创新设立的卢拉总统奖是推动巴西可持续发展的重要动力，以此创造财富，推进以创新为基础的再工业化进程，减少不平等现象，战胜贫穷和饥饿。同时，减少温室气体排放，以恢复巴西在全球的领先地位，在政府外交政策中赋予科学促进合作的使命。总统在就任之初就率领代表团签署了几项重要的协定，以此推进巴西回归国际舞台。以此巴西担任浦江创新论坛的主宾国，希望两国在各个领域有更加紧密的合作。与此同时，我们面临着各种问题，如水资源短缺、海平面上升、突发卫生事件和粮食短缺等，这些问题不分国界，要通过国际合作来解决。我们要建立新的合作关系，加强国际合作与科技创新外交。

谢谢！

上海市委书记陈吉宁的致辞

陈吉宁　中共中央政治局委员、上海市委书记

> 上海国际科技创新中心建设正在从建框架迈向强功能，从量的积累迈向质的飞跃，进入了创新活力持续迸发、创新成果不断涌现的新阶段。下一步要把激活创新动力作为深化改革开放的核心指向，从科技创新的全过程、全链条出发，强化创新策源功能，在推动科技现代化上取得更大的突破。科技创新是全人类的事

> 业，我们应该进一步扩大全球视野、增进战略互信、深化开放合作，让科技创新更好地造福人类；我们要构建开放包容的创新网络，打造开放、公平、公正、非歧视的科技发展环境，推进敏捷高效的科技治理，始终秉持科技向善理念。上海将坚持不懈汇四海之才聚八方之力，搭建更高质量的合作平台，打造市场化、法治化、国际化的营商环境，提供国际化的创新服务。

今年的浦江创新论坛全面恢复线下举办，我们荣幸邀请到了有关国家、政府代表、国际机构负责人和海内外知名专家学者参加，首先我谨代表中共上海市委、上海市人民政府，向海内外嘉宾的到来表示热烈地欢迎，向大家长期以来给予上海发展的关心和支持表示衷心的感谢。

加快向具有全球影响力的科技创新中心进军是习近平主席 2014 年交给上海的重大战略任务，9 年来我们坚持把科技创新摆在发展全局的核心位置，牢牢把握科技进步大方向、产业革命大趋势、集聚人才大举措，以只争朝夕的使命感、紧迫感奋力抢抓科技发展先机，积极融入全球创新网络，全面提升创新体系效能。经过多年努力，上海国际科技创新中心建设正在从建框架迈向强功能，从量的积累迈向质的飞跃，进入了创新活力持续迸发、创新成果不断涌现的新阶段。放眼全球，人类社会已经进入前所未有的大科学时代，开放创新体系极大拓展，学科交叉融合深入发展，科研范式变革不断加速，人工智能、合成生物学等重点领域的技术创新日新月异，新一轮科技革命和产业变革有望加速引爆。站在新起点上，上海深化国际科技创新中心建设，必须勇立潮头，把激活创新动力作为深化改革开放的核心指向，从科技创新的全过程、全链条出发，强化创新策源功能，在推动科技现代化上取得更大的突破。

科技创新是全人类的事业，面对能源安全、人类健康、气候变化等共同挑战，我们应该进一步扩大全球视野、增进战略互信、深化开放合作，让科技创新更好地造福人类，我们要携手探索充满魅力的科技前沿，瞄准高风险、高价值的重大科学问题，加强理论研究和试验突破，加大共性技术攻关，不断拓展科学技术的广度和深度。我们要携手构建开放包容的创新网络，打造开放、公平、公正、非歧视的科技发展环境，强化重大科技基础设施、大型科研仪器设备等开放共享，推动人才、技术、资本、数据等要素跨区域、跨领域有序畅通流动。我们要携手推进敏捷高效的科技治理，始终秉持科技向善理念，深度参与全球科技治理，积极应对科技发展带来的规则冲突、社会风险、伦理挑战，共同扎紧科技安全可控的"篱笆"。作为中国最大的经济中心城市和改革开放的前沿窗口，上海将坚持不懈汇四海之才聚八方之力，搭建更高质量的合作平台，打造市场化、法治化、国际化的营商环境，提供国际化的创新服务，与世界各国科学家共同书写壮丽的科技新篇章。

各位来宾，朋友们。浦江创新论坛自 2008 年成立以来一直致力于汇聚全球智慧，赋能科技创新，已成为促进全球科技创新合作的重要平台。希望大家深入交流研讨，提出真知灼见，为全球科技创新探索新方向、开拓新路径、贡献新智慧。预祝本次论坛圆满成功，谢谢大家。

湖北省省长王忠林的致辞

王忠林　主宾省代表团团长、湖北省省长

> 湖北将创新引领作为高质量发展的主旋律，主要做法包括：第一，优势叠加，聚集资源。湖北是中国三大智力密集区之一，科教精英荟萃；科研实力雄厚，武汉加快建设具有全国影响力的科创中心，以国家实验室为龙头的战略科技力量矩阵加速形成；开放创新活跃。第二，勇立潮头，勇攀高峰。湖北坚持把科技自立自强当使命，视创新创造如生命，抓创新发展像拼命，全力推进中国式现代化湖北实践。第三，创在湖北，赢在未来。今天的湖北正锚定习近平总书记赋予的走在前列、谱写新篇的使命。下一步湖北将全力锻造科技创新新优势，加快打造世界科技前沿策源地、国际创新人才集聚地、全国产业创新引领区，为国家科技自立自强贡献湖北力量。

在全国上下深入学习贯彻党的二十大精神的重要时刻，非常高兴与海内外朋友相聚"2023浦江创新论坛"，共襄创新大计，共谋发展大业。湖北受邀作为主宾省能参加本次论坛，我们感到十分荣幸。在这里受中共湖北省委书记的委托，我代表中共湖北省委、湖北省人民政府对论坛的举办表示热烈的祝贺，对科技部、上海市及社会各界人士长期以来对湖北发展给予的关心和支持表示衷心的感谢。

习近平总书记指出，科技是国家兴盛之基，创新是民族进步之魂。立足服务国家重大战略，引领世界创新发展。浦江创新论坛创办16年来，坚持国际视野、紧扣时代脉搏，规模影响持续扩大，已成为世界创新合作的重要平台。本届论坛以"开放的创新生态：创新与全球链接"为主题，聚四海之气、集八方之力，必将为加快建设科技强国、促进全球开放创新注入强劲动能。借此机会，和大家交流三点认识和体会。

第一，优势叠加，聚集资源。湖北是活力奔涌的创新热土，是中国三大智力密集区之一，科教精英荟萃，拥有80位院士、35万科研人员、132所高校、200万在校大学生。科研实力雄厚，武汉加快建设，具有全国影响力的科创中心，以国家实验室为龙头的战略科技力量矩阵加速形成，拥有大科学装置8个、国家级科创平台88家，国家重点实验室、国家高新区数量居全国第四。开放创新活跃，新型研发机构达到了452家，数量居全国第二，与60多个国家和地区展开科技合作。开放的湖北成为吸纳全球创新要素的强磁场。

第二，勇立潮头，勇攀高峰。创新引领成为湖北高质量发展的主旋律。湖北坚持把科技自立自强当使命，视创新创造如生命，抓创新发展像拼命，全力推进中国式现代化湖北实践。创新崛起乘风，每年全社会研发投入超过1300亿元，高密度三维闪存芯片、北斗星地一体化等成果领跑世界，超快激光器、精密重力测量、脉冲强磁场等领域技术水平全国一流。高新技术企业达到2.5万家。高技术制造业对工业增长的贡献率超过40%。汽车制造与服务、高端装备制造等五大产业加速迈向万亿级。习近平总书记评价，湖北在光电子信息领域独树一帜。创新生态优越，构建形成政产学研"北斗七星式"创新体系，技术合同成交额突破3000亿元，科技成果就地转化率达到了58%，得益于科技创新的硬核支撑，继续沿着高质量发展的态势阔步前行。

第三，创在湖北，赢在未来。我们真诚期待与大家携手共绘美好蓝图。创新大潮势不可挡，今天的湖北正锚定习近平总书记赋予的走在前列、谱写新篇的使命。下一步我们将全力锻造科技创新新优势，加快打造世界科技前沿策源地、国际创新人才集聚地、全国产业创新引领区，为国家科技自立自强贡献湖北力量。全力激活高质量发展新引擎，聚焦"51020"现代产业集群，持续推进"尖刀"技术攻关工程，努力突破更多关键核心技术。加快打通从科技强到产业强、经济强的通道。我们将全力拓展开放创新新空间，持续打造市场化、法治化、国际化的营商环境，用活用好4000亿元政府主导的投资基金群，以更加开放的姿态深度链接全球创新网络。

我们真诚期待与大家携手同行，共享发展机遇，共创美好未来。最后衷心祝愿本次论坛取得圆满成功。

3 主旨演讲

时任科技部党组书记、部长王志刚的讲话

王志刚　时任科技部党组书记、部长

> 历史和实践充分证明，中国的创新发展离不开世界，世界的科技进步也越来越需要中国。中国既是全球科技开放合作的受益者、参与者，也是国际科技进步和造福人类的贡献者、推动者。扩大科技开放合作，是依靠科技创新推动全球可持续发展的必然选择，是依靠科技创新破解全球性问题挑战的战略路径，是抢抓新一轮科技革命和产业变革重要机遇的关键之举，是实现中国科技现代化和高水平科技自立自强的应有之义。下一步，中国将有以下举措：一是深化政府间和民

> 间科技合作，开创科技开放合作新局面。二是扩大科技资源开放共享，构筑更多国际科技交流合作平台。三是构建国际化科研环境，支持各类创新主体对外交流合作。四是深度参与国际科技治理，推动形成科技创新开放合作的基础性框架。中国科技开放的大门只会越开越大，面向未来，中国愿与世界各国携手并肩，为促进人类文明进步和建设美好地球家园贡献更多的中国的科技智慧。

习近平主席指出世界百年未有之大变局加速演进，新一轮科技革命和产业变革深入发展，科技创新是人类共同应对风险挑战、促进和平发展的重要力量，为深化国际科技合作指明了前进方向。今年的浦江创新论坛我们隆重邀请到巴西作为主宾国，卢拉总统专门为论坛致贺信，巴西科学技术创新部部长卢西亚娜·桑托斯向大会致词，巴西创新研究署主席塞尔索·潘塞拉先生率巴西代表团出席论坛开幕式并将做主旨报告。这充分体现了巴方对本届论坛的高度重视，对推动中巴科技创新合作的真诚愿望。

中国和巴西同为发展中大国和重要新兴市场国家，互为全面战略伙伴。今年4月，习近平主席同来华访问的卢拉总统成功会晤，引领开辟新时代中巴关系发展。在两国元首共同见证下，我和卢西亚娜·桑托斯部长签署了《中华人民共和国科学技术部和巴西联邦共和国科技创新部关于科研创新合作的谅解备忘录》，为两国科技合作开辟新的渠道。中巴两国签署政府间科技合作协定40多年来，两国政府科技主管部门共同建立起中巴高级别科技创新对话等政府间科技合作机制，支持双方在共建合作平台、科技人员交流、航天合作、科技园区合作等多个方面开展深入合作。面向新时代新征程，中方愿同巴方一道落实好两国元首的重要共识，深化中巴科技合作，为中巴全面战略伙伴关系发展注入更多科技的内涵。

论坛主办地上海是一座以开放、创新、包容为鲜明品格的国际都市，也是全球创新网络中的关键节点城市。刚才陈吉宁书记在致词当中强调要充分发挥科技创新在推动高质量发展中的重要作用，当前上海正在加快建设具有全球影响力的科技创新中心，产业高质量发展的科技供给水平全面提升，跨区域国际化创新网络逐步完善，法律政策体系日益完备，高水平研究机构加快集聚，重点领域创新成果竞相涌现。科技支撑力、创新策源力显著增强，2022年上海全社会研发经费支出占GDP比重上升到4.2%，基础研究投入在全社会研发经费投入中的占比上升到10%左右。在世界知识产权组织最新发布的全球创新指数报告中，上海列世界科技创新集群第6位。

我们要特别欢迎本届论坛的主宾国——中国中部的湖北省，欢迎王忠林省长等一行。湖北坚持把科技创新摆在全省工作的重要位置，推动重点领域和关键环节体制机制创新。在全国率先开展"科技十条""新九条""科技人才评价"等改革试点，将科技人员在成果转化中的收益比例提高到最高99%，构建一批具有区域创新特色的优势产业，综合科技创新水平位列全国第八，中部地区之首。湖北正在积极落实国家区域科技创新中心建设重大战略部署，加快推进武汉具有全国影响力的科技创新中心建设，强化教育人才支撑，推进产学研用深度融合，加快构建新发展格局的先行区。

一、过去一年，中国科技创新发展取得显著成效

过去一年，中国科技创新发展取得显著成效，科教兴国、人才强国、创新驱动发展战略有效实施，科技自立自强、科技现代化建设迈出坚实的步伐，国家战略科技力量发展壮大，新型举国体制逐步完善，技术前沿和战略高科技领域的原创能力、关键核心技术自主可控能力进一步增强。企业科技创新主体地位稳步提升，科技创新为构建新发展格局、实现高质量发展和保障民生福祉注入更多的原动力，有力支撑引领中国式现代化。全社会研发投入超过3万亿元，研发投入强度达到2.55%，接近OECD国家平均水平，世界知识产权组织全球创新指数显示，中国2022年排名第11位，成为国际前沿创新的重要参与者、解决全球性问题的重要贡献者。

习近平主席指出，世界新一轮科技革命和产业变革深入发展，人类要破解共同发展难题，比以往任何时候都更需要国际合作和开放共享，没有一个国家可以成为独立的创新中心或独享创新成果。中国政府积极落实习近平主席提出的全球发展倡议、全球安全倡议、全球文明倡议。主动融入全球创新网络，始终坚定实施"开放包容、互惠共享"的国际科技合作战略，持续深化双多边、政府间、民间等全方位、多层次、广领域的国际科技交流合作。目前，中国已与161个国家和地区建立了科技合作关系，签署了117个双多边政府间科技合作协议，加入了200多个国际组织和多边机制。参与国际热核聚变实验堆（ITER）计划等多个国际大科学计划和大科学工程，牵头组织国际大科学计划。中国深入推进"一带一路"科技创新合作，人文交流、共建联合实验室、园区合作、技术转移四项行动持续深化，与多国科学家在气候变化、粮食安全、人类健康、碳达峰碳中和等领域开展联合研究，取得丰硕成果。

二、中国的创新发展离不开世界，世界的科技进步也越来越需要中国

历史和实践充分证明，中国的创新发展离不开世界，世界的科技进步也越来越需要中国。中国既是全球科技开放合作的受益者、参与者，也是国际科技进步和造福人类的贡献者、推动者。尽管国际形势风云变幻，但中国开放发展的信心和决心不会变，共赢挑战、携手合作的脚步和行动不会停。2022年修订实施的《中华人民共和国科学技术进步法》，将国际科学技术合作作为重要制度专门安排，单独成章。今年还将围绕建设具有全球竞争力的开放创新生态出台重要的政策文件，这充分凸显了中国积极推动国际科技合作、主动融入全球创新网络的决心。在全面推进中国式现代化进程中，中国将始终坚持把科技开放合作摆在国家外交大局的战略位置，以全球视野谋划推动科技创新发展，与世界各国努力构建合作共赢的科技伙伴关系，以科技的开放带动形成国家新的开放格局。

三、扩大科技开放合作，是依靠科技创新推动全球可持续发展的必然选择

科技创新是人类文明进步的根本动力。当前，世界进入新的动荡变革期，全球治理体系和国际格局加速调整，甚至出现科技合作脱钩、断链、人为阻隔，破坏全球开放创新生态。科技要素无法正常流动，这给各国发展经济、改善民生、实现可持续发展带来前所未有的挑战。与此同时，以新能源汽车、移动互联网、大数据、云计算、人工智能、物联网、区块链等为代表的新技术，加速进入大规模产业化应用的阶段，发挥好科技创新在推动经济复苏、实现人民幸福中的关键变量作用，对世界各国都尤为紧迫。向科技要方法、要答案，需要各国之间不断加强科技交流互鉴和紧密合作，不断创造科技新产品、塑造科技新动能、培育发展新产业，推动科技成果惠及更多国家和人民，不断增进人类文明福祉。

四、扩大科技开放合作是依靠科技创新破解全球性问题、挑战的战略路径

科技创新正在改变我们认识世界的角度和方式，是应对当前全球性问题、挑战重要而关键的选择，甚至是不二选择。人类在以科技创新引领和支撑经济社会发展取得重大成就而感到短暂欣慰的同时，更应深切地认识到人类今天还面临一系列诸如气候变化、能源资源、公共卫生、粮食安全等全球性重大问题、挑战。其中蕴含着许多需要深入研究的科学技术、工程和应用的问题，要想找到应对这些挑战的方法、答案，科技创新理所当然要担当主角，这是科技的使命，也是人类演进到今天的重要经验。同时，从社会学角度看，仅靠一群科学家、一国科学家难以完成这一重大使命，迫切需要全球科学家之间加强科研交流合作，迫切需要各国政府之间加强创新共同治理。中国作为一个负责任大国，始终用实际行动务实开展国际科技交流合作。面向未来，中国将以更加务实的行动围绕解决全球共同面临的科学挑战和问题，与各国深入开展联合研究，推动合作共赢，分享人类共同的科技创新成果。

五、扩大科技开放合作，是抢抓新一轮科技革命和产业变革重要机遇的关键之举

当前，科技发展日新月异，基础科学理论取得新的突破，新兴技术加速迭代，颠覆性创新不断涌现。其正在深刻改变这个世界的面貌，为人类文明进步开辟新的空间。只有不断扩大开放合作，适应科技创新发展的规律要求，科技创新之路才能越走越宽广。加强科学共同体和科研人员之间的交流合作与共同治理，维护科技伦理和防范科技风险，是世界各国面临的共同时代问题。面向未来，我们要秉持共商共建共享的理念，遵循开放、透明、互惠的原则，携手抓住科技革命和产业变革的历史机遇，全面推进科技创新领域交流合作，以科技创新之力共同开启人类美好未来。

六、扩大科技开放合作，是实现中国科技现代化和高水平科技自立自强的应有之义

中国式现代化关键在科技现代化，实现高水平科技自立自强是中国式现代化建设的重要内容。中国提出的科技自立自强和科技开放合作是辩证统一的，是并行不悖的。中国改革开放40多年来，科技开放一直走在前列，迈入新时代新征程，加强科技开放合作,强化创新驱动发展,已成为中国社会各界的共识行动。这不仅符合中国自身现代化建设的内在逻辑,也符合全球繁荣稳定发展的共同利益。中国正在打造世界主要科学中心和创新高地,这为世界各国的科学家、企业家、工程师提供了广阔舞台,我们将进一步完善新兴技术领域的知识产权保护制度,为来华创新创业的海外人才提供具有国际竞争力和吸引力的环境。真诚欢迎全球各地的科技人才和创新团队来华实现科技创新创业的梦想。

科学技术具有世界性、时代性,是人类的共同财富。当前,中国已进入全面建设社会主义现代化国家,推动高质量发展的新阶段,中国将继续秉持开放合作、互利共赢的理念,与世界各国一道着力构建更大范围、更宽领域、更深层次、更高水平的科技创新开放合作的新格局。让中国的科技工作者和世界各国的科技同行携手并肩,勇攀科技高峰,为推动构建人类命运共同体做出新的科技的贡献。

一是深化政府间和民间科技合作,开创科技开放合作新局面。我们将坚持多边主义,维护发展理念和全球治理的开放性与包容性。充分发挥政府间科技合作机制的引领作用,加强科技合作联委会、创新政策对话等机制建设,努力增进国际科技开放、信任、合作,促进人才、技术、成果、平台等多维度合作贯通,高质量建设"一带一路"创新之路,优化"一带一路"联合实验室建设布局和运行管理,支持企业和科技园区等主体在"一带一路"国家建设海外创新中心、孵化器、加速器等离岸平台,不断扩大科技人文交流,支持民间科技创新合作。

二是扩大科技资源开放共享,构筑更多国际科技交流合作平台。扩大国家科技计划对外开放力度,积极参与和牵头实施国际大科学计划与大科学工程,设立面向全球的科学研究基金和战略性合作项目。依托国家重大科技基础设施和平台,务实开展国际科技创新合作,打造更多具有国际影响力的科技期刊和科研数据库。集聚事关全球可持续发展的重大任务,共同凝练科学问题,支持各国科学家加强重点领域联合研究,加快科技成果产出应用,向世界提供更多科技公共产品。中国牵头的国际大科学计划、大科学工程和科学研究基金都是面向全球开放的科学研究项目,为世界各国科学家携手解决全球性问题、挑战搭建平台,希望全球各地科学家们共同在中国这片沃土上不断推动人类科技进步,共建美好家园。

三是构建国际化科研环境,支持各类创新主体对外交流合作。建设具有全球竞争力的开放创新生态,是中国提高科技创新能力、推动构建人类命运共同体的重大举措。我们将努力破除阻碍开放创新的制度藩篱,为科技发展打造开放、公平、公正、非歧视的环境,加快新知识、新技术、新产品、新产业推广应用,支持企业、高校、科研机构、科技社团等广泛开展国际科技交流合作,鼓励支持在境外建设研发创新平台和合作机构,创新海外人才吸引机制,依托大科学装置和重大科研平台集聚国际高端科技人才,加大国外优秀青年科研人员来华开展学术交流、攻读博士、从事博士后研究的资助力度,持续优化和创新外国科技人才科研、居住、出入境等便利化措施，为各国科学家、企业家、投资人来华创新创业提供更加优质的服务。

四是深度参与国际科技治理，推动形成科技创新开放合作的基础性框架。我们将积极响应联合国教科文组织发布的《开放科学建议书》，开展多边框架下开放科学对话，深度参与开放科学规则与标准国际合作，围绕新兴技术应用、生物安全等议题，与国际社会共同建立交流合作机制，健全科技安全制度和风险防范机制。深化清洁能源、气候变化等相关领域的国际交流对话，积极参与碳达峰、碳中和相关国际规则和标准制定，促进国内技术标准规范与国际标准规则的对接，建立健全在华设立国际科技组织的规章制度，吸引国际科技组织在华落地发展。

各位来宾，开放是当代中国的鲜明标识，中国科技开放的大门只会越开越大。面向未来，中国愿与世界各国携手并肩，共同谋划科技创新发展大计，学习借鉴世界各国先进经验，支持中国的大学、科研院所、企业走出去，在科学前沿积极探索，推动新型技术发展和产业创新，为促进人类文明进步和建设美好地球家园贡献更多的中国的科技智慧。

巴西创新研究署（Finep）主席塞尔索·潘塞拉的讲话

塞尔索·潘塞拉　巴西创新研究署（Finep）主席

> 中巴两国在科技创新领域的合作已经超过40年，加强中巴两国的良好合作，特别是在科技创新领域，对两国发展至关重要。中巴在外交、文化、经贸方面具有良好的合作基础，需要加强科技创新领域的交流，使得中巴关系更加紧密。过去几年，巴西加大了在科技创新领域的投资，未来还将持续加大投资。巴西最近公布了新工业化计划，制定了7个主要的目标任务，将对国家进行再工业化，以实现环境可持续发展，并促使社会更加公平。

各位嘉宾各位领导上午好，很荣幸代表巴西政府参加此次"2023浦江创新论坛"。巴西目前正在重回国际舞台，卢拉总统就职以后，4月来到中国，重启与中国的密切合作关系。两国在科技创新领域的合作，已经超过40年，明年是两国建交50周年。卢拉总统对本次浦江创新论坛发来贺信，具有非常重要的意义，意味着要加强中巴两国的良好合作，特别是在科技创新领域，科技对两国发展至关重要。

科技创新是科技发展的主角，对于一个国家的发展非常重要。在过去的20年里，无论是联邦政府层面，还是地方政府层面，都加大了科技方面的投资，给予大量的资金，进行立法的修订，成立巴西创新部，创造更好的科技发展环境，未来国家还将继续加大科技创新领域的投资。科技创新对于人类的发展非常重要，巴西对于全球的科技贡献在2%左右，期望成为全球贡献的主要角色。科技创新对消除社会不平等起到重要作用，在这方面中巴两国有共同愿景，巴西在过去几十年当中一直为此努力。

巴西的全球创新指数排在第54位，提高创新指数排名是巴西面临的一个重要挑战。需要为巴西的各所高校创造更好的学术环境。巴西驻华大使见证了中国良好的科研环境，当前的挑战对我们来说是创新的潜力。中巴创新合作有更大的提升和进步空间，包括基础教育和创新领域，两国人民都会受益。中国在创新领域取得的成就值得巴西学习。巴西在研究生、博士生等本科生之后的教育方面大量投入，提供奖学金。巴西在各个州有专门的基金会提供奖学金。海外学生也可获得奖学金，支持他们开展科学研究。中巴两国要加强学生和青年科学家之间的交流，也期望与上海的高校进行学生交换，使得两国青年可以开展更多的交流。让我们的青年人了解科学、了解文化，这一点非常重要。在上海我们看到源于创新带来的经济活力、城市活力，我们需要学习上海推行绿色电动汽车发展的举措。过去几年，巴西对于科研的投入持续增长，整体投入金额呈现上升趋势，卢拉总统承诺会在科研方面给予更大的投入。巴西的人口在增长，年轻群体在增长，希望未来几年将GDP的2%用于科研投入，这将是政府面临的挑战。巴西和中国之间的经贸关系，对于两国来说都非常重要。两国在外交、文化、经贸方面具有良好的合作基础，具有紧密、稳固的关系，需要加强科技创新领域的交流，使得我们关系更加紧密。

卢拉总统最近公布了新工业化计划，这也是中国正在做的，我们需要对国家重新进行工业化，实现环境的可持续发展，使社会更加公平。在这个方面我们制定了7个主要的目标任务。数字经济方面和中国的关系非常密切，需要向中国学习的地方很多。疫情以来我们意识到在健康医学方面的投入是非常重要的，巴西人民感谢中国人民在疫情方面给予的大力支持，提供了疫苗，挽救了很多巴西人的生命。此外我们致力于环境的可持续发展，尤其是风能、太阳能等清洁能源，希望持续地加大投入。中国在清洁能源方面取得了很大的成就。在抗击饥饿和扶贫方面，巴西目前还有大量人口处于贫困状态，这是一个巨大的挑战。之前我访问中国时访问了一所农业院校，看到以有机的方式生产农产品，印象非常深刻。这个农业院校的规模虽然不是很大，但可用高超的技术生产出高质量的粮食产品，提升粮食的附加值，提高粮食的单位产量，这些农业技术的应用对于小的农业生产者非常适用。这就是我们工业计划的主要内容。巴西拥有科研机构、现代化的设施，有一些高科技的实验室，有等级为四级的医学实验室，可研究一些前沿的病症。克鲁斯基金会是巴西驰名的医学研究所。巴西在深海开采石油方面有专门的研究机构，以提升工业基础设施水平，在亚马逊地区森林保护和减碳方面也有专门的研究机构。希望中国能在这些科研基础设施方面提供合作。

中国已经是我们的战略合作伙伴，希望我们的合作关系能够更进一步，这种关系是一种友好的合作关系。非常感谢中方的邀请，非常感谢让巴西能够成为本次论坛的主宾国。谢谢各位。

全国人大常委会副委员长、民盟中央主席、中国科学院院士丁仲礼的讲话

丁仲礼　全国人大常委会副委员长、民盟中央主席、中国科学院院士

> 在全球需要加强合作而不能的情况下，我国科技发展需要进行以下反思：第一，科技力量的投入和布局是否忽略了一些关键领域；第二，我们对科技人员的价值导向或者科技界的价值追求是不是出现了一些偏差；第三，和能支撑产业发展的关键核心技术相比，产生原始创新成果真有那么迫切吗；第四，如何对科研活动进行分类评价；第五，如何为国内企业进口替代建立一个良好的生态环境；第六，是否有义务保护国外的知识产权。总之，发展是人类社会的永恒主题，开放合作是建设美好世界的重要路径，我们要秉承"开放包容、互惠共享"的理念，推进高水平制度性开放，推动科学技术更好地造福世界各国人民。

改革开放以来，翻天覆地的变化受益于合作开放的国际环境，也就是我们所说的全球链接。当然这样的受益并不是单方面的，而是双边的或者多边的，开放合作推动了全球链接，全球链接又促进了多维度的创新，进而使世界更加美好。

当前，全球科技革命和产业变革深入发展，能源安全、气候变化、人类健康等领域面临诸多挑战。世界各国人民的利益和命运更加紧密地联系在一起，正需要科技创新和国际合作来应对这些挑战。然而我们遗憾地看到，当前全球链接正受到严峻挑战，个别国家正以脱钩、断链、去风险、供应链安全等明目针对中国，在技术、产业上构筑高墙小院式的封锁体系。在这样的挑战面前，尤其是面对歧视性的外部科技环境，中国的科技界何以自处，或者说在这样的压力下，我国科技界该做出什么样的反映，这是需要我们不断深入探讨的问题，我根据自己的理解列出几个具体问题。

第一，科技力量的投入和布局有待优化。我们在科技力量的投入和布局上是不是忽略了一些关键领域，一些国家对我国发动"科技战"，其精准打击的主要领域是半导体产业，核心是装备、材料等需要长期积累和不断迭代及市场规模不是很大的领域，简单来说就是底层技术、基础技术、先进装备技术，尽管他们目前打击的是半导体技术，但我们类似的薄弱环节还有不少。

第二，常常听科技界的同事们说如果化学试剂、分析仪器等领域让我国禁用，我们很多科学实验都难以开展。问题是我们过去为什么对这些领域重视不足，我们今天是不

是真正开始重视它们了，我们对科技人员的价值导向或者科技界的价值追求是不是进行了足够的引导，长期以来我们的大学包括我工作过的中国科学院，科研人员普遍注重的是在国外刊物上发表论文，一些大学校长们津津乐道的也是在四大排名中又提升到了哪一个位次。科研管理部门开动脑筋设置了五花八门的"帽子"，若要戴上这些"帽子"，要用论文作为铺垫。中央一再强调要把论文写在祖国的大地上，强调科研工作的评价要破四唯，要和真实水平和实际贡献挂钩。但是操作层面上有待进一步加强。

第三，我国科技领域的短板到底是什么。经常听到我们从0到1的成果少，主要是从1到100的成果。言下之意就是原始创新能力不强，从而把提升原始创新能力作为补短板的必然要求。我国的原始创新能力固然不强，或者说原始创新的成果不多，但放眼世界多年来又有多少原始创新成果出现呢？和能支撑产业发展的关键核心技术相比，产生原始创新成果真有那么迫切吗？尽管这两者并不是非此即彼的选择题，但对短板的准确判断非常关键，因为它会对资源投入产生决定性的影响。

第四，我们一再提倡对科研活动要做分类评价，但似乎并不明白针对我国的科研实际，到底有什么样的分类方案，哪个类别又要用什么样的衡量指标，评价后可以产生什么样的效果，尤其是经费支持方式该怎么样和评价接轨挂钩。

第五，国内企业在追求核心关键技术产品进口替代时，国家有没有给实现进口替代创造良好的生态环境。我们常常见到这样的情况，我们自主研发产品快完成进口替代时，国外相关厂商就取消对我们的出口限制，从而使我们的企业蒙受巨大的损失。这样的例子说明我们还没有为进口替代建立一个良好的生态环境。

第六，我们还有义务保护国外的产品的知识产权吗？保护知识产权有一个前提，那就是基于这个知识产权生产的产品你不对我禁止，如果对我禁止，我还有保护你的义务吗？其实多年来我们一直坚持把技术创新的主体定位在企业，这样的定位是不是有些笼统，技术创新既有根据科学原理开发出新技术的过程，也有某种新技术首次进行产业应用的过程，更有该技术不断迭代的过程，这就牵涉到哪个环节的创新主体是企业，哪个环节由国内研发机构或者大学承担。笼统地强调企业在技术创新中的主体作用，可能没有足够关注技术创新链条中不产生利润或者利润微薄的技术环节。大学该如何更好地满足市场对人才和劳动力的需求？面临大学毕业生就业难的严峻局面，这里面的原因很复杂，这与大学在专业设置、招生等方面的自主权不足不无关系。如何能在这两个方面更加贴合市场需求，还有待进一步加强。

总之，中国需要在自主创新和高水平科技自立自强的道路上行稳致远，今后世界科技竞争将更加激烈，这将是严酷的现实，也是我们不得不接受的现实，好在我国有相当规模的人口和发展积累，有理由对我国的创新和产业的未来充满信心。

朋友们，发展是人类社会的永恒主题，开放合作是建设美好世界的重要路径，我们要秉承"开放包容、互惠共享"的理念,推进高水平制度性开放,推动科学技术更好地造福世界各国人民。我衷心希望上海能在探索新方向、开拓新路径方面先行一步,在打造具有全球影响力的科技创新中心方面早日取得成功。谢谢大家。

第 2 章

浦江创新论坛（下半场）：全体大会

1 主题演讲

国际热核聚变实验堆（ITER）计划

彼得罗·巴拉巴斯基　国际热核聚变实验堆（ITER）计划总干事

> ITER 是一个超大型的国际合作科学项目。主要有 7 个成员国，其主要目标是研究和开发核聚变，使之成为一种未来能源。ITER 是一个生态系统，一个全球性的合作。ITER 采用磁约束核聚变的方法，主要装置是托卡马克，该项目的经费 46% 来自欧洲，其他每个成员国提供 9% 的经费。中国是组装热核试验堆的主要参与者之一。ITER 在开发核聚变能源的同时，也可以使其他行业受益，如磁共振成像、激光焊接、地热钻探等，本质上使它成为一个超大型的科学生态系统项目。

ITER 是一个超大型的科学项目，是一个生态系统，它的创新是以多种方式发生的。

国际热核聚变实验堆位于法国南部，共有 7 个成员国，所有成员作为一个团队共同努力，目标是探索将核聚变作为能源的未来所拥有的潜力。这张照片①中央最高的建筑我们称之为托卡马克反应堆，其他的建筑和结构都是支持系统，如工厂或者办公楼。我们的组件从世界各地运到法国，在这里进行安装和组装，最终也会投入我们研究基础设施

---

① 指作者演讲时演示的图片。因此文为后期整理，无法找到原图，为如实记录作者演讲内容，只能按原文描述。全书还有许多类似情况出现，如未做说明，均以如实记录作者演讲内容为准。

的运行当中,这是前所未有的。刚才我们听到了全球合作的重要性,我们这个项目也正好反映了这一点。

ITER是一个全球性的合作项目,参与合作的国家占到了全球人口的一半,占到全球工业能力的80%,经常被称为历史上最大的科学合作项目。这个项目是由美国总统里根和苏联领导人戈尔巴乔夫在1985年共同提出的,当时他们是"冷战"的对手,但是仍然达成了这一共识。这个点子本身也是一种创新,我们的目标就是要将核聚变作为一种新的能源利用方式。后来,日本和欧洲也加入进来,中国、韩国和印度也相继加入了这个项目。

到底什么是热核聚变呢?核聚变就是银河系所有的恒星提供能量的一种方式,是所有光、热、雨、风的来源。太阳的核聚变反应使得生命成为可能,使得植物能够得以生长。如何在地球上开发核聚变的能量呢?ITER选择了一个磁约束的方法,用一个非常大的容器称之为托卡马克,把一些气体放进去,使用电流把它转化为电离的等离子体,这个等离子体要加热到1.5亿摄氏度,比太阳核心温度还要高10倍。然后让这样的气体压缩在一起,这需要一个精准的磁场来控制,是使用超导磁体来实现的,使之形成一个看不见的笼子,把等离子体放在托卡马克装置当中。实现核聚变需要1.5亿摄氏度,这个温度在1米之内就会发生变化,然而超导需要零下270摄氏度,需要将两个温度放到一起,所以需要极端的硬力和热流。因此,核聚变是一项挑战,需要科学和工程上的创新,需要在很多领域发挥想象力。

ITER项目并不是从0开始的,有很多来自其他托卡马克的经验和全球科学家的经验,包括中国在内的许多科学家几十年来已经致力于核聚变的研究。中国有两个托卡马克,其中一个托卡马克HL3在成都市。

国际热核聚变实验堆物理规模也很大,在中心位置可以看到6号极向场线圈,它是由欧洲采购但是在中国制造的。整个试验堆需要很多首创的组件,从加热系统到诊断系统,还有一些专用的材料,都是需要专项定制的。热核试验堆项目的每个成员都希望自己的公司能够参与生产过程并从中学习。多数贡献者或者捐助者是以实物形式,少数是以现金形式提供。欧洲的捐助占总费用的46%,其他成员国各提供9%。它被分成建筑物、组件等各种各样的系统,每个系统都分配了相应的价值。这些组件需要非常精准地组合在一起,还要管理好它们之间的接口,这带来了很大的挑战。在物流方面也进行了重大创新,中国对于ITER的贡献是非常大的,除了磁铁之外,还贡献了很多其他电器元件和系统结构部件,还有气体注入系统、诊断系统等;磁体馈电装置、为磁体提供所需的电压、磁体超导低温冷却液及一些试验堆的校准线圈,也都是中国提供的,每一个都必须要按照非常精准的技术规格进行制造。中国是组装热核试验堆的主要参与者之一,也是ITER的重要合作伙伴。

2020年夏天,受新冠疫情的影响,当时习近平主席和我们实验堆所有的成员国领导人一起向项目发出了鼓励的信息,是由王志刚部长传达的,非常鼓舞人心,这对我们是巨大的荣誉,我们也非常感谢各成员国给予的鼓励和支持。

所有的这些创新研究也为其他行业带来了许多好处,如热核实验堆在磁性方面的工作可以给我们带来更好的磁共振成像,可用于医学分析;物理结构方面的工作已经运用到了运输和很多其他行业当中;热核实验堆在诊断系统方面的工作带来激光焊接、地热钻探和其他领域方面的进步等。正因为有这么多的创新才使得ITER成为一个规模空前的超大型的科学生态系统项目,能够在这样的项目中工作我感到非常荣幸。

以上是我的报告,非常感谢大家的聆听,谢谢!

中国大飞机的创新发展

贺东风　中国商用飞机有限责任公司党委书记、董事长

> 2006年,中国政府设立了16个重大专项,其中之一是开发"大飞机",并由此成立中国商用飞机有限责任公司(简称"中国商飞公司")。目前,中国商飞公司已形成三大产品谱系,分别是ARJ21、C919和C929,其中ARJ21属于支线客机,已经发展成熟并很好地实现了商业化;C919属于中短程载体客机,已获取大量订单;C929则是洲际喷气客机,运载能力更强,航程更长,目前正在设计研发当中。

尊敬的各位领导、各位嘉宾、各位专家:大家好,下面由我就中国大飞机发展的状况向大家做一个简要地介绍。

纵观人类航空发展史,从14世纪的"万户飞天"到20世纪莱特兄弟第一次动力飞行,从飞机的材质、操纵系统到发动机的改进,是无数科学家、梦想家和实践家不断探索的结果,无数人付出了智慧、汗水甚至生命才造就了人类飞天的道路。如今一架大型喷气客机的零部件数量已经超过了数百万,运输一名乘客的百公里油耗已经降至2.4升。现在大家经常乘坐的波音系列、空客系列飞机,包括我们现在推出的飞机,基本上都在这个数字以下。从最初的运输一名乘客,到现在全球每天飞行10万架次,每年搭载旅客40亿人次,航空事业的发展史实际上就是一部人类科技创新发展的历史。

中国的大飞机也是在创新中成长和进步的。2006年,政府立足经济和科技长远发展,将大飞机确定为16个重大专项之一,并成立了大飞机重大专项领导小组,组建了中国商飞公司,围绕着机制、政策、模式我们进行了积极的探索和实践。中国商飞公司作为大型客机项目的实施主体,统筹中国干线和支线飞机的发展,是实现民机产业化的主要载体。经过15年的创新发展,初步形成了ARJ21支线客机、C919中短程载体客机及C929

中远程宽体客机的产品谱系。ARJ21 作为我们国家第一款投入商业运行的喷气支线客机，目前这个系列已经具有很好的发展状态。C919 最新一代的客机，座位有 156～192 个，航程 5555 公里，去年 9 月取得了中国民航局的型号合格证，年底交付了首家客户，今年 5 月 28 日实现了商业运营，目前交付了 2 架，订单已经达到了 1061 架，后续覆盖的座位会增加到 130～240 个。ARJ21 支线客机已经投放到市场 112 架，座位有 78～97 个，目前订单 775 架。

我们的客机除了国内，也在国际航线运营。现在我们推出了公务机、货机、医疗机等系列产品，不断扩大应用市场和范围。我们首家海外用户是印尼领亚航空，运行状态非常不错。不仅在印度尼西亚国内飞行，还开通了印度尼西亚到马来西亚、新加坡等航线，已经累计安全载客 860 万人次。C929 是我们第一款洲际喷气客机，从基本型到缩短型到加长型，座位有 250～350 个，航程将达到 12 000 公里，目前正处于初步设计阶段。这 3 款飞机形成了我们的基本产品谱系，两款已经进入市场，1 款处于研制状态，后续还有新的发展机型。感谢各个科研机构和地方政府对大飞机的关心与支持。

在产品研发的过程当中，中国商飞公司积极推动产品和技术的创新，我们应用了铝合金、碳纤维辅材等一批新的材料，集成了最新一代的发动机、综合化模块航电等先进的动力和机载系统，掌握了先进的气动布局设计、高安全等级的软硬件设计等关键技术，我们也探索了 5G、人工智能、大数据等信息技术在产品研制过程当中的应用。一方面向波音空客、巴西航空公司这些行业领袖们学习；另一方面不断地借鉴新的技术，奠定了我们的竞争优势。我们很多的创新项目、创新产线、创新装备都在陆陆续续投放市场，大大提高了我们的生产效率，降低了我们的生产成本，也改善了我们的品质。我们具备针对含有数百万零部件且单位体积内零部件密度最高的交通装备的集成能力，也具备材料、电子推进液压空气动力学等多种技术的融合能力，更具备飞机制造商对于创新、安全及经济效益的权衡决策能力，这方面非常感谢全球的合作伙伴和我们一起推动创新，我们希望大家继续合作。

面对全球航空的安全、环保、效率等一系列新的挑战，中国商飞公司将秉持自主创新、开放合作的态度，与全球的供应商、合作伙伴和客户一起，积极塑造大飞机全球的创新生态，空气动力、结构效率等专业能力持续提升，围绕智能化、网联化、绿色化等发展方向，持续推动 5G、人工智能、大数据、信息技术、电池氢能等新能源技术在大飞机产业及其产品实现过程中的应用，持续推进数字化转型和可持续发展，为人类航空事业的创新发展做出中国的贡献。

开放科学时代，合作释放无限潜力

白可珊　爱思唯尔首席执行官

> 爱思唯尔是全球最大的科学信息公司，一直服务于全球科研界。通过爱思唯尔的实践，可以得到3个结论：第一，以科学为基础的创新可以造福社会；第二，全球合作有益于科学与创新；第三，开放科学可以促进创新合作。

大家上午好！今天我想重点谈一谈在开放科学时代合作的重要性。首先，我简单介绍一下爱思唯尔及我们在中国的业务。

爱思唯尔是全球较大的科学信息公司，两个多世纪以来，一直致力于服务全球科研界。我们为全球顶尖的研发企业及医疗健康机构提供服务，业务覆盖180多个国家和地区，每年出版的高质量期刊约刊登60万篇文章，占全球发表文章总数的18%，引用占总量的28%。爱思唯尔提供卓越的数据洞察，帮助客户做出关键决策、实现其战略目标。爱思唯尔的大数据平台拥有超过12亿条数据，其中包括数以百万计的作者、机构、文献记录、专利药品、政策文件等。最近，爱思唯尔推出了一款生成式人工智能工具（专业测试版），该工具基于可信赖的科研论文提供简单易读的摘要。

爱思唯尔几十年来一直服务于中国科研界，去年我们服务了中国的500多家学术和政府机构，出版了70万名中国作者的科研成果，和15万名中国专家开展同行评审合作，聘用了14 000名来自中国的编辑。中国的科研质量很高，其文章的质量和影响力已经领先于全球平均水平。这里用一个名为FWCI的归划引文影响力为例，这一指标考虑了不同学科引用行为的差异性，用来衡量研究质量的指标，FWCI相当于将科学学科差异标准化之后的全球平均值。过去5年中国作者在所有学术期刊上发表文章的FWCI比全球平均水平高出10%，文章数量比全球平均水平高出76%。

我今天要讲的第一个观点是，基于科学的创新造福社会。长期以来，我们看到很多科学推动人类发展的例子。从1800年至今，人类预期寿命从29岁增加到71岁，过去30年全球极端贫困人口比例从38%下降到8%；过去20多年太阳能发电量从1太瓦时增加到超过1200太瓦时；互联网的人口比例从全球不到7%增加到60%；人类全基因组测序成本从9500万美元降至不到500美元。所有国家都从以科学为基础的全球创新体系当中获益，对科学和创新的投入已经帮助中国和其他很多国家实现了社会的繁荣发展。未来，基于科学的创新还将是全球应对紧迫挑战的关键，包括追求实现零饥饿、气候行动、粮食安全和清洁饮水等，这些挑战在全球范围内被称为联合国可持续发展目标SDG，中国作为一个科研大国，在全球范围内发挥着领导作用。过去20年，中国在邻近研究领域发表的文章数量是全球领先的，各地区也在为达成可持续发展这一目标做出积极贡献。

我的第二个观点是，全球合作有益于科学与创新。共享信息、资源和想法，让不同地域和学科的科学家形成新的思路，这可能是单枪匹马无法做到的。合作确保最大限度地在全球范围内获得资源回报，在彼此研究发现的基础上更上一层楼，而不是浪费时间精力在不同的地方做重复的工作。对文章被引用情况的分析显示，合作提高了研究的影响力，过去5年国际合作发文的质量比所有发文的平均水平高出50%，中国国际合作显示出的优势更大，中国作者与至少1位国外作者合著文章的质量比中国单独发表的平均水平高出63%。同样，学术界与产业界之间的合作也使得文章被引用次数显著增加，如产学合作发文的FWCI指数比全部发文的平均水平高出62%。在中国，产学合作发文的FWCI指数比全部中国作者发文的平均水平高出38%。举个例子，和可再生能源有关的太阳能燃油，现在迫切需要开发更加可持续的替代品，为了实现这一目标，大量的科研人员开展了众多研究，郝勇就是其中之一。他是中国科学院工程热物理研究所的一位教授，还是爱思唯尔期刊的编辑，他先后在合肥市的中国科学技术大学及加州理工学院求学，研究二氧化铈在太阳能燃料生产中的应用，2017年郝勇教授和苏黎世联邦理工大学的教授合作的研究成果发表于爱思唯尔期刊，阐明了将水和二氧化碳转化为燃料的潜力。再举一个例子，去年一个全球研究团队在爱思唯尔的另外一本期刊上发表了一项关于全球供应链规模化实现生产的开创性成果，促使一家新兴企业与瑞士国际航空公司及汉莎航空集团达成了战略合作，将这一技术推向航空市场。随着时间的推移，科学研究中的合作正在不断地加强，全球国际合作发文的占比从1996年的10%增加到2022年的22%，中国国际合作发文比例目前和世界平均水平相当。

我的第三个观点是，开放科学促进合作。开放科学讲述了一种更包容、更协作、更透明和可复制的工作方式，包括开放获取、开放数据、开放标准、开放评估、开放基础设施等，这些都依赖于合作。开放科学源自于科学界，目前已经得到了一些机构的支持，如联合国教科文组织和经济合作与发展组织。开放科学可以提升科研表现并造福人类，爱思唯尔全力支持开放科学，开发和推广新方法，通过全球期刊支持国际合作和跨学科合作，提供多样化的开放获取出版选项。我们帮助科研人员在出版科研成果的同时共享数据，通过业界机构和学术团体支持开放标准。爱思唯尔关注的另外一个领域是包容性，支持更具包容性的科研，通过各种举措在地域、性别、种族和民族方面提升科学参与的多样性，并确保在研究的设计和报告中考虑多样性的因素。开放科学如何为社会带来大规模的效益？以新冠疫苗的开发为例。世界从面临全球疫情大流行到提供可能挽救超过2000万人生命的新冠疫苗，经历了短短9个月时间，这是史无前例的。首先，已有的经同行评审的高质量研究提供了基础设施，包括新型冠状病毒免疫学、流行病学模型和行为心理学等；其次，全球的政府、企业和学术界都有一个明确的目标，即开发一种疫苗，因此疫苗研发也得到了广泛的资助；再次，这些条件促进了国际学术机构和企业科研人员之间的通力合作,他们共享知识和资源;最后,开放科学实践的应用得到进一步发展。例如 2020 年 1 月,中国科学家在快速完成新冠病毒的分离和测序之后,将基因测序数据及同月发表在《柳叶刀》上的研究成果分享,使全球传染病专家得以研究相关数据,从中寻找病毒行为特征及防治方法。爱思唯尔免费开放了所有与新冠病毒相关的内容和产品。开放科学带来了诸多机遇,但也扩大了部分风险。例如,系统生成的不实信息,捏造的文本、数据、图像等,以及掠夺性的出版。我们对技术和系统平台进行持续性地投入,我深信在开放科学时代国际社会能够通过合作应对重大的全球性挑战。

最后,再回顾一下我的主要观点,基于科学的创新造福社会、全球合作有益于科学与创新、开放科学促进合作。全球科学界各相关方应共担责任,支持并促进合作。当我们努力应对所面临的全球性挑战时,这一点尤为重要,这些挑战也都是联合国可持续发展目标的一部分。我期待着与大家携手共同实现这一目标。感谢大家的聆听,谢谢!

围绕从基因组到表型组的主题展开

金力　中国科学院院士、复旦大学校长兼上海医学院院长

> 中国发起了一个研究表型背后的生物学机制的大科学计划,该计划是一个分布式的研究计划,目前包含 20 个成员国。其目标是要建立起表型和基因之间的关系,从而分析相关疾病的产生原因,最终用于治疗疾病和服务于人类的生命健康。目前,该计划已获得了表型组导航图的 1.0 版本,形成 150 万个强关系信息。

各位嘉宾,我汇报一下我们的一个国际大科学计划,主要是生命科学领域的。我们的研究对象叫表型,即所谓可测量、可观察的形状特征,包括结构性的物理特征、化学类生物类的特征及是否容易生病等。生命科学的研究就是要搞清楚这些表型背后的生物学过程和生物学机制。把这些表型统统放在一起,就叫表型组。人类主要想搞清楚这些表型背后的生物学机制,做起来十分困难,没有线索,只能通过大量探索。这个现象直到 1980 年发生了变化。有一批遗传学家认为,可以通过加息和人群研究把表型或疾病与某一个基因联系起来,再搞清楚这个基因是干什么的,这样背后的机制就搞清楚了。因此,把基因和表型之间的关联作为切入点,就可以形成一种新研究方法。

为了更高效地做这件事,启动了人类历史上第一个生命科学大计划,就是人类基因组计划,目的就是把人的基因都测一遍,以了解这些基因是干什么用的。这个计划规模相当宏大,花了整整 10 年时间,有几十个国家的科学家参与,最终于 2001 年完成。它对生命科学领域、生物医学领域产生了巨大的影响,生命科学到 2000 年以后就进入了黄金期。

但是现在，基因组学的研究在连接表型和基因的关系上进入了"瓶颈"期，原因是遗传的机制本身就是相当复杂的，表型本身也是很复杂的。

大家看到，基因在一端，表型在另外一端，这其中有太多的结构需要穿越。它们之间的关系不是一一对应的，因此要直接连接基因和表型确实非常困难。例如，基于基因组疾病的研究，它的样本量越来越大，大到几万甚至几十万。如何降低表型的复杂度？为了解决这些问题，我们提出了表型组计划，就是把宏观表型、微观表型及和机制相关的表型直接连起来，顺便把基因也一起带进去，最终目的是把宏观表型和微观表型连起来，看它们究竟是什么样的关系。表型有几十个甚至几百万个，具有复杂性、跨尺度性和动态性。

生物医学的对象是人，这些人遍布全球，不可能把他们全都拉到一起做实验，所以就需要跨国科学家团队合作。我们把这一类大科学计划，尤其是适用于生命科学的大科学计划叫作分布式计划，最早是在上海市级重大专项的支持下发起的，目前已有了一定基础，中长期的目标是让它成为一个国际大科学计划，研究对象除了中国人之外还有其他不同大陆的人群。该计划需要有一个统一的标准，2015 年提出这个想法，2016 年召开了首届国际人类表型组大会，提出了核心任务和路线图，2018 年正式启动并成立了一个国际协作组，我们希望每年在国际合作和协调上都能有所进展。

这是我们国际人类表型组研究协作组的成员，一共 20 个国家。我们的工作成果一定要达成国际共识，一方面向更加协同的方向推进；另一方面实现数据的开放和共享。但关于数据的开放和共享，现在阻力越来越大，需要通过政策与技术相互配合才能解决。为了设立共同的操作标准，提供一张供研究的导航图，实时告诉你进展和该往哪个方向走，我们建立了一个大平台，按照要求完成了对 1000 个人每人 24 000 个表型的测量，构成了他们之间的关系图。根据此图，我们发现了超过 100 万个强关联，于是我们获得了表型组导航图 1.0 版本。根据这 100 万个强关联，我们提出了一系列新的应该回答的问题。

总之，大科学计划就像人类命运共同体一样，我们也要有一个科学的共同体，这是人类生存和发展的必要条件。

见微知著——通过中微子探索极端宇宙

徐东莲　李政道学者、李政道研究所副教授

中微子是认识和研究极端宇宙问题的一个有利武器，它们充斥在宇宙的每一寸空间。通过中微子，可以进行 3 个方面的研究：一是揭开宇宙射线起源的身世之谜；二是通过天体中微子寻找量子引力；三是通过中微子寻找暗物质。捕捉和

> 研究宇宙中的中微子，需要利用中微子望远镜，这一大科学装置从研制到建成最少要10年时间，而且需要建立国际合作组才能达成。

人类一直是用光来探索宇宙的，然后得到了今日的宇宙观。140亿年前的大爆炸，创造了时空和万物，包括宇宙中的基本粒子，它们是构成宇宙的最小单元。

玻色子负责传递相互作用力。非粒子中有3类中微子，它不带电，只参与弱相互作用和引力作用。它们可以从致密的天体环境中逃离出来。宇宙中产生中微子的源头非常多，都和极端的物理过程有关，如宇宙大爆炸时的中微子充斥着每一寸的宇宙空间。太阳核聚变也会产生海量的中微子，我们地球的所有生命都浸泡在太阳所产生的中微子海洋里，每一秒钟有大约100亿个太阳中微子穿越我们的指甲盖。最高能量端就是来自宇宙深处的黑洞，被预言会产生超高能的中微子，但到达地球的通量很低，大约等待100倍的宇宙年龄才能等到一个黑洞中微子穿越我们的身体。

在这些遥远的活动星系的黑洞附近，高能的宇宙射线就是核子，被加速到极高的能量，和周围物质发生碰撞，碎裂时产生派子、高能光子和中微子。但是在一些黑洞附近致密的环境下，光子可能会被吸收掉，只有中微子可以逃逸，通过捕捉这些中微子就能找到源头，因此中微子是研究极端宇宙的独特探针。我们要捕捉它们就要用非常大型的中微子望远镜。1960年，苏联理论物理学家提出，可以在深海里面通过安装阵列式的光敏探测器来捕捉中微子反应产生的次级粒子产生的光，其中隔点阵列要达到立方公里的监控体量。南极的冰立方体就是首个达到立方公里体量的中微子望远镜，在南极极点的冰川中有86根串链，2010年建成，2013年首次发现了它们，开启了中微子天文学新的时代。

去年冰立方用了10年累计的数据成像出了距离地球4700万光年外的活动星系，这个活动星系黑洞被大量的尘埃覆盖，高能光子也无法逃逸，但是中微子逃逸了。冰立方打开了通过中微子研究极端宇宙的新窗口，现在全球范围内都在紧锣密鼓地筹建下一代性能大幅提升的中微子望远镜，包括贝加尔湖实验GVD，还有地中海望远镜KMGNET等。

捕捉更多的天体中微子有什么意义？首先，通过对中微子的探测，可以确切揭开宇宙射线起源的身世之谜。通过探测中微子在时空中传播发生震荡的现象来检验时空的对称性，这种对称性在一些大统一模型里面得以应用，预言了量子引力理论会发生破圈。其次，还可以通过天体中微子寻找量子引力。量子引力效应能在普朗克能标状态下发生，它只存在于超高能宇宙，到现在人类也无法通过技术重演那么一个高能的宇宙，低能的真空中也可能存在量子引力，但是这个量子引力是被普朗克能量压制的，所以可观测的效应很微小。我们探测遥远天体产生的中微子在时空中传播时发生的奇异种类的转换，从而寻找新的量子引力的时空节奏。最后，我们还可以通过中微子寻找暗物质。我们不知道暗物质的本质是什么，但是我们知道它充斥着宇宙的每一寸空间，而且在银河系中心、太阳中心、地球中心，这些暗物质粒子会发生湮灭或者衰变成中微子，我们可以把中微子望远镜对准它们来追踪暗物质的踪迹。

中微子望远镜可以把整个地球作为一个屏蔽体来探求地球对面穿越而来的中微子。只有中微子可以穿越地球，其他粒子办不到。不同的高能中微子穿越不同的地质结构，反应和被吸收的概率也不一样，中微子望远镜通过接受地球对面穿行而来的中微子来对地球做CT，透视地球。但中微子望远镜大科学装置，从研制到建成是一个漫长的过程，一般以10年为一个量级，建成之后产生海量的科学数据，必须建立国际合作组才能达成。

总之，中微子是研究极端宇宙的利器，是连接宇宙中极大和极小的完美桥梁。我们可以通过捕捉来自宇宙深处的神奇粒子，实现见微知著，静听寰宇。谢谢大家。

2　圆桌论坛：开放的创新生态，创新与全球链接

主持人：
金　力，中国科学院院士、复旦大学校长兼上海医学院院长。
嘉　宾：
彼得罗·巴拉巴斯基，国际热核聚变实验堆（ITER）计划总干事；
尼科斯·洛戈塞蒂斯，国际灵长类脑研究中心主任、认知过程生物学研究组组长；
陈玲玲，中国科学院分子细胞科学卓越创新中心研究员；
徐东莲，李政道学者、李政道研究所副教授。

金力：非常荣幸接下来由我主持。当前全球的科技创新进入一个密集的活跃期，各种前沿技术接踵而至，加速了社会的发展，也改变了我们的生活。但是全球发展的不均衡性是仍然存在的，战略性、前瞻性领域的科学问题也都呈现了前所未有的复杂性，必须通过全球性的开放合作才能应对，大家都有这种共识。我们接下来要探讨，在世界百年未有之大变局加速演进的情况下，面对国际环境的快速变化，我们如何通过科技创新合作来应对各种全球性的挑战，为世界注入稳定性？首先请彼得罗·巴拉巴斯基先生发言。

彼得罗·巴拉巴斯基：我将所有生涯投入在热核聚变领域。热核聚变和其他很多科研领域一样，都离不开国际合作。我们要进行知识的分享和交换，以及灵感的碰撞。我前面给大家介绍了热核聚变实验堆项目，这是里根和戈尔巴乔夫最早提出来的，涉及世界上很多国家。一个全球性的挑战，如能源供给问题，我们需要有全球的知识，在这样一个项目当中全世界所有人可以集中力量合作。我们有很多这方面的国际合作范例。

热核聚变是一种应用科学，目前来说信息交换在全世界范围内还是一种相对免费的自由交换。但是我们需要有更多的实验，我们不光需要知识，还需要复杂的科研设施。我本身是一个工程师、科学家，然后才是项目的管理者，在一个项目当中创新在早期是非常重要的，实施过程当中需要有想象力，可能后面阶段创新没有那么重要了，因为有时候太天马行空也不利于项目的具体实施。我们通过这个项目给大家提供了一个典范，没有太多项目能像这个项目那样有这么多的国家一起参与，它代表着全世界的通力合作。有时候一些地缘政治因素也会影响到国际合作，在这个项目当中我们充分利用了国际合作。

金力：谢谢！尼科斯·洛戈塞蒂斯教授，您是不是可以对全球科学创新合作谈谈您的想法？

尼科斯·洛戈塞蒂斯：我想先谈谈大脑的复杂性。大家知道大脑是宇宙中最复杂的器官，它的复杂程度令人叹为观止。人类的大脑有数以千亿计的神经元细胞，神经元是我们传递信息的基本元素，让大家能够感知、理解和学习，它们之间的连接数量巨大，1立方毫米的空间里可能有数千个神经元，还有长达1公里的轴锁来连接这些神经元。有太多的方向连接着不同的地方，有时候你不知道一个单元用什么样的方式进行计算，也不知道这些基本单元是神经元还是哪种不同的组合，是局部的还是全面的，等等。此外还有双向沟通，我们觉得大脑中有很多可能性，大脑里面有很多通路，这些通路本身就是可以自我组织的。这种结构是多元素的，你衡量一个信号的时候这个信号有很多不同意义的重合原则。其实从计算的角度来说大脑可能是世界上最复杂的动力系统，说它复杂意味着它的行为是不能被恢复或者预测的，你不能通过对于这个系统里面每一个局部的分析来预测整个大脑全部发生功能的行为。我们称之为自组织，就像社会组织一样，并不是说不同的局部加在一起就可以获得所有组织的结果，这在大脑中是不现实的。我们意识到没有任何一个方法可以让我们很好地理解大脑功能，如老化性疾病，没有办法可以分析，除非融合技术的发展，从某种程度来说人工智能有很大的帮助，还有强大的数学计算能力，如果只用模型没有办法实现分析。要先有一个假设，然后再进行验证，从这个角度来说组织这样的交流平台值得骄傲，因为最好的办法就是国际合作和国际交流，一群人在一起做复杂的事情。这个小组必须要有最优秀的人加入，提供他过去的经验或者某些专业领域的意见。但最佳并不是说一定是德国人、中国人或者意大利人，在挑选最优秀的时候不应该有国籍的偏见。

金力：要把聪明的大脑搞清楚，把一堆乱糟糟的电线理清楚，需要全球最聪明的人来做。徐东莲教授，您对于这个话题有什么看法？

徐东莲：粒子物理是国际合作非常好的例子，粒子物理过去几十年的巨大成功完全得益于国际大合作。我国主导的江门中微子实验，有七八百个合作组成员，其中有一半是外国专家。在国际合作中，有很多方面我感受到了一些困难和不那么通畅的地方，如何保证国际合作的稳定性？从我自己5年的工作经验讲，首先，我们团队自己要在具体课题上能有独特的想法和创新，这样我们可以吸引国际同行的关注，他们会寻求与我们的合作。其次，我们要更开放和更自信地和他们对接。虽然现在可能国际合作的环境有许多不尽如人意的地方，有困难的时候我们还是要和他们沟通、交流，带领学生团队参加国际会议，在国际会议上贡献团队的智慧，和他们做更多的当面沟通，这个总是比线上会议或者写一个邮件好得多。

金力：国际合作并不仅需要我们科学家有国际合作的意愿和国际合作的能力，非常重要的是我们还需要一个环境，使得我们的国际合作能够得到保障和更多的支持。下面请陈玲玲教授谈谈。

陈玲玲：我想从两个方面浅谈一下科学创新无国界。第一，很多具有中国国籍的学者和专家在全球各地开展创新性的科研活动，取得了非常多的技术革新。我们有一些举重若轻的外籍学者在中国开展工作，这是一个非常简单的共识，我们可以在不同地域开展工作，都是为了建设更好的人类家园。第二，我们都生活在一个地球村，过去几十年的科技变革使得我们的生活更加便利，也更加先进，但是也带来很多全球面临的共性挑战，如气候变化、今天多次提到的粮食和能源危机，还有很多人类没有认识到的疾病机制等。在公共危机到来的时候还会发生一些新的疾病，科学创新的确是无国界的，我们需要更大力度地促进全球的科技合作与交流。

金力：好的，谢谢。时间有限，我也谈几点体会。第一，全球科技创新应该以人类的福祉作为出发点和落脚点，要关注人类面临的共同问题和挑战，服务于人类社会的可持续发展。第二，要建立全球科技创新网络。这个网络特别重要，它可以促进科技资源的共享和交流，从而提高科技创新的效率和质量。第三，要加强全球科技治理，制定公平合理的国际规则和标准，保护知识产权，维护科技创新的秩序和安全。第四，要推动科技创新和社会发展相结合，解决全球性挑战所带来的不公平和不平等的问题，实现可持续发展。

再次感谢各位嘉宾的精彩分享，同时也感谢这次大会所有的演讲嘉宾，就全球的科技发展、创新合作、前沿应用等话题分享了自己的智慧和见解。希望通过浦江创新论坛及更多类似论坛的举办来促进全球科技创新合作，为实现人类社会美好生活提供助力和支持。

再次感谢各位的到来，谢谢大家。

第 3 章

创新文化论坛：追光——创新的精神与动力

1 论坛综述

科学文化是科学技术发展和创新的精神土壤与动力之源。党的二十大报告指出，完善科技创新体系需要"培育创新文化，弘扬科学家精神，涵养优良学风，营造创新氛围"，创新文化已经成为国家科技创新体系的重要组成部分。创新文化为孕育创新思维、触发创新潜质、维持创新活力提供了良好的创新环境和氛围，是激励创新行为的核心支撑。与会嘉宾一致认为，创新文化的培育是一个多维建构过程，世界各国要借变局之机培育创新的价值观念，以制度保障营造良好的创新氛围，以深入开放推动国际科技交流与文明互鉴。

2 嘉宾演讲实录

以创新文化软实力涵养科技硬实力

张碧涌　科技部党组成员、科技日报社社长

创新文化是国家科技创新体系的重要组成部分，创新文化直接影响创新人才的培养，而创新人才又决定了创新成果的产生。要做到以创新文化软实力涵养科

> 技硬实力，一是坚定创新信心，深入挖掘中华优秀传统文化中蕴含的创新思维和创新意识；二是培育创新思维，发挥科学家和企业家的重要引领作用；三是营造创新氛围，在鼓励大胆创新、勇于创新、包容创新方面不断进行探索实践；四是建立创新机制，在推进科技创新方面采取多种有效机制。

党的二十大报告指出："培育创新文化，弘扬科学家精神，涵养优良学风，营造创新氛围。"这段话是放在"完善科技创新体系"这个标题下表述的，也就说明了创新文化是国家科技创新体系的重要组成部分。

正如土壤、树木、果实三者的关系一样，创新文化、创新人才和创新成果也是同样的道理。创新文化直接影响创新人才的培养，而创新人才又决定了创新成果的产生。

最近，科技日报社和科技部办公厅共同开展了一项调研，题目是"以创新文化软实力涵养科技硬实力"。下面我与大家分享一部分调研内容，主要有4个方面。

第一，坚定创新自信。

习近平总书记指出，"中华民族是勇于创新、善于创新的民族。""创新精神是中华民族最鲜明的禀赋。"有一些观点认为，以"中庸"为代表的中华传统文化，对于创新有负面影响。"李约瑟之问"加剧了这种认识。这就需要我们从"两个结合"的高度，深入挖掘中华优秀传统文化中蕴含的创新元素。在5000年的文明进程中，中华民族不仅有四大发明等一大批的发明成果，形成了农、医、天、算等方面的知识体系，还孕育了底蕴深厚的创新思维和创新意识。主要表现在以下5个方面。

一是对立统一的观点。面对未知的世界，中国先民在对立统一中寻求突破，大胆提出假说。《周易》就是典型的代表，《孙子兵法》《黄帝内经》也都体现了对立统一的辩证思维。

二是格物致知的精神。中国先民通过观察太阳运动，结合物候等变化规律，形成了二十四节气。李时珍的《本草纲目》、沈括的《梦溪笔谈》都是格物致知的代表。

三是技术革新的理念。以鲁班为代表的中国先民，创造了很多的器物和工艺技术。从生产生活中来，到生产生活中去，以需求为导向的技术革新，在历史上极大提高了劳动生产率。

四是因地制宜的思想。最典型的案例是都江堰，大家都耳熟能详。

五是融合创新的意识。明代科学家徐光启提出，"欲求超胜，必先会通"，"会通"体现的就是融合创新的意识。中医在过去也吸取了古印度医学的四大说和"万物皆药"的观念。

这些案例都充分说明，中华民族是富有创新精神的民族。我们能够在历史上领先世界，也一定能够依靠创新引领未来。

第二，培育创新思维。

习近平总书记对于"培育创新意识和创新能力"做出了重要指示。在创新文化建设中，科学家和企业家发挥着重要作用，许多科学家和企业家都有深刻的论述。

一是好奇心。中国工程院院士康红普认为，很多原创成果都是由好奇心而非功利心驱使产生的。我国载人航天工程的总设计师周建平院士，他至今仍然记得，13岁的时候仰望天空找寻东方红一号卫星的经历，正是浩瀚星空点亮了他的科学梦想。

二是想象力。西湖大学校长施一公院士指出，在人类文明的进程中，许多看似不合常规的异想天开，给科学探索提供了鲜活的命题和无限的空间。很多科学家都经常引述爱因斯坦的名言，"想象力比知识更重要，因为知识是有限的，而想象力概括着世界上的一切。"

三是大志向。图灵奖获得者姚期智认为，要让学生在大学本科阶段就感觉到他们是最好的，以无限的可能性去做一些创新的研究工作，这样他们就可能成为世界的领跑者，否则他们可能只想毕业后找一份安稳的工作、过个安稳的人生，没有大的志向。

四是选对方向。杨振宁先生看过上千位博士生，他说，有的非常成功，有的却失败了，不是因为成功的比失败的聪明多少、努力多少，而是因为研究方向的选择。他寄语研究生，要清楚方向、选对方向。

五是质疑批判。中国工程院院士钱七虎指出，原始创新最重要的是颠覆性创新，要实现颠覆式创新就不能受权威的束缚，尊敬权威与迷信权威是两回事。当年，陈景润就对华罗庚先生发表的《堆垒素数论》中的塔内问题提出了具体的改进意见，实际上也是质疑。

六是善于提出问题。李政道先生指出，要开创新路，最关键的是会不会提出问题，能正确地提出问题就是迈开了创新的第一步。自动控制学家戴琼海院士指出：我希望学生能提出一个关系未来的问题，有时候提出问题可能会比解决问题更重要。

七是学科交叉融合。菲尔兹奖获得者、数学家丘成桐认为，科学和人文是能够互相帮助对方的，好的科学知识对人文有帮助，好的人文修养对科学也有帮助。他指出，良好的文化修养孕育了很多大科学家。

还有很多企业家也提出了创新理念，如"一根筋"。大家都知道，华为的Mate 60非常火热。华为就是坚持"一根筋"式的创新精神，他们始终对准信息通信领域这个"城墙口"进行突破。任正非先生谈到华为为什么不上市时，他解释道："如果上市了，股东看到在股市中的盈利，会逼着我们横向发展，我们就攻不进无人区。"

还有"换道超车"。"换道超车"就是开辟另一个赛道实现超越。典型的案例就是海尔的张瑞敏先生。他指出，在互联网时代，要换道超车，而不只是弯道超车。几年前他就提出，海尔要搭建后电商时代的商业模型——物联网。

第三，营造创新氛围。

习近平总书记指出，"要在全社会积极营造鼓励大胆创新、勇于创新、包容创新的良好氛围。"

现在,各地各部门各单位在营造创新环境氛围方面进行了许多很好的探索实践。例如,有科创圈、科创带,其中上海松江牵头的 G60 科创走廊,非常有代表性。还有陕西的青创园,上海还建设了基础研究特区。"热带雨林"式创新生态,以宁波的宁州区为代表,让各种创新主体在一个创新生态中相互交织、相互促进,类似热带雨林中的生物群落,政府在其中扮演园丁的角色。还有创新楼宇,武汉市今年明确提出,要打造 120 万平方米以上的创新街区、创新园区、创新楼宇,他们的创新楼宇还有专门的 Logo,标识性非常强。还有在公共场所展示"大国重器",重要的代表是,在上海最大的地铁站"人民广场"站,展示三艘大国重器——超大型集装箱船、"雪龙 2"号破冰船、"造岛神器"天鲲号,并开通了"科技追光"的主题列车。再就是创新文化节,如上海科技节,邀请科学家走红地毯,让科学家更多地受到社会的关注,湖北也是一样。江苏苏州确立每年 7 月 10 日为苏州科学家日。还有以科学家命名公关团队,中国科学技术大学成立了很多科技攻关突击队,都以老科学家命名,如"钱学森科技攻关青年突击队""赵忠尧核与粒子物理科技攻关突击队"等。还有中国科学院苏州纳米所也成立了以 4 个老科学家命名的科技攻关突击队,有"王守觉突击队""王淦昌突击队""童第周突击队""南仁东突击队"等。

另外,一些地方举办以古代科学家命名的科创活动。例如,福建厦门实施以宋代科学家苏颂命名的"苏颂工程",举办了"苏颂杯"创新创业赛等一系列活动。江苏昆山将每年的 3 月 14 日命名为"祖冲之日",举办"祖冲之杯"昆山创新创业大赛。还有企业建立了科技馆。例如,科大讯飞在全国 30 多个城市建设了人工智能体验中心,面向中小学生开放;小米集团在总部也建立了智能家居体验馆,既展示自己的最新科技产品,也让消费者亲身体验未来的智能生活。还有创客文化,典型的代表是清华大学的 i.Center,这是目前全球最大的校园创客空间,10 年来,每年服务 1 万名以上的学生参与双创项目和双创活动,并发展了创客社团。还有 X 文化,X 代表着探索未知。清华大学有一个 X-lab 项目,目前超过 3 万人次青年学生参与。中国科学院研制了创新 X 系列科学试验卫星,他们还与相关公司共同发布了创新 X 科学航班计划。深圳有一个零一学院,他们以发掘汇聚天下天才、奇才等 X 型学者为切入口,扩展学生年龄段,扩大招生范围。

第四,建立创新机制。

习近平总书记指出,要坚持科技创新和制度创新"双轮驱动"。

近年来,各地各部门各单位在推进科技创新方面也采取了很多非常有效的机制,如"揭榜挂帅"制、"赛马"制、"军令状"制、链长制、项目长制、校企双导师制、经费包干制等。以链长制为例,大家都知道"复兴号","复兴号"的链长是中国中车集团有限公司。"复兴号"一共需要 40 000 多个零部件,这个链条串联起了全球 13 个国家和地区、国内 20 多个省份的 6900 多家企业。

还有企业创新积分制、项目分类分级管理制、"科技合伙人"制、创新联合体、科技商学院等机制。最近，《科技日报》在头版头条也推出了很多关于改革创新机制的报道，我这里着重介绍几项。一是企业创新积分制。科技部火炬中心推出一种科技金融新型政策工具，通过为企业制定18项核心指标，为企业精准画像、精准滴灌、精准培育，引入金融机构，成功破解科技型企业的融资难题。目前，全国已有超过10万家企业纳入积分评估中，取得了非常明显的融资效果。二是项目分类分级管理制。中国原子能科学研究院编制了一个项目分级分类管理指引，把院里所有项目分为6个阶段，即申请立项、初始配置、项目上线、项目规划、项目实施、项目验收，再按照重要性把项目分为战略项目、重点项目、一般项目3类，按照性质又把这些项目分为12类，对各级各类项目的各个阶段都匹配了相应的项目管理办法和流程。三是"科技合伙人"制，专家通过科技成果、技术服务等入股的新型农业经营主体，与农民形成利益共同体，推动科技成果快速转化。例如山东省农业科学院从3年前开始，他们选派500多名科研人员深入乡村振兴一线，一方面为农村送技术、为农民找门路；另一方面也转化科技成果，他们以知识产权、技术服务入股，成为乡村振兴的科技合伙人。

科技成果拍卖会、科技成果直通车、国家科技计划成果路演行动、科创路演中心、创新概念验证中心等，这些都是关于科技成果转化的好机制。还有各种创新大赛、创新大奖，包括我们正在举行的创新论坛，由于时间关系，就不详细介绍了。

巴西国家创新体系中的技术转移

奥索里奥·科埃略·吉马良斯·内托　巴西科学技术创新部副秘书长

> 强大高效的国家创新体系是培育科学文化制度的基础，没有一套完备的国家创新体系，科学文化的培育就无从谈起。巴西的国家创新体系主要由科研、基础设施、融资、人力资源和创新等五大支柱构成，主要参与方为政府机构、融资机构及科技转让和创新主体。巴西正在制定新一轮的国家科技创新战略，创新主体将通过多种工具来实现科技转让和创新，包括提供资金支持的各地基金会、鼓励企业研发的税收优惠机制、激励部门之间研发合作的科技创新框架，以及针对初创企业和中小企业的法律框架，这些都将有利于科学文化的培育。

大家上午好！今天特别荣幸来到这里，跟大家分享巴西在项目与政策方面的有关经验做法，主要是巴西的技术转让。在巴西的技术转让体系中，主要涉及以下几个参与方和工具，来推动巴西的技术转让。

首先，巴西的国家创新体系由五大支柱构成，分别是科研、基础设施、融资、人力资源和创新，这五大支柱代表着在巴西内部进行技术转让的过程。

其次，巴西创新体系的主要参与方，可分为三大块。

最上面一层是政治层，中间一层是融资机构，最下面一层是科技转让和创新的重要主体。

在政治层中，首先是行政层面的力量，不仅有负责制定主要的科技政策的科技部，还有其他的部委、监管部门、州和市级地方政府，以及 Confap 和 Consecti 也是重要的参与方。Confap 是科技领域重要的资金筹集方，他们的组织遍布巴西。Consecti 则相当于州一级的科委。其次是立法层面的力量，既包括国家的国会，又涵盖州一级的国会。最后是社会层面的力量，有研究方面的、行业方面的，还有其他有关的行业协会。

中间层是融资机构。CNPq 和 Capes，这两个机构主要提供拨款；Finep 和 BNDES，主要寻找一些能提供财政支持的机构，资助下面的主体来进行一系列的创新活动。

最下面一层是大学、研究机构，他们是主要的创新主体。

支持巴西研究的基础是什么？在每一个州都有一个基金会来支持当地的科学研发工作，叫 FAP，这也是联邦政府的主要触点。

其他就是科技园区，其也是重要的主体。现在巴西共有 58 个科技园区。未来我们将会额外再给 18 家科技园区提供更多的财政资源，其中已经有 13 个科技园区正在实施。

这些科研研究所和科技部有关联，每一个都负责特定的领域。有负责材料和能源的；有在马逊做研究的；有负责天体物理的。每一个研究所都和巴西国内的一个创新项目有特定联系，都是科技部附属的，也都获得了科技部所给予的授权，就某一个领域进行研究。

为了统筹协调这一复杂的局面，巴西构建了一个在科研方面的全国性组织结构，并制定了一个国家战略来推动科技和创新。这一国家战略，到 2023 年底都是有效的。巴西现在正在讨论推进一个更新的战略。该战略有几个目标，其中一个目标就是要提升巴西的系统性框架，以带来生产效率的提高。这意味着巴西要为行业和企业提供友好的环境，让它们对科技和创新进行投资，并通过科技的方式来消除各地发展的不均衡与不对称。在新一届联邦政府的支持下，科技部内部建立一个新的秘书处，旨在通过科技创新实现社会包容性、实现社会政策。

当前，巴西正在制定新一轮的国家科技创新战略，将围绕 4 个重要的结构性支柱进行组织开展：第一，修复、扩大并巩固国家科技创新体系；第二，为再工业化提供新基础，为企业创新提供支持；第三，通过科技创新推进国家战略项目；第四，通过科技创新推动社会发展。

这里我主要介绍 2 个：一是为了国家战略项目的推动而进行科技创新。具体而言，巴西现在面临着很多的挑战，包括粮食安全、气候变化、残疾人福利等一系列的问题，我们需要通过设立一些战略项目来应对巴西国内所面临的巨大挑战。

二是通过科技和创新来推动社会问题的解决与发展。建立一个由科技部负责的创新秘书处，该秘书处职能是协调解决社会融合问题，以此来更加有针对性地解决巴西国内存在的重要社会性问题。

在实施政策和战略的过程中，创新主体哪些工具来实现科技转让和创新呢？我重点分享以下4个重要的工具。

第一个叫FNDCT，这是巴西最重要的基金会。第二个叫GoodLaw，它是面向企业建立的税收优惠机制，以激励其进行研发工作。第三个为科技创新框架，它将很多的创新法规整合在一起，激励公司部门间的研发创新合作。第四个是针对初创企业和中小企业的法律框架。

首先，是在MLCTI创新法律框架下，有一系列因该政策而受益的组织，被称为STI，并分为公共STI和私营STI。STI就是指进行科技创新活动的一些机构，有大学，有联邦机构，还有公共实验室，他们都整合在STI这个名字下面，在科技创新的框架下来进行创新并启动一些项目。

MLCTI创新法律框架是非常复杂的一系列法律的集合，它支撑了巴西的创新体系，为了解决各行业之间的问题，在其基础性原则中，我们想强调几点。一是要推动公共机构之间、公共机构与企业之间，以及不同企业之间的合作与互动。公共领域和私营领域之间的合作，需要有特定的政府机构来负责。二是要鼓励建设更有利的环境，通过赋能环境来推进创新和科技转让，通过提供良好的生态系统来激励企业进行研发活动。这些应该与我们的产业政策整合在一起，使巴西的产业政策和科技活动形成合力，共同来推动创新，产生创新。

第二个重要工具，是针对初创企业与中小企业的法律框架，主要包括三大支柱。一是企业环境，二是简化投资过程，三是政府行动。

这个针对中小企业的法律框架，它的目标不仅是要为中小企业提供一些资金上的支持，而且要为其提供一个法律上的框架，让小企业和大企业之间建立起联系，并且让州一级政府和联邦政府能够与这些初创企业建立起联系。

此外，就是在研发方面由法律框架来规定必须进行国家的融资投入，使其形成法律上的要求，让大公司来支持建立起基金会，让这些基金会去支持初创企业的研发工作。如果巴西的州一级或市一级的政府遇到一些问题和挑战，它们可以和初创企业联系，其联系过程是非常简单的，它们可以让这些初创企业来解决一些针对性的问题。

第三个重要工具，我们叫LeidoBEM，英文叫GoodLaw（好法律）。企业在巴西进行研发工作，可以依法获得来自巴西政府在税收方面的激励。具体而言，如果这些企业能够证明它们在进行研发活动，就能获得200%的税收优惠。什么叫200%的优惠？一般来说，政府能够退还的金额大概能占到全部纳税额的30%。

这是很重要的一个工具，2021年，有3012家企业利用了GoodLaw这个工具，共有13 000多个研发项目是在GoodLaw的框架下进行的。到底涉及多少经费？每缴纳1雷亚尔的税额，大概就会带来4.7雷亚尔的研发投入。可以看到，2021年270亿雷亚尔的研发投入，实际上只减掉了50亿雷亚尔的税，所以这是一个非常合算的做法。

还有一些因为GoodLaw体系获益的企业。比如巴西航空工业公司（EMBRAER），一家非常有名的商用喷气式飞机制造商。不仅大公司能通过GoodLaw获得税收减免方面的支持，其他小企业也可以受益。

第四个重要工具，是最重要的一个基金，叫作FNDCT，是国家科技发展基金。这个基金特别重要，但因为有预算方面的限制，多年以来在巴西被"关起来"了。现在经过新科技部的支持，这笔基金已经放开。整个基金目前大概有100亿雷亚尔，接下来还会进一步增加，将成为我们最重要的一笔基金。这笔基金能够提供金融资源，推动科技基础设施、研发基础设施的建设，还能够培训巴西的科学家。

这个基金是如何运作的呢？它的资金来自很多领域，大量来自不同领域的融资，包括金融机构、一些专利许可的收入等。同时，FNDCT的资金也支持很多的领域，主要应用在15个不同的领域，包括农业、亚马逊保护、生物科技等。

全民科学素质和科学文化

吕薇　十三届全国人大常委会委员，国务院发展研究中心创新发展研究部原部长、研究员

> 首先，科学文化是建设科技强国和现代化国家的基础，是科学发展的重要推动力。重视科学普及工作，在全社会形成尊重知识、崇尚创新、尊重人才、热爱科学、献身科学的氛围，激励更多人投入科技事业。其次，全民科学素质与高质量发展相互促进。目前来看，我国全民科学素质水平已经有了较大提升，具备较好的科学文化素养和社会文化氛围，形成尊重科学规律的思维方式、工作方法和社会风气。最后，加强基础科学研究需要制度保障。有必要建设稳定可预期的社会环境，建立非共识项目遴选机制，容忍失败，层层选拔出适合长期进行科学研究的人才，建立长效的评价机制，营造科研人员潜心研究的环境，并保持开放合作交流。

女士们先生们，上午好！非常荣幸能够参加今天上午的论坛，我今天跟大家交流的题目是"全民科学素质和科学文化"。刚才几位嘉宾讲的都是创新文化，我换了一个题目。

今天我交流的内容主要有3个方面。

第一个方面是，科学文化是建设科技强国和现代化国家的基础。

党的二十大报告提出，从现在起，中国共产党的中心任务就是团结带领全国各族人民全面建成社会主义现代化强国、实现第二个百年奋斗目标。同时还提出，要建成教育强国、科技强国和人才强国，实现高水平科技自立自强。要建设现代化强国，首先要实现人的思想和观念的现代化。要建设科技强国和创新型国家，就要培育全民崇尚科技精神和勇于创新的文化，营造有利于创新的环境。

科学文化是科学发展的重要推动力，提高全民科学素质是建设科技强国和社会主义现代化国家的必要条件。尽管从事科学研究是少数人的事情，但是要建设科技强国，需要普及科学，在全社会形成尊重知识、崇尚创新、尊重人才、热爱科学、献身科学的氛围，激励更多人投入科技事业。要提高全民科学文化素养，培育创新自信和创新文化，特别是在目前新兴技术发展很快的时候，新兴技术的发展与生产生活密切相关，理解和应用新型技术需要科学的引导与认识。例如，对于转基因食品、核电站安全等问题，大家有不同的认识。人工智能对人类的影响和对就业结构的影响，大家也有不同的认识。现在是互联网和多媒体时代，信息爆炸，科学文化有助于提高对不实信息和谣言的鉴别与免疫力。

党中央和政府高度重视科学普及工作，习近平总书记曾经说过："科技创新、科学普及是实现创新发展的两翼，要把科学普及放在与科技创新同等重要的位置。"我们国家2002年出台了《科学技术普及法》；"十一五"以来，国务院先后出台《全民科学素质行动计划纲要（2006—2010—2020年）》《全民科学素质行动规划纲要（2021—2035年）》，2022年全国人大常委会开展了科学技术普及法执法检查；国家科学技术协会和国家统计局每两年对公民科学素质进行调查。

我觉得科学文化应该分成两个层次。第一是在公民和社会层面，科学文化引导我们的科学生活和科学发展。第二是在科学研究层面，科学文化是科学共同体应遵循的规律和行为准则，包括科研活动、科研组织管理、科研伦理、科学评价等。

第二个方面是，全民科学素质与高质量发展相互促进。

科学素质是当代人在社会生活中参与科学活动的基本条件。公民科学素质是衡量全社会科学文化程度的重要指标，包括：了解必要的科学知识；掌握基本科学方法，具有一定应用其处理实际问题的能力；了解科学技术对社会和个人所产生的影响，具有参与公共事务的能力。

国际上有通行的标准，就是将具有基本科学素质的公民数占总体人口数的比例，作为衡量群体公民科学素质发展水平的综合指标。我国也有科技部和中宣部发布的《中国公民科学素质基准》，将其作为我们统计调查中衡量我国全民科学素质的指标。

目前来看，我国全民科学素质水平已经进入新的发展阶段。据统计，从2005年的1.6%增加到2020年的10.56%。根据2022年的统计，已经是12.9%，接近13%。但是和发达创新国家相比，还有一定差距。主要是因为，科学投入强度偏低，科学发现的能力较弱，尤其是具有国际影响力的科技成果还比较少，而且对人才的吸引力还需要提高。

总体来看，全民科学素质和高质量发展，与现代化进程是相互促进的。从以下几个指标可以说明。

第一个是，创新能力强的地区，全民科学素质相对比较高。地区的科学素质排序基本上与地区综合创新指数排序是一致的。

第二个是，经济发达地区、工业化程度高的地区及城市化程度高的地区，公民科学素质比较高。如长三角、珠三角和京津冀三大城市圈的全民科学素质要高于全国平均水平4到5个百分点。

第三个是，人口受教育程度越高，科学素质就越高。

现在存在的主要问题是中西部地区还有城乡之间全民科学素质的差距较大。因此，《全民科学素质行动规划纲要》提出，要针对重点人群开展科学素质提升行动，与人民群众的实际需求相契合、精准分类。主要分为5个重点人群：青少年、农民、产业工人、老年人和公务员领导干部。同时，要加强对西部地区人群的科学普及。

从内容上来看，科学普及是与人民生活、产业发展、社会发展息息相关的。对此，我们对不同年代的公众对科学信息的兴趣做了调查。该调查结果显示，2020年公民对科学发展信息的兴趣排序是：卫生与健康、节约资源能源、气候与环境、应急与避险、网络和信息技术、军事与国防等。因此，要及时围绕公众关心、关注的热点和突发问题，开展科学解释和科学宣传。

从途径来看，现在电视和互联网已经成为公众主要的获取科学知识的来源。但是，从直接获取的比例来看，互联网要远远高于电视。所以，要充分利用互联网、新媒体等途径，加强科学普及和宣传，以客观、公正的方式，为公众带来科学思想、科学进展和科学讨论。

开展科学普及的目的，不仅是科学知识的教育，增进公众对科学和知识的了解与理解，目前来看更重要的是，要树立科学思想，形成尊重科学规律的思维方式、工作方法和社会风气。要增强运用科学知识和方法，分析和处理实际问题的能力，以及提高参与公共事务的能力，同时要营造思想解放、自由探索、宽松的科学研究环境。

第三个方面是，要加强基础科学研究需要制度保障。

研究层面的科学文化，是科学共同体在科学活动当中形成的价值体系、思维方式、制度约束、行为准则和社会规范。

在中共中央办公厅和国务院办公厅发布的《关于进一步弘扬科学家精神　加强作风

和学风建设的意见》中，归纳提出了科学家精神。

目前为什么要强调这个问题？我认为因为我们进入了高质量发展阶段，我国创新能力从以"跟踪"为主到"三跑并存"，一些领域已经进入了"无人区"，需要我们自己去探索。同时在这个情况下，如果我们还依靠别人获得基础科学知识，产业技术进步、创新和发展将会受制于人。现在我们好多"卡脖子"问题，也是这个因素所导致。所以，党的二十大报告提出，要加强基础研究，增强引领创新、原始创新的能力。在这种新的情况下，我认为我们在文化上也要跟着一起转变，要从技术跟随的文化，转向引领创新的文化。要从反向工程为主到基于科学研究的创新，即从知其然到知其所以然。

科学研究，为什么要强调制度的保障？因为科学研究具有比较大的不确定性，从研究到应用周期长。科学文化与创新文化有共同点，但是也有区别。

首先，它们的研究目的是不同的。基础研究是不以专门的使用为目的，它主要是为社会提供新知识、新原理和新方法；而技术创新是以市场应用为主，提供具体解决方案。其次，它们的激励机制也不一样。基础研究是非功利的，它的成果具有公共性，以自由探索为主，由科学家主导，是一个试错的过程，当然创新也有试错；熊彼特的技术创新，是以利益驱动为主，由企业家主导。

因此，在新的情况下，要鼓励原创型基础研究，需要机制保障。从我们现在的基础研究来看，大部分还是"跟踪"型的基础研究，所以要鼓励原创型的基础研究，有以下几个方面的制度需要进行机制保障。

第一，原创思想的形成，需要稳定的研究环境进行自由探索。这是我们在梳理总结10个重大科技成果发展历程之后所得到的体会，开始肯定不是在竞争环境当中形成的原创思想。

第二，要建立非共识项目遴选机制，容忍失败。也需要伯乐，不能仅靠现在的专家评审。

第三，现实中适合科学研究的人才是少数，但是需要在大基数中进行遴选热爱研究并且有能力研究的人才。比方说自然科学基金的设立，包括现在的自然科学基金青年基金、优秀青年科学基金、杰出青年科学基金的设立，都是为了从里面层层选拔出适合长期进行科学研究的人才。

第四，基础研究的评价机制是不同的，要发挥科学共同体的作用，进行同行评议。要建立长效的评价机制，主要是考察成果的创新性、国际影响力和人才培养机制。

第五，建立稳定支持，营造科研人员潜心研究的环境。我们现在好多科学家一辈子就做一件事，比如袁隆平就做杂交水稻。同时，要开放合作交流。

以上是我今天跟大家交流的主要内容。谢谢大家！

开放与链接：互联网技术助推文化遗产全球共享

唐娜·寇兹　牛津大学工程科学系与古典艺术系双聘教授

> 数字化与开源化带来科研范式转型，推动数字化时代科学文化的形成。牛津大学与中方多地人员共同合作，建成了 50 万人参与构建的"牛津开放数据系统（OXLOD）"，形成了巨大的数据库，能够在不同文化遗产之间产生神奇的连接。通过互联网技术，文化遗产的国际合作不仅整合了数据资源，同时也整合了各方的优势，还能加深不同国家不同文化之间的相互理解。

今天非常荣幸来参加这个创新文化论坛，感谢李博士的邀请，感谢他的支持。我是一个考古学家，我的专长和兴趣是那些珍贵的文物与博物馆。数字形式是考古学非常好的一种表现形式。我们的主要责任是保护现有的文化遗产，并且把它传递给下一代。文化遗产是人类历史所遗留的产物，它基于知识。但是，现在对其进行的数字化保存方式是不够的，是孤立的。文化机构所拥有的文化遗产的数据很多，但是口袋很"浅"。现在全球文化界都缺少相应的资金，同时，现有的数据在老化，而且也相互不兼容。我们要建设有链接的开放数据，这对于未来的文化传承是非常有利的。我们需要建立全球标准，W3C 标准也是免费的。

我是考古学家，长久以来对中国有着浓厚的兴趣。中国是世界上较悠久的、记录较齐全的一个国家。CLAROS 是由牛津大学资助的一个研究项目，项目成员来自 6 个国家的 12 个研究中心。我最早是研究古希腊文化的，在那个时候我就已经在设想设立一个全球性的链接开放数据项目。

当我在引领 LOD 项目的时候，这个项目已经在中国开展了，尤其是在上海。2015 年春天的时候，作为 CADAL 大学数字图书馆国际合作计划多年的合作伙伴，黄晨教授推荐孙红杰博士代表他来参加，于是孙博士 2017 年整年跟我在牛津合作，我们把 CADAL 的材料转化成了 LOD 的格式，感谢孙博士 8 年来对该项目的支持。

数字遗产文化（中国）是来自数字遗产这个项目，我从 2012 年就开始主导这个项目。我当时邀请了中国国家博物馆的副馆长陈履生，还有王旭东博士，当时王博士在敦煌研究院，2019 年他升任故宫博物院院长。后来我在上海设立了一个数字研究小组，讨论用数字技术保存中国文化遗产项目的可能性。

之后我又收到复旦大学数字科学学院等机构的邀请，这些机构都对我表示欢迎，大家都非常的热情，对牛津大学高等研究院（苏州）的这个项目非常感兴趣。我们用微软研究院的云来存储数据，和他们也有多年的合作。因为微软研究院有符合中国政府的、达到合规要求的项目，所以我们在上海、在苏州都完成了一些项目，是非常合适的。

2021年,我与故宫博物院商谈合作机会。我非常熟悉他们在数字技术方面的专长,也非常钦佩。我们签署了合作备忘录,故宫博物院与牛津大学高等研究院(苏州)开展了合作。2022年,我们与故宫博物院的数字团队合作召开了很多视频会议。我发现他们对于LOD既有兴趣也有专长,所以我就介绍了我的同事跟他们认识,其中最重要的就是马丁·独尔(音)博士,他设计了一个ISO的标准,10年前已获国家文物局批准,进一步保护了中国独有的珍贵的文化遗产。数字技术的国际标准,现在基本上以西方为主。多年以来我一直在促进这方面的国际合作,希望我们的合作能够带动更多类似的国际项目,推动全球标准的发展。

"本体"是用来描述概念、实体及它们之间关系的表现形式的概念模型,本体使得数据能够连接。文物保护领域的本体框架CIDOC CRM利用了人、物体、世界和地点的关系,把这些连接起来。本体就是我们这个技术当中的一个最主要的方面。我简单跟大家介绍一下,以前的数据文件都是各个机构自己存的,都是互不联通的。若将这些数据"解放"出来,按照W3C的标准进行调整,再将其相互连接,然后通过云的方式进行视觉化呈现,就可以将不同部门的数据联通起来。所以LOD数据是可以机器读的,而且机器可以自动产生,机器学习也可以用在LOD这种数据形式上。

我再进一步跟大家介绍一下,数据先进行释放、清洗,原始数据按照W3C的标准进行统一。之前每个部门都是独立行事的,对彼此都不了解,术语都不同。当时不知道有这样的国际标准,有些数据来自16世纪,还有一些中国的文化遗产。我就用那些文化遗产,做了这个项目。我当时想着能够做成一个样本,来宣传这个事情。有了国际上LOD的互换之后,带来的影响是非常巨大的。

我们最开始选的是少量的样本,但是我们希望选一个好的样本,让大家理解这些连接的意义。因为它可以逐渐增加,自从LOD技术实施以来,一层一层不断建上去,从一些小的样品的知识,可以不断增加成为庞大的数据。

牛津大学在苏州成立了研究中心,我就选了苏州的画扇。这个画扇用OXLOD产生的数据,与Peterboard两套数据产生了连接,这两套数据库已经建设了有20多年的时间,与北京大学、标本馆、复旦大学都有合作。这些数据库有超过50万人参与构建,中国历史的GIS已经涵盖30万个地方。我们用了一些可验证的专家数据,这些结果是非常准确的,而且可以追踪到它的根源,还可以展示出大家意想不到的东西。参加的机构认出画扇上的百合树叶的形状,就可以在他们的植物标本馆的信息里面找到,所以这两个世界产生了联系。当然我非常清楚这些技术是可以在中国得到广泛应用的,我衷心希望我的技术可以促进技术合作,可以促进大家更好的互相了解,让世界把目光投向中国。

我们的项目是怎样的呢?我们用了与OXLOD及之前体系同样的方法,从内容提供者的数据开始,我们不去碰它数据库的数据。我们让上海博物馆、上海图书馆及其他的机构了解我们有这样的项目，希望他们能够加入我们，大家一同加入 LOD，进入 LOD 云。

古琴是全世界为数不多的联合国教科文组织认定为非物质文化的乐器，是非常有中国特色的乐器。一说到古琴，大家就会想到中国历史上一些特别有名的古琴演奏家，还有一些名人等。

故宫博物院的数据显示，这是来自唐朝的保存得非常完好的一把古琴。我们可以从上面的铭文看出，它是在公元 675 年左右制作出来的。这一幅有名的古画也是保存在故宫博物院，上面有这样一首提诗，是北宋的一位高官提的一首诗。右手边叫《听琴图》，也就是北宋的一位皇帝亲笔提上去的，他自己在抚这个古琴。通过这个项目，数据团队弄了这样一个技术图。这些都是保存在牛津大学的数据库里的。

我们还有一些与 CADAL 相关的数据，其他的古琴、古画都可以产生连接。以前互相不连接的数据，现在都已经联通起来了。

我希望我的项目能够给中国带来一些启发，把中国悠久的历史文化更好地带向全世界，因为数据本身有着巨大的能量，可以促进国际更深的互相理解。

最终我想做一个总结：这就是网络时代的未来，让后代人更好地领略它们的美。

像以色列未来学者那样对未来进行思考

阿迪·约菲　以色列未来学者

> 以色列形成了个人需要做得更快、更好、更与众不同的科学文化，要以快速学习、终身学习的方式不断思考未来。在对未来进行思考与判断时，看数字变化是有局限的，要重点关注 3 个要素：第一，要看人在变什么，其行为方式有什么改变；第二，要关注身边各种行业变化，进行跨领域思考；第三，要从宏观层面上看大趋势。目前，"碎片化"就是一个重大的历史趋势，应把握住这种社会变化。

大家好！我觉得站在这边挺有创新的感觉。我来自以色列。跟大家简单介绍一下我们对未来的想法及对未来思考的想法，因为每一个创新都意味着你要提前去思考，提前去思考未来是怎样的。针对未来的思考，是需要具备一个技能才能做的，那就是怎么样去思考未来。

2016 年，我做了一个预测，写了一本书，我把它称为未来的山顶洞人生活。在这个预测中，我说 2020 年的时候我们都会住在自己的山顶洞里。大家都觉得我是不是在说疫情的事？2020 年发生了疫情，但我也没预测到新冠疫情会发生。我知道如何去预测大趋势，以另一种方式来预测大趋势。

我在发言一开始就可以告诉大家，如果一个人说我知道未来会发生什么，千万不要相信他。作为一个未来学者，我会告诉大家这一点，因为我们在思考未来的时候，我们都会以一种科学的方式来探讨未来会怎样。科学告诉我们，看未来就要看数字。

我们从2016年开始，调查了8000多个美国的孩子和年轻人，问他们最喜欢的社交媒体是什么，每半年调查一次，2018年之前位于前列的基本是Snapchat、Instagram、Twitter、Facebook，这是一个非常科学的预测。

我要问你们的问题就是，这些看似科学的数据，能够告诉我社交媒体的未来是怎样吗？可以吗？显然不能。两年之后TikTok成为美国最有名的社交媒体，乃至全世界的社交媒体。

过去20年我一直从事这个工作，可以发现，数字是不够的。TikTok在2016年根本没有展现出来，但它现在排在最前面。这是因为，我们生活在被颠覆的现实里，每一刻都有新的事物在出现，这在以前没有发生过。

我在海法市周边的小城市里长大，那里有一个小小的杂货店，对于我们来说买东西唯一的经验，就发生在那一个小小的杂货店里面。几年之后开了个大店，再几年之后又开了更大的商场。如果当时有人问我未来零售会是怎样的一种场景，我们就会猜零售的未来就是越来越大的店而已，因为这是科学教给我们怎样去思考的模式，就是按数字来思考。

如果现在我再问大家，未来零售做创新的话，会是怎样的创新？3年以后、5年以后，创新会怎样？零售会怎样？我们可不能再画线了，不是线性的，因为零售的未来很有可能就没有货架，这就是我所说的"颠覆"。颠覆就意味着我们对未来不知道，但是实际上每时每刻都有一些新的东西在产生。

沃尔沃极星4，这款车没有后边的窗，没有后视镜，那么驾驶员如何看到后面发生了什么呢？靠摄像头。这样的车在过去没有出现过。哈佛计算机科学的新老师，它是一个聊天机器人，这在以前也没发生过。

所以最重要的是针对未来的思考，要思考什么呢？不正常的才是正常，你想创新，不能按照原来的方式去思考了，这种方式不再有用。这是思考方式的问题。我们需要用一种不同的方式，从而更好地理解未来。

我们需要意识到变化在发生，我们要对变化感到好奇，对我们所在的现实感到好奇。我们要看3个要素：第一，看人在变什么，他们的行为方式有什么改变；第二，要关注身边的各行各业，需要有跨越行业的思考；第三，要从宏观层面看，跨越所有的行业，跨越所有的趋势，看大趋势。

3月20日我画了一幅图，我当时说我们将会面对四大变化，人们会改变自己的行为方式。一种是远程，工作、快递，一切都可以远程。

给大家展示了很多的例子，有一个特别重要的点，就是我们要弄明白现在正在发生着什么。山姆·阿尔特曼，他发明了 ChatGPT，他也是这家公司的创始人。他提出，让大家扫描一下自己的眼睛，就可以获得一个数字钱包。这是一个去中心化的数字钱包。

再说说大趋势。在我的职业生涯中，我做了很多的预测，我最喜欢的预测就是"碎片化的未来"，这是 2017 年我提出来的。我看到了什么？很有意思的一点，我发现有一些行业将自己的产品切成一个一个小短片，像 story、TikTok、教育视频，把一篇东西做成短视频，碎片化。我们发现有些行业出现了这样的现象，如果我们找到了这种形式的大趋势，可以将结果扩展到其他行业里。

我一直觉得我的思维形式是为了一个专业体验设计出来的，我要成为一名以色列的未来学者，所以要聪明一点、快一点、强大一点。这种思考方式意味着每时每刻我们都要对未来有不同的思考。这些技能是创新的基础。这些技能都在说以不同的方式思考未来、思考创新、思考现实。

ChatGPT 创始人讲过一句话，我觉得他特别聪明。几个月前他在以色列特拉维夫大学作了个讲座，有个人举手问他："Sam，你想要给自己公司雇什么样的员工？"Sam 说："我要找的人应当知道怎么样以快速的方式去学习。快学，是一种思考模式、思维模式。"这并不是指在大学里面一直读书，20 岁读大学，25 岁读研究生，而是指不断地学习、终身学习，这种思维模式要有，要有韧性，而且要理解未来人们会想要什么。怎样让每个人更有用？我们要创新，面向未来进行思考，这是最重要的一点。

以色列有一句谚语，我们经常说，打球的时候盯住球，不要不关注这个球，每时每刻看看身边发生着什么，接下来会发生什么，千万不要把这个球给丢了。这是一种思维方式，这是针对未来大势的思维方式，新的思维方式。

谢谢大家！

"李约瑟之问"与文明互鉴的意义

梅建军　剑桥李约瑟研究所所长

> 在西方中心主义思维的影响下，我国在科学文化方面的特色和对世界的贡献被忽略了。"李约瑟之问"就是关于"为什么科学在欧洲发生，而没有在中国发生？"的问题，揭示了东西方文明演进轨迹的差异，也揭示了社会、经济和文化制度的巨大塑造作用。其当代价值就是以史为鉴，这有助于我们反思现在社会、经济和文化的土壤是否适合科学技术创新。当今世界东西方文明的价值观及制度仍有差异，如何通过对话和交流，达成东西方文明的相互欣赏、学习和交融，要做出艰巨的努力。

我叫梅建军，来自李约瑟研究所，刚才王元先生多次提到了"李约瑟之问"，我想借浦江创新论坛，特别是讨论创新生态的机会，来讲讲。

我今天演讲的题目就是"'李约瑟之问'与文明互鉴的意义"。

我想从3个方面来讲。首先我想介绍一下李约瑟和他所写的《中国科学技术史》，有时候也会翻译为《中国的科学与文明》，然后讲讲李约瑟之问，最后讲讲文明互鉴。为什么要讲文明互鉴？因为我在北京大学做报告的时候，有一位同学提了个问题，说你这个文明互鉴，是不是要告诉大家文明有高下优劣之分。

李约瑟这个人大家可能比较了解，所以我快速、简单地介绍一下。他是一位生物化学家，于1900年出生，1931年出版了《化学胚胎学》这本巨著，1941年当选为英国皇家学会的科学家。如果他不做《中国科学技术史》研究，则很有可能拿诺贝尔奖。

他在1943年受英国政府派遣，来到了中国，于1943年6月创办了中英科学合作馆。他在中国待了3年，当时正值抗日战争时期，他走访了中国很多高等学府和研究机构。李约瑟在这3年内，还走访了很多科学家、实验室，与其建立了非常密切的关系。他在这个过程中一直很关注一个问题，就是所谓的"李约瑟之问"，简单表述就是"为什么科学在欧洲发生，而没有在中国发生？"，他对此很关注。

待了3年之后，他回到英国，很快就到联合国教科文组织任职，最初叫教育和文化组织，科学是李约瑟建议加上的。李约瑟当选了教科文组织科学处的第一任处长，并在联合国工作了两年。他在联合国做的第一个学术报告，就是有关中国对科学和技术的贡献。1948年，他回到剑桥大学，决定写《中国科学技术史》这本书。他给剑桥大学出版社提供的书稿提要分了4个部分，包括引言、中国的哲学、科学与技术，以及最后的章节。他要分析是什么样的因素，阻碍了科学在中国的发展，这是他要回答的问题。这本书最初计划就是一本，600～800页。但实际这本书写到1951年的时候，就发现一本写不完，所以后来改成7卷。

第1卷出版的时间是1954年，1956年出版了第2卷，1959年出版了第3卷，出版到第4卷的时候又写不下了，所以第4卷又被分成了3本，第5卷被分成了14本，又到了第6卷、第7卷。过去曾经想写30多本，现在李约瑟研究所决定限定在28本。目前已经出版了25本，还有3本没有出版。

这本书最大的贡献，主要有3点：

第一点，它描述了中国对人类科学技术发展做出的贡献。

第二点，对"所有重要的发明都是欧洲的"这样的论断提出了挑战。

第三点，就是我们讲到的文明互鉴。实际上李约瑟是文明互鉴的先驱者，他把欧洲和中国放在历史长河里面做了一个比较，然后看看各个民族在哪些方面对人类的文明做出了贡献。

下面讲讲"李约瑟之问"和他的当代价值。

在2000年的时候，曾经有一期《三联生活周刊》提及《再问"李约瑟之问"》，其中里面有一篇采访清华大学的吴国盛先生和斯坦福大学的墨磊宁教授的文章。

这里面吴国盛老师提到了"李约瑟之问"，他认为这个问题本身是一个"伪问题"。理由有二：第一个理由是，他认为李约瑟在问这个问题的时候，是站在西方的角度，是西方文化的中心论；第二个理由是，他认为李约瑟把中国很多技术的发明，说成了是科学，所以认为其科学和技术不分。

这个论调我不太赞成，所以我在上海的《社会科学报》上发表了一篇短文，对他的观点进行了反驳。我举个例子，李约瑟在1948年的书稿提纲里面就明确地把科学和技术分得清清楚楚。另外，李约瑟本人实际上在1961年的文章里面，也提到了很多人把中国在科学上的贡献说成是技术的发明，目的就是为了贬低中国的贡献。

墨磊宁先生的访谈很客观地表述了李约瑟对整个学术界，尤其是在21世纪下半叶所产生的巨大影响，他说得很诚恳，他说我们这些从事科学史研究的人，实际上都是李约瑟的子孙。

关于"李约瑟之问"，实际上有很多回答，没有办法穷尽。最近上海交通大学的文一教授把这些回答做了归纳，有很多不一样的观点，涉及因素有专制主义、传统制度文化、古希腊思维、宗教等，这里不详细介绍。他认为，这些是流行的历史观，这些观点都是不对的。在流行的历史观中有一个很主要的观点就是，强调整个西方的科学可以追溯到古希腊，从古希腊、古罗马到阿拉伯科学，然后到近代科学。陈方正老师的著作是一个典型的代表。吴国盛老师也有一部专著讨论这个问题，他特别强调了基督教文化对现代科学在欧洲发生所产生的重大影响。文一教授认为这是一种流行的历史观。

文一教授在他发表的《科学革命的密码——枪炮、战争与西方崛起之谜》这部专著中强调了整个近代科学在欧洲的兴起跟战争有密切的关联，而且他把战争一直追溯到"十字军东征"，认为这才是促使科学革命在西方发生的一个重要原因。他跳出文化和制度的陷阱，采取"国家竞争体系"这个框架，论证中国没有产生近代科学，不是因为缺乏民主自由、理性思维，而是因为长期处于和平富足的"大一统"环境，缺乏参与国际军备竞赛、商业竞争的意志和"困而知之"压力。

"李约瑟之问"最大的价值就是以史为鉴。"李约瑟之问"从科学和技术发展的视角，揭示了东西方文明演进轨迹的差异，也揭示了社会、经济和文化制度的巨大塑造作用。"李约瑟之问"也有助于我们反思现在的社会、经济和文化的土壤是否适合科学原创思想的生长与技术创新的繁荣。当今世界，东西方的价值观及社会、经济和文化制度仍然存在显著差别，对我们在座各位来讲，很重要的就是，如何通过对话和交流，达成东西方文化、东西方文明之间的相互欣赏、学习和交融。我觉得我们办这样一个论坛，实际上就是出于这样的目的，这是一种努力，我们应该继续加强跟世界各个国家的交流和融合。

最后，我讲一下文明互鉴的意义。我们可以从李约瑟的著作中看出，"李约瑟之问"是一个反问，问为什么没发生。他说他还可以再提一个问题，从1世纪到15世纪，中国在科学技术上的发展为什么比别的文明更好？这是一个正向的问题。李约瑟认为，最重要的还是社会、思想和经济结构对整个中国文明和西方文明所产生的不一样的影响。他特别提到了科学突破发生在欧洲，是不是跟欧洲当时的特殊状况有关？他认为这个应该是跟欧洲的资本主义、商业发展等情况有关联。他说绝不能用中国人缺乏智慧或思想和哲学传统的缺陷来做解释，这是李约瑟的观点。

李约瑟提出了一个解释，他认为在中国历史上发挥作用的就是封建官僚制度和官僚体系。他说在中国文明中绝不可能出现一种以商业为主导的社会秩序，因为官僚制度的基本观念不仅与贵族封建制度的世袭原则相对立，而且也与富商的价值体系相对立。李约瑟这个话对不对？结合当前中国的情形，需要我们深刻地反思整个官僚体系在中国社会里面发生的作用。

当然也有学者对李约瑟的观点提出批评，一个最著名的学者就是牛津大学的伊懋可教授，他认为中国这么长的历史发展进程，用一个词、用一个制度来概括是不可行的。

我觉得李约瑟强调的是文明的交流，他认为近代科学不是欧洲的专利，而是全人类的贡献，而且他特别用到"百川归海"的隐喻来描述人类科学的发展，就是指世界各个民族都做出了重要的贡献。

我在这里要强调的是，大家以为李约瑟提出的问题是一个历史性的总结，实际上刚才阿迪教授也谈到了未来。李约瑟用"百川归海"这个词，也是指人类未来的发展是要继续走向融合的，他用了世界普适科学的概念。

我在这里做一个总结，李约瑟用所谓的"文明的滴定"来指文明互鉴，二者意义是相通的，目的是对不同文明的社会、文化、思想与经济结构进行深入的分析和比较，揭示其异同，判定其对文明进程的影响，从而展现对特定历史现象的观察和认识，这是一个长时段的历史认识。在李约瑟的相关分析中，他没有排斥价值判断，所以我们在做这个的时候，不是说没有文明的优劣，是有，但这不是关注的重点。李约瑟在他的比较里面，特别地关注技术和科学发明的优先权问题，但是他强调的是非西方文明对世界的贡献。

最后，感谢论坛对我的邀请，谢谢大家。

《几何原本》的两次翻译：以徐光启和李善兰为中心

纪志刚　国际科学史研究院通讯院士、上海交通大学教授

> 1607年，徐光启与意大利传教士利玛窦合译《几何原本》（前六卷），开启了中西方文化交流的历史大幕。1857年，李善兰和英国传教士伟烈亚力后续翻译了《几何原本》（后九卷）。徐光启提出："欲求超胜，必先会通，会通之前，先须翻译。""翻译"是文化交流的第一块基石，"会通"是文明互鉴的必由之路，"超胜"是文明创新的精神力量。《几何原本》在中国的两次翻译与出版，蕴含着深层次的科学文化和科学精神，生动诠释了"文明交流互鉴是推动历史进步的重要动力"，也为我们提供了历史上科学文化土壤催生创新的精彩案例。

感谢主办方的邀请，使我能参加一年一次的浦江创新论坛。我觉得这个论坛办得非常好。

我今天报告的题目是"《几何原本》的两次翻译：以徐光启和李善兰为中心"。这个报告题目是受本次论坛主题启发。

本次论坛选择了一个非常引人注目的主题，那就是"追光：创新的精神与动力"。追光是人类文明的一个本性，因为我们听过一句非常著名的话，"Let there be light."驱散灰暗是人类文明史上非常重要的一个源动力，从洞穴中的篝火，到油灯，再到今天种种的新型光源。所以，追光之路就是科技创新之路，也是理性启蒙之路。因为我们不仅需要技术创新，也需要用理性的思想来启迪我们的智慧。所以科技创新和理性启蒙，都呼唤文明的交流。

在主办方的暖场预告片里我们看到，他们找到了中华文明与西方交流的一个先驱，那就是徐光启。徐光启所发出的感慨，叫作"欲求超胜，必先会通"。这句话非常重要，我会加一个更新的解释。其实这句话只说了一半，还有后半句，那就是"会通之前，先须翻译"。因此超胜、会通、翻译构成了徐光启所提出来的一个非常重要的科学思想，这个科学思想其实从某种意义上来说，引领着中西方文化交流的历史之路。因此，这次的报告就拿徐光启与李善兰翻译的《几何原本》来作主题。

1607年，在北京，徐光启与意大利传教士利玛窦合译《几何原本》（前六卷），开启了中西方文化交流的历史大幕。1857年，在上海，李善兰和英国传教士伟烈亚力后续翻译了《几何原本》（后九卷）。可以说，明清两代薪火相继，共同完成了这一历史勋业。

徐光启和利玛窦翻译的《几何原本》，下面落款一个是泰西，泛指西方国家；一个是吴淞，吴淞就是上海。这是中西两个学者的第一次牵手，因为徐光启当时需要一个合作者，利玛窦也需要找到精通数学的学者，他们共同翻译了《几何原本》。但遗憾的是，

《几何原本》当时只翻译了前六卷。徐光启本来想把整书一气呵成，但利玛窦说先把前六卷出版，看看反响怎么样，然后再翻译后边的书。遗憾的是当年徐光启的父亲病逝，他回上海给父亲守制三年。1610年回到北京的时候，利玛窦也去世了。所以徐光启写下这样一句话："续成大业，未知何日，未知何人，书以俟焉"。徐光启就等着后续者，这一等就等了250年。李善兰和另外一个合作者伟烈亚力，在上海合作，翻译了《几何原本》的后九卷。我们绝不能简简单单把《几何原本》的翻译看成是数学书在中国的翻译与出版，这背后有很深层次的科学文化和科学精神。

徐光启正是因为这次翻译，提出了非常著名的口号："欲求超胜，必先会通，会通之前，先须翻译"。我们可以给出这句话里非常深刻的文化层次的含义。"翻译"是文化交流的第一块基石。特别是我们在向西方学习的时候，我们不懂西方的语言、不懂西方这些著作的时候，我们就必须要通过翻译把西方的知识介绍到中国来。但是翻译并不简简单单是知识的转移，更多的是在转移过程中对西方知识的理解和学习，所以说，"会通"是文明互鉴的必由之路。但是翻译、会通更是为了我们所说的一个本土化的再创造，那就是我们所说的"超胜"，所以说，"超胜"是文明创新的精神力量。

当然我们可以追问，翻译是怎么完成的？因为《几何原本》是古希腊欧几里得原本的数学知识，古希腊的数学知识与中国的数学传统是完全不同的，中国的数学传统是要算，就是算法化的、构造性的、机械化的。但是欧几里得《几何原本》是公理化的、证明的、演绎的。这样的两种数学传统相互碰撞，我们能否找到一个更好的文明的转译方式？所以翻译的过程就是一个创新的过程。

我写了一篇论文叫《从拉丁语到古汉语——汉译〈几何原本〉卷一"界说"的翻译分析》，最后的结论是，研究表明，无论是语义还是文体，汉译《几何原本》基本上做到了用自然对等的语言再现原文的信息。利玛窦和徐光启用古汉语重构了古典西方数学的逻辑推理和公理化体系，在中西文化交流史上具有重要的里程碑意义。

这是翻译，那么会通呢？其实从翻译开始，就是会通之时。我们可以从各个层面来讲西方文化在中国的接受和发展。我们以《几何原本》为例，看一看《几何原本》翻译过之后，中国学者对几何知识的接受、理解和再创作。你可以看到，明晚期有孙元化（徐光启的学生）所著的《几何用法》，李笃培撰写的《中西数学图说》用图说来解释数学，这本身就是一个新的方式，然后有陈荩谟撰写的《度算解》；到了清代，你可以看到有方中通（方以智的儿子）的《数度衍》，李子金的《几何易简集》，杜知耕的《数学钥》《几何论约》，王锡阐的《圜解》，梅文鼎（清初第一历算大师）的《几何通解》《几何补编》等。我们举的这些例子都表明了，中国学者对西方知识学习的过程，这就是会通之路。

我们所说的《几何原本》，不仅是简单的数学著作的翻译，更表现出了翻译过程中的科学文化和创新精神。利玛窦到了中国之后，一直想找一个合适的机会，翻译欧几里得原本，但是几次都没有成功，三起三落非常艰难。当他把这个事情告诉了徐光启的时候，徐光启说了一句非常震撼人心的话，那就是"吾避难，难自长大，吾迎难，难自消微。必成之！"为什么会有这样坚定的决心呢？因为对于徐光启这样一个有中国传统文化背景的学者来说，他受儒家文化的熏陶是非常深刻的。他说："一物不知，儒者之耻。"意思是，如果有一样东西是新知，而你不去学习的话，这对自己来说是一件很耻辱的事情。

250年之后，李善兰和伟烈亚力合作翻译《几何原本》后九卷的时候，他也做出了非常艰苦的努力。《几何原本》后九卷的内容更加深刻，而且，他们选的那本书里面有很多过去留下来的勘误、讹误，在翻译过程中，既要理解这些新的知识，又要把原本中出现的错误进行纠正。对于所获得的新的版本，李善兰非常自信，他说："异日西土欲求是书善本，当反访诸中国矣。"即我翻译的版本比原来的底本要好得多，西方学者应该看看我们中国人翻译的版本对原来的底本有多大的改进。李善兰完成了徐光启未完成的事情，而且李善兰在翻译的时候，也得到了政府的关注。当时的总理衙门很希望李善兰能够进京，但是李善兰以著作没有完成而坚持不授。他说，"不以一官之荣，易我千秋事业也。"这就是我们所说的坚定初心。

李善兰为这本书写了一篇序言，说得非常深刻。这段话比较长，我们把它分段解释一下。第一句话是"非国家推恩，中外一视同仁，则惧干禁网，不敢译。"意思是翻译这本书的一个重要的历史背景是国家的改革，还要有一个非常好的合作伙伴，那就是伟烈亚力，他不仅懂数学，而且理解中文，才使得这样的翻译有可能。不仅如此，还要有一个好的朋友圈，李善兰的朋友圈里面有出版商，还有校刊者，如韩应陛给其出版，张文虎和顾观光担任这本书的校刊。有了这样的帮助，后九卷得以顺利翻译。所以李善兰说道，"凡此诸端，不谋麇集，实千载一时难得之会。后之读者，勿以是书全本入中国为等闲事也。"李善兰是一个在中西文化交流史上非常值得研究的生动人物，我们可以看到李善兰还翻译了很多著作，《几何原本》《代数学》《代数学拾级》《谈天》《重学》《植物学》，甚至还有《奈端数理》（艾萨克·牛顿的《自然哲学的数学原理》）。

我们可以从李善兰的朋友圈看到中西方文化交流在上海的文化土壤，所以能够看到李善兰"科学精神"的现代性：志穷专一，承固出新，众流融汇，文化自信。

因此，《几何原本》在中国的两次翻译，为我们生动诠释了"文明交流互鉴是推动历史进步的重要动力"这一主题，也为我们提供了历史上科学文化土壤催生创新的精彩案例，这也是这次需要探讨的一个主题。

还有一个很有意思的事情，前几天意大利的副总理来中国访问，他到了北京的第一站，就是去参谒利玛窦的墓碑。这让我想到了今年是徐光启逝世390年，90年前是徐光启逝世300年，那年在上海为他举行了一个非常盛大的纪念会，各界人士纷纷题词。有一个题词是当时的紫金山天文台台长、著名天文学家高鲁的题词。他写道，"三百年来负沟通文化先驱之责者，明徐相国文定公也。徐文定公有果敢精神，具远大识量，笃好新学，孜孜译著"。

今天我们回顾一下《几何原本》的翻译，再回顾一下徐光启和李善兰所表现出来的科学精神，对我们今天谈的创新很有意义。谢谢大家！

欧盟视角的数据和人工智能系统的伦理自我评估

阿尔伯特·萨巴特·科尔　西班牙赫罗纳大学教授

> 西班牙加泰罗尼亚设立了伦理观察站，研究关于数据与人工智能在伦理、社会和法律层面的一些影响，考察可能的机会和风险，通过"加泰罗尼亚人工智能"战略的实施来促进人工智能负责任的应用。要使用基于风险的方法进行伦理自我评估，包括适当性、风险评估、风险缓解、法规框架、监管、合规与报告、消费者保护、危机回应。在实践中构建了PIO模型，通过七大原则来进行自我评估。

大家好！非常高兴收到浦江创新论坛主办方的邀请，我来分享一下我们西班牙赫罗纳大学所做的工作。

我是阿尔伯特·萨巴特·科尔，是一名社会学教授。今天我会简单分享一下欧洲在数据及AI相关方面的一些做法和观点。在此之前，我想先来介绍一下我的学校。我们的观察站最主要的使命，就是研究关于人工智能在伦理、社会和法律层面的一些影响，看看有哪些机会和风险，然后跟行业、学术、政府和社会公众一道来讨论，进行跨界观点全方位交流。这个加泰罗尼亚的伦理观察站要通过"加泰罗尼亚人工智能"战略的实施来促进人工智能负责任的应用，这个战略跟我们赫罗纳大学一个叫做"智能集合"的战略计划不谋而合，该项目既有人的智能，也有人工智能，还有两者的结合。

我今天的演讲主要分4个方面。第一个是基于风险的方法，这是欧洲方法的体现，我会讲到如何基于风险；第二个是如何看待人工智能，我会分享有哪些主要的方面；第三个是当前的重点——风险评估，包括生态系统各个方面的分享；第四个是有关利弊的权衡。

首先，我先来总结一下，我们这个基于风险的方法究竟是什么样的方法。从欧洲的角度来讲，基于风险的方法包含了丰富的子领域，既包括人工智能，也包括其他的一些技术，最重要的是对风险做出更加有效的评估与管理。这一方法强调实用主义和效率，并关注于找到最重要的风险，同时，减少对当前社会的负担。这里就用到了苏格拉底问答式的探究方法。

接下来介绍几个与基于风险的方法相关的内容。

第一点是适当性原则。无论是规制还是监督，都是要跟其带来的风险程度相称。也就是说，风险比较大的领域，应该得到比较多的关注和资源投入，低风险的领域则反之。

第二点是最重要的方面，那就是基于风险的研究，要用系统的方法进行评估。首先要找到潜在的风险在哪里，它发生的可能性，它的影响是怎么样的，对所有风险进行一个优先的排序，基于其重要性来给予相应的关注。我们待会儿会讲到具体的评估方法。

第三点是风险缓解。在找到风险之后，接下来就是如何减轻风险，这是我们的第3个方面。一旦找到了风险并进行了评估，就要采取方法对这些风险进行应对和管理，包括设定风险门槛、实施保障措施及建立应急计划等方式。

第四点是法规框架。这是基于欧洲视角，欧洲的法规框架通常会使用的方法，刚才已经提到了。我给大家举个例子，欧洲现在正在实施的一些条例，如《欧洲通用数据保护条例》，要求各类机构要进行关于数据隐私的风险评估。在人工智能方面，也将会推出相关立法。这些都是在法规框架方面所做的一些工作，无论是数据的隐私，还是数据的保护等。在人工智能方面，也会做类似的评估和法规框架，包括数据评估和全生命周期风险的评估。

第五点是监管。欧洲的监管部门，比方说欧洲央行、欧洲航空安全局，属于监管当局。他们会将其监管资源和注意力放在具有一定风险的实体和活动方面。

另外还有重要的一点，叫做合规和报告。这是指在欧盟经营业务的公司和机构，需要对其风险管理的做法进行报告。刚才提到的欧洲央行就有这样的报告，这就意味着我们要有能力满足监管方面的要求。

最后还有两个关键点。一个是消费者保护。不管是人工智能还是其他的一些方面，如产品质量安全和食品安全，欧盟使用一个基于风险的做法关注产品的测试和检查，尤其优先关注那些可能会给消费者带来风险的产品。

另一个是危机回应，我们需要回应各种风险。欧洲有一系列的机构做好准备对危机进行回应。现在可能还没有发生过巨大的人工智能危机，比如说突然之间人工智能控制了人类的一些工具，由此产生了危机，一些机构应采取行动。

还有就是更好、更全面地回应对人工智能安全性监管的诉求。关于人工智能的一些法律也已经通过，并且要执行。其他的机构，欧盟议会以下的机构或者我们理事会下面的这些机构，比如说加泰罗尼亚政府，就设立了一个专门的人工智能伦理委员会。我们要做什么呢？要在相关法律还没有建立之前，不断地进行风险的评估。这就是为什么我们要构建一个称之为 PIO 的模型，要对有关各方面内容进行评估，一旦通过了，会应用在人工智能和数据里面。

在欧盟，我们会对数据、AI 系统在各个领域应用情况进行自我评估。对不管是在公共还是私营部门使用的情况进行自评。这些工具线上都有，个人也好，组织也好，政府也好，都可以把它下载下来加以自评。

PIO 模型通过七大原则来考察合规的情况，现在已经在线上实行了，通过我们的网站就可以下载。主要针对4个阶段，基于7个原则获取信息，共70多个问题，是一个问卷。通过这些问卷的答案，我们就可以评估到底有没有合规，尤其是在这几个指标上面到底有没有合规。

第一个阶段我们提出一些原则；第二个阶段收集所有的数据，即所有观察对象的回应情况；第三个阶段则进行快速评估，把这些答案合在一起，并且让用户提供一些定性信息，进行对AI系统的自我评估；第四个阶段提供一个可视化的量化评估结果，让用户看到他们到底在多大程度上符合七大伦理标准的合规性，包括透明度、可持续性、自主权、隐私、可追责性、安全性、公平性等。

自我评估的模型里面有一个重要的部分，最后会基于结果得到一个认证牌，这个牌子展示出他们已经到哪一步了。比如说某一个原则他们要不要提高一些，还是已经做得很好了。这个认证牌在这里等于是看板，这个看板会告诉你这个模型上面有几个数字结果。我们设置了一些比较清楚的指标，显示出到底要不要做更多的变化和研究，从而提升我们的数据和AI系统的能力。比如说可持续发展方面、安全方面，还有隐私保护方面等，是不是有一些要进一步提升的地方？这些结果展示出来后，还会给大家提供一些建议，你后续得做什么工作。这些是对于数据和AI系统进行评估后，基于风险的做法所得到的结果。更重要的是，我们把这个提供给学术界、企业界、政府界和社会公众，鼓励他们充分采用这些策略。

最后再和大家讲一些我们如何进行平衡取舍。我们要平衡好简单性和深度性，还要将现有的评估和其他的原则整合在一起。此外，还要对开发者进行伦理培训，加强各个领域专家、外部审计、公众的参与协作，并持续对AI系统给真实世界所带来的影响进行监督。最后，要确保我们自我评估的过程及其结果能够产生重要影响，推进负责任的人工智能的发展。

3 圆桌论坛

主持人：
王　元，中国科学技术发展战略研究院原常务副院长。
嘉　宾：
奥索里奥·科埃略·吉马良斯·内托，巴西科学技术创新部副秘书长；
郭　哲，中国科协宣传文化部部长；
阿迪·约菲，以色列未来学者；
袁北星，湖北省社会科学院党组成员、副院长；
苏智良，教育部基地上海师范大学都市文化研究中心主任；
梅建军，剑桥李约瑟研究所所长。

我们有请已经在会场上精彩亮相的巴西科学技术创新部副秘书长内托先生、以色列未来学者阿迪·约菲女士,现在圆桌会议要加入3位新的专家,一位是来自中国科协宣传文化部的郭哲部长,一位是来自湖北省社会科学院的袁北星副院长,还有一位是来自上海的苏智良教授。

根据会议的安排,因为内托先生和阿迪·约菲女士已经做了很精彩的发言,现在圆桌论坛我们想请新上来的3位专家,来阐述一下关于科学文化的一些论点。

首先请问我们的主宾省,来自湖北省社会科学院的袁北星女士,您对整个科学文化论坛有些什么样的观点或者什么样的感悟?

袁北星:谢谢主持人。非常高兴能够参加圆桌论坛。首先"追光"这个主题我特别喜欢,它既生动贴切,又让我倍感亲切。说它贴切,几位专家都讲到了,确实精神和人文在人类社会追求进步的道路上,它是一道光,这种追光非常值得。

刚才主持人介绍我来自湖北,我感到非常亲切。湖北的中国光谷是唯一一个以光而闻名的国家级的自主创新区。追光,可以说我们一直在路上。中国光谷是中国第一根石英光纤的诞生地,是全球最大的光纤光缆的研发基地,一系列面向全球的光谷原创接连涌现。我们完成了国家使命,要做出对光电子信息产业更大的贡献,这是我总体想跟大家报告的。

王元:我首先问一下郭哲,您是中国科协宣传文化部部长,我们做了很多精彩的关于文化的发言,这给我一个隐隐约约的印象,文化是可以被建构出来的。

大家在提倡,大家在鼓励,大家在宣传,吕薇同志在立法,等等,我们在营造科学建构。

第一个问题,科学文化是能够被建构的吗?

第二个问题,中国科协有很多的科学家共同体、社团,你觉得我们的科学家共同体或者社团能够在创新文化的建构当中起什么作用?

郭哲:谢谢王院长。今天听了内托副秘书长关于巴西创新体系的介绍,其实这和文化有很紧密的关系,代表南美的创新体系和文化。特别是刚才阿迪·约菲女士提到在以色列那种独特的国家环境里,如何更快学习、主动营造包容失败的创新文化是很重要的。

回答刚才院长说的两个问题。首先,文化的确是建构出来的。现在整个社会发生了很大的变化,比如说阿迪·约菲女士说的现在是个充满不确定性的时代,科学本身就在重新建构我们科技文化、创新文化及其发生的边界,包括我们治理的工具等。在这个不确定时代里面,我们怎么理解建构?我想很重要的是,参与科学文化和创新文化的主体发生了新的变化。特别值得关注的是,个体化的力量正在兴起,这种力量也在深刻地重构整个科学文化和科学创新文化,这是第一个观点。

第二个很重要的观点是,组织要素需要进行建制化。我们传统的体制正在改变,现在可以看到,非建制化的组织力量正在兴起。如果你认为学会组织是一种形式的话,我觉得它也是比较传统的。但是我们可以看到现在新兴的创新组织，包括现在大量的新兴研发机构，甚至新兴业态，他们在整个科技创新中扮演着越来越重要的角色。

比如说大家说到的人工智能驱动的科学研究，都会在未来塑造出新的科学文化。文化是流动的，虽然面临全球很多的壁垒，但文化的形式一直会传承下去。对于我们中国而言，最大的挑战就是，今天的主题，所谓的高水平的科技自立自强，这里面离不开中西文化、创新文化的互鉴，需要我们进一步研究如何打破中西科学文化的二元论，如何真正做到文明互鉴、美美与共，这对中国来说是很重要的命题。

王元：谢谢，我觉得您用很正确的观点规避了我提的问题。我们有这么多学会、科学家的共同体，我们能够在创新文化建设过程当中发挥什么作用？

郭哲：学会的共同体有3个特点。第一，成为开放性的组织是现在开放创新的时代要求。第二，在学科交叉融合的大趋势下，学会组织如何发挥促进跨领域融合的枢纽作用。也就是我们讲的枢纽型的学会组织。第三，要成为一种平台，要成为不同领域科学家、工程师的平台。科技类的组织在创新文化过程中扮演重要的角色。

王元：我之所以问这个问题，是想延续另一个问题。我问一下苏教授，您是研究都市文化的，对整个城市文化特别了解。我们在讲科学文化时都会讲一些要素，提出一些精神。

但是大家知道在中国科学文化里有些要素是不便公开谈论的。自由、民主、私人产权、质疑权威等是我们有所顾忌的内容。请问苏教授，您研究上海的都市文化，您觉得现在我们能够在倡导创新文化和科学文化的过程当中，大胆地、公开地来阐述这些思想和观念吗？

苏智良：谢谢主持人。我是台上唯一的本地学者，今天我带了一本书，叫《中西邂逅徐家汇》。因为我们这个分论坛原来准备设在徐家汇书院，今年的一个网红打卡地。

今天我们的主题是"追光"，当然是追创新之光、科学之光，我们还有一个追光——追思徐光启精神。徐光启是"海派文化"的奠基者和启蒙者，也是中国近代科学精神的大师。刚才主持人说到这样一个问题，我非常赞同，今年是上海这座城市都市化的180年，我们将在黄金周开一个大型的国际研讨会，总结从1843年五口通商到现在的这180年。

上海这个城市也可以说是个创新之城，第一个特点是开放，刚才主持人说的这些概念当然是外来的，马上就和城市结合。第二个特点是创新，近代洋务运动、荣家企业的创新、中央研究院在我们这个城市的建立，可以说徐家汇不仅是徐光启的家族的汇聚地，近代在土山湾这个地方，也引进了很多的科学和技术。一直到今天上海交通大学还在那儿，复旦尽管在江湾，但复旦的旧址还在那儿。第三个特点是包容，这个也非常重要。我们中国改革开放40多年，取得了惊人的进步，但是我们也应该反思还有哪些不足，怎么使得未来的创新能够做得更好？

刚才我接受电视台采访，我认为还有一点特别重要，就是对青少年的培养，因为他们是我们的未来。尽管很多的部门一直在减负，实际上无论是北京还是上海，我认为我们教育领域"内卷"反而是越来越严重。从大学老师一直到小学生，甚至于幼托班的孩子。这很不利于我们的创新，我希望我们共同努力，改变这种状况。谢谢！

王元：自由不仅是一种观念或者精神，更应该成为一种社会的框架。我们在城市里、在国家里应该为自由创造一种运作的框架。在这个地方，像阿迪·约菲这样极其富有想象力的人，她可以无限遐想。而不像有的人说这种想是无边无际、毫无价值的。真正的包容是允许这样的研究者、这样的科学家去想象，而且把想象落实在自己的实际行动当中。

湖北人在历史上从来都是敢想敢干，通过吃辣子就能看出来。您有什么回应？而且您是研究社会学的，您是哪个学科？

袁北星：我主要是历史学。我刚才想跟各位分享的主题，还是围绕追光，我会着重回答您的问题。

我首先想跟大家分享的是我们追寻的是思想之光。党的十八大以来，习近平总书记5次考察湖北，3次走进光谷。目前光谷的企业有12.7万家，有60多家上市公司，我们的经济规模、产业规模达到5000亿元。在这个背后，我认为支撑它的是文化的力量、精神的力量，是人文的支撑。

刚才这位专家讲了海派文化，在长江文明当中，荆楚文化也是非常具有代表性的文化，我想您肯定希望我在这方面做一个回应。

6月20日，习近平总书记在文化传承座谈会上讲了中华文化有一个创新的突出特性。在这方面荆楚文化、长江文明实证了这样的创新性。具体体现之一是思想方面，开放、包容、奋斗的气质，在荆楚文化乃至中华文明当中表现得非常突出。纵观长江文明和荆楚文化，它们有很多从0到1的原创型创新，也有很多根据自己的实际情况进行整合之后的再创造式的创新。我可以举几个例子，比方说中国历史上的第一段长城，中国历史上的第一支笔，中国历史上第一个设置县制都出现在楚国大地。不管是在精神文明方面，还是在政治文明方面都有特别深刻的体现。同时大家特别耳熟能详的，我们武昌首义、推翻帝制等，都是今天营造新时代创新文化的源头活水。

王元：我还是要打搅您一下，您有什么反思吗？我们现在一讲文化都是很正面的。

袁北星：刚才我记得有位专家说文化没有高下优劣之分，这是肯定的，只有特色之别，习近平总书记也是这么讲的。就像英语说的，每一个硬币都是双面的。

跟您举个例子，比方说荆楚文化：一方面敢于奋斗，敢于较真，敢为天下先；另一方面我们又讲贵和尚中，我们持中守正，不偏不倚。它本来就是很纠结、很辩证。我再举个例子，荆楚文化空灵、浪漫，但是又很理性务实。

今天我们就是要在这两者当中寻找一个平衡点，看怎么样有利于今天的发展。不知道这样的回应，能不能解决您的疑惑。

王元：我们接下来再讨论。现在我要问一下内托先生，您对整个巴西的创新体系建设做了非常全面的介绍，您怎么从您的演说的框架当中看中国的创新？

奥索里奥·科埃略·吉马良斯·内托：这是我第一次来中国，我对于上海的印象非常深刻。在巴西，我们会追随新的发展，也非常关注中国在科技方面做的工作。中国在公共政策和科技创新方面做的工作也让我们很惊叹，对我们很有启发。巴西有很多向中国学习的地方，比如说我们两个国家都很大，我们的人口也很多，我们面临的挑战、目标和人民的期待也类似。

当我们看到中国如何崛起，成为世界科技强国的时候，我们需要看中国做了哪些正确的事情，我们能够向中国学习借鉴什么？如何来合作交流？现在在巴西，我们把科技和创新不仅看成一个部门的事情，在我们新的框架下，我们新的政府是把科技看作整个国家的义务和责任，我想中国政府也是这么看的。

另外，巴西人口分布不均，所以我们必须用科技手段、社交软件等来分享和传播巴西的传统文化。我觉得中国在传播传统文化方面做得非常好。

在科技和技术进步方面，中国也努力成为世界创新的领先国家。

我想说的是中国和巴西在很多方面有合作的机会与空间。

中国思维的变化及在创新方面思想的变化让我们很惊叹。

最后我想说，巴西现在把科技创新不仅看作是政府工作很重要的一方面，而且是我们卢拉总统工作当中非常基础的一方面。它要深深融入社会层面。

王元：我去过巴西3次，2次是公务，1次去旅游，特别喜欢这个国家。您来中国来得太少了，希望中巴能多方面、更活跃地合作。

我现在问阿迪·约菲女士一个问题，其实在您演讲完我已经问了这个问题。当我们预见到很多新的技术发展的时候，您给出一个大的趋势，未来的发展越来越具有不确定性。但是这种不确定性，对西方的文化会有什么影响呢？

阿迪·约菲：谢谢！你把它叫作"不确定性"，我把它叫作"颠覆式的现实"。也就是说不管是企业的员工、高管还是教育者，这都意味着我们要有不同的思维方式。

过去的几十年和现在，我们都面临着新技术，尤其现在我们面临着生成式的AI技术，我也读了很多其他未来学家对于世界的一些预测。我认为不管是东方还是西方的市场，我们都需要具备新的技能，我也在多种场合上分享过，我们要有未来主义的思维。

我在以色列的一个大学的商学院教书，学生的思维要灵活，他们要为未来做好准备。目前我们看到，未来几年生成式的人工智能会不断发展，会影响我们未来的工作，我们没有办法想象未来会怎么样，但是我可以给大家举一个例子。比如说原来我们需要一天8小时做一项工作，而以后我们有AI工具，1小时就能完成。未来的工作会怎么样？我一天需要工作1小时，然后我可以一天在3家公司打工，这样对企业、政府和研究机构意味着什么？而且我们未来会跟机器人合作。我想现在是吸引世界上最顶尖的专家来分析、为未来做好准备最好的时候。你要问我这个问题，我能讲几个小时都讲不完。

王元：要跟未来学者对话，就要忘记时间。非常感谢，梅建军又返回了我们的现场，他的发言肯定会引起大家的一些讨论。就刚才我提的问题，您能够给我们简要地再回应一下吗？我再重复一下，第一个问题是其实"李约瑟之问"到了现在依然对中国有意义，我很同意您的观点。第二个问题是我们所做的大量工作，从您的角度来看，中国文化、西方文化在发生什么样的变化？谢谢！

梅建军：谢谢王元先生的问题。我讲到了"李约瑟之问"的现实意义，谈谈现在中西方文化的差异性。就当前的发展来看，大家以为有了全球化的趋势以后，这种差异性应该变得越来越小，国际的科学合作应该是一帆风顺，不应该有太大的挫折。可事实上，我们现在回过头来看，尤其是疫情之后，中国跟国际的联系相比疫情前，出现了很多的麻烦，很多的问题。我觉得我们还得回到"李约瑟之问"来，因为"李约瑟之问"是从长的历史时段里面，讲述了人类文明的发展是一个相互借鉴、相互促进的过程。中国对世界有贡献，世界的发展也影响了中国的发展，这是一个很简单的道理。千万不能够让西方某一些政客的言论给带偏了，好像中国是很邪恶的国家。

西方因为经济上的发展会影响到国际关系，影响到方方面面。我觉得大家还是应该回到一个主题，世界各个国家应该和平相处、共同发展，这个是"李约瑟之问"提出的中西方文明交流互鉴的一个主题。

王元：谢谢梅教授。我们现在还有一段时间，可以让现场观众提两个问题。

提问：各位专家好，我的问题是：我们说科学革命发生在西方，这里的西方是指什么国家？是否包括以色列？以色列的文化根源是什么？中国今天可以从以色列学习什么？以色列的创新文化，我个人理解它比较激进，更多是靠对效率、对未来创新的追求。我不知道中国如何从以色列的创新文化中进行借鉴？这是我的第一个问题，谢谢！

王元：您是抱着计算机来的，我估计您有个问题库是吧？请阿迪·约菲女士回答这个问题。

阿迪·约菲：谢谢您的提问。我们经常说以色列只有48年的时间，在建立这个国家的时候，没有任何的书，也没有任何的一个范本可以去学。我们自己必须得从无到有，怎么做呢？

上周我看到这样一个有趣的数据，这个世界上创造独角兽的国家，第二多的是以色列。这意味着什么？我们是这样一个"年轻"的国家，从无到有的国家，去创造、建设的国家，所以我们在考虑问题的时候跟别人是不一样的。也就是说你可以失败，如果你想要创新，失败是可以的，下次你可以在失败中再站起来，创造一个成功的。

我可以改变世界。16岁的时候，大家都想着我可以改变世界，现在也是这样子，做什么都可以。

整体来说，开放的心态，开放的文化，这个是我们身上与生俱来的，而且我们认为一切皆有可能，一切都能做。这可能是我们以色列的特色吧。

给大家讲一个故事，在欧洲大家知道餐厅服务员上啤酒，大家就从服务员这边拿啤酒喝，然后我跟他说我不想要啤酒，我想要葡萄酒。我的团队里其他人奇怪地看着我，大家觉得只有啤酒，我说我是女性，我能不能要葡萄酒？服务员说有，我就拿到了葡萄酒。我们做事情就是这样的思维，这样的角度，我们不会接受现实就是这样，我们是看还有什么其他可能。

我们总是在思考，可以说成是与众不同。

王元：非常感谢。不知道这位女士去没去过以色列？你还是得去一下。如果你要更详细、全面地了解以色列，看几本书，《创新的国度》是一本，《犹太史》是一本，看一看对你的结论会有一些纠正。最后一个问题。

提问：问一下各位专家，一个美好的科学文化氛围，需要的最主要的3个要素是什么呢？还有一个小问题，就是一句话总结一下，各位觉得未来我们中国想要形成比较美好的科学文化氛围，最需要做的一件事情是什么？

王元：我发觉咱们会场的提问者，试图夺取主持人权力的人很多。

我觉得挺好的问题。美好科学文化，没有什么美好，修辞词去掉，科学文化的3个要素是什么？

先请内托先生。

奥索里奥·科埃略·吉马良斯·内托：这个问题挺难回答的。我会回答3个，第一个就是要有强大的国家创新体系。打造一个环境，促进各个行动方之间的合作，要从各方面营造一个安全的环境来创新。

第二个是文化的合作和交流。因为当我们在谈创新的时候，其实不仅关乎经济方面的发展，还有文化社会的因素在里头。这种心态一定要有。

第三个就是从错误当中学习。阿迪·约菲教授刚才说过科学技术就是要犯错，不断地从错误当中学习，你得有这个韧性，错了不怕，不断创新，朝着你的目标矢志不渝地追求。

郭哲：3个要素，我认为有3个词，要开放、要自由，然后才有流动。我想这是我们应对变革，特别是驾驭不确定性的一个基本的安排。这3个要素会引导我们对中西方文化交融进行思考。

对当下中国来说更为重要的，其实除了"李约瑟之问"这个普适性问题之外，还有几个问题值得大家关注。比如说钱学森之问，为什么中国领军人才比较稀少？还有我们老的科学院院长、科协的主席周光召先生他提出来的问题，为什么中国的基础科学领域，没有青年领军人才不断、持续地涌现？还有我们工程院的老院长徐匡迪提出来的徐匡迪之问，为什么中国的颠覆式技术被同行评议掉了？就是怎么打破各种藩篱，形成院长讲到的学术自由、民主，同时创新的生态。

王元：您终于说出主持人要说的话了。谢谢！

阿迪·约菲女士。

阿迪·约菲：你要告别一些东西。首先要告别线性的思维，告别数字，因为创新是一个很复杂的事情，不是单靠数字就能说得清楚的。

第三个要告别传统的一些假设，我们现在已经在一个全新的社会当中了，一定要改变思维，不要回顾过去，用过去的思维看未来，是不行的。

王元：非常重要。袁院长。

袁北星：要我说3个词，越到后面越不好说，好多词他们前面都说了。

王元：重复没关系。

袁北星：那就是最大公约数了。对我来说，跟我所在的区域文化有关系，要无畏地去拓荒，要持之以恒，要兼容并蓄。大家都知道湖北处于长江中游，我们自然地理、人文地理可以说交相辉映，传统的、现代的、南北的、中外的，交融会通比较容易实现。咱们这3个词当中，我特别注重持之以恒，这一点特别重要。

还有第二问，我们最需要做的，我想是全民参与，倡导践行。

王元：我发现袁老师不失时机地宣传湖北，湖北应该做得到。

苏老师。

苏智良：我认为每个国家回答这个问题都不一样。在中国，第一是继续地改革，这最重要。第二是继续地开放，只有开放才能够文明互鉴，才能促进我们的改革。第三是自由，谢谢！

王元：谢谢！我们现在提问结束，因为确实拖的时间太长了，主要还是你们的发言太精彩了，我舍不得打扰你们。

每次论坛都让我做个小总结，我也不总结了，每位的发言都给我们提出了问题，所以没有什么总结可言。我相信文明确实是需要我们不断破题，特别是研究我们的创新文化、科学文化，要不断地破题，不断地挑战我们的观念，不断去吸收别人的观点，不断地把一些制度型的框架嵌入我们整个社会的运行当中，这是我们科学文化逐渐要解决的问题。

我特别欣赏李约瑟先生的那本书，叫做《文明的滴定》，这个词太好了，滴定。一点一滴地通过自己的实际行动，来改变我们的创新文化。大胆地说自由，大胆地维护民主，大胆地要求自主权，大胆地去质疑权威，这都是我们需要的。

而这个不仅是科学家团体，我觉得在座的我们都有责任来构建我们迎接新世界和新技术挑战的新的文化。

第 4 章
女科学家峰会：探索无界，链接未来

1 论坛综述

本次论坛是第二届浦江创新论坛女科学家峰会，主题是"探索无界，链接未来"。论坛旨在深刻揭示当代科技创新"性别无差，学科无界，地域无限，转化无碍"的发展理念，推动全球开放的创新生态建设。论坛为女科学家提供展示自己研究成果和思想的平台，探索科学创新与跨界合作的力量，展现女性在创新思维激发与创新实践碰撞中的风采。

2 嘉宾致辞

中华全国妇女联合会党组书记黄晓薇的致辞

黄晓薇　中华全国妇女联合会党组书记

> 广大女科技工作者牢记习近平总书记嘱托，胸怀"国之大者"，坚持"四个面向"，潜心钻研、勇于创新、默默耕耘、甘于奉献，砥砺奋进、追求卓越，在产业转型、乡村振兴、绿色发展、民生改善、科学传播等实践一线勇当排头兵，为推动我国高质量发展贡献了"她力量"，为促进全球科技创新发展书写了"她荣光"。希望女科学家们积极投身科技创新巾帼行动，在推动高水平科技自立自强、推进

> 中国式现代化进程中，带头做伟大事业的建设者、文明风尚的倡导者、敢于追梦的奋斗者。

尊敬的各位女科学家、各位嘉宾、朋友们，大家上午好。探索无界，链接未来，今天我们相聚在浦江创新论坛——第二届女科学家峰会，深入探讨不同学科领域的交叉融合、全球科学合作的机遇挑战、科学与产业的链接转化，共话参与全球创新发展的巾帼使命和担当。这是科技女性的风采展示，这是科学智慧的高端对话，这是创新精神的相互激荡，这是家国情怀的深层表达。在此，我代表全国妇联对峰会的举办表示热烈祝贺，向与会的中外来宾致以诚挚的欢迎和美好的祝愿！

科技是国家强生之基，创新是民族进步之魂。党的十八大以来，在以习近平同志为核心的党中央的坚强领导下，中国将实现自立自强作为国家发展的战略支撑，着力增强高质量发展的原动力，满足人民群众日益增长的对美好生活的需要。重大创新成果竞相涌现，成功进入创新型的国家行列。

同时，我们秉持人类命运共同体的理念，主动融入全球科技创新网络，为完善全球科技治理，增进人类共同福祉提供了中国智慧、中国方案。在人类探索未知、追求科技进步的舞台上，女性的身影日益活跃，成就熠熠生辉。目前，全球超过33%的科研工作者为女性，在中国女性科技工作者有4000多万人，占比达到45.8%。她们潜心钻研、勇于创新，在前沿领域争做先行者，她们默默耕耘、甘于奉献，在产业转化、乡村振兴、绿色发展、民生改善、科学传播等实践的一线勇当排头兵，为推动我国高质量发展贡献了"她力量"，为促进全球科技创新的发展书写了"她荣光"。

全国妇联致力于服务科技女性的成长发展，于2021年联合科技部等启动了"科技创新巾帼行动"，两年来，我们加强顶层设计，推出了16条政策措施，推动各地区、各部门、各单位出台支持举措，实现了省级女科协组织的全覆盖。我们积极搭建平台，依托中关村论坛、浦江创新论坛、大湾区科学论坛、光博会等设立科技女性论坛和峰会。我们举办女性人才的培训班，组织97万多名科技女性投身助农、助企、助医等服务，惠及了1800多万人。我们加大表彰宣传的力度，一大批科技工作者和团体荣获了中国青年女科学家奖、全国三八红旗手、全国巾帼建功标兵等称号，有效激发了科技女性创新、创造的活力。

我们欣喜地看到，作为本次峰会的举办地——上海，向深、向实厚植女性科技人才的发展土壤，一系列首创性、引领性举措形成了良好的集聚效应。《上海女性科技人才发展报告（2023）》刚刚出炉，一系列的数据显示，女性科技人才的数量和质量均大幅提升，一大批优秀女性科技人才在重大科技任务和人才计划中历练成长。例如，女性研发人员的数量近5年年均增长6.94%；面向青年人才的扬帆项目，女性承担数占比近半；今年立项的上海市自然科学基金项目的女性负责人占比超过1/3；上海女性两院院士的占比达到11.11%。广大女科技人才鼎力奋进、追求卓越，在上海加快向具有全球影响力的科技创新中心进军过程中彰显了半边天的不凡成就。

党的二十大擘画了强国振兴、民族复兴的宏伟蓝图。希望广大女科技工作者胸怀国之大者，坚持四个面向，在开展原创性、引领性科技攻关，打赢关键核心技术攻坚战上不断突破；在助推科技创新与经济社会深度融合、赋能高质量发展上多出成果；在实现科技成果转化应用、为美好生活服务上积极作为；在引导青少年科学梦想、提升全民科学素质上尽职尽责；在推动高水平科技自立自强，推进中国式现代化进程当中带头做伟大事业的建设者、文明风尚的倡导者、敢于追梦的奋斗者。

各位嘉宾朋友们，人类要共同破解发展难题，比以往任何时候都需要国际合作和开放共享，都更需要科技创新和女性的力量，希望各国科技女性秉持开放、包容、互惠、共享的国际科技合作理念，以女性的严谨专注、敏锐细致、坚忍执着，围绕气候变化、能源安全、生命健康等全球的重大问题积极开展多学科交叉协同研究，参与跨领域、跨地域、跨界别的交流合作，促进科技创新、资源共用、平台共建、成果共享，在世界科技舞台上展示女性非凡的创造力和影响力量。

各位嘉宾朋友们，科学是人类生活当中最重要、最美好和最需要的，让我们携手奏响开放合作的音符，让科技更向善，为共同建设一个对所有妇女，对所有人更加美好的世界，为构建人类命运共同体、促进全球可持续发展做出新的、更大的贡献。作为广大女科技工作者的娘家，我们全国妇联的目光将始终追随你们的精彩！祝本次峰会圆满成功，谢谢大家！

科技部党组成员、科技日报社社长张碧涌的致辞

张碧涌　科技部党组成员、科技日报社社长

> 近年来，女性科技人才队伍不断壮大，能力素质不断提升。科技部始终高度重视女科技工作者工作，加强统筹部署，鼓励女性承担国家重大科研任务，切实减轻女性科研人员负担。科技部将持续完善激发女科学家创新活力的制度体系，不断加大对女性科技人才的培养力度，支持女科学家参与国家重大科研任务。

各位女科学家、同志们、朋友们，女科学家峰会是浦江创新论坛近两年开始举办的重大特色活动，是凝聚巾帼力量、展现巾帼风采、促进女科学家交流协作，推动融合创新的重要舞台。在此，我代表科技部对本次峰会的召开表示热烈的祝贺，向参加峰会的女科技工作者代表致以崇高的敬意和诚挚的问候！

党的二十大做出了教育、科技、人才统筹推进的战略部署，女科技工作者是科技人

才队伍的重要组成部分，是深入实施科教兴国战略、人才强国战略和创新驱动发展战略的重要支撑力量。近年来，在全国妇联和相关部门的共同努力下，女性科技人才队伍不断壮大，能力素质不断提升，涌现出了一批胸怀祖国、日益创新的杰出楷模，产生了一批具有引领性和标志性的重大科技成果，在推动新时代我国科技创新工作取得历史性成就的过程中做出了突出贡献。

科技部始终高度重视女科技工作者的工作。一是加强统筹部署。新修订的《科学技术进步法》在法律层面完善了对女性科学家的培养和激励机制，针对鼓励支持女性科学家在科技进步中发挥更大作用等内容做出了具体规定。科技部会同全国妇联等部门印发《关于支持女性科技人才在科技创新中发挥更大作用的若干措施》，在培养高层次人才、支持创新创业等6个方面提出了16条务实举措。《科技日报》等媒体大力宣传杰出女科学家的先进事迹和优秀成果，在全社会积极营造支持女性科技工作人才的良好氛围。二是鼓励承担国家重大科研任务。国家重点研发计划专门鼓励女性科技人员申报，放宽女性科学家申请青年科学项目的年龄限制。国家自然科学基金允许孕哺期女性延长项目周期。科技部今年还印发了《社会力量设立科学技术奖管理办法》，专门面向女科学家设立奖项。三是切实减轻女性科研人员负担。在考核评价、岗位聘用等环节，对孕哺期女性科研人员适当放宽期限要求，延长考核期限，鼓励科研单位以弹性工作机制为孕哺期女科学家创造条件。

下一步科技部还将会同全国妇联等部门持续完善激发女科学家创新活力的制度体系，不断加大对女性科技人才的培养力度，支持女科学家参与国家重大科研任务。希望广大女科技工作者坚持四个面向，大力弘扬科学家精神，坚定创新自信，勇攀科学高峰，在推进高水平科技自立自强的新征程中贡献更多巾帼力量。

最后，预祝本次峰会取得圆满成功，祝广大女科技工作者工作顺利，生活幸福，一切如意。谢谢大家！

时任上海市委副书记吴清的致辞

吴清　时任上海市委副书记

> 上海正按照习近平主席重要指示精神，加快建设具有全球影响力的科技创新中心。在新征程上，上海将一如既往重视女性科技人才的培养使用，以更开放的载体平台、更包容的制度环境、更优质的服务保障，为女性科技人才成长进步、施展才华创造条件。

尊敬的各位女科学家，还有以汪品先院士为代表的各位男科学家代表，大家上午好！各位嘉宾，女士们、先生们，金秋时节，非常高兴跟各位新老朋友相聚在美丽的黄浦江畔，共同参加浦江创新论坛女科学家论坛的第二届峰会。

首先，我谨代表中共上海市委、上海市人民政府对海内外嘉宾的到来，对各位科学家的到来表示热烈的欢迎！对大家长期以来给予上海发展的关心和支持表示衷心的感谢！

科学没有国界，科技创新不论性别，事实上也是巾帼不让须眉。正如刚才黄主席介绍的一样，在世界范围内三分天下有其一是女科学家在承担着，在中国则将近50%女科技工作者在承担着重要的任务。上海是一座攀登科技高峰的创新之城，也是一座女性科技人才尽情施展巾帼风采的魅力之都。九年前，习近平主席指示上海努力推动科技创新，在实施科技创新发展战略方面要走到全国的前头，走在世界的前列。九年来，包括女性科技人才在内的全市科技战线牢记习近平主席的殷殷嘱托，"只争朝夕，奋勇争先"，推动上海国际科技创新中心建设，从建框架迈向强功能，从量的积累迈向质的飞跃，上海科技的整体水平和全球影响力显著提升。在这个过程当中，无论是在探索世界科技发展的最前沿，还是在推动高质量发展的主战场；无论是在抗击新冠疫情的第一线，还是在抢抓科技和产业变革先期的新赛道，都有女性科技人才的飒爽英姿，拼搏奉献。

刚才，全国妇联副主席张晓兰也讲到科学让世界更精彩，女性让科学绽放。我认为女性科学家也让科学之美绽放，让科学更加美丽，特别是刚才我特别赞同黄晓薇主席讲到的科技向善，由于女科学家的参与，科技向善更可期待，也更加能够实现。这一点在中国的科技实践中一直有很多的案例证明，从"北京时间之母"叶叔华院士到"乙肝病毒克星"闻玉梅院士，一批批女性科技人才探索真理、勇攀高峰，取得一系列标志性的成果，造福着或即将造福人类。时间也充分证明，女性科技人才不愧为人才这一关键战略资源的重要组成部分，不愧为伟大事业的建设者、文明风尚的倡导者、敢于追梦的奋斗者。

当前，上海正在按照习近平主席重要指示精神，努力在中国式现代化新征程上当好排头兵。在新征程上，女性科技人才的舞台更加广阔，梦想成真的机会更加多样，我们将一如既往地重视女性科技人才的培养使用，为女性科技人才成长进步、施展才华、发挥作用创造更好的条件。刚才张碧涌社长也特别强调了科技主管部门、全国妇联都在为女性科学家创造更好的条件，提供更大的支持。上海这座城市一向是对女性比较友好的城市，所以我们也通过为广大的妇女、儿童建设更好的软、硬环境，为女科学家们间接地提供更好的服务、更好的保障。同时，我们也将搭建更为开放的载体和平台，引导更多的女性科技人才在上海揭榜挂帅，努力在疏通创新源头、加速创新过程等方面彰显巾帼伟力。我们将构建更具包容的制度和环境，建立更有利于女性科技人才发展的评价机制，优化女性科技人才发现、成长、支持机制，厚植女性科技人才发展根基。我们将创建更加优质的服务和保障，营造国际化的氛围，推出更多的一站式服务，解除女性科技人才在婚姻家庭、子女教育、医疗保健等若干方面的后顾之忧。

本次峰会的主题是"探索无界，链接未来"，倡导性别无差、科学无界、地域无限、转化无碍的现代科技创新发展理念，意义重大深远，希望大家深入交流、研讨、提出真知灼见，为应对全球性的挑战，推动全球科技创新贡献巾帼力量。预祝本届峰会圆满成功，谢谢大家！

塞尔维亚科技创新部科学部长助理、贝尔格莱德大学西尼沙·斯坦科维奇生物研究所首席研究员玛丽娜·索科维奇的致辞

玛丽娜·索科维奇　塞尔维亚科技创新部科学部长助理、贝尔格莱德大学西尼沙·斯坦科维奇生物研究所首席研究员

> 塞尔维亚科技创新部非常关注科学家，尤其是女性科学家。我们有一些特别的举措和政策，在科研领域、在科技发展方面支持女性。我们为女性科学家延长了产假，和联合国教科文组织共同为女性科学家设立了奖项，出台让女性科学家进入管理层的举措。中国和塞尔维亚有很多的相似之处，在推动性别平等方面都做得很好，对此我深感自豪，也相信可以继续在这方面取得进展。

尊敬的浦江创新论坛第二届女科学家峰会主办方，中国科技部的代表，各位嘉宾、各位女性科学家，非常荣幸可以在这里代表塞尔维亚科技创新部参加论坛并发言，预祝论坛和峰会圆满成功。我个人也为能参加这样一次峰会，和大家一起交流、分享真知灼见而深感自豪。

塞尔维亚科技创新部非常关注科学家，尤其是女性科学家。作为女性本身就是一种荣幸，我们对这个世界有着特殊的作用。作为女性科学家是一种更大的荣幸，但是也有很多的责任，它意味着成功，也意味着挑战，因此，我们科技创新部非常清楚需要支持女性科学家，为我们有一些特别的举措和政策，在科研领域、在科技发展方面支持女性。例如，我们深知女性身为伴侣、身为母亲的同时也希望有职场上的成功，所以我们为女性科学家延长了产假，生育第一、第二个孩子的产假是一年，生育第三个孩子的产假会延长至两年。此外，女性科学家还可以申请一项重要奖项，是由我们和联合国教科文组织共同设立的，每一年奖励3位女性科学家（其中2位是取得博士学位者，另1位是博士研究生）。这个奖项已经持续了11年，已经有33位女性科学家获得了这个荣誉，所有这些女性科学家现在都在从事联合国教科文组织的研究项目，她们创造出了很多新的研究成果，在各自领域都取得了很大的成功。

此外，我们还为女性科学家提供很多其他不同的项目，例如，我们有一个为期5年

的项目，青年科学家可以通过申请这一项目加入科研机构。对于这些科研机构而言，性别平等是硬性规定，机构中至少50%的科学家必须是女性。

我们的另一项举措是让女性科学家能够进入管理层，这不仅在科研领域，也包括其他领域。这个政策非常成功，数字可以说明一切，在塞尔维亚的科研机构当中，大约61%是女性；我所在的生物研究所是一个很大的科研机构，93%的工作者是女性；在高等院校，45%是女性。最糟糕的是工程领域，但是情况也在不断改善，女性的比例在不断地提高。

中国和塞尔维亚有很多的相似之处，在推动性别平等方面都做得很好，对此我深感自豪，也相信可以继续在这方面取得进展。只要我们想，只要我们去做，就一定会有成功的女性科学家，同时她们也会是非常幸福的伴侣和母亲。不管是现在还是将来，跟随她们职业发展的脚步，我们必须要支持她们。

很高兴可以参加今天的峰会，分享我们的经验，也祝愿大家在职场上取得更多的成功，生活更加幸福。无论是作为女性科学家，还是作为女儿和母亲，在各个身份角色上都能取得成功。谢谢！

3 嘉宾演讲实录

解开细胞死亡的秘密

袁钧瑛　分子生物学家，美国艺术与科学院院士、美国国家科学院院士，哈佛大学医学院细胞生物学系终身教授，中国科学院上海有机化学研究所生物与化学交叉研究中心主任

> 我是一个细胞生物学家，我研究的问题是"细胞怎么死的"，这个问题我已经研究了40年。我们的主要成果是发现了两种细胞死亡机制，即细胞凋亡和细胞程序性坏死。RIPK1的发现是从原创性机制的发现，到与疾病相关的机制发现，推动了全球多种重大疾病的临床试验。

各位领导，各位女科学家们，大家早上好！我是一个细胞生物学家，我研究的问题是"细胞怎么死的"，这个问题我已经研究了40年。我是上海生、上海长的，1976年我在上海高中毕业，当时已经分配到了棉纺机械厂工作，1977年中国恢复高考的时候，我参加了高考，是1977年上海高考理科第1名。我祖父是上海第一医学院的教授，他给我的教导是："生物适合女孩子，化学是方向"，于是我就把生物跟化学做了个组合，选择

了生物化学，它是研究生命过程中的化学反应。

1982年我从复旦生物化学专业毕业，赶上了第一批出国潮，参加了CUSBEA（中美生物化学联合招生项目）考试，得到了哈佛大学的全额奖学金，成了哈佛神经科学系的研究生。在我一年级读书上课的过程中，我对细胞死亡这个问题产生了很多兴趣，因为我发现在动物的正常发育过程中会有细胞死亡，在衰老跟疾病过程中也有细胞死亡，但是当时没有人研究细胞死亡这个问题，我在哈佛也找不到一个研究细胞死亡问题的实验室。

一个很偶然的机会，我听说麻省理工学院的助理教授罗伯特·霍维茨在研究小线虫发育的谱系中，发现小线虫发育过程中有130亿个细胞，在不同的小线虫发育过程当中，在同一个发育时间细胞是会死的，就是说发育过程当中的细胞死亡很有可能是受遗传控制的，这对我们来说是一个非常重要的证据。

由于我在哈佛找不到实验室，所以我是在MIT的实验室完成的博士论文。1989年毕业的时候，我的博士论文就是关于世界上第一个控制细胞死亡的分子机器，这也是罗伯特·霍维茨2022年得诺贝尔奖的一个重要部分。我的发现首次展示了细胞可以主动控制自己的死亡，是一种特殊的自杀形式，这种自杀形式对我们的发育，以及后来发现的神经退行性疾病都起到了非常关键的作用。

博士毕业时，我开始思考哺乳动物是否存在同样的机制，但是我发现没有人研究哺乳动物的细胞死亡机制，所以我找不到一个研究相关领域的博士后的实验室。1990年，我在哈佛大学麻省总医院建立了自己的独立实验室，当时我32岁。这是1993年我在自己实验室拍的照片，当时我已经快要生我的女儿了，当时我的大儿子是3岁。1993年，在我的科研生涯当中这是非常重要的一年，我们实验室在《细胞》上发表了第一篇论文，1994年在《科学》上发表了第二篇论文，展示了我们实验室发现的哺乳动物调控细胞凋亡的基因。这些工作展示了在小线虫中发现的细胞自杀机制在人和脊椎动物中都存在，而且会控制细胞的死亡。但是，人和脊椎动物的细胞死亡机制复杂得多，在小线虫的发育过程当中，*Ced-4*是唯一控制细胞死亡的基因，但是在人和哺乳动物中，我们的基因组有13个基因来调控细胞的死亡，我们实验室大约发现了其中的1/3，为世界细胞死亡机制做出了非常重要的贡献。

那个时候我们发现细胞凋亡已经成为一个可控的过程，并且了解了这个过程，但是对于细胞坏死还不清楚是否也可以被调控。我们就开发了一个小分子的筛选方法，用细胞来筛选坏死的抑制剂，用小分子库筛选的方法寻找可以抑制细胞坏死的小分子，这个方法叫化学生物学。通过这样的筛选，我们发现了一种细胞可控的坏死机制，中文叫细胞程序性坏死或者是Necroptosis，这是一个我创造的英文字。而且我们还开发了小分子抑制剂，可以非常有效地控制细胞程序性坏死，它可以非常专一地抑制RIPK1而不影响其他。现在还知道了RIPK1在TNF介导的过程当中起到了非常重要的作用，我们的小分子抑制剂可以非常专一地抑制 TNF 做的坏事。更有意思的是，细胞凋亡的机制在线虫、果蝇当中存在，但细胞程序性坏死的机制只在高等的脊椎动物中被发现。在细胞调控程序性坏死机制的一系列研究通路中，一个最重要的通路就是了解渐冻症中的细胞死亡和炎症。这些发现为我们揭示了 RIPK1 是细胞凋亡和坏死及炎症通路中的一个关键调节因子。因此，RIPK1 逐渐成为神经退行性疾病、自身免疫性疾病和炎症等多种疾病治疗的有效靶点之一。这些发现直接推动了 RIPK1 抑制剂在人体的临床试验，现在全球已经有 20 多家公司在开发 RIPK1 抑制剂，最前沿的是对渐冻症和多发性硬化症的治疗。

我们的主要成果是发现了两种细胞死亡机制，即细胞凋亡和细胞程序性坏死。RIPK1 的发现是从原创性机制的发现，到与疾病相关的机制发现，推动了全球多种重大疾病的临床试验。2020 年我回到了中国，我现在所在的中国科学院上海有机化学研究所生物与化学交叉研究中心是一个非常年轻的团队，我觉得很有希望再进一步做出更大的突破。谢谢大家！

巴西绿色低碳政策研究和创新激励措施

拉伊思·福尔蒂·托马斯（Ms.Laís Forti Thomaz）
巴西戈亚斯联邦大学国际关系办公室负责人

> 政府公共政策非常重要，它是一种催化剂，可以推动创新，改善产业的效率。但也要对政策进行监管和评估，从而保证政策实施成功有效。只有在政府、学界，以及产业界的多方参与下，我们才可能实现可持续发展目标。

女士们，先生们，大家早上好！我是一位教授，也是现任巴西戈亚斯联邦大学的国际关系秘书。我很荣幸能受邀来到这里，我代表的不仅是我的大学，也代表巴西。我要感谢本次论坛的主办方，特别要向女性致敬，无论是你们的故事，还是你们的科学贡献，都给我带来了很多的灵感。

当下的世界面临着很多的挑战，政策和监管可以推动生物燃料与可持续燃料的发展，同时我们还需要去碳的解决方案。《巴黎协定》是一个里程碑式的事件，各国在一起研究相关的政策。巴西一直扮演着重要的角色，我们探讨如何进行能源的转型，建立减少碳排放和温室气体排放的机制。巴西也是呼吁并推动能源转型对话的国家之一，因为我们有世界上最清洁的能源结构。

巴西和美国在生物燃料方面是处于领先地位的，我简要介绍一下巴西推动科研和创新的最新举措。2017 年，我们通过国家生物燃料政策的时候，私营部门、学者和学术界都积极参与其中。巴西有很多生物燃料生产商、经销商，对于他们有着激励机制，他们也非常希望获得相应的积分,因此我们积极鼓励生产厂商寻找更高效的生物燃料,从而使其获得更多的积分。这些能源资产在2020—2022年得到了很大的发展,我们在市场上分配了很多的减排积分和配额,也减排了1亿多吨的二氧化碳。

政府公共政策非常重要,它是一种催化剂,可以推动创新,改善产业的效率。但也要对政策进行监管和评估,从而保证政策实施成功有效。

现在巴西也越来越多地使用清洁燃料汽车,这样可以减少污染。我们需要合作,需要改善国家协调的能力,需要整合现有的政策,从而推动最佳做法。燃料的排放政策应该被整合到交通政策中,我们通过项目将不同的政策举措结合在一起,如未来的燃料政策,这是我们国家能源政策委员会所制定的。它的目标是要整合公共政策以便推动相应的措施,改善燃料的质量,同时减少碳排放的强度。

我们还有一个研究网络是做航空清洁能源的分析和推动,他们致力于创新、研究和发展,其工作都是和可持续发展相关的。我们也做了很多的研究,有两个研究成果已经出版了,我参与了其中的一个,主要是与高效燃料相关的治理和公共政策,我相信这也会影响到各国今后对于燃料的选择。所有这些倡议都需要多方的合作和协调,这点非常重要。我们要有相应的法律监管框架,燃料领域、工程领域、航空公司及飞机生产商都应该参与其中并进入决策过程。

2022年,我们提出了巴西氢气倡议,希望推动政府出台相关举措以推广氢气的应用。我们关注技术的发展,推动相应的创新和合作伙伴关系的建立。我们还设立了国家氢气项目,戈亚斯联邦大学也设立了氢气和可持续技术卓越创新中心。根据我们的数据,能源转型和安全是非常重要的政策,我们有30多个相关的项目,这也将是接下来矿产和能源部的工作重点。所有这些能源项目都需要确保社会包容度和性别平等,这些项目也将推动更多的女性科学家获得资金以支持其研究和创新。只有在政府、学界,以及产业界的多方参与下,我们才可能实现可持续发展目标。

建设开放创新生态,推进高水平对外开放

刘冬梅　中国科学技术发展战略研究院党委书记

> 开放创新生态是从国际合作、国际竞争力等角度谈科技领域对外开放的问题。构建开放创新生态是构建新发展格局、推动高质量发展的必然要求,也是与各国一道破解共同发展难题的必然选择。

各位领导,各位嘉宾,大家上午好!我们战略院是科技部直属的研究型事业单位,主要做国家科技政策的研究和咨询,我们也是国家高端智库之一,我们有一个团队专门

关注国际科技合作。今天很高兴跟大家分享我们对开放创新生态的认识和理解。

今天主要谈3个方面的内容，即我们对开放创新生态内涵的认识、国内关于开放创新生态的政策实践和地方实践、对未来开放创新生态建设的一些展望。

一、什么是开放创新生态

当前，科技革命和产业生态发展遇到难题，在这样的背景下更需要各国合作共享，开放创新生态是各国合作共享的重要内容。开放创新生态是从国际合作、国际竞争力等角度谈科技领域对外开放的问题，从这个角度理解开放创新生态既有延续性的历史背景，也有新形势下的现实背景。

从1978年改革开放以来，我们一直坚持开放合作的基本路线，从现实的视角来看，构建开放创新生态是构建新发展格局、推动高质量发展的必然要求，也是与各国一道破解共同发展难题的必然选择。

开放创新生态是开放创新和创新生态系统的一个交叉，我们在这个基础上给出了一个比较拗口的界定，即一国境内各类创新主体在创新环境中为实现创新总体目标，互利共生、价值共创、适应依存、协同演化，形成共生竞合、动态演化的开放复杂网络系统。我们认为开放创新生态有4个维度，即对各类创新主体要有国际吸引力、各类创新要素要有跨境流动的便利性、要在全球创新治理中发挥比较重要的作用、要在全球科技创新网络中发挥重要节点作用。根据这4个维度我们建立了4个一级指标、10个二级指标和二十几个三级指标。

二、建设开放创新生态的中国政策与实践

党的十八大以来，党中央围绕推进科技强国建设和高水平对外开放作出了一系列改革部署，为构建具有全球竞争力的开放创新生态奠定了较好的政策基础。我们梳理了相关的政策，在提升创新主体开放创新能力方面，2023年教育部和海南省专门出了一个规定——《境外高等教育机构在海南自由贸易港办学暂行规定》，2016年中共中央发文《关于深化人才发展体制机制改革的意见》。在构建开放包容的人才发展环境方面，重点围绕吸引海外人才、完善签证和技术移民制度、为外籍人才创造良好环境和条件等提出若干政策举措。例如，2021年新修订了《科学技术进步法》，明确规定外籍杰出科学技术人员到中国从事科学技术研究开发工作的，可以优先获得在华永久居留权或者取得中国国籍。在加强国际科技交流合作方面，各个部委重点围绕提高国家科技计划对外开放水平、支持外国专家服务国家重大科技决策、增加科技奖励的开放性、"一带一路"科技创新合作等议题提出若干政策措施。例如，科技部2016年出台《推进"一带一路"建设科技创新合作专项规划》。2020年科技部、财政部、发展改革委出台《中央财政科技计划（专项、基金等）绩效评估规范（试行）》，提出在符合保密要求的前提下，评估委托者可根据需要引入国际评估或邀请国际专家参与咨询。在高水平参与全球创新治理合作方面，重点围绕设立面向全球的科学研究基金、牵头组织国际大科学计划和大科学工程、培养推送国际科技组织人才等提出了若干政策措施。

党的二十大报告提出，要"统筹推进国际科技创新中心、区域科技创新中心建设"，国际科技创新中心建设是构建开放创新生态的重要举措，上海、北京在形成国际科技创新中心的过程中，也为建设具有全球竞争力的开放创新生态进行了一系列的探索实践，特别是上海在开放创新生态构建方面已经走在了全国的前列。

在提升创新主体开放创新能力方面，教育部在上海试行"双一流"建设理工农医类学科中外合作办学项目备案制。在推动优质创新资源配置与流动等方面，上海也做了非常具体的规定。在构建开放包容的人才发展环境方面，上海确实走在了全国的前列，我们对比这三大国际科技创新中心，上海一直是国际化的大都市，而且在开放科技合作方面做得非常好。上海早在2019年就提出了"特殊情况下，经所在单位和主管部门批准，科研人员可持普通护照出国"。上海还在2021年，在全国率先开通外籍人才薪酬购付汇便利通道"FAST PASS"，为外籍人才提供可分次、可跨行、零审单的"一件通"高效金融服务。在构建多元化国际科技合作网络方面，上海搭建国际创新交流大舞台，浦江创新论坛已经举办了16届，顶尖科学家论坛也取得了非常好的效果。上海在推进"一带一路"科技创新合作方面，在推动软联通支撑硬联通方面也做了积极的探索，同时还积极参与全球创新治理合作，积极发起参与国际大科学计划，如中国科学院科学与智能技术卓越创新中心，复旦大学牵头了一系列国际大科学计划，且取得了有标志性的成果。北京也在努力构建开放创新的生态环境，例如中国国际服务贸易交易会、中关村论坛、金融街论坛"三平台"成为国家开放发展的重要平台。另外，北京在高水平推动大科学计划与科学中心建设方面也有一些具体的举措。

三、建设开放创新生态的展望

最后，我们对中国的开放创新生态进行一个展望。前面介绍了很多取得的成绩，确实效果非常好，但是我们也不得不承认，我们还面临着很多困难与挑战。比如说我们的国家综合创新指数排在第11位，全球人才竞争力排在第36位，我们在很多方面还有改进的空间。

我们的研究团队围绕4个方面提出了一些举措，我最想说的是其中两个，即对各类创新主体的国际吸引力和创新要素的跨境流动性。创新主体最主要的是高校、科研院所和企业，如何激发创新主体的国际吸引力，是我们构建开放创新生态最为重要的内容。我们提出的目标是对全球创新人才的吸引力居世界前列，吸引外资研发经费规模居世界前列。另外一个备受关注的要素就是创新要素跨境流动的问题，因为当下无论是资金和人才在跨境流动方面都遇到了很多现实的困难，虽然我们国家科技计划已经有明确的规定，但是在实际执行过程中，其实还是存在一些问题。另外，国外人才进入我国，还有一些不便利的地方，人才回流的问题也应该引起高度的关注，所以创新要素跨境流动也是我们构建具有全球竞争力的开放创新生态需要高度关注的内容。

今天是女性论坛，我也是一位女性，所以特别开心，我在最后还想分享我们团队的性别研究，我们团队全程参加了《关于加强女性科技人才队伍建设的意见》的研究和起草工作。女性科技人才占据了半壁江山，这个论坛可构建更好的氛围，让更多的女性科学家展现她们的风采。

大洋钻探与中国

汪品先　海洋地质学家，中国科学院院士，第三世界科学院院士，同济大学海洋与地球科学学院教授、博士生导师

> 大洋钻探掀起了地球科学的一次大革命，改变了地球科学的概念。参加过大洋钻探的中国女性科研人员占中国参与人数的21%，与世界地球科学家性别比例一致。中国科学家要唱板块学说的下集，未来要填补太平洋研究历史的空白。中国正在制定中国大洋钻探的学术计划，向深部进军！

大家好，我讲的是国际大洋钻探。它是什么呢？有的科学不可能不开展国际合作，世界的大洋太大了，世界的大洋钻探太难了，所以只能各个国家抱团来干，这就是我要介绍的大洋钻探。

上天、入地、下海是人类扩展事业的3个方向，其中最难的可能就是入地，因为地球是硬的，而大洋钻探就是要"打穿海底"。现在下到地球最深处的是南非金矿的工人，他们可以下到4000多米，但是跟6000多公里的地球半径来说，1‰都不到，怎么办？打钻，可以在陆地打，可以在海里打，但是在海里打最好，因为陆地上的地壳35公里，海里的地壳只有7公里，相差5倍，所以深海海底是离地球内部最近的地方。但大洋钻探是很不容易的，就像你从飞机上投篮，这是非常困难的事情。

大洋钻探是国际上历时最久的，已经55年了，它的规模最大，它最兴旺的时候是年预算2亿多美金，这么大的科学项目是不多的。大洋钻探有3个领头的国家，美国、日本和欧盟。现在有20多个国家参与大洋钻探，中国也是其中之一。根据我5年前的统计数据，在全世界大洋已打了3500口井。

大洋钻探干了这么多年，有什么好处？就是掀起了地球科学的大革命，把地球科学的概念都改变了。古话讲"移山到海"，而大洋钻探就证明了"山可移"，即板块学说。怎么移？例子来自大西洋，右图是大西洋的地形，中间有山脉，比周围的海洋高出2000公尺，最右边那张图中，不同颜色表示不同地壳的年龄，离中心越远年龄就越老，这就解释了为什么南美洲的海岸线跟非洲的海岸线可以对应起来。

为什么我们历史上会有一次一次的冰期，大洋钻探拿到证据了，就是地球的转轴有

变化。地球自转，同时围绕太阳公转，地球就像个陀螺。太阳黄道有时候像个圆，有时候更像椭圆，这样一来太阳能照到地球上的位置就变了，这样我们就懂了，为什么地球上的气候会发生变化。

我们呼吸靠氧气，植物生长靠叶绿素，但世界上还有一个生物圈就是没有太阳光的，那就是生活在海底的暗生物圈。这个生物圈靠的是硫化物，是另外一种环境。有很多的微生物生活在海底的把泥和岩石里面。玄武岩里有很小很小的细菌，但最大的特点是寿命很长，它可以在里面几十万年都死不了。

地球生物圈的概念也变了，这也是大洋钻探发现的事情。我们都知道北冰洋冰，但2003年在北冰洋的大洋钻探时发现，原来5000万年前北冰洋是个湖泊，湖泊里面有水葫芦，说明5000万年前北冰洋是暖水的湖泊。世界上现在剩下的1/4的石油在北冰洋底下，所以为什么北冰洋周边国家对北冰洋的开发非常的紧张。再举个例子，恐龙6000多万年前就灭绝了，是因为有个小行星打到地球上来，这个小行星在哪里？在墨西哥的尤卡坦半岛上，大洋钻探证明了这个事情。

我们中国起步晚了点，但是很幸运，我们1999年就开启了大洋钻探，所以我们很高兴，中国参加了25年，中国就一举登上了深海研究的国际舞台。现在我们南海打了4个半航次，主要在2014年、2017年、2018年，打的都是最深的地方，但一个国家的力量是薄弱的，所以需要各个国家抱团去干，这就是国际合作的意义。现在南海成为世界上边缘海深部研究最好的海，这个项目是我主持的，我也很骄傲。

我们发现了些什么呢？

第一，我们发现了气候变化不是由冰盖决定的，而是由低纬度决定的。因为气候说到底都是水循环，水的三相变换决定气候，不是风，你原来只是看高纬度，是不对的。

第二，我们也发现看不见的那些海洋里面的溶解的有机碳，海水里面的微生物从前看不见，而这个恰恰是海洋里面的主角，所以我们把概念换过来了。再一个概念就是，南海是怎么形成的？从前的概念是它来自大西洋，在南海打的几次钻就是来检验大西洋的模型对不对。但是最后打出来一看，不对。我高兴得要命，为什么呢？这就是科学发现，科学就是在否定前人的基础上去发展，所以我们现在正在研究南海形成的机制。

这是研究的空白，现在提出来，我们中国应该想办法来进一步研究。从前大西洋研究是板块学说的上集，我现在要唱板块学说的下集。根本在哪里？地球科学是在欧洲产生的，所以很容易什么东西都往欧洲靠，其实这个是不完全对的。

在这25年里面，全国各地有41个研究单位，我们有168人次参加大洋钻探。我非常高兴地讲，参加大洋钻探的男士有132人次，女士有36人次，女士占21%，世界上地球科学的科学家的性别比例就是这个。南海的4个大洋钻探都是中国人设计，中国人为首席，最近这几年中国人占大洋钻探的人数是世界第二，仅次于美国。我们也做了很多科普活动，使很多青少年对深海有了兴趣。

以后怎么办？本来是美国、欧洲、日本三角，我觉得3条腿的凳子不大稳，最好4条腿，那就中国参与进去，一道做主角，将来世界的大洋钻探可能是4家联合，我们自己提出一串新的概念。另外，从前光靠打井的方法已经有点落后了，要用更多的办法，那就是我们要用"三深"联合，深网、深钻、深潜3种办法。例如，我可以打一个钻，在井里面做实验室，进行微生物的培养，这就是深网和深钻结合起来的办法。

我们正在制订中国大洋钻探的学术计划，总而言之，我们要奋斗起来，向深部进军！

我的大洋钻探：深部生命科学研究经历与感悟

王凤平　上海交通大学海洋学院副院长、教授、博士生导师，
深部生命国际研究中心执行主任

> 国际合作是大洋钻探的核心法宝，我们中国大洋钻探要做好，要前进，一定要秉持这个法宝。希望我们所有的女性科研工作者能够保持初心，求真探索，持之以恒，享受科研。

尊敬的各位嘉宾，各位领导，亲爱的姐妹们，非常高兴有机会来和大家分享我的科研经历。我从我个人，特别是一个女性工作者的角度来和大家分享一下我参加大洋钻探，特别是深部生命研究的一些经历和感悟。

1998年我获得分子生物学博士学位，从事的是水稻遗传学。毕业之后我在国家第三海洋研究所工作，一步步走向了深海大洋，最后也成长为我们国家深部生命研究领域的主要带头人之一，在国际上也引领了深部生命，特别是深部固井地球化学功能的研究。我有4次载人深潜、2次大洋钻探科考的经历，上个月我刚刚从马里亚纳海沟回来，接下来就以我2次参加大洋钻探科考的经历跟大家进行分享。

我是如何有机会参加大洋钻探的呢？2009年，我调到上海交大工作，到上海第一件事就是拜访汪品先生生，讨教如何向更深部扩展我的研究。这时候在综合大洋钻探计划（IODP）中国办公室看到了征集大西洋航次的海报，一下子引起了我的兴趣。回去之后我仔细研读了航次的申请书，发现航次主要目标是进行海底井下原位观测装置的安装，这些都是我以前没有踏足的领域，激起了我很大的兴趣，我马上提交了申请书，非常幸运的是我通过了，几个月之后就收到了通过的通知。

回想2011年，也就是12年前我参加大洋钻探时候的心情，当时是非常兴奋，同时又是紧张和局促的，心理活动比较复杂。因为大洋钻探是科学和工程高强度的交叉，当时我非常担心我的知识面太有限了，不懂的东西太多了，担心上船之后被别人瞧不起。结果我上船之后发现原来大家水平相当，很快互相科普，互相讨教，开展合作，这个给

了我很大的信心。当时我们这个航次的首席科学家是南加州大学的女科学家,当时她带着她的女博士后一起参加了这个航次,这位女博士后在船上负责组织,后来她也成长为美国海洋研究所的研究员,今年还晋升了副所长,在那趟航次里我收获良多。

对我本人而言,在航次里的研究重点是对岩石里生命的检测。从海底采集上来的石头它的变形程度是不同的,不同的变形支持的生命是不同的,功能也是不一样的。我顺着这个思路进行了检测,取得了不错的成果,逐渐在这个领域得到了大家的肯定。2018年,上海交通大学成立深部生命国际研究中心,得到了国际深部生命研究同行的广泛拥护和支持,目前已有来自17个国家的150多位成员,这表明了我们在这个领域也是后来者居上。

2023年,我再一次参加了大洋钻探,申请的流程和12年前基本类似。针对每一次的申请,IODP中国办公室会向IODP总部推荐4位科学家,再由该航次的首席科学家从中间挑选2位。2023年航次的首席科学家苏珊是我们深部生命国际研究中心的成员,我们平时就有不错的交流,因此她选择了我加入该航次。中国科学院海洋研究所的刘海洋博士是我们国家派出的另外一位非常年轻的科学家,我们两人代表中国参加了2023年大西洋的航次。

12年一个轮回,我在这个航次上主要的工作仍然是研究岩石圈的生命,上一个航次主要是研究玄武岩里面的生命,这一次我要挑战的是地幔橄榄岩。橄榄岩和水会产生大量的氢气,氢气会产生小分子化合物,这些小分子里有很多的生命。我的研究工作是要探测这些是怎样特殊的生命。对船上的微生物学家而言,一个很重要的任务就是抢锤子砸石头,而且要砸出科技含量,把石头砸碎之后,就可以开展分子生物学和生物培养的研究。非常幸运的是399航次取得了历史性的成功,这一航次钻进了目前最深的地幔岩石,达1267米,创造了新的历史纪录。

比较一下2023年和2011年我参加大洋航次的心路历程变化。2011年我是有些许的紧张和局促,但2023年参加大洋航次的时候我已经完全放松,享受科研,和同行科学家进行完全、充分的沟通和交流,也充分享受到了跨国界文化碰撞的吸引力。

2023年,大洋钻探船"决心号"要退休了,大家对中国的大洋钻探给予了很高的期望。我作为中国科学家代表在船上感受到有很多的机会,也有很大的压力。国际合作是大洋钻探的法宝,我们中国大洋钻探要做好,要前进,一定要秉持这个法宝,要把无国界的合作贯彻下去,这样才能使中国成为国际大洋钻探的核心领导者和主要的贡献者。

"决心号"目前正行驶在北大西洋上,正在进行中的航次是IODP 400航次,该航次一共有27位科学家,其中17位是女性,很可能是目前IODP所有航次中女性占比最高的一个航次。希望我们所有的女性科研工作者能够保持初心,求真探索,持之以恒,享受科研。谢谢大家!

前沿孵化模式探索与标杆孵化器北京实践

张宇蕾　北京市科学技术委员会、中关村科技园区管理委员会党组成员、副主任

> 近年来，女性科技人才撑起了我国科技事业的半边天，充分彰显出巾帼力量。在人工智能、量子信息、生物医药等前沿领域也出现了越来越多女性创业者的身影，因此孵化器也应更加重视对女性创业者的服务。

尊敬的各位领导、各位来宾，女士们、先生们，大家上午好！非常高兴能来参加本次浦江创新论坛女科学家峰会，与众多优秀的女科学家、女科技工作者围绕"探索无界，链接未来"的主题进行分享。我来自北京中关村，中关村是中国第一个国家级高新区，也是中国第一个自主创新示范区。

去年，我们新成立科技企业 10 万家，每天新诞生 293 家科技企业，平均不到 5 分钟就会诞生一家科技企业，这种创新创业的活力和孵化器的发展是密不可分的。所以我今天和大家分享的主题就是"前沿孵化模式探索与标杆孵化器北京实践"。

首先和大家一起回顾一下孵化器发展的几个历史阶段。

第一个阶段是从 20 世纪 80 年代末到 2000 年前，这一阶段是孵化器的概念导入阶段。北京的第一个孵化器成立于 1989 年，是北京高技术创业服务中心，随后各区，北京航空航天大学、清华大学等高校也陆续开办了孵化器，主要为当时的科研工作者下海创业提供空间等基础服务。

第二个阶段是 21 世纪初至 2010 年前后，这一阶段是孵化器的提速、发展阶段，伴随着全球互联网发展的浪潮，一批海归人员开始回国创业，孵化器也开展了民营化的探索，增加了金融、合作对接、政策申报等增值服务。

第三个阶段是 2010 年以后至 2020 年前后。这是孵化器爆发式增长的阶段，顺应了移动互联网产业的创新热潮，北京率先出现了一批不依赖空间租金、只提供深度孵化服务的创新性孵化器，并探索了投资孵化创业服务、联合办公等多种模式，引领带动了全国的大众创业，万众创新。

经过 30 多年的发展，目前北京的各类孵化器众创空间超过了 500 家，孵化面积超过了 500 万平方米，在孵的企业数量达到了 2.8 万家，孵化基金超过了 300 亿元，孵化上市的公司超过了 200 家，其中独角兽企业有 30 多家。孵化器已经成为中关村打造良好创新创业生态，支撑首都高质量发展的重要力量。

随着新一轮科技革命和产业变革加速演进，全球硬科技创业蓬勃兴起，创业孵化服务也呈现出了四大新趋势。一是孵化服务深度链接前沿创新的新源头。特别聚焦在量子信息、基因技术、空天技术、未来网络等前沿领域，出现了像芝加哥量子孵化园、蓝椒

健康、太空联盟等一批着力打造未来产业新赛道的孵化器。二是龙头企业深度参与孵化，数据显示，全球有319家知名跨国企业在硅谷布局了孵化中心，同时PNP等孵化器也积极与龙头企业共建产业创新中心，从而加速了大中小企业的融通创新。三是探索"超前孵化"的新范式，一批顶尖的孵化器基于自身对于技术和产业的深刻理解，从筛选项目向组装企业转变，有目的地组织科学家、产业家进行创业团队的组建，加速提升硬科技创业孵化的项目。四是孵化器的产业创新生态枢纽作用日益凸显，创新创业资源跨境流动加速，正在形成全球孵化网络。

北京的孵化器也呈现出了上述的一些发展的特点和趋势，我们也认为孵化器进入了4.0时代。去年底，为了更好地支持孵化器的发展，我们发布了标杆孵化器的培育行动，首批支持了9家标杆孵化器和14家标杆培育的孵化器。今年，上海也出台了《上海市高质量孵化器培育实施方案》，其中很多理念和我们是一致的。

今年我们也计划进一步打造具有全球影响力的开放生态，推动其他科技企业孵化器升级发展。下一步重点有几个方面的考虑。

一是打造专业的孵化团队，面向未来，探索发展"超前孵化"，我们鼓励从科学家、论文、专利入手，挖掘具有转化价值的前沿技术，培育早期颠覆性的创业项目。

二是支持打造专业的技术服务平台，探索"共享科研"新范式。我们鼓励孵化器自建和共建功能比较完善的技术平台。

三是支持设立早期的孵化基金，耐心孵化硬科技项目。通过政府引导基金积极支持标杆孵化器，建设早期硬科技孵化投资基金，实现投资孵化联动，绑定中长期利益，以及长期的耐心孵化。

四是开展专业的产业链、供应链服务，加快实现全链条的协同。我们强调孵化器要紧扣产业需求，在高校院所周边部署孵化器，推动高校院所孵化器、加速器专业园区等按照产业领域牵手合作。

作为两个孩子的母亲，我很荣幸参加今天的论坛，我也深知女性在平衡生活和工作中的不易，无论是在家里还是在单位我们都是不可或缺的那一个。近年来，女性科技人才撑起了我国科技事业的半边天，充分彰显出巾帼力量。在人工智能、量子信息、生物医药等前沿领域也出现了越来越多女性创业者的身影，因此孵化器也应更加重视对女性创业者的服务。例如，YC孵化器定期举办女性创始人会议、初创企业女性规程等针对女性创始人群体的活动。奇绩创坛已举办两届女性创业者大会，今年春季32%的创业项目有女性参与，一批优秀的女性为孵化行业注入了不可或缺的力量。

面向未来，也祝愿广大女性科技工作者在勇攀科学高峰的道路上，不断创造巾帼新业绩，同时让我们联手共同开创硬科技创新创业的新领域、新赛道，迎接更加美好的未来。我的分享到此结束，谢谢大家！

从创新药研发看市场思维和科研思维链接

谢其润 中国生物制药有限公司董事会主席、执行董事，正大天晴药业集团股份有限公司董事，南京正大天晴制药有限公司董事

> 在资本寒冬下，医药研发企业更需要重视市场思维和科研思维之间的链接，要更高效地打通产学研之间的障碍，将科研成果快速转化为市场价值。创新药企需要积极对各种新的靶点、新的机制和新的技术进行不断地探索。

大家上午好！特别高兴能与大家一起探讨科技创新的议题。在我所从事的生物医药领域，女性发挥了非常重要的作用。今天我听到了非常多的精彩分享，开阔了眼界，获益良多。在此，我要向所有科学家表示敬意，也很荣幸能够与你们一起分享有关生物医药产业链接的想法和观点。

一、中国创新医药发展的现状

生物医药产业是关系国计民生和国家安全的战略性新兴产业，近年来在国家顶层设计的指引下，中国生物医药产业经历了大刀阔斧的改革，接轨国际先进的监管政策，大力鼓励医药创新，在一系列的政策组合拳的推动下，人才、资本、技术等要素加剧聚集，中国创新药行业在国际竞争中已实现了从跟跑到并跑，国家药品质量标准得到了进一步提升。2010年，中国医药产业只占全球市场的11%，然而2022年我们已经占到了全球的20%，在这十几年的时间中，中国医药企业也实现了从仿制到自主创新的转型，现在在一些前沿领域也实现了领先全球的创新能力。

在今年美国加息和国际地缘政治冲突的影响下，全球资本市场急转直下，创新药行业的热度快速降温，企业和科学家团队难以依赖融资持续支持创新。在现在的资本寒冬下，医药研发企业更需要重视市场和科研思维之间的链接，要更高效地打通产学研之间的障碍，将科研成果快速转化为市场价值，这可能是如今创新药产业的破局之路。

二、科研思维和市场思维的链接

作为一家医药企业，我们始终要以患者为核心，用科学、资本和市场共同推动技术的革新。创新药的研发需要科技资本和市场的有力支持，更需要研发者对未满足的临床需求有敏锐的洞察力和前瞻性的布局。在攻克"癌症、肿瘤"领域的创新药议题中，回顾全球药物研发历史，癌症、肿瘤相关治疗药物是最具创新动力和发展速度的领域之一。从化学疗法到靶向药物，再到免疫治疗和细胞治疗，癌症、肿瘤药物不断实现跨越式发展。中国生物制药的安罗替尼就把握住了靶向药物的窗口机遇，填补了非小细胞肺癌、软组织肉瘤、甲状腺髓样癌等多个癌症治疗领域治疗方案的空缺，成为中国原研创新药的代表产品，为癌症患者带来了生命的希望和生活质量的提升。

另外，我们可以看一下这个表格，它是2023年上半年全球的制药领域管线的总数，除了肿瘤领域以外，我们可以看到排名第二的就是精神类的CNS（中枢神经系统）领域。随着全球人口老龄化的加剧，全球有数亿中枢神经退行性疾病的患者也需要迫切有效的治疗手段。在过去的几十年间，各大跨国药企也纷纷加入了这个领域的布局。近期，一款阿尔茨海默病三期临床试验取得了令人鼓舞的结果，显著改善了轻症患者认知的衰退，对整个神经退行性疾病领域都具有里程碑意义，这个领域存在重大未满足的临床需求，我们也非常期待未来的突破。

同时，伴随着人们生活水平的提高，在实现了物质极大丰富后，如何持续保障"美好生活"这是新的挑战，包括代谢性疾病、骨骼肌肉疾病等备受关注。在拥有5000万患者的非酒精性脂肪肝炎领域，中国生物制药已经实现了大、小分子重要靶点的全覆盖。此外，我们今年上市的利马前列素片也是关注到了3000万中老年腰椎管狭窄症患者的需求，成为国内目前唯一有效药物。

构建合作开放共赢的创新生态，产学研在创新链条中必不可少，全世界大多数的基础研发都和知名医学院及政府支持的科研院所相关，再由企业转化和落地。一直以来，我们也是通过与全国重点实验室、知名高校院所，以及生物科技类的公司等外部合作伙伴合作，共同探索全球创新的靶点，进行药物研发，实现对于全球前沿科技的引进和产业化。

三、展望创新药的未来趋势

创新药企需要积极对各种新的靶点、新的机制和新的技术进行不断地探索，同时也要对各个重点领域进行深度的布局。在今天这个场合，我也呼吁大家要特别关注女性的健康。

当前，乳腺癌、子宫内膜癌、宫颈癌和卵巢癌为妇科四大肿瘤，表现出发病率高、患者人数逐年上升且年轻化的趋势，对女性健康构成严重威胁。我们已经上市的产品——安罗替尼在多种妇科肿瘤中开展了临床研究；在三阴乳腺癌、晚期宫颈癌和子宫内膜癌患者中，安罗替尼从单药到联合治疗均展现出良好的疗效和安全性。安罗替尼联合化疗治疗复发卵巢癌的方案还获批了美国FDA突破性疗法。此外，中国生物制药还布局了CDK2/4/6抑制剂、HER2双表位ADC、最新兴的MRNA技术平台的HPV治疗型疫苗等多款创新药物，致力于丰富妇科肿瘤的治疗手段。

中国生物制药也针对各类妇科肿瘤靶点进行了布局，包括从英国转化出的mRNA技术平台的HPV治疗型疫苗首款创新药物。

另外，我们要密切关注人工智能对于生物医药产业带来的深远影响。众所周知，一个创新药的研发平均可能需要10年以上的时间，而AI现在能够加速研发的流程。人工智能目前的应用已经延伸到靶点覆盖的发现、药物的设计和给药的途径设计的全链条。在靶点发现阶段，AI通过虚拟筛选化合物的合成，可以替代部分临床前的实验，大幅缩减探索的时间。未来，AI 在科研中的支持想象空间巨大，也会发挥非常关键的作用。

最后，希望能助力创新药的国际化，推动和海外药品的临床标准对接。当前，已经有一批中国药企在国际上崭露头角，但我们仍然存在着和海外标准互认、规则衔接等方面的难点，如果在国际人用药品注册技术协调会（ICH）指导原则、药品生产质量管理规范（GMP）要求的一致性方面，中国可以取得和国际评审机构的互认，我们与国际就可以同步进行创新药物研发，也可加速创新药物在中国的落地和出海。同时，我们也希望加强临床国际多中心能力的建设，充分利用好国内患者人群多、临床成本相对低的优势，吸引更多全球研发机构创新，落地中国，深耕中国，产出中国。

任何时候，产业发展都离不开国家和政策的持续支持，生物医药关乎人类健康，是未来的关键领域，特别值得我们去奋斗，也特别荣幸能在今天的场合认识大家，也希望未来可以获得在座顶尖科学家的指导并有合作的机会，让健康科技温暖更多生命，真诚地祝愿在座的各位快乐、健康、长寿。谢谢！

大飞机：创新驱动下的工业皇冠

赵春玲　中国商用飞机有限责任公司远程宽体客机常务副总设计师、系统工程与项目部副部长

> 大飞机研制需要高精尖的技术，也需要众多复杂的关系协调，更有长周期的研制特点。这与女性坚毅、严谨、细腻的特质是吻合的，女性设计师、女性大飞机人，会在国产大飞机的研制过程中，在承载着国家意志、民族梦想和人民期盼的领域继续发挥女性力量，做出女性贡献。

各位领导，各位嘉宾，各位专家学者、朋友们，大家上午好！

我是来自中国商用飞机有限责任公司远程宽体客机常务副总设计师赵春玲，今天非常荣幸受邀参加 2023 浦江创新论坛女科学家峰会，也非常感谢主办方为我们提供了这么一个交流、学习和开阔眼界的平台。我今天分享的主题是"大飞机：创新驱动下的工业皇冠"。

在我正式分享报告以前，先给大家看两组数据：第一组数据，在今天我们峰会召开期间，中国东方航空有两架 C919 的大型客机正在执飞上海虹桥到成都天府的航线。C919 大型客机是在今年 5 月 28 日全球首架首次投入航线运营，截至 8 月底，我们已经累计载客超过 25 000 人次；第二组数据，是关于我们中国商用飞机有限责任公司另外一款飞机，涡扇喷气式新支线飞机 ARJ21，我们在 2014 年拿到了 ARJ21 的适航证，目前已经交付给了 10 家用户，包括海外用户。另外，我们已经交付了 112 架飞机，通航的城

市达到了134座，截至8月底我们安全运送旅客超过了800万人。

大家看到简单的两组数据背后，实际上反映的是国产大飞机从设计研制、试验试飞、适航取证到交付航线运营的整个探索之路，也反映了中国商用飞机国产大飞机从单一型号到目前多型号系列化、规模化的发展之路。非常有幸，我先后参加了ARJ21新支线、C919大型客机和远程宽体客机型号的研制工作，所以今天我想借这个机会，也以我自己的感受和大家分享我们商用飞机的特点、国产大飞机在技术创新方面所做的工作和国产大飞机对我们相关产业的升级与带动。

第一个方面，商用飞机最显著的特点是高安全性。大家都知道，商用飞机一旦发生事故往往会造成数百人的伤亡，公众对大飞机的安全性是非常关注的，所以在适航要求上，我们对民航飞机安全性的要求是百万飞行小时发生低于1次机毁人亡的事故，在设计要求上就转变为发生单个灾难性故障的概率不大于10^{-9}，这样的要求是极为严苛的。商用飞机从设计上来说，设计寿命要达到30年、9万飞行小时。对航空公司来说，飞机的日利用率要达到8小时以上才具有比较好的商业价值。所以商用飞机的高安全性、高可靠性和长寿命的要求，为我们飞机的设计和研制带来了巨大的挑战。

第二个方面，商用飞机作为载人运输工具，必须具备高舒适性的设计。因为飞机在万米高空飞行，那是一个低压缺氧和严寒的环境，甚至是生命的禁区，所以我们在飞机设计的时候就要对舱室里面的压力、温度、湿度、震动、噪声等进行实时、精准地设计，为旅客提供堪比酒店的旅行环境。

第三个方面，商用飞机作为运输工具，它必须具备经济性的特性，所以我们在飞机的设计过程中，会通过先进的气动降低阻力，通过先进材料的设计降低飞机的重量，通过高效、高涵道比的发动机降低燃油消耗等，通过降低飞机的运营成本和维修成本，从而为航空公司经济运行做出贡献，以此来提升飞机的竞争力。

第四个方面，目前商用飞机的研制面临着越来越严酷的环保要求。根据国际民航组织的要求，对飞机的气体排放标准，包括氮氧化物的排放、二氧化碳的排放等越来越高，所以环保性的要求也是我们目前在设计上遇到的挑战。

第五个方面，是复杂性，我想请大家看一组数据，目前商用飞机的机载软件达到了上千万行，甚至上亿行，我们的零件达到了450万个以上，整个飞机的设计图纸超过了75 000张。全球上百家一、二级主要供应商参与了研制，所以商用飞机研制实际上是一个非常复杂的大工程，也是一个非常复杂的系统工程。

由此可见，商用飞机的研制具有技术高端复杂、进入门槛高、项目投入期长、国际供应链的特点。曾经有一些国家和地区研制过商用飞机，但是市场竞争严酷，目前世界上喷气式的支线和干线客机的主制造商只有6家，包括大家熟知的美国的波音和欧洲的空客，所以说大飞机的研制是综合国力的体现，也是高端制造水平能力的体现。

大飞机研制有特殊要求和特点，大飞机在研制过程中技术突破和创新是保证飞机产品的先进性与市场竞争力最重要的方面。先进的商用飞机有五大典型的特征：第一个是先进的气动设计；第二个是先进的材料和结构；第三个是高涵道比的涡扇发动机；第四个是综合模块化的航电系统；第五个是数字电传的飞行控制系统。

第一，气动设计。优良的气动设计是飞机先进性的最重要的体现。对飞机的机头、机翼、尾翼，每一处气动设计的精雕细琢都意味着有了更低的阻力和更低的油耗。一副完美的机翼要经过高精度的CFD的计算，更要经过上千万次的风洞试验，所以气动设计是非常有技术含量和技术难度的。

第二，先进数字电传飞行控制力。这是另外一个重大的技术突破和升级。控制力在各种环境下帮助飞行员实现飞机的各种飞行姿态和对飞行轨迹的控制，所以控制力的设计要考虑最极端的天气条件，要考虑最极限的飞行包线和最严重的飞机的各个系统与设备的故障，要把这些情况进行总和，进行建模、仿真，进行大量的地面实验、模拟器实验，进行大量试飞的验证。以C919的飞机为例，我们通过精确、复杂的算法，进行了数字仿真，进行了上千小时模拟器的实验，进行了大量的试飞验证。C919的试飞选在陕西的南部山区，去追逐最恶劣的结冰天气；选在内蒙古，去捕捉大风的天气；选在吐鲁番，去体验酷暑等。这都是为了在最严酷的条件下对我们的控制力进行验证。

第三，先进综合集成驾驶舱。驾驶舱是商用飞机飞行员控制和操作的大脑，也是飞机的控制中枢，我们国产大飞机的驾驶舱采用了静暗的设计理念，采用了先进的航电技术。我们拥有高集成大屏显示，采用了集成式机组告警、闭环电子检查单等先进技术，都是为了帮助飞行员减轻工作负担，降低人为差错。后续我们在驾驶舱里还会采用更多平视显示、增强视景、合成视景等先进的显示技术，我们还会采用基于航迹的运行，基于性能的通信导航和综合监视，这些都是为了让我们的飞机能够更精确、更安全地飞行，同时支持我们高效的资源利用和先进的交通管理。所有的这些设计都基于我们以飞行员为中心的设计理念，通过技术突破，打造一款飞行员爱飞的驾驶舱产品。

第四，宽敞舒适的智慧客舱设计。国产大飞机的客舱充分考虑了国人审美习惯，从宽敞的客舱空间的设计到精细的座舱压力调节和精准的舱内噪声控制，从我们的彩虹情景照明到空地的宽带互联和智慧客舱，所有的这些设计应用都是为了让旅客有更佳的乘坐体验，打造旅客喜欢的飞机品牌。

第五，先进复合材料结构。一些先进的材料，特别是以碳纤维为代表的复合材料，在商用飞机的整个研制过程中得到了越来越广泛的使用。因为这个材料具有低密度、高模量、抗疲劳、耐腐蚀的显著特点，在商用飞机中的使用比例逐步提高，使用的范围和对象也从原来的次承力结构慢慢向主承力结构改变，所以复合材料的使用成为我们飞机提高性能、减轻重量、降低成本和高可靠、长寿命的重要技术手段。

商用飞机的技术创新和突破是永不停步的，展望未来，商用飞机会向着全新的气动布局甚至向超音速发展。另外，在信息化和智能化这些技术的加持下，商用飞机后续会更安全、更可靠、更舒适、更环保和更经济。

看一下商用飞机的市场预测，我们以2019年新冠疫情前为例，中国人的乘机次数达到了6.6亿人次，但我们的人均乘机次数只有0.47次。从未来20年的飞机的新机交付的预测量来说，全球新机的交付预测量在4.2万~4.3万架，价值6.4万亿美元。中国的新机交付量大概在9284架，价值1.5万亿美元。以上可以看出，对国产民机的需求巨大，国产民机及相关产业有很好的市场需求和发展机遇。

从产业链来说，国产大飞机的研制采用了当前最典型的主制造商和供应商的合作模式。我们坚持开放和国际国内的大协作，目前已经具有遍布全球的几百家供应商。这也会带动相关的新材料、新工艺和工业软件等领域的技术突破与升级，所以在大飞机的研制过程中，我们深切地感受到没有强大深厚产业的支撑，大飞机项目不可能获得成功。大飞机项目的研制也会进一步加速和带动相关产业的发展，并进一步对国家核心科技创新能力和国家综合高端制造能力及综合国力水平有重要的带动和提升作用。

今天是女科学家峰会，我作为一名女性大飞机设计师，在这里和大家做一个分享。每一款国产大飞机的研制，无论是在设计一线还是在制造车间，无论是在严寒酷暑的试验试飞外场，还是在国际国内运营航线的保障现场，都有无数航空人的默默贡献和付出，这里面有众多的女性设计师、女性工程师，她们和男同胞们共同撑起了研制大飞机的责任、担当。

大飞机研制需要高精尖的技术，也需要众多复杂的关系协调，更有长周期的研制特点。这与女性坚毅、严谨、细腻的特质是吻合的，我们女性设计师、女性大飞机人，会在国产大飞机的研制过程中，在承载着国家意志、民族梦想和人民期盼的领域继续发挥女性力量，做出女性贡献，并在这个过程中展现女性的自信与担当、风采与奉献。我的分享结束，谢谢大家。

第5章 "一带一路"专题研讨会：构建开放创新生态，开启建设"一带一路"创新之路新征程

1 论坛综述

2023年是共建"一带一路"倡议提出10周年。自2013年至今，共建"一带一路"从中国倡议变成世界共识，从合作愿望变成发展现实，成为深受欢迎的国际公共产品和国际合作平台。通过加强科技创新合作，让各国共享新一轮科技革命和产业变革带来的发展机遇，把"一带一路"建设成为"创新之路"的探索也取得了显著成效。本次研讨会以"构建开放创新生态，开启建设'一带一路'创新之路新征程"为主题，总结在构建和升级双多边科技合作机制、科技人文交流、共建联合实验室、科技园区合作、技术转移等方面的成就与经验，分析推进共建"一带一路"高质量发展面临的战略机遇与问题挑战，充分探讨完善"一带一路"科技合作机制，扩大国际科技交流合作，开启"一带一路"创新之路建设的新征程，为促进全球互联互通做增量。通过"一带一路"开放创新生态建设，共同把握新机遇、应对新挑战、塑造新优势。

本次研讨会由中国科学技术发展战略研究院和上海科技管理干部学院联合承办，中国科学技术发展战略研究院党委书记刘冬梅和上海科技管理干部学院院长曾方共同主持，科技部国际合作司司长戴钢做开幕致辞。巴西国际关系中心高级研究员、巴西里约热内卢联邦大学教授Adriano Proença，中国科学技术发展战略研究院二级研究员胡志坚，南非国家创新咨询委员会代理首席执行官Mlungisi Cele，广西大学电气工程学院电气系主

任、教授 Hui Hwang Goh（吴晖锽），巴西里约热内卢联邦大学高等研究所所长 Ana Célia Castro，千寻位置研究院院长赵毅，经济合作与发展组织（OECD）科技政策部门高级经济学家 Mario Cervantes，中金研究院研究员、董事总经理赵扬等 8 位专家分别做了主旨演讲，并以问答交流的方式与现场公众进行了深入交流。中国科学学与科技政策研究会国际合作与科技外交专业委员会和数字丝绸之路（中国—东盟）智库联盟为研讨会提供了技术支持。

2　嘉宾致辞

科技部国际合作司司长戴钢的致辞

戴钢　科技部国际合作司司长

> 本次研讨会以"构建开放创新生态，开启建设'一带一路'创新之路新征程"为主题，契合各国共同发展的需要，契合创新开放合作的呼声，具有重要的意义。自"一带一路"倡议提出以来，共建"一带一路"在诸多领域蓬勃发展，已经成为开放包容、互惠互利、合作共赢的国际合作平台和国际社会普遍欢迎的全球公共产品。站在新的起点，科技部将继续深化拓展"一带一路"科技合作，深入实施"一带一路"科技创新行动计划、四大行动和四项新的合作计划，为促进共建"一带一路"高质量发展提供更加强劲的科技动力。

尊敬的刘冬梅书记，黄红副主任，胡志坚院长，以及来自巴西、南非、OECD 的各位嘉宾和各位专家，女士们、先生们，大家下午好！很高兴与各位共同出席"一带一路"专题研讨会。

首先，我谨代表中国科技部国际合作司对本次会议的召开表示热烈祝贺！对出席会议的各位嘉宾和专家表示诚挚的欢迎！

本次研讨会以"构建开放创新生态，开启建设'一带一路'创新之路新征程"为主题，契合各国共同发展的需要，契合创新开放合作的呼声，具有重要的意义。

今年是习近平总书记提出共建"一带一路"倡议 10 周年。10 年来，共建"一带一路"在诸多领域蓬勃发展，已经成为开放包容、互惠互利、合作共赢的国际合作平台和国际社会普遍欢迎的全球公共产品。

科技创新合作是共建"一带一路"的重要内容。2017 年 5 月，习近平总书记在首届"一带一路"国际合作高峰论坛上提出，要将"一带一路"建成创新之路，并提出中方将启动实施"一带一路"科技创新行动计划，包括科技人文交流、国际技术转移、联合实验室、科技园区合作等4项具体行动。科技部认真落实习近平总书记的指示，积极推动实施"一带一路"科技创新行动计划。目前，在各方的共同推动下，中国已累计支持超过5000名"一带一路"共建国家青年科学家来华开展短期的科研工作，累计培训超过1.5万名共建国家的科技人员。面向东盟、南亚、阿拉伯国家、非洲、拉美等建设了近10家跨国技术转移平台，在农业、健康、环境等领域与40个国家启动建设了53家"一带一路"联合实验室，与9个国家开展了科技园区的合作。

站在共建"一带一路"倡议10周年的重要节点，中国科技部将深化拓展"一带一路"科技合作。我们将深入实施"一带一路"科技创新行动计划，全方位推进科技人文交流、国际技术转移、联合实验室、科技园区合作等四大行动，启动实施"一带一路"可持续发展技术转移专项行动、科技减贫专项合作计划、创新创业专项合作计划、空间信息科技专项合作计划等4项新的合作计划，为促进共建"一带一路"高质量发展提供更加强劲的科技动力。

衷心希望各位专家学者以广阔的视野和深刻的洞见，为创新丝绸之路建设提出更好的想法和建议，共同推动"一带一路"科技创新合作取得更加丰硕的成果。

最后，预祝本次论坛取得圆满成功。谢谢大家！

3　嘉宾演讲实录

"一带一路"：利用全球化的本地生态系统

Adriano Proença　巴西国际关系中心高级研究员、巴西里约热内卢联邦大学教授

> "一带一路"倡议为全球创新生态提供了独特的机会，有助于促进观念和实践的转变，加速本地生态系统的智能和可持续发展，从而建立适应当地发展创新的现代化社会经济结构。当前，我们面临共建"数字丝绸之路"和共建"知识丝绸之路"的两个机会。"一带一路"基础设施建设可以让我们发展的速度更快、效果更好，同时还可以更进一步加强竞争，使更多国家、更多主体参与全球竞争，让产品更符合社会的需求。

大家好！我将简要地向大家分享一下，共建"一带一路"为发展中国家所创造出来的机会。

我今天向大家分享的主题是我一直关注的领域，就是我们需要做更多的创新工作，

需要创业者采取行动。创业者不仅指开办企业的人，还有在公司里、高校中、机构里从事科研的人。在这里，我要阐释的是，为了提高共建"一带一路"所创造的资金回报，我们需要与本土的创业者开展更多的合作。因此，我将利用接下来非常短的时间，介绍商业系统如何更多地与本土的创业者合作。这些本土的创业者是推动共建"一带一路"所带来的创新活动的非常关键的一环，对于全球生态系统来说，可以让我们更好地在创新领域做更多的工作。刚才已经说到，共建"一带一路"提出了很多行动方案，有很多的项目、平台和科技园区进行技术转让和知识分享。初创企业都在思考如何利用新的科技开发新的业务。

刚才主持人介绍的时候已经提到了，我们要更好地去分析这些战略性的机会，以及在推动共建"一带一路"高质量发展中所面对的机遇和挑战。也就是说，我们需要把这些想法在企业层面、在行动中实施，这样创新才能够真正实现。从我的角度来说，我们需要什么呢？我们需要进一步加强推动实施智慧创业的力度。到底"一带一路"给他们带来了什么？我想打造一个企业的生态系统，我们暂时把它定义成彼得·德鲁克在商业理论里面所说的定义，他在定义商业、企业的时候，思考的就是公司的发展过程，还考虑了整个生态系统。

现在我们在说企业商业模式的时候一般不考虑生态环境，往往将生态环境视为理所当然的。但是从我的角度来看，生态系统是由系统发展出来的，不是一直在那儿的。建立企业的同时和周边的企业有良好互动之后，才能更好地发展，生态系统随之产生，所以，生态系统其实也是由创业者创造出来的。机会既在企业外部，也在企业内部。因此，我认为创新生态系统是商业生态系统的有机组成部分，嵌入商业生态系统中。

我们简单看一下，有哪些方法可以让我们描述企业生态系统。新市场力量包括一些监管框架，在考虑企业生态系统的时候，需要思考到底要哪些监管的框架，因为它影响了生态系统的成型。这里面有一个关键点，就是本土创业者主体要以一种新的方式来建立企业生态系统，这样才能够更加智慧地利用好"一带一路"所带来的机会。抓住这种好的机会，然后利用"一带一路"所带来的更好的基础设施，使它们更有竞争力。在全球化的环境里，所有人都在一个世界里面，一些巴西的企业家觉得整个世界是他们的"舞台"，他们应该这么觉得。如果企业能够把整个生态系统放眼到全世界，本土的主体就能够成为全球的主体，企业生态系统就能够成为全球的生态系统，这非常有利于企业发展，并且更好地利用"一带一路"的机会。

如果我们想得更远的话，机构也好，监管方也好，都应该有创业的想法，他们也要接受同样的变化。在我们的国家，很多机构已经在这么做了。我们需要整个监管部门都以一种新的方式去思考，这样才能够很好地利用"一带一路"的机会。我想到的是两个机会。

第一个机会是"数字丝绸之路"——我们可以建设全面的数字丝绸之路。中国在新的数字化时代创造的机会特别多，5G时代所带来的低时延的效果非常重要，可以让我们的工厂更高效、农业生产更高效，这些都非常有力地支持我们的企业。但我想说，没有放之四海而皆准的一套方案，每一个企业都需要有一套单独的方式来发展，这就需要把机会进行智慧的利用和整合。对于发展中国家来说，这是挑战，因为我们面对一个发展悖论。我们一方面要减少全球的不平等，同时要推动科技发展，而这些科技本质上也会让贫富差距更大。巴西有非常多样化的产业结构，一些公司可能是行业领先，但很多是在中间地带的，还有更多是落后的。所以，共建"一带一路"的基础设施项目建成以后，很多巴西企业要思考怎么样更好地利用这些基础设施。很多企业可能利用不了这些基础设施，这是一个问题。

第二个机会是"知识丝绸之路"——我们需要把握好共建"一带一路"机制所带来的知识流动的机会。我们从中国企业可以学习很多，从而有机会"再次创新"（re-innovate）。为什么用这个词呢？在中国有"二次创新"（secondary innovation），这是浙江大学管理学院的一位研究员提出的，就是指我们要在新的场景下，将原有的创新再次创新，从而能够进一步提高能力。这是第一步。第二步就是变革性创新（transformative innovations），世界都会从中受益。科学和技术得到更好的组合之后，与中国的企业和机构能够一起产生颠覆性的创新。

为了能够从这些机会中获益，我们可以打造一个开放创新生态系统，在发展的全过程及在经济、社会等各个领域促进开放。我们需要知道我们在全球经济中扮演的角色，我觉得"一带一路"基础设施建设可以让我们发展的速度更快、效果更好，同时还可以更进一步加强竞争力，使更多国家、更多主体参与全球竞争，让产品更符合社会的需求。我们既受益于本土商业和机构的创新生态系统，又在全球经济发展中获得滋养，所以能够有更好的结果。这需要本土的创新主体更智慧，更具有企业家精神。

我先讲到这里。谢谢！

"一带一路"科技创新：从国际合作到开放创新生态

胡志坚　中国科学技术发展战略研究院二级研究员

> 随着共建"一带一路"从起步走向高质量发展，科技创新越来越被重视、地位也越来越突出。合作发展倡议的内容越来越丰富，共建"一带一路"国家之间的科技合作也取得了一系列进展。在当前背景下，需要改变思维范式，从国际科技合作向开放创新生态转变。从开放创新生态的角度展望未来"一带一路"更高水平的创新合作：科技创新要素跨境流动，打破各种壁垒，打造要素低成本流动的生态，创新规划和标准需要共同商讨、共同制定、共同治理，科技创新成果共建共享。

各位专家,女士们、先生们,大家下午好!我报告的题目是"'一带一路'科技创新:从国际合作到开放创新生态",下面从 3 个方面谈一下我的想法。

第一个方面是背景与现状。简单地回顾一下 2013 年习近平主席提出共建"新丝绸之路经济带"和"21 世纪海上丝绸之路"的倡议,基本定位就是合作发展的倡议。今年是共建"一带一路"倡议提出 10 周年,所以也非常值得总结和回顾。截至今年 6 月,中国已经与 152 个国家、32 个国际组织签署了 200 多份共建"一带一路"合作文件,应该说得到了各方面积极的响应。

随着共建"一带一路"从起步走向高质量发展,科技创新越来越被重视、地位也越来越突出。2017 年,习近平主席提出要将"一带一路"建成创新之路,宣布启动"一带一路"科技创新行动计划。2019 年,习近平主席又提出要推动共建"一带一路",沿着高质量发展方向不断前进,建设数字丝绸之路、创新丝绸之路。现在是数字化时代,因此把数字化作为高质量发展的一个方向。2021 年,习近平主席又提出要在"一带一路"稳妥开展健康、绿色、数字、创新等新领域合作,培育合作新增长点。这 4 个方面都是科技创新所必须发挥的作用。

合作发展倡议的内容越来越丰富,共建"一带一路"国家之间的科技合作也取得了一系列进展。2017 年以来,围绕共建"一带一路"签署了 80 多个政府间的科技合作协定。从 2017 年起实施了"一带一路"科技创新行动计划,各个参与的国家也都有相应的行动计划。比如,在人才交流方面,实施了国际杰青计划、外国青年人才引进计划、外国青年学者研究基金项目等。来华短期工作的青年科学家接近 15 000 名,进行了培训、交流、科研合作等。有数百个人力资源培训项目,接收 20 多万人次参加科技培训。

第二个方面是共建联合实验室,开展合作研究。6 年来,共建联合实验室 50 多家,联合研究项目 1000 多项,累计投入 30 多亿元。

第三个方面是探索科技园区的合作。一个是"引进来",在国内科技园区引进与其他"一带一路"共建国家合作的实体园中园;另一个是"走出去",建设境外的科技园区,与国外的科技园区结为"姊妹园区",建设离岸孵化器和人才工作站等。在推动技术转移方面,形成了"一带一路"技术转移网络,包括建立了面向东盟、南亚、阿拉伯国家、中亚和中东欧的 5 个国家级技术转移中心,鼓励地方建立区域性技术转移中心。这是"一带一路"过去 6 年在科技创新方面取得的进展和成就。

面向未来,我们还有很多工作需要去做,也面临一些问题和挑战。

首先,既有合作机制存在一定局限与不足。一是参与"一带一路"共建的国家的总体科技水平和科技合作活跃度参差不齐,合作深度也不一样。很多活动集中于部分国家,与很多国家尚没有开展深度的合作。技术转移环节、应用环节、研发环节合作不足,在科学研究、技术研究方面的合作还有待加强。很多合作集中于附加值和技术水平较低的领域,高新技术产业的合作有待加强,特别是在数字、绿色领域。二是以政府推动的供给侧为主，市场化力量的需求侧支撑需要加强。市场化需要时间。三是以项目合作为主，规则性、制度性开放创新生态建设不足。正如刚才 Adriano Proença 先生所说的，开放生态如何进一步连接。四是以国家与国家之间的双边合作为主，多边合作机制还有待加强。特别是需要进一步探索如何吸纳发达国家参与科技合作，形成多边的共同交流合作的生态。五是在政策系统性方面，部门间协调和顶层设计有待进一步加强。这都是未来需要加强的地方，这是从我们研究的角度思考的。

其次，进一步深化开放合作还面临新的需求和挑战。一是"一带一路"科技合作面临外部压力加剧。形势跟当年相比已经发生了很大的变化，特别是逆全球化、保护主义、民族主义、民粹主义在当下时兴，大国科技创新博弈竞争加剧，造成全球的合作形势产生很多变数。"一带一路"国家和地区在这种地缘政治格局的变动中、在日趋复杂的形势下，也产生了很多不稳定性。新的挑战给"一带一路"国家和地区带来很大的干扰。二是全球高质量发展和构建人类命运共同体对"一带一路"科技合作的需求加剧，提出了新的需求。比如，世界各国特别是发展中国家面临疫情以后经济衰退、贫富差距进一步扩大的挑战，气候变化、能源短缺、粮食短缺、公共卫生等挑战加剧，亟待围绕这些课题加强科技合作。再就是新技术，特别是数字化和绿色发展带来的伦理问题，包括生命科学、人工智能等带来的伦理安全挑战，需要在治理方面加强合作探索。三是需要更高质量、更高水平的"一带一路"科技创新合作。要开拓新的领域和新的工作局面，围绕重大挑战调整合作重点。

最后，展望与建议。围绕刚才讨论中存在的挑战和新增的需求任务，我们认为要从国际科技合作走向开放创新生态，思维范式要发生变化，这也是习近平总书记在中国共产党第二十次全国代表大会上的报告中提出的，要"扩大国际科技交流合作，加强国际化科研环境建设，形成具有全球竞争力的开放创新生态"。开放创新生态是肯定需要国际合作的，需要各个国家的创新生态进行链接。因为国际合作更多还是体现在政府之间，怎么让市场、让民间、让企业之间的产业链创新链互相交融，需要各个国家的创新生态开放链接。

从开放创新生态的角度，展望未来"一带一路"更高水平的创新合作。例如：科技创新要素实现跨境自由流动，取消各种壁垒，打造要素低成本流动的生态。创新规划、标准需要共同制定、共同讨论、共同治理，科技创新成果要共建共享。

提出几点建议。一是加强"一带一路"科技合作的顶层设计和统筹协调，充分考虑各国特点和利益诉求，对接各国科技发展战略，推动共同发展；建设开放创新生态，统筹面向"一带一路"科技合作进行资源布局。二是在技术转移合作基础上，扩展提升共建国家科研能力和前沿技术能力的合作。三是在供给端基础上，增加市场需求端、企业端政策的供给，进一步发挥市场机制，以及企业等民间组织的链接作用。四是在项目合作基础上，扩展在规划、标准和制度性建设方面的统一性和合作，形成开放创新生态的共商共建合作。五是在双边合作基础上,进一步扩展多边机制的合作。倡导开放合作理念,探索扩大有共同利益的合作领域,欢迎其他科技发达国家加入共建"一带一路",共同促进共建国家之间的科技合作和技术转移。六是构建"一带一路"国家智库网络,协商共建"一带一路"科技创新合作机制,包括科技发展战略等。七是开发监测"一带一路"共建国家科技合作与开放创新生态的指标体系,将这套监测框架作为指南来检查自己、改进自己。

谢谢!我的报告结束。

在变化的世界中,以科技创新赋能包容性的可持续发展

Mlungisi Cele   南非国家创新咨询委员会代理首席执行官

> 科技创新政策正面临非常复杂、不确定和高度变化的形势。南非正在进一步地深化科技创新政策,希望在变化的世界中,以科技创新促进南非实现可持续发展和包容性发展。这些目标的实现必须有一些关键要素,包括人力、资金和基础设施,还要多样化、包容、平等。这些要素在非洲大陆进步的过程中特别重要。中国与南非可以围绕研发创新、基础设施建设等领域加强合作,搭建起共研、共建、共享、共赢的技能发展和知识交流平台。

各位同事、朋友们,下午好。我非常高兴受邀来参加这次浦江创新论坛,我想代表南非,庆祝共建"一带一路"10周年。我觉得我们应该为"一带一路"过去所取得的成就而鼓掌。

我的职责就是给我们南非的科技部部长提供建议,主要是关于科技发展方面的建议。从全球来讲,前面几位发言人已经讲了我们现在面临着一些重大的社会挑战,也谈到了新的科技创新政策。当然,我们的科技创新政策正面临非常复杂、不确定和高度变化的形势。我们南非也通过了《2019年科技创新白皮书》,主要鉴于现在国际社会所面临的挑战,包括气候变化、不平等的加剧、新冠疫情的影响、地缘政治加剧、能源危机,还有很多国家面临生活成本的危机,特别是发展中国家和贫穷国家。

非洲非常感谢中国的基础设施投资,帮助非洲解决了供应的瓶颈,并提高了我们的竞争力。当然,技术对长期的经济发展非常重要,各种形式的技术转移是中非合作模式的一部分,包括技术支持、知识转移和分享。中国有很多基础设施的项目都是使用中国的技术,以及本地和中国的人力资源。但是,目前很多非洲国家失业率高,所以,这种合作还不够。从这张表可以看到,中国投资的排名前15位的非洲国家。

在这样的背景下,南非正在进一步地深化科技创新政策。这就是第二部分我要介绍

的，南非未来10年的优先发展事项。我们的愿景就是，在变化的世界中，以科技创新促进南非实现可持续发展和包容性发展。我展开向大家介绍一下这些创新优先事项。2019年，我们通过了新版《2019年科技创新白皮书》，确定了9个前瞻性科技创新领域。这9个领域都已经变成了优先事项，包括农业、制造业、采矿业、健康和能源等各个行业的现代化与复兴。还有两个新的增长源，即循环经济和数字经济。同时，《2019年科技创新白皮书》也指出了南非面临的三大社会挑战，包括气候变化和可持续发展，教育、技能和工作的未来，以及社会的未来。

为了实施这些优先事项，我们把它落实成为几个大的科技创新项目。为人的健康而进行的创新，包括生理和心理的健康；关注新问题，如流行病、行为和社会方面。我们也推出了全国疫苗开发和制造项目，我们发展中国家在疫情当中有很高的死亡率，主要是疫苗控制在发达国家手中，所以我们必须要吸取教训。现在南非正在自主地增强疫苗开发能力。还有一项科技创新计划，就是能源安全的创新。我们要确保那些比较穷的、边缘的社区有可持续的能力来实现碳中和目标。

这些目标的实现必须有一些关键要素，包括人力、经济的投资和基础设施，还要多样化、包容、平等。这些要素在非洲大陆进步的过程当中特别重要。当然，前面的发言人也谈到了一个非常重要的因素，就是国际合作。对我们来讲，科学外交非常重要。科学外交被大多数专家定义为3个方面。一是为了科学的外交，即利用外交渠道和手段，如政府间的谈判，促进科学领域的国际合作；二是外交中的科学，强调参与科学咨询的关键作用，为应对气候变化等全球挑战的国际合作提供信息和指导；三是为了外交的科学，利用国际科学合作建立长期的全球合作和加强多边主义，使人民和国家围绕共同目标走到一起，弥合冲突和分歧。

这张图向大家展示了南非校外教育和培训（PSET）体系。每年公共大学毕业约100万大学生，2021年私立高等教育机构有232 915个学生。还有一些技术和职业学校，可能在中国被称为技术或者理工大学，可以看到这是毕业的人数（2021年，452 277人）。这张图里的金字塔显示的关键一点就是，要保证多样性和包容性。

我们教授职位的人数是不够的，正教授、副教授的比例不够高。这是我们南非面临的一个挑战，必须解决这个问题——只有这样，才能够真正实现全国创新体系构建。同时，我们很清楚南非有独特的历史。这张图显示了南非近些年在研究人员的社会构成方面正在逐渐改变，特定种族的研究人员所占比例增加表明了这一点。虽然南非在这方面取得了一些进展，但是相关工作还做得不够。

我们面临的又一个挑战就是投资。这张图统计了研发投入占GDP的情况，并与那些取得了稳步发展的国家做了对比。历年来，南非在这方面的投资还是比较稳定的，但是投资额比较低，而且这些年还处在下降之中。所以，在科技方面的投资，是我们一定要督促自己去完善的。

从全球知识经济体系的角度来讲，跟我们国家的体量比起来，科学出版物所占比例还是可以的，但是我们也注意到，跟中国、印度比起来，南非还有差距。这些国家在科学出版物方面已经取得了显著的进展，所以，在知识经济方面我们也不能够落后。

除此之外，我们再来看女性在出版物方面的占比。女性在新知识的产生和出版方面起到了独特的作用。再看一下这张图，显示了南非与其他金砖国家在基础设施建设及基础设施可及性方面的情况，南非也存在一定的差距。

这里还有一些附录，提供了额外的信息。如果大家想了解南非科技发展的优先事项，可以参考。

再次感谢大家的认真倾听，谢谢大家！

全球互联互通：释放开放创新生态系统力量，应对全球挑战

吴晖锽（Hui Hwang Goh） 广西大学电气工程学院电气系主任、教授

> 全球性挑战非常复杂，很多是互相依存、动态变化的。通过培养创新的文化和合作，我们可以寻求一些灵活的、可升级的解决方案，提高适应性和韧性。开放创新生态所倡导的是通过开放、合作使得利益相关者之间形成合力，从而提出全面系统的解决方案，以更好地应对未来的不确定性。在解决全球性挑战的时候，存在一些语言、文化、数据等方面的障碍。但是，有一些战略能够很好地应对这些挑战，比如公共伙伴关系，国际合作与外交促进打造创新的文化、知识分享和合作平台。

首先，我要感谢浦江创新论坛对我的邀请。我的报告题目是"全球互联互通：释放开放创新生态系统力量，应对全球挑战"。

第一部分，我们先来看一下全球的挑战有哪些，哪些是可以通过创新和合作来解决的。我们知道，全球存在着不平等，创新使得我们能够用一些全新的方法来解决当今的全球性挑战。同时，全球性挑战需要我们对于全球资源能够有效应用，创新能够帮助我们找到新的方法，优化资源配置，使得解决方法的影响最大化。合作创新能够集众家之长，集众多地方的资源，能够使问题解决得更快，并且能够实现经验的互享，这样就可以带来综合性的解决方案。全球性挑战需要全局性的方法。全球性挑战非常复杂，包含多个方面。通过合作可以让我们解决好这些挑战，这些挑战之间有互相依存的特性，需要一个全面的解决方案，从而使其更加具有可持续性。全球性挑战需要提高适应性和韧性。因为全球性挑战是不断变化的，创新也能够让我们随着这个变化而进行变化。通过培养创新的文化和合作，我们可以寻求一些灵活的、可升级的解决方案，而且能够更好

地应对未来的一些不确定性。再来看一下知识的转让。通过合作和开放的创新生态，可以实现知识的转让。这可以帮助发展中国家从技术的进步当中受益，让发展中国家享受到解决方案，并且实现互联互通。

第二部分，我们来看一下什么叫开放创新生态。开放创新生态倡导合作性，个人、组织和机构走到一起，分享知识、资源和经验，来解决一些复杂的问题。它所倡导的是通过开放合作使得利益相关者之间形成合力，从而带来一些解决方案。如何促进合作和知识的分享，这是开放创新生态的关键。这里列出了实现的方式。

第一是知识的交流和互享。让所有的参与者——无论是个人还是组织，能够把他们研究的成果和发现来进行交流与互享，并且互相学习。知识的交流，还可以在现有的知识体系之上，寻求更新的知识应用。第二是多元化的角度。利益相关者来自不同的产业和地区，多元化能够鼓励各种方法各取所长，发挥多样性的专业技能，有效地解决问题，并且能够质疑一些固有的看法，为问题找到满意的解决方案。第三是合作的机会。开放创新体系的构建通过伙伴关系良好地促进了产、学、研领域及其他机构和社区之间的合作。第四是促进资源的共享。开放创新生态系统中有各种各样的资源、资金、基础设施、技术和网络，通过这些资源的共享，所有的参与方可以跨越障碍，把自己充满远见的计划和想法进行分享。第五是分享学到的东西。大家可以从彼此的成败当中学到经验，通过公开的分享和学习，能够形成一种分享和共同进步的文化。第六是应用。开放创新生态能够使一些创新的想法跳出小圈子，到达更广泛的受众，可把这些观点加以调整并用在不同的地方，因地制宜，扩大它的影响，能够有效地解决一些挑战。

所以，开放创新生态整体上能够促进合作、知识分享，并且使得所有利益相关方有良好的官方平台以分享经验，为了共同的目标进行合作。所有的合作方可以把他们所有的资源进行分享，打造有利于创新的文化。

接下来我们看一下在开放创新生态当中，有哪些行动方案。第一，政府起到重要的作用，制定政策，推行倡议，可以促进开放知识分享，促进所有的利益相关方在这方面更好地展开合作。第二，公司在这个生态系统当中，也起到重要的作用。公司有资源和驱动创新的精神来引领技术的投资与研发，并且还可以跟学术、政府及其他组织进行合作。第三，学术界（包括大学和研究机构）可以把知识和平台拿出来，通过加入创新的开放生态，与合作伙伴共享，通过科学的发现、技术的进步带来成果。第四，社区是行动方，既包括当地的社区，也包括一些更广泛意义上的社区。通过加入这个开放创新生态，可以带来独特的洞见，找到独特的机会，为解决方案带来新的解决问题的角度。第五，非政府组织在推动创新和促进社会发展方面也扮演着独特的角色。通过与社区合作，非政府组织可以更好地了解他们的需求，形成共识。第六，个人，包括创新者、研究人员、企业家，都是创新背后的驱动力量。他们把自己的创新力贡献出来，共同打造解决方案。

接下来我想讲一下技术和数字革命当中创新的作用。我们来看一下，一个是与技术和知识相关的互联互通，一个是合作、决策、商业模式的创新，最后一个就是原型的制造。开放创新生态最大的好处是什么？第一是提高效率，开放创新生态的种种倡议，能够促进效率的提高，因为资源、专长都可以发挥长处，发挥每个利益相关者的优势。第二是通过让不同背景的伙伴参与进来，可以比较不同方法的优劣，让大家多样化的专长发挥到最佳的效果。第三是学习和知识的分享。

最后，我想谈一谈伙伴关系的打造。开放创新生态可促进跨部门的合作，让政府、产业、学术和社区等各方参与进来，使得想法、资源都可以在其中发挥作用。这里我向大家举了一些例子，介绍了一些有创意的解决方案，展示了解决全球性挑战的潜力。比如发挥好物联网、可再生能源、医疗、人工智能等技术的作用，以及不可忽视的区块链作用，这都是一些实例。

在结束我的演讲之前，我想提醒大家，在解决全球性挑战的时候，我们的确存在一些障碍，如文化、数据、语言方面的一些障碍。数据的保护、隐私安全、立法等方面也存在着障碍。但是，有一些战略能够很好地应对这些挑战，比如公共伙伴关系，国际合作与外交促进打造创新的文化、知识分享和合作平台，这些都是可以解决现有挑战的好战略。

我们再来看一下如何解决数字鸿沟的问题。因为在技术方面，在不同的人群之间仍然存在着可及性的差异和鸿沟。首先，要有这样的机构来提供可获得的技术。我在这里向大家简要介绍东盟范围内在开放创新方面已有的一些成功做法。在这些成员国中，新加坡是最主要的一个技术提供方。Grab 是一家总部位于新加坡的强大应用程序供应商，引领东南亚市场。Grab 与数字支付、食品配送、运输和数字金融领域的初创公司和大型企业合作，促进开放创新。印度尼西亚的多服务平台 Gojek 与初创公司和企业合作，提供新的解决方案，集成了数字支付、送餐和叫车服务。东盟影响力挑战赛（the ASEAN Impact Challenge）旨在寻求来自东南亚的社会创新者，为社会、文化、经济和环境问题提供新的解决方案。该挑战赛促进了社会创业、创造力培养、商业伙伴关系构建和开放创新。还有一些新的平台，如东盟数据科学探索者大赛（the ASEAN Data Science Explorers competition），是两年一度的东盟基金会—SAP 竞赛，会邀请大学生应用数据来解决东盟的社会和经济问题。还有新加坡金融管理局（MAS）会通过其金融科技创新实验室，推动金融机构和金融科技部门合作，以促进金融业的开放创新。

谢谢大家！

如何在"一带一路"倡议下构建农业创新生态系统？

Ana Célia Castro　巴西里约热内卢联邦大学高等研究所所长

> 创新生态系统是一个由促进创新的行为者、机构和政策组成的复杂网络。我们要建立创新生态机制，尤其是在农业方面，以应对当前所面临的挑战。农业创新生态系统的要素包括注重可持续性、利益相关方的参与、知识获取、知识产权和基础设施。巴西正在经历一个新的时期，在创新方面的氛围不同以往。"一带一路"倡议将中国与亚洲、欧洲、非洲和中东的国家联系起来，拉丁美洲或巴西可以成为下一个重要的国际科技创新合作枢纽。

大家下午好！尊敬的各位领导、各位嘉宾，很荣幸来到这里参加浦江创新论坛，并且成为今天的发言人之一。特别感谢会议主办方和组织方邀请我，使我有机会在此与大家共同庆贺"一带一路"10周年。

我今天报告的题目是《如何在"一带一路"倡议下构建农业创新生态系统？》，内容与前面几位发言人有相似点，也有互补性。我的观点和前面第一位巴西里约热内卢联邦大学同事的观点非常接近，特别是强调现在创新环境的重要性这一点。报告的主要内容包括农业领域创新生态的要素、一些核心定义、培养战略思维、评估机会窗口、使命驱动政策的动态能力、地缘政治与"一带一路"倡议，以及相应的必要条件。

其实关于创新生态系统的概念，刚才几位发言人都已经做了多种定义。创新生态系统是一个由促进创新的行为者、机构和政策组成的复杂网络。我在这里特别强调知识网络和知识治理的合成，但其范围更广。什么叫知识网络和知识市场呢？就是一些网络中有市场机制，可以让知识和专业技能、软件代码和数据库在相应独立的客体之间进行转移。知识治理是什么意思呢？即不同形式的公共治理机制，如监督、规则制定、监管、政策制定和制度协调，及其知识生产、传播和应用。创新生态系统需要良好的知识治理，它定义了制度协调。

对于一个创新生态系统，应用在农业里面有哪些要素呢？第一个要素是注重可持续性。可持续发展目标作为一个主要"指南针"，是正在进行的深度转型所必需的，必须是确定性的、强制性的，所以创新要集中在可持续发展中。第二个要素是利益相关方的参与。研究人员、企业家、政府机构、投资者、技术供应方、农户、非政府组织等所有利益相关方都要认真地参与到这个决策中来。第三个要素是知识获取。对于知识获取，要有分享知识和技术信息的平台，在线数据库、物联网设备、遥感、精准农业数据分析，以及研究机构、学术界和行业等从研究机构向利益相关者的技术转让，这些都特别关键。第四个要素是知识产权。我认为，农业方面的重大知识产权问题就是CRISPR基因编辑工具。CRISPR 等专有工具在农业和医药健康方面都可以做更好的应用，现在还有一些方面没有确定下来，影响了知识的转移和技术方面的一些问题。最后一个要素是基础设施，包括研究中心、创新枢纽和平台，它是产品或解决问题的共同体、联合体，让各方面都能参与，共同去研究。还可以去星巴克，这种在咖啡馆形成的联合体也非常有趣，能够帮助解决问题。

现在来说一下农业的创新。首先是资金和投资方面，我们需要一个基于未来的可持续的创新机制。这就需要公共和私营机构、国内和国际机构、投资银行及政府的补贴、国家的预算、私营部门的投资、风险投资等。不同的国家有不同的做法。比如，巴西有公共预算，公共预算是需要在国会上讨论的，而且要考虑到社会层面。这与中国的情况非常不同。其次是教育和能力建设方面，我也强调巴西有必要面向未来，也就是说，加强未来的意识、情景的预测预见，还有概念的框架和公共政策，也就是要为未来进行能力建设。最后是监管支持和市场准入方面，我们要培育战略思维，评估机会期。我想在这里强调要有使命驱动政策的动态能力。也就是说，我们要有这种能力的意识，要有自主性。我们的政府部门要进行政策的创新，而且要有管理的能力，来扩大政府的行为范围。在这样的情况下，我们还需要一种动态能力，在不断变化的环境中，这种动态能力对于企业家来说是至关重要的，尤其是在打造创新和创新型国家的时候。我们现在面临着一种新的常态，要评估机会期。这种动态能力在私营部门是不一样的，他们是市场导向的，面临着市场压力；而在公共部门，就意味着我们要更好地推动政策和措施的改进。

巴西面对着支持更保守政府的政治联盟的根本变化。我们曾经有 4 年废除了公共政策（环境和社会方面的政策），现在巴西正在经历一个新的时期，在创新方面的氛围不同于以往。在培养战略思维和评估机会期方面，我们还要有改革式的构思，要基于深度转型来推动低碳经济、可替代能源和节能的发展，创造更多绿色经济方面的就业。我们要把绿色经济、数字技术与生物技术结合起来，这是一种新的思维。我们也要评估这样的一种机会期。

巴西可以利用这个机会期，在农业等领域推出一些新的项目等。我们要考虑社会和政治方面的反馈，包括社交媒体和政治体系的情况。而且，我们推动变革的驱动力不仅仅是技术，也来自社会层面。技术革新的挑战主要是要与以使命或任务为导向的战略结合，一个创新型国家的动态能力需要公共行动和可持续发展相结合。

接下来，我要讲一下我们的地缘政治方法。大家知道中国推出了"一带一路"倡议，与亚洲、欧洲、非洲和中东国家合作，还有拉丁美洲——巴西也可以成为下一个枢纽，我们认为巴西会成为下一个中心。我们要建立创新生态机制，尤其是在农业方面，以应对我们当前所面临的挑战。

我们必须具备哪些条件呢？前面的发言人讲过了，我们要有跨文化的合作，要建立信任，还要有一种以科学为导向的外交政策。同时，我们现在的解决方案必须考虑到本地的气候、土壤的类型，还有我们传统的农作方式。而颠覆性的技术，会减少地区的特殊性。地区基础设施的发展，如研究中心、创新中心，都会推动农业实践。另外，能力建设和知识转移也非常重要。我们要有一个综合性的生产体系，保持韧性、可持续发展，并且具有协同效应。我们必须要实现精准、可再生的农业新形式，要重新定义最佳时间，考虑为了谁、为什么、与谁合作。建立公私国际伙伴关系，要考虑到软科学、硬科学，还有复杂性，以实现综合协调。现在我们面临着创新领域的新挑战，需要确保获得数字平台和通信网络，实现利益相关者之间的信息和数据交换，把智能自动化技术、生物技术、纳米技术、大数据、认知科学、数字技术和组学技术等整合起来，这些对于农业非常重要。

资金和投资我刚才已经讲过了，我们必须要进行对农业技术的投资。巴西的预算主要来自国家，要获得国家的资金，我们需要参与其中，要在国会上进行谈判，整个资金主要来自公共预算，这对于新解决方案非常重要。因此，我们参与项目所在的国家必须要有跟我们一样的监管措施和标准，需要有新的节能、能效、可持续发展的衡量机制，并且要实施相关的公共政策，进行民主协调。我们需要有利益协同，并且要建立共识。

谢谢！

全球数字化浪潮下的北斗应用

赵毅　千寻位置研究院院长

> 未来的数字经济时代，肯定基于一个由 3 张网构成的三网融合基础设施，即 20 年之前的互联网、10 年之前出现的计算网和现在基于北斗等卫星导航系统的时空网。2020 年 7 月，中国的北斗系统向全球正式提供标准的定位、导航、授时服务，以及短报文、国际搜救等特色服务。现在的北斗系统包括星基增强和地基增强等优势，进一步使得定位更加精准，也更加便利。毫无疑问，以北斗为代表的卫星导航系统正在经历技术与应用的大跨越，而其与物联网、数字孪生、智慧城市等功能的结合，也正在改变我们的生活。

各位来宾，非常荣幸有这个机会和大家分享北斗技术的发展和应用情况，以及"一带一路"大背景下我们在全球应用方面的一些思考。下面我就开始我的分享。

2020 年 7 月，中国的北斗系统向全球正式提供服务，准确来讲，提供标准的定位、导航、授时服务，以及短报文、国际搜救等特色服务。在过去 30 年里，一开始是全球定位系统（GPS），后来是格洛纳斯系统、伽利略卫星导航系统、北斗系统，也就是大家所知道的四大卫星导航系统，太空中有 100 多颗导航卫星。导航也好，定位也好，都是伴随着我们整个导航技术的发展而来的，使我们现在的生活非常便利。

除了技术的发展，其实在基础设施建设方面，尤其是近10年来，发生了很不一样的事情。实际上，中国整个北斗系统，不仅仅有太空上的30颗卫星，地面上还有3700多个地基增强站。伴随着北斗技术的发展，定位的精度从最初的十几米到几米、几厘米，甚至到静态毫米级，一些定位手段也发生了变化。而且，任何用户在中国境内的任何地方，在任何时间都能获得这样的服务。北斗基础设施方面已经在GNSS行业发生了非常重要的变革。

另外，就是北斗技术的应用。对这个行业比较熟悉的朋友可能知道，最开始是军事应用；民用方面，在最开始的10～20年，都是应用于测绘地理信息。今天老百姓身边的汽车、手机、无人机，以及水利、电力、交通、农业等各行各业，都已经在或多或少地应用GNSS或北斗这样的服务。伴随着ToC、ToB、ToG等商业模式的发展，不同的商业主体也像雨后春笋一样出现。从产业方面来讲，以后北斗是非常大的产业。

这样的技术或产业给我们老百姓带来了什么变化呢？我想了一下，主要有3个方面。第一个方面是使我们的工作更加高效。我以农业为例简单说一下。比如，以前都是手耕农作，之后有拖拉机，但拖拉机需要人开动进行耕种。但实际上，现在中国的东北和西北，像黑龙江、新疆这样的地方，已经实现了基于北斗高精度定位的拖拉机自动驾驶，不需要人在上面，播种、施肥、收割等都是自动控制的。前期它需要有非常精准的导航定位，目前我们都是用北斗定位的手段来提供这样的服务。我们希望这样的技术能应用到"一带一路"国家。比如，巴西也是农业大国，我们想未来能不能在这方面有一些深入合作的可能性。第二个方面是使城市更加智能。在城市里面跑的各种机动车、单车、行人，还有高楼建筑，都使安全考量需求增加，这些都需要北斗进行安全监控和人流分析、车流分析，从而使我们的城市运行更加安全高效。总的来说，它使我们整个城市变得更加智能化。第三个方面是使人们的生活更加便利。比如，今天大家骑自行车，扫一辆共享单车就可以走。但此前，共享单车的管理问题是一个非常令人头疼的事情，今天由于北斗的赋能，对其的管理已经逐步规范。我们把对单车的定位精度提高到了1～3米，这样就能够使对它的投放、使用及路径规划更加科学合理。

伴随着北斗或GNSS技术的发展，从十几米到几厘米、几毫米，整体的定位手段和基础设计发生了变化，从开始的单点定位，到后来厘米级的差分定位，现在的北斗系统由星基增强和3700多个地基增强站共同形成，进一步使得定位更加精准，也更加便利化。

我们今天已经进入一个非常特别的时代，就是时空网。所谓时空网，就好像有一张看不到的网络，为汽车、人及所有需要导航定位的设施提供便利的技术。通过这张网，给每个人、每辆车定位的时候，结合融合算法，定位精度就可以从几十米提高到厘米级，甚至毫米级。目前千寻位置可以在广域范围内提供厘米级定位、毫米级感知和纳秒级授时的时空智能服务。

在这张图里面，我把位置网与20年之前出现的互联网及10年之前出现的计算网做了比较。2000年的时候，互联网刚刚兴起，那时候很多人没有那样的意识，在今天来看的话，它肯定是非常重要的基础设施。10年之前，云计算开始发展，今天大家知道人工智能、AIGC，其实都离不开计算网络的支持。今天从这一刻开始，我们基于北斗或卫星导航实现的对所有静态的人、车、物的时空位置服务，称为"时空网"。未来的数字经济时代，肯定是基于由这三张网构成的三网融合基础设施。10年之后、20年之后我们再回过头看，就跟看互联网是相同的感觉。

中国政府为了构建北斗高性能服务的能力，目前在全国建成了接近4000个地级增强站，西部地区稍微稀疏一点，东南部地区密一点，提供7×24小时毫米级动态的服务。

其实，我们也无差别地做过有关GPS、"格洛纳斯"和"伽利略"的支撑服务。因为其技术原理比较复杂，我就简单描述一下。通过这张网，我们可以在全国生成20多万个网格点。给每个人、每辆车定位的时候，可提取最近的网格点数字。比如，没有这个网格点的数字，可能定位到20~30米，但只要能接触到最近网格点的数据，利用融合算法，精度就可以达到厘米级甚至毫米级。这种网格点通过广播的形式让全球超过16亿用户得以使用这样的服务。

是用什么样的手段把这样的网格串联出来？绝大部分是通过4G或5G网络，但有个问题，有些地方没有网络。以农业为例，在一些比较偏远的地方，农田很好，但是地面网络并不覆盖——怎么办呢？我们把这样的信号放在卫星上，传统卫星传下来之后，在没有网络覆盖的农田就可以应用了。现在星基增强，最广泛的应用也是在农业。现在官方提供卫星导航精密单点定位（PPP）服务，通过北斗三颗地球同步轨道（GEO）卫星进行信号传播。我们现在官方分为米级的定位精度，基站会少一些，收敛时间从几分钟到30分钟不等，这个是目前PPP技术遇到的比较大的挑战。这样的技术如果用到智能汽车中，相对有点难，因为它要花一二十分钟进行初始化定位。但对农机设备不影响，因为农机设备到田里面需要20分钟时间。所以，这样的技术在农业里面用得比较多一些。这是整个星基服务的范围和备用星的覆盖范围。

对外我们能够提供从PPT到PPP-RTK的服务。随着定位精度提高，当然从上到下技术复杂性也越来越高，根据我的统计，全球能够提供PPP-RTK服务、能够掌握这项技术的企业应该不会超过3家。具体我不细说，当然它的收敛时间又会比较高，现在我们从20分钟发展到90秒，即一分钟半。我相信，随着技术的迭代，应该很快就能在30秒以内实现PPP-RTK服务。

哪些地方能用这些服务呢？我简单讲几个应用场景。这是北斗加上我们的高精度定位，联合百度、高德地图做的一些事情。大家看到一个三脚架，比如在高速公路上，前面有车抛锚的时候，把三脚架拿出来放在后面的位置，会把车抛锚在什么位置、在第几条车道上等信息及时同步到地图上。当然，要后续车辆打开导航地图才能看到。我了解了一下,每年二次事故发生率很高,前面的车抛锚了,后面的车在大雨天不知道前面有车抛锚了。大家放三脚架的距离比较近,后面的车看到的时候已经晚了。包括在城市环境中,很多路段在整修,或者一些建筑在建设,可能大家早上上班的时候开到旁边才发现封路了。如果有这项技术,你走的时候就会告诉你今天哪个路段是封控的,会提前告诉你位置信号。

我们熟悉的手机和单车,现在基本上已经实现0.5米的定位精度。之前有人吐槽,说你们研究北斗,我现在骑车不放到围栏里面就锁不住。实际上这是管理的需要,大家不能把车乱放。几年之前到处乱放,给城市带来很大的挑战。这几年应用了新的技术,包括北斗定位,不放到规定的位置就锁不上。当然可靠性还要进一步提高,比如放进去了,但它也会报警,这就需要我们的技术进一步迭代。在手机方面,我们与华为从2020年4月开始进行P40合作,它的高精度定位就是我们提供的服务支持的。

这是城市环境里面。比如,我们的公交比其他车辆优先。在国内很多城市,包括苏州等,我们用北斗定位手段,只要发现它是公交车,根据十字路口的一些情况,我们可以让它先行通过。这是通过摄像头看四个路口的人流、车流情况及公交车的位置,然后进行实时判断并指挥。

这个是在电力等行业的应用。你看这张图,以前有好多工人往上面爬。其实5年之前,中国的高压输电工程建设特别多,每年全国有几十万的工人在大大小小的铁塔上面爬,看螺丝有没有松动、地基有没有松动。比如,在西南地区的山里面,一个铁塔一旦倒塌,损失少则几千万元,多则上亿元,一定要保证地基不能松动。现在不需要人爬了,应用了北斗之后,我们用无人机过去看,用人工智能的方法分析里面哪些螺丝可能松了、哪些环节可能发生危险,大大提高了作业效率。

总的来说,北斗应用在方方面面,既有工业、生活,还有农业。其实,我们想,虚拟现实也好,智能城市也好,就是将一座城市里面相对不动的房子、桥梁、道路的三维精准时空信息扫下来之后,上传和存储到网络上。然后,我们对城市里面相对动的人、车、飞机等的行为、路径在地理空间进行行为描述。实际上,这就是我们智能城市里面基于时空信息的非常重要的一项智能化。现在,各地在进行数字城市建设的时候,基于地理信息空间的智能化是非常重要的一项内容。

上面介绍了北斗的应用和能力,其实北斗也要"走出去",包括深入推进与"一带一路"国家的合作。我想,可能有更多的事情可以与国外的相关机构一起向前推进。第一是基础设施的建设方面。比如,我刚刚讲有3700个北斗地基分享站。其实,我们已经在非洲、东南亚等一些国家,为了让北斗在当地的服务更加高效,尝试与当地政府一起建设地基分享站等基础设施。第二是服务平台升级。可能有的国家几年之前已经建了很多站,这方面是没问题的。我们就可以帮他们将这样的站升级成可以向包括北斗在内的所有卫星提供精准服务的时空平台。让它除了可以服务于地理信息之外,还可以服务于农业、交通等各行各业。第三是基于这样的服务平台，定制化开发基于农业、旅游等的个性化服务，共同开拓更多基于北斗的应用创新场景。除了上面介绍的，我们在一些共创的基于星基的服务上，也可以进行一些考虑。譬如，我刚刚介绍的星基服务，我们可以将卫星，甚至星基播发的全链路平台的整套技术完全复制到其他国家，帮助他们建立跟我们现在国内完全一样的系统，促进卫星导航在各行各业的应用。

另外，在智慧交通、智慧城市、安全监测等方面，我们在过去5年跟东南亚、非洲的一些国家进行了一些尝试，也摸索出一些经验。希望在后续的几年中能够把相关工作做得更加深入，更加广泛地与合作伙伴一起把北斗应用推入得更深入。

这是我汇报的整体情况，如果有讲得不当的，请各位专家指正。感谢！

发展和扩散全球卫生与气候新技术的混合融资

Mario Cervantes　经济合作与发展组织（OECD）科技政策部门高级经济学家

> 混合融资超越了直接拨款、研发税收抵免等传统工具，扩大了对研发和创新的公共支持，可以实现更好的转型，也可以应对当前共同面临的全球挑战，如气候变化、流行病等。现在，需要更多的融资设计和安排。中国共建"一带一路"倡议也可以与科技创新融资组合在一起，可能会比很多其他国家的发展基金做得更好。

非常感谢！女士们、先生们，很高兴再次回到浦江创新论坛。巴西、南非的同事，还有OECD的同事，非常开心再次见到大家。我们真的是一个大家庭里的成员。

接下来我想介绍一下我们在OECD做的一些工作。刚才有发言人，尤其是Castro博士讲到了新框架，提出改变我们制定政策的方式。其中有一个领域是需要创新的领域，这个领域就是融资，它能更好地促进可持续发展目标的实现。

"混合融资"这个概念在一些发达国家的社区中已经在用了，其与私营部门的捐资方共同为一些项目提供资金。因为有一些项目无法通过直接融资的方式获得资金，不一定能从银行贷款，又无法立刻转化成商业成果。这种混合融资方式借鉴了其他政策领域的做法，以避免市场失灵、降低风险，从技术的角度实现可持续发展。

通过混合融资这样的一些方法，可以实现更好的转型，也可以应对我们现在共同面临的挑战，如气候变化、流行病等。在科技领域，资金获取应该是自上而下，但同时是自下而上的过程。在OECD国家中，我们有众多的伙伴，就像巴西和南非一样，中国也是我们的一个合作伙伴，我们希望能够为大家的工作提供一些指导。其中一个领域就是看我们怎么样去动员资金，为科技项目提供资金。同时，我们还为一些全球公共产品提供融资。因为有一些产品就是公共产品，不是通俗意义上的商业产品。尤其是这些 OECD 国家，在科技领域和发展援助方面是存在着一定差距的。我们现在想弥合这样的差距。大家知道，多边开发银行经常提供资金，中国有国家开发银行等，在发展中国家有很多的援助项目，即提供资金的项目。我们在不断地研究如何与不同的社区合作，去更新、创新融资的方法。

再看一下我们面临什么样的问题。当然包括可持续发展，还有投资不足的问题。数据可能有点旧了，是去年的，现在我们是在"后新冠疫情"时代。这些可持续发展目标的实现，以及在投资方面的差距如图所示，融资缺口非常大。融资确实扮演着重要的角色。我们再来看一下刚刚经历的新冠疫情，其资金有私营部门的资金、公共的资金，还有捐赠的资金，以及其他的安排资金。这些都向我们展示了有志者事竟成，但同时我们在低碳、净零排放方面存在着巨大的挑战。

现有的一些技术，无论是可再生能源还是太阳能等，都是非常成熟的技术，推广得非常广泛，融资倒不成问题。但还是要有一些涉及减少碳排放的技术，如生物燃料、碳捕获方面，还有新型电池、储电等方面，能够获得更多的融资就更好了。我们可以看到有非常多的融资主体，不仅仅是一国政府的科技部门，还有法国的公共投资银行、加拿大的可持续发展基金、荷兰的国家增长基金、英国的全球挑战研究基金——有越来越多的基金投资可持续发展，以实现联合国的可持续发展目标（SDGs）。在实现这些特定的 SDGs 方面，我们还是有渠道的。我们看到 OECD 国家花了几百亿美元来支持企业开展研发，常常是来自什么呢？来自减税。现在以色列对本国一些公司的研发支持 90% 都是以减税方式实现，而不是直接资助。很多国家现在也都是这样了。这是一种更中性的投资方式，提供了减税的激励机制。总之，这是激励企业做更多研发的方法，具体用什么方法取决于公司决定利用哪些机制。现在存在一些结构上的挑战和问题。比如，石油公司在做更多的研发，相当于是在通过研发帮更多的石油燃料企业使用更多的化石燃料。所以，我们现在不是帮助减税，而是针对特定的挑战提供融资。

以使命为导向的创新政策（MOIP）为调动新的财政资源和新的行动者来实现可持续发展目标提供了新的机会。前面几位发言人都提到了，比如，在减少排放方面，OECD 国家做了什么呢？从科技部的角度来看，他们有很好的结构。然而，他们还没能够把其他的部委引入，尚未通过跨部门和机构合作充分实施 MOIP。因为他们有很多研发类项目，可能没有足够的钱，经济上的效果不是很好。这时候我们就要考虑怎么样来做一些政策上的支持，而只是通过部委的直接支持。MOIP 还必须伴随着同样具有变革性的科技创新融资。

我们现在要看一下如何弥合资金的不足。我们需要更多的资本，不管是债务，还是股本、担保等。公共机构能够承担一些风险，减少私营部门承担的风险，也为私营部门设立一些退出机制，这种组合的融资架构特别好。还有多边开发银行、美国的国际开发署、OECD 的融资发展项目、人道主义援助、公共资金，以及低利率的贷款。所有这些是在发展的背景下能够实现的一种机制，科技要融资，有的时候也涉及股本，可能是风险投资（VC）方式的或是私募股权投资（PE）方式的，也需要一些股本融资，也需要一些拨款和债务的融资，这些都能成为推动科技发展的工具。现在需要各种各样的金融工具。每一个投资人根据自身的风险偏好，对其回报和风险进行平衡。有一些项目可能从商业上说，就是没有办法获得融资，必须有一些降低减缓机制，才能够获得融资。比如，通过担保或中央拨款，能够承担该项目第一次失败的损失。通过拨款、技术支持这种工具，再加上保险等这些保障，才能够进一步减少私营资本投入支持这些项目的风险和成本。

在混合融资机制中，大概一年有 200 亿美元投入其中。从全球范围来看，200 亿美元还不是太多。考虑到我刚才说到有 4 万亿美元的差距要去弥合，包容性、混合性的融资形式是一种机制，但是还存在很多与之有关的障碍。其实，我看到科技部里面更多的是拨款，而不是融资的形式。企业往往和国家自然科学基金委员会、科技部谈判，从而获得拨款的支持，而不是像商业融资的形式。比如，绿电、可再生能源方面，在已经准备上市的这些领域里，公共机构也可能没有兴趣再过多地去投入。不同的主体对于风险的偏好不一样，要把他们整合起来并不容易，有的投资人希望早一点退出，有一些则更愿意做长期投资。股本投资人往往会倾向于早一点退出，因此存在时间压力。所以，这也是融资总量尚未实现快速上升的一个原因。

但还是有一些好的例子。比如，必须适应特定的产业所处的创新阶段。是早期阶段还是中期阶段，还是到了成熟阶段的创新？在不同阶段会有不同的融资形式或融资组合形式，要在创新的周期中间减少风险。很重要的就是我们要理解，必须将这些金融工具与产品组合，要与创新的发展阶段、产业的规模相适应。对于不同的情形，要采用不同的融资工具组合来实现所预期的结果。例如，全球能源效率和可再生能源基金（GEEREF）就是动员了各种资本，应用到了可再生能源高效利用的领域，使得融资的安排结构更加优化。再如，在创新的早期阶段，有一些像催化剂一样的资本。东盟有一个高层次的科技基金，就是针对这样一些项目的。在 OECD 国家，如德国，也有一个高科技领域的增长型基金。这些资金既关注种子阶段，也关注更大规模后期的阶段，而且很多时候如果遇到风险，这些基金将承担第一轮的损失，大概会有 3.5 亿欧元的投资。很多母基金也在做这些业务，医疗、医药科技、疫苗等领域也有一些融资。还有一些投资人退出的渠道和机制，在整个基金的全生命周期中都允许其退出。

我们刚才还提到了担保。担保能够减少风险，在融合科技创新融资方面发挥作用，让这些项目获得更多的融资。担保的意思就是第一次风险损失是由担保方来承担的。比如，由日本管理的全球健康投资基金（GHIF）支持投资主体承担项目初期的部分损失。经过一段时间之后，我们可以看到欧洲的投资基金，从种子阶段到其他不同阶段的增长情况，可以看到在好几个"死亡之谷"下行的阶段，在每一个周期，突然会有一些好的基金融合进入，然后帮助项目走出艰难期，更好地向上发展。还有一个数字健康信息软件的例子。本质上，融资的一个挑战是吸引其他投资人关注。这样一种组合能够吸引更多具有不同风险偏好的投资人参与投资。

需要考虑的就是，以前更多的是对研发的拨款和税收激励的研究，现在我们需要更多的融资设计和安排，需要能和投资方用相同的语言对话，设计出产品、标准化的新评估机制。让政府发展援助（ODA）的开放部门、金融部门、科学部门，坐在一起共同开发出标准化的评估机制，能够让政府部门更好地协调。OECD各国做自己的创新工作的时候，有的时候是一个部参与，如卫生部或交通部，他们要支持那些智能城市或交通项目，真正要让国家规划的机构聚合在一起，需要跨政府的相关部门协同合作，才能够把规模扩大。我们展示出来智能城市的一些项目，还没有把规模做到足够大。

我们还要把开发融资整合进来。中国"一带一路"倡议就是开发融资，也可以把它整合到科技创新里面去。我们也非常乐意听听中国分享共建"一带一路"如何与科技创新融资组合在一起。我觉得可能会比很多其他国家的发展基金做得更好，我们非常乐意倾听。

我的报告到此结束。谢谢大家！

打造"一带一路"跨国创新生态

赵扬　中金研究院研究员、董事总经理

> 跨国创新体系正在面临从G-2模式向G-N模式的转型，中国可以与"一带一路"国家共同打造新形势下的跨国创新体系。基于科技合作对创新资源与市场需求的匹配要求，"一带一路"跨国创新合作可能首先应该发展区域合作型的跨国创新体系，不断积累经验，在市场整合和创新主体实现耦合的基础上，逐步打造全域合作型的跨国创新体系。

尊敬的各位领导、各位嘉宾，大家下午好！我今天报告的题目是《打造"一带一路"跨国创新生态》。

前面的各位嘉宾都分享了非常精彩的报告，关于创新体系也谈了很多。我们知道，创新体系在一国之内由企业、政府、一些中介机构及研发机构来主导组成。但是，如果讲到跨国创新体系，内容更加多一点，其中有一个非常重要的问题，即怎么进行跨国的创新合作？

我先简单从中国视角讲一下，跨国创新体系其实正在面临着转型。中国过去30年经济快速增长，我们的跨国创新体系，过去可以用G-2模式概括它，也就是中国和美国之间的技术互动。其本质上是美国的研发机构，以及它的大公司、跨国公司来主导的，可能更多的是它们在技术层面进行的生产和传播。中国在其中扮演什么角色？是负责制造。很多技术从美国沿着外商直接投资（FDI）和贸易的相关路径传到中国来，在中国进行制造，再拿到全球的市场进行销售。这样形成了非常好的创新生态，而且是个跨国创新生态。这是中国近年，特别是加入WTO以来的20多年，所面临的一个主要的跨国创新生态。

未来，特别是在"一带一路"倡议的背景下，中国有机会塑造G-N创新模式。这种创新模式更多是由中国和"一带一路"国家共同创造的跨国创新生态。有两个主要问题，一个是创新资源如何利用，一个是市场如何整合。中国在这些方面形成了一定的技术创新能力，经过过去几十年的发展，我们本国已经建立起了比较完善的创新生态，形成了一定的创新能力。对于"一带一路"国家，从它们的现实条件来看，它们可能更多的是一些创新资源。并且，中国国内还有一个优势，就是有一个比较大的市场。中国和"一带一路"国家如何实现创新资源和市场的整合，形成G-N创新模式，这是我们比较关心的问题。

讲到G-N的创新生态，其实是遇到一些挑战的，不是我们在书本上把它想象出来，有这么一种G-N创新模式，现实中挑战很大。美国的资源禀赋和中国刚好具有极大的互补性，尤其是20多年前中国刚刚加入WTO的时候。现在，我们看G-N的创新生态，是有很大的挑战的。

其中一个挑战是"一带一路"国家的创新资源不足。为了讨论"一带一路"国家，我们做了一个区分。大家一起创新，要整合资源和市场的时候，首先，双方的利益应该在很大程度上是能够并列的。我们对"一带一路"国家与中国的利益相对一致性做了分析。这里我们用了一个指标，我们把全球总量前75位的国家，在这里列了出来。按照联合国600多次投票的情况，与中国利益相对一致的国家，我们放在前1/3。我们认为，它们在全球的政治立场和经济利益方面的相对一致性比较高，因为它们的投票代表了它们对国际事务的选择，如果它们的选择大部分跟中国是一致的，我们可以认为它们的利益是跟中国一致的。我们把全球总量前75位国家做了大致的分类，左边是和中国高度一致的国家。这些国家当中，"一带一路"国家大概占了一半，右边这些跟中国利益比较一致的国家大概排在经济体量前75位国家的后1/3段。这当中"一带一路"国家数量又少了一些。

基于以上区分，我们发现，里面没有覆盖全部152个"一带一路"国家，因为有些国家体量太小了。经济体量比较大的处于前75位的这些"一带一路"国家，其实可以投放到这3个区域当中，左边这栏是与中国利益高度一致的"一带一路"国家，我们可以认为它们是中国未来合作的核心国家；中间这栏是一般国家；最右边这栏，可能相对来说是周边国家或外围国家。

我们这里分析核心国家的创新资源。如果是看它们的R&D投入,无论是创新的人数,还是从全球创新指数来表达的它们的创新能力,其实,"一带一路"国家创新的资源相对来说比较弱。图中的纵轴主要是创新的一些不同指标,相对来说这些国家的创新指标都比较弱。这代表它们的创新资源其实对中国来说,整合难度是非常大的。我们在报告中需要考虑怎么逐步推进实现。

核心问题就是如何把我们的创新资源与它们的创新资源进行匹配。所谓的创新资源,正如图中框架所罗列的,一般包括知识、资本、市场等几个方面。还有一个很重要的创新资源,就是标准。在市场生产当中,一些标准的制定和遵守特别重要。国际创新生态包含微观的不同参与主体、联结网络及在此基础上形成的创新系统。基于不同层次,创新系统包括区域创新系统(RIS)、国家创新系统(NIS)、全球创新系统(GIS)、跨国细分市场(MS)。

整个创新过程,除了知识的生产、资本的流动配置,还有新的市场的形成、新的技术的出现,以及技术标准的应用,共5个方面的创新,我们都认为是技术创新出现了。这个是比较核心的问题,我们根据创新技术的方式可以把创新分成两类。一类是前面有一位专家提到的STI——科技创新。它是基于科学知识的生产产生的创新。另外一类创新,我们可以称为DUI,就是经验创新。主要是在对已有技术的使用、应用和在工作当中反复实践这样一个互动过程中产生的一些创新点。前一种创新相对来说是比较普适的创新,流动性非常强,可以通过论文、专利或一些可以标准化的技术,来进行比较大范围的知识散播和流动。后面一种创新的壁垒比较高,都是基于很多人的经验,有些不一定是标准化、专利化的技术,往往带有一些行业的,甚至是个人专家的技术特征在里面。所以,这些往往不太容易流动,壁垒比较高。这是STI和DUI两种创新特点上的不同。

我们还可以从另外一个角度进行划分,就是基于创新的应用领域,即市场。市场可以分成两种:一种是标准化的需求,需求越强,越容易标准化;另一种是比较个性化的需求。举个例子来说,对于基础设施,可能全世界各个地方的基础设施条件不一样、需求不一样,这就是比较个性化的需求。再如,对于手机,iPhone这样的智能手机生产出来以后,确定了标准,可以投放到全世界的各个市场,它的市场需求比较标准化。

按照这两个维度,其实可以把创新系统分成4类创新。

第一象限,全域合作型GIS。创新的知识生产也好,知识应用也好,都可以在全球范围内进行,所以,它是全域性的创新。

第二象限,市场锚定型GIS。它在知识生产方面是属于科学创新的,但是在应用方面又是比较市场个性化的。这类创新在知识生产方面比较容易进行跨国合作、知识传递,但是在市场方面需要去探索,去适应个性化的市场。

第三象限,区域合作型GIS。其在生产角度、应用角度都带有更多的局域化色彩。

第四象限，生产锚定型GIS。其从产品的应用角度带有全局化，但从生产角度比较局域化。

我们可以用这张图表示。蓝圈表示价值实现，在市场应用方面，创新的价值可以实现，利润可以重新投入创新。红圈代表知识的创造过程，或者称为新技术的创新生产过程。这4种不同的创新模式，其实对应着不同的知识创造和价值实现及合作的范围和广度。

刚才我们讲了4种不同创新模式的区分，现在中国面临的是从G-2向G-N模式转换或过渡，可以考虑在原来G-2模式下面，哪些创新模式是比较普遍的。例如，在G-2模式下，对于全域合作型GIS，特点就是以美国为主的西方国家是创新中心，是比较激进式的。在全球范围内，通过资本的流动，形成了技术的扩散。而且，西方一般也是通过在全球范围内的融资形成统一的标准。其销售是面向大众市场的，在此过程中，中国作为制造业的中心，起到很大的作用，当然也是个大的市场。对于市场锚定型GIS，总部一般是位于西方国家或主要是在美国，更多地是由跨国公司来组织的。但是在市场投放方面，可能会投放到具体的不同市场，如针对欧洲、中国、拉丁美洲、东南亚，可能都有不同的市场投放，所以产品的市场标准又会有些区别。再来看看区域合作型GIS和生产锚定型GIS。两类创新在原有的G-2模式下有各自的特点。

现在问题来了：如果G-2模式面临有点松化的状态，这些模式受到了什么样的冲击？中国和这些西方国家的这4种创新模式受到了什么样的冲击？当然，不只是中国。美国不只和中国开展，也和其他国家开展G-2模式下的创新。我们可以看到，以全域合作型GIS为例，中美合作现在受到"小院高墙"所带来的技术方面的限制以后，国际层面的相关研发合作也会受到一定的压制。中国和"一带一路"国家相对就不会像过去那么更容易得到前沿的技术，技术流动和扩散会受到制约。国际资本、技术标准、国际市场都需要新的一些来源。中国现在就面临这样的问题。现在美国不仅仅对中国的技术公司进行制裁，其实对其他国家也进行了限制和制裁，这些国家也面临与中国类似的情况。我们可以用这种方法来分析各类型国际创新合作所受到的不同程度的挑战。其实，各种类型GIS都处于从G-2向G-N的过渡中，受到了一定的冲击。

如果说中国要构建一个G-N的创新模式，我们不可能面面俱到、全面涉及，因为我们的资源有限。前面讲了，特别是"一带一路"国家，它们本身的创新资源和市场能力也是比较有限的，所以也不可能全面涉及。也就是说，我们不可能4种跨国创新生态都去构建。所以，我们必须有选择地进行构建。

我们需要构建什么样的生态呢？按照我们刚才设想的从G-2向G-N的冲击，我们分析了4种GIS中受影响最大的类型。根据我们对过去曾被美国制裁的这些公司在各方面案例的梳理，受影响最大的是全域合作型GIS，还有区域合作型GIS。回到图表当中，也就是，第一象限和第三象限是受冲击最大的。

这意味着，如果中国未来构建 G-N 这种跨国创新生态，在和"一带一路"国家进行合作的时候，可能最容易着手或最应该针对的，是这两种创新生态的构建。这两种创新生态的构建，也有不同的难度。从难度的角度来说，区域合作型 GIS 的创新资源耦合程度相对来说要小一点，难度要低一点。全域合作型 GIS 所需要的创新资源耦合程度更复杂、难度更高。

所以，从"一带一路"跨国创新生态逐步发展的角度来说，可能还是遵循先易后难的状态。我们回到最初这张图表，第三象限所包含的或所需要的资源、主体，以及耦合的结构复杂度都会更低一点。如果要打造第一象限的全域合作型 GIS，难度会更大一点。我们看中国过去不是没有和"一带一路"国家实现一定的创新耦合，有很多例子。比如，中国的小米手机、传音手机在很多"一带一路"国家销售得非常好。再如，中国在基础设施建设及农业育种方面，都与"一带一路"国家进行合作。

如果我们遵循不同的跨国创新合作体系的科学分类，对应地按照中国和这些"一带一路"国家所拥有的创新资源和市场能力的匹配度来思考这个问题的话，可能首先应该发展区域合作型的跨国创新体系，不断积累经验，在市场整合和创新主体实现耦合的基础上，逐步打造全域合作型的跨国创新体系。

我的汇报就到这里，谢谢大家！

4 互动对话

提问：刚才胡志坚院长做了"一带一路"10 年总结，同时对今后发展的方向也提出了很多的建议。但是，我看您提的建议比较多，有 12 个方面。我的问题就是，12 个方面的建议中最关键的或最重要的是什么？您能够给我们做个介绍吗？谢谢！

胡志坚：最重要的有两点。一是从领域角度来讲，未来应该要着重突出"数字化"和"绿色"。因为"一带一路"国家大部分都是发展中国家，新兴经济体、发展中国家和发达国家在这个领域基本上处在同一条起跑线上。数字化、智能化可以给发展中国家经济带来新的动能、新的发展空间，这是处于数字化、智能化时代所应该抓住的机遇。绿色是联合国可持续发展目标框架下的一个大方向，未来经济的价值观念要转变，绿色的价值会越来越大，也能够形成发展空间。二是在跨国创新生态方面，刚才大家都有开放创新生态的共识了，就是如何加强链接。现在政府的链接是比较多的，但是民间的、市场的，大学之间、科研机构之间、个体科学家之间，企业之间、产业之间，以及园区之间，甚至包括风险投资之间的交流——民间的链接需要大家一起来商量，一起来打开，建立联系。

提问：各位好！我来自中国科学技术发展战略研究院，也是一名研究人员，刚才听了各位嘉宾做的报告，受到非常大的启发。我的问题可能提得有点宏大，虽然有具体的指向性。我主要给我们的外宾提两个问题。第一个问题，我们的嘉宾里面有三位来自巴西和南非。其实我感觉巴西和南非都是非常重要的发展中国家，未来可能都会成长为非常重要的创新型国家，两个国家的科技也有很大潜力，与中国有非常多相似的地方。所以，我的第一个问题就是提给巴西和南非的朋友的，作为和中国很接近的两个国家，又是发展中国家，根据你们日常工作中的了解，巴西和南非对于与中国在科技领域的合作方面，特别感兴趣的，或者希望和中国合作的一些重点领域或议题可能会是哪些？另外，目前和中国在科技合作和交流方面面临着哪些突出的困难和问题？中国和美国这些发达国家毕竟不一样，可能巴西和南非以往都和发达国家有很多的科技合作交流，但和中国的合作交流可能是个新的问题，不知道有没有一些独特的困难和突出的难题？这是第一个问题。巴西和南非的三位专家都可以来回答。第二个问题，我想提问 OECD 专家 Mario Cervantes。因为，他来自发达国家，OECD 可能也都是科技比较发达的国家。而目前的"一带一路"国家，主要还是发展中国家。我想听一下 Mario Cervantes 先生的想法，其实胡院长的报告里也提到，中国还是比较欢迎和希望能够与发达国家一起面向发展中国家开展合作交流的。所以我想向 Mario Cervantes 先生提的问题是，您觉得，在发达国家和中国，还有发展中国家，与"一带一路"国家共同来开展您讲的融合性的投资方式，就是开展这种共同合作的潜力大不大？或者有些什么更进一步的建议？抱歉，我讲得有点多。谢谢！

　　Adriano Proença：这个问题问得真的是非常大。我不能代表巴西国家，接下来只是分享一些我个人的观点。您刚才问到巴西与中国合作的一些优先事项。一是健康政策和卫生政策，这是我想强调的一个重要领域。我们有卫生部官员已经在考虑怎么样去开发医学方面的产业园区，开发一些先进的技术，能够让一些生物技术在巴西生产，希望能有这样的潜力打造生物产业集群，圣保罗这些地方都可以建。除此之外，我们还有购买力可以购买这些服务，做这些方面的投资。二是可再生能源。因为我们巴西是一个充满阳光和热能量的国度，所以我们也想开发可再生能源。在这些方面，我们可以与中国的朋友一起开发分享绿色技术。三是分布式能源。我们知道，国家电网现在跟巴西的公司有很多合作，如智能电网等一些解决方案。我们也在想，如何才能把电能更好地应用在交通等领域。除此之外，不光是我在演讲当中，其他专家在演讲当中也提到了所谓的创新精神这样一种驱动力。现在人们的意愿是不足的，不只是企业家这方面的意愿不足，我们的一些科研院所等，可能在这方面也有所欠缺。谈到机遇，我在想开放的"一带一路"，我们希望能够在这个薄弱的地方加强。我还是比较乐观的，但是我觉得还是不够。

　　Mlungisi Cele：非常感谢您的问题。南非和中国可以合作的领域，第一是最高领导人之间的合作。习近平主席访问南非，无论是从金融上对于南非的一些投资和支持，还有一些其他的方面，都是非常重要的。第二是两个重要的合作领域。其一是太阳能领域的创新合作，我们希望南非能够被带上可持续发展的道路；其二是卫生领域的创新合作。

我们刚刚经历了新冠疫情，南非其实已经向全世界展示了我们在识别病毒方面已经做得很好，中国也在利用其自身的强项和优势。在抗疫、卫生创新方面，我们两国可以合作。第三是有这样一个全球的项目，中国是这个大项目的签约国。南非、澳大利亚也都参与其中，负责其中一个较大的部分。这个项目就是平方公里阵列射电望远镜（SKA）。其实两国在这些方面已经展开了实实在在的合作。第四是创新科技园区方面的合作。中国在科学园、创新园方面做得很好，我们也已经展开商谈以实现合作。南非希望学习中国，开发我们的能力，然后打造一些创新科技园。

以上这些都是特别具体的我们可以合作的领域，另外就是人力资源方面的交流，以增加科技的能力。包括越来越多的留学生，以及其他人员之间的交流和互访，未来可以进一步加强。我们看到，中国持续增强科研能力，科技在发展社会保障、交通、农业等方面都发挥了最大的作用。中国做了这一切，南非也在反思我们自己的社会保障，还有减贫，我们有很多需要学习。其实，在南非有很多农村扶贫的项目，但仍有很大的挑战，其实中国的经验可以让我们学到很多，这些都可以直接学起来、用起来。最后，就是科学方面的外交，也就是交往、交流，以此作为催化剂，促进交流，促进贸易平衡。在这个过程当中，我们可以学到很多，如中国的工业化政策是怎么制定的，我们这些政策又是怎么协调的，我们通过与非洲的贸易合作等，来实现这样一些目标。谢谢！

Adriano Proença：刚才我忘记提了，就是我们在农业方面也有可以合作的领域。刚才我的同事的回答也提醒了我，农业方面也是个重要领域。

Mario Cervantes：谢谢您的问题。"一带一路"从推出到时至今日，已经10年了。从OECD的角度来讲，我们不想搞分裂，或者在这个世界上用一些新的倡议去打压，因为这个世界本来就变得越来越复杂了。无论是建立OECD，还是共建"一带一路"，其实都是想通过经济的发展带来更大的繁荣，发挥科技的作用。作为这些倡议来讲，首先，开放性很重要。有一些OECD国家已经参与共建"一带一路"，所以在开放性的架构中已经安排了一些重点的工作。您刚才提到，OECD成员主要是发达国家，但是我们也与很多新兴的发展中国家合作，通过一些伙伴关系。比如，与泰国，我们在做一些低碳的项目，应对这方面的一些挑战。还有与欧洲巴尔干半岛的一些国家，各种各样的项目也在开展。我们也在与埃及开展科技方面的合作。所有这些倡议的目的都是未来更美好、更繁荣、更和平，彼此之间不是对立的关系。

另外一个我想表达的观点是，科学和技术能够为这些伙伴关系、联盟助力。但是有挑战。因为，外交是为了一些共同利益上的共识，而科学是基于实证的。并且，在解决挑战方面，科学的目标与外交的目标之间可能会存在一些矛盾。比如，开放一些市场，推进一些贸易，这两者之间可能会有一些矛盾。有些合作有时候可能是公共产品的目的，但有时候可能是为了强化能力，不是纯市场性质的，也不是纯和平或人类发展的目标，这是有些差别的。所以，我们希望这些倡议能够继续发展下去，但是不要忘记最终的愿景还是所有人类的和平与繁荣。

Ana Célia Castro：您刚才讲了混合融资模式，其实我的演讲当中遗漏了这一主题，非常感谢您讲的内容。我想知道，是否OECD有这种路线图，或者有开展混合融资的实实在在做法的一些倡议，从而让我们能够通过这些倡议在当地开展？如果有，那么就更好了。您有这方面的信息吗？

Mario Cervantes：是的，我们正在推行一个项目，就是把混合融资推广开来，将其主流化，与各国的科技部合作来推行，也与各个不同的部委有合作。这既是一种能力建设，也是一项实验。这些项目不同的经验都在我们的网站上详细地记录下来了。我们希望未来能够积累越来越多这方面的经验和案例，结合正在开展任务需求方面的调查研究，在全球推广。也就是说，不仅仅是OECD才做这种混合融资模式，虽然是个新事物，但是在全世界都可以推广，我们在这个过程当中还在学。现在我们也听到了中国"一带一路"倡议的想法，其实我也在想，混合融资模式也可以用在"一带一路"倡议中，因为有很多债务融资已经在使用了，在帮助一些国家做基础设施的融资。可能混合融资模式未来会大有用途。

提问：我想问胡院长一个问题。刚才各位做汇报的时候，讲了很多国家层面全球开放创新生态方面的内容。我想问一下，从国内区域层面应该怎么样去考虑？去做什么？

胡志坚：区域本身融入大循环。"一带一路"科技创新行动计划有4个方面，区域要根据自己的优势、特点，以及自身的经济科技发展的位置，加入全球创新生态，特别是面向共建"一带一路"的创新生态，应该说很多省都已经有自己的项目和自己的链接了。我想主要是在这个方面，特别是在地方开展国际合作方面，可能也要转变一些观念，政府之间的，包括省一级政府与对方友好城市或友好区域的这种合作方面，一定要下沉，下沉到相互的投资中，以及科研、大学、园区、企业之间互补性的发现和价值链的构建方面，特别是有些地方还有扶贫的经验。比如，我们一些中西部的省份有减贫的经验，通过科技的扩散、减贫经验的培训，也可以与"一带一路"国家合作。

绿色创新的经验，我觉得也可以根据自己的特点，融入这样一个大潮流中去，发现自己的位置。我很难讲用一个模式，套到所有的区域，就是自己首先要开放，根据自己的优势、特点去对接这样一些需求。因为"一带一路"国家不同，合作愿望、需求、重点领域也不一样，所以我觉得它们是这样一个关系。中央政府这块，更多是搭建平台，让大家互相交流，互相发现合作伙伴。

提问：谢谢，很受启发！我想请教赵扬先生一个问题，您提出的G-2到G-N观点让我很受启发。我一直在思考G-2，但是没想到你提出的G-N是一个更宏大的想法。我们有没有可能在"一带一路"国家发行人民币债券？比如，在巴西或委内瑞拉等一些国家发行人民币债券。这种设想我一直在思考。我想请教一下您的观点。谢谢！

赵扬：好的，非常感谢您的问题。虽然它和我们现在讲的创新主题不是非常紧密，它是"一带一路"方面与金融相关的问题。我们那本书《"一带一路"新十年》当中专门有一章讨论人民币国际化,"一带一路"和人民币国际化是比较自然、相辅相成的关系。过去10年我们主要做基建,未来可能会做更多的创新,其实都有很多中国企业"走出去"的问题,比较自然地可以跟人民币的国际化耦合到一起。比如,基建当中我们现在做了很多的人民币信贷,当然,基建更重要的是通过债券做很多信贷,更多是通过政策性银行来做。您提到发行人民币债券,是其中应有之义,未来应该有更多的企业,包括中国的金融机构,可能会在境外一些离岸中心发行人民币债券,用这样的方式来为一些"一带一路"国家的项目进行融资。因为很容易形成人民币国际化的闭环,很多"一带一路"国家无论在基建过程当中,或者在其他的项目当中,很自然需要进口中国的产品或服务,这时候其实可以用我们流出去的国际化的人民币来做支付。在"一带一路"当中,假如我们用人民币融资,再用人民币投资到相应的国家,接受我们投资的主体再返回来采购我们的商品和服务,可以形成人民币和商品、中国和"一带一路"国家之间的循环。所以"一带一路"倡议是比较适合纳入人民币国际化这样一个题目的。

至于是不是像您讲的,在巴西或委内瑞拉,或者其他地方发行,可能没有那么重要。因为货币国际化做得最好的是美国,很多美元债在伦敦这样的离岸中心发行。中国有几个天然的离岸中心,如香港、新加坡。伦敦也是可以的。但香港是比较自然的一个人民币国际化的离岸中心,我们可以利用香港国际金融中心的地位,进一步去推广人民币的国际化。谢谢!

提问:我有两个问题。第一个问题是针对 Adriano Proença 教授的演讲,您提到帮助本地实现可持续发展,我的问题就是,对于这么多不同的国家,以及不同类型社会结构的国家,最大的挑战是什么?如何构建生态系统,才能克服这种本地多样性所带来的一些困难?我的第二个问题是向赵扬博士提问的。我是做非营利组织和全球治理研究的,您刚刚提到在 G-N 模式下培育创新的动力。在这样的模式下,国际非政府组织及非营利组织如何才能参与到创新当中来?它们会发挥怎样更好的作用?谢谢!

Adriano Proença:您的问题挺难的,我在思考最大的挑战是什么。我认为,我们在这里已经看到了很多主要的想法,就是要发展一套创新生态系统,如巴西和中国在一些行业、科技领域中实现共享。但我们发现,如果问最大的挑战的话,我坦率地说,这其中可能需要各方激励,让大家更愿意同步,从而能开展合作。这样的话,大家都愿意做研发和创新的工作。最大的挑战就是"一带一路"国家真的愿意组织起来,把自己发展起来,目标就是发展,这些政策也是关乎发展,各国应该参与,企业应该参与,各个机构也应该参与。最底层的、微观层面的参与是最关键的。最大的挑战就是各个基层的参与、具体的参与,所有的相关方参与其中,才能够创造出一个开放的创新生态系统。我试图来回答您的问题,不然的话也回答不了,太难了。

赵扬:很高兴有这个机会回答您的问题。这个问题非常好,我想把这个问题稍微扩大一点，不只是非营利组织，在我们刚刚讲的创新体系的构建中，政府肯定是很重要的主体，还有企业和研究机构。还有一类是被大家忽视的，就是中介机构。比如，典型的像咨询公司，可能是营利性质的，也可能是非营利性质的，或者是一些智库。刚才我们讲到，在 G-N 模式下，主要是由中国与一些核心的"一带一路"国家联合打造一个靠自己来实现创新进步的体系。其中，最缺乏的是中介机构。我们看全球顶尖的中介机构，如 Top 100，我们刚才列的 25 个所谓的核心"一带一路"国家，一个都没有！在全球前 100 的咨询机构当中，大概中国勉强能挤进去几家，所以中介机构非常缺乏。但中介机构非常重要，对"一带一路"的推广及科技合作做了非常多的共享。

对于刚才那位朋友问的，从区域角度来说，地方政府也做了不少活动，有很多企业可以开展自己的活动。比如，有些企业的能力特别强，像华为、小米，它们已经做得很厉害了。就是我们所讲的全域合作型 GIS。这些企业在研发方面也可以汇集国内和国外资源。只要把东西做出来，就可以向全球市场投放。这些企业都做得挺好。但有很多的领域恰恰需要中介机构去做，如在标准的制定、市场研究方面。特别是我们讲的最容易做的区域合作型 GIS，对方的市场需求是什么？这都不清楚的话，就很难做。需要熟悉"一带一路"国家的创新资源和需求，然后进行政府和研发机构及企业之间的整合。我把您提的问题稍微扩大了一点，中介机构的市场非常大，也是中国急需大力发展的一个方面。当然，非政府组织（NGO）也是非常重要的一个方面。

第 6 章

主题论坛：创新体系与科技评价

科技评价是科技治理的重要工具。随着新一轮科学技术革命呈现多点突破、群发突破的态势，科研体系越来越向"开放科学"和有组织科研转型，各国愈加强调以科技创新支撑引领经济社会发展。新形势下，充分发挥科技评价"指挥棒"作用，对于激发科技人员创新活力、引导科技资源配置、优化科技创新生态、提高国家创新体系整体效能至关重要。一些国家在完善科研评价方法、优化机构评估导向等方面已有了新的探索。本次论坛将立足加速推进我国科技评价体系转型、助力实现高水平科技自立自强，讨论如何理解新形势下科技评价内涵；如何利用科技评价，引导科研人员潜心研究、产出高质量成果，引导科研机构服务国家使命、满足国家战略需求；如何通过完善科技评价体系，提高科技治理水平、提升国家创新体系效能。

1 论坛综述

2023 年 9 月 10 日下午，2023 年浦江创新论坛"主题论坛：创新体系与科技评价"在上海东郊宾馆会议中心举行。本次论坛分为主旨演讲和圆桌论坛两个环节，主旨演讲环节由中国科技部政策法规与创新体系建设司司长解敏主持，时任中国科技部副秘书长贺德方，时任中国科学技术发展战略研究院院长张旭，英国社会科学院院士、牛津大学技术与管理发展研究中心主任傅晓岚，中国科学院科技战略咨询研究院院长潘教峰，西湖大学讲席教授、校长助理裴端卿出席并做主旨演讲。

本次论坛的主要观点如下：一是科技评价是实施创新驱动发展战略、建设世界科技强国的重要政策工具。中国政府高度重视科技评价工作，通过法律、政策、标准的发布实施，推动我国科技评价改革持续深化，追求质量、绩效、贡献的评价导向形成了广泛社会共识，科学、规范、高效、诚信的科技评价体系建设取得了初步成效。二是历次国家技术预测与评价为国家科技规划的制定和关键技术的识别提供了有力支撑，应将技术预测与评价作为科技工作布局的起点，与项目评价、绩效评价等结合，形成科技评价完整闭环。三是应将科技评价嵌入科技活动及科技管理工作的全链条。要明确科技评价改革的重点与方向，坚持国家层面的评价与承担国家重大任务挂钩，"不干不评"，以机构评价为牵引建立政府评机构、机构评团队、团队评人才的传导机制，引导创新主体和科研人员履行职责使命，服务国家战略需求。四是坚持系统思维，进一步明确政府和科研主体在科技评价中的职责边界，形成多元主体共同参与的科技治理局面。五是基于五大价值导向，通过引导树立正确人才评价导向、改进人才分类评价标准体系、创新科技人才评价方式方法、完善科技人才评价体制机制，形成有利于科技人才潜心研究和创新的评价制度，建立回归科学价值本源的评价体系。

2 嘉宾演讲实录

对科技评价改革的认识与思考

贺德方　时任科技部副秘书长

> 我国科技评价主要面临4个方面的挑战：第一，科技评价体系统筹不够、联动性还不足；第二，对科技评价"破立并举"的要求没有完全落实到位；第三，政府评机构、机构评人才的传递导向不健全；第四，科技评价结果的异化使用现象存在。未来科技评价改革需着重在以下3个方面发力：第一，将科技评价嵌入科技活动及科技管理的全链条；第二，进一步明确评价改革的重点和方向；第三，加快推进科技评价"立新标"的探索。

今天与大家一起分享一下我对科技评价改革的一些认识和思考。科技评价属于科技治理的一种工具，是科技活动的指挥棒和风向标。当前在世界各国愈加强调以科技支撑引领经济社会发展的背景下，科技评价在各个层面得到格外关注。中国政府近年来也一直把科技评价改革作为科技体制改革的重要内容，以评价改革促进科技事业发展，取得了显著成效。今天主要从科技评价的概念与类型、科技评价改革的历程与进展、科技评价改革的成效与问题、深化科技评价改革的思考与建议4个方面和大家做一个交流。

第一方面，谈谈对科技评价概念和类型的认识。关于科技评价的概念，实践方面和学界都一直在持续探索，总的来说科技评价是遵循一定的准则，运用规范程序和科学方法，按照既定目标，对科技活动的价值、影响及其有关行为、要素所开展的监测和咨询活动。这个概念包含以下几个方面内容：科技评价是对科技活动及其影响的价值判断，而且贯穿于科技活动的全过程，是科技活动的重要组成部分，同时它也是一种科学的监测和咨询活动。由此可见，它是实施创新驱动发展战略、建设世界科技强国的一个非常重要的政策工具。

当然，我们讲它的类型，这是一个非常复杂的工作，要了解科技评价不同类型，就得回归科技活动本身。寻找理性的评价方案、推动不同类型的评价活动发挥各自作用是非常必要的。按照评价的目的、导向、用途，科技评价可以分为学术类评价、公共管理类评价、市场应用类评价。所有评价当中学术类评价是核心，公共管理类评价和市场应用类评价都离不开学术类评价，学术类评价是科技评价区别于其他领域评价最重要的特征。按照不同评价对象，对科技评价也有各种各样的分类，如宏观层面、中观层面、微观层面的评价。宏观层面，包括国家、地区或区域的评价；中观层面，包括机构、领域、学科层面的评价；微观层面，包括项目、团队、人才等。这个分类也不是一一对应的，不同类型和不同层次的评价主体对象不同，目的场景也不同，评价的核心指标也不同，不能简单地把它统一起来。

第二方面，回顾一下我们国家科技评价改革的历程和最新进展。中国政府始终高度重视科技评价工作，中国开启建设世界科技强国新征程、加快建设创新型国家和实现高水平科技自立自强过程当中，更加需要进一步深化科技体制改革，坚决破除评价工作的顽瘴痼疾，强化科技评价的科学性、合理性，不断提升科技创新治理能力和水平。习近平总书记曾对科技评价工作作出重要指示："要改革科技评价制度，建立以科技创新质量、贡献、绩效为导向的分类评价体系，正确评价科技创新成果的科学价值、技术价值、经济价值、社会价值、文化价值。"党的十九届四中全会提出"改革科技评价体系"，党的十九届五中全会提出"健全以创新能力、质量、实效、贡献为导向的科技人才评价体系，完善科技评价机制"。本次论坛以"创新体系与科技评价"为主题，也是落实党的二十大报告精神的重要举措。

按照中央的决策部署，中国的科技评价改革一直在稳步推进。1994年国家科委就提出，要用"第三只眼睛"对科技计划进行独立评估，2007年出台《中央级民口科技计划（基金）经费绩效考评管理暂行办法》，2014年印发《国务院关于深化中央财政科技计划（专项、基金等）管理改革方案的通知》，2016年印发《科技监督和评估体系建设工作方案》，逐步建立了统一的评估和监督体系。2018年中共中央办公厅、国务院办公厅印发《关于深化项目评审、人才评价、机构评估改革的意见》，拉开了新时代全面深化评估改革的序幕。在整个历程当中，先后两次修订科技进步法，以法律形式确定不断深化国家建立和完善科技评价制度的有关要求，为科技评价改革提供了稳定高效的法律保障。在政策和法律层面之外，还发布了《科技评估通则》《科学技术研究项目评价通则》等相关国家标准，为科技评价改革落地强化了标准化的支撑。通过这些法律、政策、标准的持续发布和落实，我国的科技评价改革持续深化，国家科技评价体系不断完善。

最新进展方面讲几点。各地方、各机构都在坚持"破立并举"，推动评价改革，在评价中"破四唯"，引入小同行评议、长周期考核、代表作评价等举措。优化科技评价指标，使科技评价更加符合科学规律，符合人才成长规律，符合国家对科技工作的总体要求。项目评审方面，主要是开展一些分类评价考核，探索建立长周期项目持续滚动支持机制和颠覆性非共识项目的评审机制。人才评价方面，开展人才评价改革试点，推动建立符合青年人才特点和发展需求的评价体系，持续深化职称评价改革。机构评估方面，推行绩效评价制度，同时也在国家级平台和基地评价中强化人才培养导向。

第三方面，谈谈我们科技评价改革的成效和问题。我们最近有一项监测工作，连续5年对科技评价改革进行跟踪监测。随着科技评价改革和推进举措的不断落实，以质量、绩效、贡献为核心评价导向的社会共识基本形成。科研人员对科研评价改革政策的知晓度超过90%，对科技评价导向的认可度达到95.6%，对"破四唯"等举措的认可度达到80%。总的来说，中国政府通过长期努力，科学、规范、高效、诚信的科研评价体系建设取得了积极进展。评价对象覆盖科技政策、科技计划、科技项目、科技成果等科技活动本身和管理活动的全链条；评价机构也得到了发展和锻炼，多层次多元化评价力量初步形成；评价结果应用不断强化，为科技决策和管理发挥了重要支撑作用；评价能力持续提升，评价标准、工具、模型和信息化水平取得显著进步。

看到这些成绩的同时，我们也清醒地认识到，科技评价方面还面临很多挑战。既有长期未能有效解决的硬骨头，也有新形势下带来的新问题，主要包括4个方面。第一，科技评价体系统筹不够、联动性还不足。各部门的科技评价缺乏有机衔接，各自定位不够精准，互补性存在欠缺。科研评价与经费、人事、薪酬等其他方面的结合和统筹需要进一步加强。第二，对科技评价"破立并举"的要求没有完全落实到位。制度文件层面虽然破了四唯，即论文、学历、职称、奖项，但实际上操作过程当中没有完全落实到位。这里面既有思维方面的惯性问题，也有受到各类社会排名的影响。评价新标确立的工作还需要进一步加强。实际上新标没有确立也增加了彻底"破四唯"的难度。第三，政府评机构、机构评人才的传递导向不健全。以使命、绩效为导向的科研单位评价体系还没有完全建立起来，不少科研单位还存在着围绕排名转、跟着项目跑的问题，影响了科研人员的价值导向。科研单位对人才以能力贡献为导向的评价体系需要持续深化。第四，科技评价结果的异化使用现象存在。"帽子"商品化问题仍然存在，对科研生态造成的负面影响还远远没有消除。

第四方面，针对上述进展成效和问题，讲讲我个人对下一步改革的思考和建议。党的二十大报告作出了深化科技评价改革的重大部署，我们要落实党的二十大精神，从以下3个方面发力。

第一，将科技评价全面嵌入科技活动及科技管理的链条。一方面，加强对科研活动的全链条评价，优化科技资源配置，提高科技活动管理水平；另一方面，强化对科技管理工作自身的评估，包括但不限于对重大科技政策的评估。此外，要着重解决科技评价政策的统一性和规范性问题，推动有关部门和地方清理不符合改革要求的科技评价制度。另外，要重视成果渐进式评价，强调科研活动的全流程评价，开发更多科学化评价工具，提高管理水平。

第二，进一步明确评价改革的重点和方向。坚持"不干不评"的原则，国家层面的评价与承接国家重大任务直接挂钩。建立"政府评机构、机构评团队、团队评人才"的评价传导链条。引导创新主体和科研人员履行使命，增强服务国家战略的意识。以机构评估为牵引，推动科研机构的绩效评估。人才评价，坚持"谁用人谁评价"，充分赋予机构评人才的自主权，要形成一种鲜明的导向。对重大项目的评审，要摸清起点、明确终点，事先约定考核目标，按照合同约定进行评价。在项目评审中，成果也是非常重要的，成果的评价实际上是对科研活动约定能够取得预期效果的一个客观判断，对成果必须讲清楚起点和终点。

第三，加快推进科技评价"立新标"的探索。首先，我们在实践过程中也在组织很多行业协会建立科学共同体，将某些学科评价的共识上升为国家认定的要求。治理层面，我们国家在宏观法律政策、规划方面是强项，但是我们确认机构内部控制制度，包括承认科学共同体共识等问题还需要进一步完善。其次，压实评价主体责任，推动高校院所，包括企业主体，根据国家需求建立符合自身体系的评价内控制度。最后，不断总结科技评价方面好的经验，包括一些试点经验，尽快形成一些可复制可推广的成功案例和最佳实践。

小结一下，构建科学有效的科技评价体系是各个国家都非常关心的重要议题。希望通过浦江创新论坛，既把中国的科技评价实践经验交流出去，也向世界各国学习好的评价经验。希望通过论坛的方式能够碰撞出更多思想火花，为下一步评价改革提供新思路、想法和方法。

面向高水平科技自立自强的技术预测与评价工作思考

张旭　时任中国科学技术发展战略研究院院长

> 党的二十大报告提出2035年实现高水平科技自立自强的目标，对技术预测工作提出了更高要求和挑战，主要体现在3个方面：第一，科技和产业变革的速度加快，众多领域进入无人区；第二，国际竞争形势复杂化，需要准确客观判断各

> 个领域的科技竞争能力；第三，国内各个方面需求发生变化，创新体系的组成更加复杂多样。以下为关于下一步开展技术预测工作的4点思考：第一，面向2035年科技自立自强的目标，需要建立稳定、连续的技术预测与评价机制；第二，将技术预测与评价工作作为科技工作布局的起点，发挥其重要"指挥棒"作用；第三，将技术预测与评价和项目评价、绩效评价等结合，形成科技评价的完整闭环；第四，建立1+N开放的技术预测与评价体系。

要充分发挥科技评价"指挥棒"作用，在激发科技人员创新活力、引导科技资源配置、优化创新生态、提高国家创新体系整体效能方面发挥重要作用。这个指挥棒应该指向哪里？要引导科研机构服务国家使命、满足国家战略需求，国家使命和国家战略需求是什么？这些是科技评价的起点，是首先要解决的问题，其中一个能找到上述问题答案的手段就是"技术预测与评价"。

先回顾一下技术预测与评价的历史。1982年这项工作就开始了，国务院发布《关于国家计划委员会、国家经济委员会、国家科学技术委员会分工的通知》，明确指出要积极做好科学技术发展的预测与咨询论证工作。在1985年完成的"公元2000年的中国"框架下，做出了"2000年的中国科学技术的预测"，这是第一次国家技术预测。近年，中央对技术预测也高度关注，在中央全面深化改革领导小组第三十二次会议上，习近平总书记提出要健全国家科技预测机制。40多年来，我们共开展了6次国家技术预测与评价，其中最后一次是在2020年完成的，5000多名专家参与，选择了17个领域（其中16个是具体领域，另外一个是交叉领域，即16+1)，针对2000多项技术进行评价和预测，提出了300多项技术项目建议，其中大部分被纳入国家中长期科学和技术发展规划与"十四五"国家科学技术普及发展规划。

历次技术预测与评价在国家创新体系建设当中发挥了什么样的作用呢？它为国家科技规划的制定和关键技术的识别提供了有力支撑，有3个方面作用。第一，支撑重大决策与研判。国家制定科技战略需要合理的战略预见。第五次国家技术预测提出"三跑并存，跟跑为主"的判断，这个判断为《国家创新驱动发展战略纲要》的制定提供了有力支撑。刚刚结束不久的第六次国家技术预测提出了不同的判断，即"三跑并存，并跑为主"。同时第六次国家技术预测根据当时国际形势，特别做了国别研究，为客观衡量主要国家的科技实力提供了重要支撑。第二，支撑科技规划编制。我国历次科技规划的编制过程都前置了技术预测工作，即先有技术预测工作后有规划编制。技术预测与评价所提出的关键技术很大比例被列入规划。第三，提升创新体系效能。技术预测的过程是一个学习、交流的过程，更是相互协同的过程。来自大学、科研机构、产业界及各个部门的科学家、管理者，召开数百次研讨会，广泛讨论，就技术方向形成共识，提升了创新系统作为一个整体在学习和创新方面的效率。

我们最近做了一个小的展馆，展示了很多历史资料，其中有 20 世纪 90 年代由国家计划委员会主编的《未来十年中国经济发展关键技术》。当时就 7 个领域 35 项技术开展预测，提出国家需要重点关注的关键技术，如集成电路技术。这和我们在历次国家技术预测当中把集成电路作为重点列入规划是密切相关的。还有生物技术，当时生物技术是看不太清楚的，但已经知道有生物技术方向。

我们现在面临新的形势、新的挑战、新的任务。党的二十大报告提出 2035 年实现高水平科技自立自强的目标，对技术预测工作提出了更高要求和挑战，主要体现在 3 个方面。第一，科技和产业变革的速度加快，众多领域进入"无人区"。未来 5～10 年可能是众多技术领域实现较大突破的时期，很多领域中国走在前面，这就需要每次都对技术预测进行迭代。第二，国际竞争形势复杂化，需要准确客观判断各个领域的科技竞争能力。要做好摸底评价，找准短板弱项，找准可能的突破口。第三，国内各个方面需求发生变化，创新体系的组成更加复杂多样。技术预测是形成各方共识的重要工具，能为后期规划、任务制定奠定良好基础。

对于下一步开展国家技术预测工作有几个思考。第一个思考，面向 2035 年科技自立自强的目标，需要建立稳定、连续的技术预测与评价机制。第一，要保持技术领域和体系的相对稳定，只有稳定才能在时间维度上保持技术的可比性。到 2035 年跨越一个中长期科技发展规划和 3 个"五年规划"，如何使规划能够接力实施、久久为功？需要连续性。第二，要建立技术预测的相关标准规范，保证预测结果的可靠性和适用性。如何把预测结果转化为科研任务？科研任务如何可度量？需要一套标准规范对技术预测进行界定。第三，要有法律保障，提高预测工作稳定性。目前预测工作是相对稳定的，进入法律后会更稳定。无论是韩国、日本还是美国，都是用法律保障预测工作的稳定性。

第二个思考，将技术预测与评价工作作为科技工作布局的起点，发挥其重要"指挥棒"作用。第一，坚持将技术预测与评价作为"五年规划"的基础，将技术预测形成的共识转化成规划任务和重大科技项目。要适当前置技术预测工作，让技术预测引导规划，规划引导重点项目的启动和力量布局的优化。第二，建立发布"年度科技研发指引"机制，将"五年规划"转化为年度指引，将规划转化为计划、项目和预算。第三，开展年度技术监测和预测，根据重大变化及时调整，对技术预测与评价结果进行迭代。

第三个思考，将技术预测与评价和项目评价、绩效评价等结合，形成科技评价的完整闭环。第一，要形成一个预测、规划、计划、项目、预算、绩效、评估的循环，让技术预测进入国家评价的大循环。这个绩效指的是科研机构的绩效，最后的评估是对科技工作的评估。第二，加强技术预测与评价结果在科研机构绩效评价中的应用。现在科研机构根据自己的需求确定研发任务，如果把技术预测的结果和科研机构的绩效评价结合起来，就能帮助科研机构进一步明确研发方向。第三，对"五年规划"执行情况进行评估，将评估结果与技术预测与评价结果比对，形成更全面准确的判断，借助技术预测与评价方法，探索特定领域和问题的量化评估。

第四个思考，建立1+N开放的技术预测与评价体系。第一，要建立全社会广泛参与的机制。1+N，1是国家技术预测与评价；N是社会各个方面，包括中国科学院、企业、大学等都在做技术预测与评价工作，方法也是多种多样的，包括专家法、文献计量等，需多方参考、相互验证。第二，要建立标准和规范。有了标准和规范才能彼此交流，才能有科技界的共同语言。第三，加强中央层面与地方层面的协同。在布局国家任务和各个地方重点任务时，可以有所取舍，真正能够实现央地协同，使区域创新体系更加有序。第四，加强国际合作与协同。在中日韩、"一带一路"国家、金砖国家等科技交流合作中，可以更有针对性地提供技术合作和服务。

最后总结一下，技术与评价工作是科技工作的起点，但要将它融入科技评价的全过程，科技评价最后还是要从技术开始到技术结束，进入这个循环、反复迭代以后，可以起到两个效果：第一，提高创新体系的整体效能，增强创新体系的协同性；第二，提高技术预测的能力和水平，提高评价和预测的可靠性和准确性。

AI赋能的技术估值方法

傅晓岚　英国社会科学院院士、牛津大学技术与管理发展研究中心主任

> AI赋能的技术估值方法包括3个步骤：首先，创建一个新的技术估值理论；其次，为每个行业建立一个大型特定数据库；最后，针对每个行业采用机器学习、深度学习方法，并结合大语言模型和经济方面的衡量标准，开发定制化人工智能算法，针对每个行业进行技术估值。这一方法具有客观、迅速、低成本和准确的特点，适用于初创企业或专利估值。

技术转让对推动创新体系建设非常重要，它可以涵盖需求主体及创新体系的各个部分，并且能够跨越不同国家，所有这些步骤都非常重要，有利于促进创新和经济增长。近年来，我们可以看到技术交易增长很快，近两年整个技术交易超过1.6万亿美元，2021—2023年技术突破越来越多且速度不断加快。当前我们正处于技术变革的新时代，为了促进技术转移、吸引对创新的投资，需要对技术进行准确估值。不仅大学、研究机构、初创企业需要对技术进行准确估值，投资者也需要对技术进行准确估值，包括国有部门、私营部门、风投和私募，以及市场或整个创新体系中的各种参与者。科技园区、孵化器及政府支持科技创新的项目、金融机构、投资银行和商业银行都需要对技术估值，如浦发银行需要为一些新科创公司提供贷款；一些大型跨国企业、国有企业，如生物技术企业，需要对一些初创企业进行收购等，这些过程都需要对技术进行准确估值。各方面都需要准确、客观地对技术估值。

目前技术估值还面临很多瓶颈。我们现在所使用的技术估值方法，要么是利用现金流折算方法，这个不够准确；要么是根据成本进行推算，这个没有考虑到创造性；要么采用对比方法，用一些标准来对比一些相似项目，但是研发越具有创新性，很多情况下越难找到一个可类比项目，很多时候新项目都包含保密信息，这就很难获得信息，也很难进行相关比较。初创企业和创新团队在很多专利发布之前没有任何财务数据，用现行方法无法进行准确估值。

为了打破这些瓶颈，我们得到了一些企业的支持，从 2015 年开始进行尝试。我们的原创估值方法包括 3 个步骤：首先，创建一个新的技术估值理论；其次，为每个行业建立一个大型特定数据库；最后，针对每个行业采用机器学习、深度学习方法，并结合大语言模型和经济方面的衡量标准，开发定制化人工智能算法，针对每个行业进行技术估值。

技术的经济价值是什么？技术经济价值的决定因素是什么？生产率是由所投入时间决定的这一说法已经不适应新技术。价值效用理论认为，产品价值是由产品的效用所决定的，根据价值效用理论来评估技术价值，我们认为：第一，技术的价值首先是由市场需求来决定的，即它满足了什么样的市场需求。第二，这个技术到底有多先进，到底能够满足什么样的经济需求。第三，为了实现这种价值需要什么样的补充性技术，需要什么样的监管支持。第四，这个技术的生命周期。就像疫苗，如果生产疫苗，是用病毒技术还是 mRNA 技术，因为技术不同价值也不同。第五，我们观察的是团队，这是很多风险投资机构（VC）使用的方法。但是我们所关注的是新颖性，很多时候技术的质量不能由专利数量所决定，要看这个团队一路以来管理风险的水平如何。这就是我们所提供解决方案的 3 个步骤，我们希望实现"从 0 到 1"的突破。

事实证明，这个方法的结果很好，预测估值的成功率很高，所有行业准确率都超过了 90%，人工智能方法的速度非常快，3 分钟就可以得出一个估值。而且我们运用真实数据而非打分制，所以非常客观。使用的所有指标数据都是公开渠道可以获得的，或者可通过购买方式购买专业商业数据。这一方法具有客观、迅速、低成本和准确的特点，适用于初创企业或专利估值。2017 年，使用我们的工具对 DeepMind 估值，结果是 5.9 亿～6.5 亿美元，谷歌实际支付 6.4 亿美元。在欧洲，我们使用欧洲数据进行训练；在美国，我们使用信息通信技术领域数据进行验证，我们对美国 22 000 家初创企业进行估值，准确率达到了 87%；在中国苏州生物医药领域验证，对创立 5 年以下的企业准确率达到 100%；在日本，我们已经成功签署了合同。我们还有网上音频系统，在网上注册之后选择行业，提供相关数据，可以迅速得到结果。对于大型企业采用软件方式，就像 Excel 一样的软件，把它下载到自己的笔记本电脑上，3 分钟就可以得到一个估值报告，非常容易安装和使用。我们现在使用大语言模型帮助收集数据和充实报告。我们开发的

ChatGPT 类型技术，可以对多行业进行针对性估值。在牛津大学我们有一个衍生的技术公司叫 OxValue.AI，这是牛津大学第一家剥离出来的社会科学衍生公司。我们拿到了一些奖项，包括欧洲科学院、世界知识产权组织等都给予了肯定。在中国，我们首先在苏州对初创企业进行了评估，对一些创新企业大赛中的技术项目进行估值；在天津、北京，我们使用这套技术对大学的专利进行评估，促进转移和转化；在广东、上海，特别是"前海"，主要是用于初创企业的估值和融资。在深圳，我们帮助一些基金和母基金加强科技基金管理；在江西，我们正在和投资基金进行合作，给其提供一种系统工具，帮助初创企业获得 IP 抵押融资；在北京和武汉，我们还有园区科技企业孵化、辅导、赋能等功能。此外，我们也帮助英国专利商标局进行商业银行初创企业和科技贷款的风险管理。我们正努力在中国建立一支运营团队，为了更好地与合作伙伴进行合作和服务好客户、更好地在中国境内进行估值工作。我们顾问团队有很多专家，牛津大学的创新副校长担任权威顾问委员会成员，还有诺贝尔经济学奖得主等。总之，这样的一种方法可以让技术估值更加精准、客观、可获得并提高其经济性。

基于五大价值导向的"破四唯"和"立新标"完善科技人才评价体系

潘教峰　中国科学院科技战略咨询研究院院长

> 我国科技人才评价存在 3 个方面问题。第一，在评价导向方面，目前国际科学界通行的定量评价导向体现客观性优势的同时，也存在背离科学本质价值的问题。第二，在评价标准方面，我国针对不同研究类型的分级分类科技人才评价体系尚未真正建立，人才评价的针对性和有效性亟待提升。第三，在评价方法方面，还存在一些功利化现象，以及科学文化、科学态度、科学精神等方面不足的问题，导致人才评价方法存在诸多矛盾。完善科技人才评价体系的四点思考：第一，基于五大价值导向，引导树立正确的人才评价导向。第二，改进人才分类评价标准体系。第三，创新科技人才评价方式方法。第四，基于五大价值导向，完善科技人才评价体制机制。

科技创新，人才为本。人是最根本的要素，提高创新效率最重要的还是提高人的创新效率。评价，实际上是一个价值评判，评价要有价值。为什么基于五大价值创造？五大价值创造实际上讲的就是，习近平总书记提出的科技成果的科学价值、技术价值、社会价值、应用价值、文化价值。评价一个人才的贡献，要把它作为基准，这就为评价找准了基准。所谓"四唯"问题，就是在这些问题上没有很好地贯彻评价要有价值这样一种理念。"立新标"也要基于这样的价值判断，正本清源，确立新的价值标准，首先要有一个价值判断、有一个基本逻辑。

第1个方面，创新体系与科技人才评价。习近平总书记在党的二十大报告中指出，"加快实现高水平科技自立自强""必须坚持科技是第一生产力、人才是第一资源"。从这个意义上来说，营造良好创新生态，实现高水平科技自立自强，最根本的还是要靠高水平科技人才，而激发各类科技人才创新活力，需要完善人才评价体系。2021年5月，习近平总书记在两院院士大会讲话中提出了一些非常重要的观点，他强调，要重点抓好完善评价制度等基础改革。这实际上是把评价制度作为整个科技创新的基础性制度提出来了。会议上还提出，人才评价要"破四唯"和"立新标"并举，加快建立以创新价值、能力、贡献为导向的科技人才评价体系，为科技人才评价在提升创新体系效能中发挥作用指明了方向。

第2个方面，科技人才评价的探索与发展。科技人才评价伴随着我们国家科技改革的历程不断发展，不同阶段对人才评价采取了不同方法。例如，20世纪90年代以前，我国的人才评价基本是定性评价。曾出现标准不明确、不客观，以年龄等非学术因素为考评标准等问题，当时的科研人员非常希望有定量化的评价，以提高评价的客观性。20世纪90年代以后，我国科技界开始引进国际定量评价方法。最著名的就是引进国际检索机构SCI论文指标，作为评价学者科研成果和水平的定量标准。这在当时是具有进步意义的，从定性评价到定量评价，对促进我国科技发展取到了积极作用。随后，国内高校、科研机构普遍使用SCI论文数量、被引次数、高被引论文、影响因子等，还衍生出ESI排名等相关指标，作为绩效考核、职称评定、科研奖励、学位授予乃至学科评估的核心指标。与科研人员利益、机构资助高度绑定，在这样的评价导向下，我国SCI论文排名上升的速度非常快，2021年，我国SCI论文发文量居世界第二。今天看论文总量，我们可能已经超过美国1倍多了。但是论文质量还不够，引用还有相当差距。自2006年后，我国开始进入强调自主创新的新阶段，强调要原始创新，这样一个评价指标显然不能适应新形势和发展新要求。特别是进入新时代后，我国科技创新进入从量的积累到质的跃升、从点的突破到系统能力提升的关键时期，这样一个阶段人才的评价需求也发生了变化。为了提升原始创新能力、突破关键"卡脖子"技术，亟须调整思路，不断完善人才评价标准，选拔培养一批富有创新能力的科研人才。在这样的背景下，人才评价问题越来越受到党中央、国务院的高度重视。自2018年以来，我国政府部门先后颁发多项政策，其中"三评"文件和清理"四唯"专项行动对深入推进人才评价改革起到了积极的引导和推动作用。

在强调"破四唯"转变的情况下，又出现了4个不到位的问题，即"破四唯"后"立新标"不到位、评价方式创新不到位、资源配置评价不到位、用人单位评价制度建设不到位。2022年9月，科技部等八部门印发《关于开展科技人才评价改革试点的工作方案》。该试点方案坚持问题导向和实用导向，把人才进行分类，以解决问题、确定目标为导向推进改革，是一个非常有意义、有价值的尝试。我国人才评价随着时代发展要求的不同，不断进行探索。

第3个方面，我国科技人才评价存在的问题。人才评价问题错综复杂，需要系统解决方案。我国科技人才评价在价值理念、制度设计和技术操作等方面仍需要完善。例如，有一篇调研报告总结了清理"四唯"落实的情况、科技评价改革的问题。科技人才评价"破四唯"非常重要，但不能只破不立，需要从人才评价导向、评价标准、评价方法等方面，系统分析科技人才评价体制机制与人才成长规律的错位现象，解码我国科技人才评价中存在的矛盾与问题。

下面具体谈谈3个方面问题。第一，评价导向。目前国际科学界通行的定量评价导向体现客观性优势的同时，也存在背离科学本质价值的问题。定量评价体系容易停留在指标计算上，无法回归科学本原、甄别真正具有重大原始创新的成果。基于SCI论文等定量指标的人才评价导向，究竟是在评什么？是在评价科学本身的生产力，还是评价科学家的生产力？是在激励科学重大原创贡献，还是在激励跟踪性模仿性研究？是在促进科学进步、扩展认知范畴、开拓"无止境的科学前沿"，还是在刺激科技论文的大幅增长？评价导向上这些问题值得我们深入思考。在重数量的评价导向下，大量科技论文其实是对现有知识体系的修正，缺乏开创性、原创性成果。第二，评价标准。习近平总书记强调："把我国建设成人才强国，是一项庞大的系统工程，必须认识规律、尊重规律，按规律办事。"不同人才的思维模式、研究模式和团队合作存在较大差异，而我国针对不同研究类型的分级分类科技人才评价体系尚未真正建立，人才评价的针对性和有效性亟待提升。例如，从研究类型角度看，我国科技人才评价注重衡量标准的普适性，缺乏针对不同类型人才的精准分类评价标准。从人才成长角度看，缺少针对不同类型科技人才成长规律的识才体系，缺少针对不同学科人才个性特点的考量标准。第三，评价方法。为打破"四唯"实现"破立并举"，我国科技界提出了很多方法，如同行评议、代表作制度、国际评估、分类评价等。但是还存在一些功利化现象，以及科学文化、科学态度、科学精神等方面不足的问题，导致人才评价方法存在诸多矛盾。例如，基于定性研判的专家评价，同行评价方法容易产生"人情评价""圈子文化""大佬文化"等问题；基于定量指标的评价方法仍然存在指标选取缺乏科学性、多元性的问题；定性研判和定量指标结合的评价方法仍然存在操作困难的问题。综上来看，评价导向、评价标准、评价方法上都存在一些需要我们加以解决的问题。

第4个方面，完善科技人才评价体系的思考。当前，我们国家亟须坚持"破四唯"和"立新标"并举，基于科学价值、技术价值、经济价值、社会价值、文化价值五大价值导向，来引导树立正确的人才评价导向、改进人才分类评价标准体系、创新人才评价方式方法、完善人才评价体制机制，形成有利于科技人才潜心研究和创新的评价制度，建立回归科学价值本源的评价体系。

第一，基于五大价值导向，引导树立正确的人才评价导向。基础研究、应用技术研发、公益类研究等不同类型的研究活动性质差异很大，价值创造维度不同。科技人才评价的改革，需要首先认识不同科研活动价值创造的本质，并以此为核心开展人才评价工作，构建分类评价体系。例如，对于基础研究类人才，重点应以科学价值为导向，重视同行评议与代表作制度，成果包括重大科学发现、重大科学思维贡献等。对于应用开发类人才，重点以技术价值为导向，成果包括重大技术突破、关键核心技术产业化等。对于技术集成和成果转化类人才，重点以经济价值为导向，成果包括提供系统解决方案等。对于社会公益类人才，重点以社会价值为导向，如从事资源类研究的，以"科技向善、产生重大社会效益"为评价标准。还有一类人才叫作科普、文化和咨询类人才，重点以文化价值为导向，以"科学方法传播，创新文化培育，科学精神塑造"为评价标准。

第二，改进人才分类评价标准体系。要根据不同学科、研究领域、行业及创新链等不同环节人才岗位特点，分别设置科研质量、绩效能力为导向的分类评价指标，正确评价科技创新成果的五大价值。因此，要树立靠实践和贡献评价人才的理念，结合高校院所肩负的人才培养、科学研究、社会服务等职能，制定并不断完善符合其使命定位和成长规律的评价标准，增强标准的针对性、精准性，形成客观公正的人才评价标准体系。根据不同学科领域，制定能识别有天赋有潜力人才的评价标准，建立超常人才选拔的标准和机制，让有特殊才能的人才脱颖而出。

第三，创新科技人才评价方式方法。进一步形成专家评价、同行评价、论文单位评价、创新主体自评价、第三方独立开放平台评价等有机结合的多元评价体系，明确不同评价主体在人才评价中的职责。评价时要注重运用最新成果，包括社会学、心理学等领域最新成果，综合使用人才测评、人机对话、情景模拟、数据挖掘、社会网络分析等技术手段。按照主业主责对科技人才进行科学精准的评价，建立信任与责任相统一的人才评价制度体系。

第5个方面，基于五大价值导向，完善科技人才评价的体制机制。明确政府、市场、社会的评价分工。依据不同类型科技人才评价的价值导向，合理推进相关类型科技人才评价自主权下放。初步完善人才评价的体制机制，对于技术研究类人才，要依据科学价值和领域特点，以解决重大科学问题为导向，长周期、分阶段，实施小同行评价。对于应用研究类的科技人才，形成以中高端科技供给为目标，推进用户评价和市场评价相结合的方式。此外，要将科技人才评价交回科学共同体、学会和行业组织，明确政府主要履行监管职能，组建具有专业性、自律性和自主性的专家评审委员会。

西湖大学科技评价探索与实践

裴端卿　西湖大学讲席教授、校长助理

> 西湖大学一直在深化评价改革、释放创新潜能，其科技评价实践主要体现在4个方面：一是以创新导向为核心，引领清正健康的学术风气。二是以准聘、长聘为基础，逐步建立一个比较良性的人才竞争环境。三是以学术潜力为考量，造就基础学科拔尖人才。四是以信任支持为前提，培育原始创新丰厚土壤。

今天我将西湖大学作为案例，和各位分享我们的一些举措，主要讲3个方面。

首先，讲一下学校办学的基本情况。从办学模式来看，西湖大学是一所社会力量举办、国家重点支持的新型高校，具有高起点、小而精、研究型3个重要特色。党委是整个学校的政治核心，牢牢把握社会主义办学方向。董事会是学校最高决策机构，聘请校长，校长聘请相关行政人员。与传统高校有所区别，我们秉承以教授治学、行政理校，学术导向决定行政服务，把学术排在第1位。从创办进程来看，学校最早是由施一公校长和其他7位一起向国家倡议的，到2018年正式获得教育部批准，进入快速发展轨道。从科学研究来看，建立了三大学院：理学院包括物理、化学、基础数学；生命科学学院包括生物化学、遗传学、合成生物学、细胞生物学、生物物理学；工学院包括人工智能、材料科学与工程等。从办学规模来看，在校学生未来大概3000人，目前是1500人，教授300～400人，行政支撑人员500～1000人，希望有一个强大的博士后支撑体系，达到600人以上。学校最近搬到了云谷，得到了西湖区和杭州市的大力支持。

其次，谈一下科技评价探索与实践。第一，深化评价改革释放创新潜能。坚持所有教授必须全职，全面推行年薪制，不设科研绩效奖励。考核周期从过去3～5年延长到现在6～10年，因为学科性质不同，成果出现是有一定规律的。我们有"六不重"：不重论文篇数、不重引用率、不重获奖情况、不重影响因子、不重人才头衔、不重专利数量，只注重研究成果是否在该领域不可或缺。第二，评价实践。一是以创新导向为核心，引领清正健康的学术风气。整个实践过程中，研究成果的不可替代性、不可或缺性成为我们评价很重要的标准，这个评价有一定难度，我们整个体系建立的时间还比较短，成效怎么样，我们也在评估。二是以准聘、长聘为基础，逐步建立一个比较良性的人才竞争环境。面向相当多的年轻人，我们还在继续探索如何选拔真正具有创新潜质的青年才俊。三是以学术潜力为考量，造就基础学科拔尖人才。关于学生招收上，我们基本上不简单地以考试成绩为主，主要以考核和综合评价为主。四是以信任支持为前提，培育原始创新丰厚土壤。我们每一名教授包括助理教授都是一个独立的PI，不会听从任何一名教授对他某方面的管理和管制，期望能够培育出一批非常有创造力的青年才俊。

最后，谈一谈科技评价的成效。讲席教授制度的建立，为学校学术标准设立了标杆，后续这些教授在各自领域都有比较好的参照系。全校已有 29 名讲席教授，在各个领域做出了不可或缺或者不可替代的成果。我们从去年开始招收本科生，第一年招收了 60 名，今年又招收了 93 名，其中 3 名是国际生。每个老师都有义务成为本科生导师，学校赋予导师充分自主权。博士生第一届 19 名，今年招了近 400 名。一些关键性成果都是由博士生做出来的。在药物研发、结构生物学和人工智能方面，一批新的青年才俊已经涌现，为我们未来办学积累了更多优势。

3　互动对话

主持人：
王　元，中国科学技术发展战略研究院原常务副院长。
嘉　宾：
傅晓岚，英国社会科学院院士、牛津大学技术与管理发展研究中心主任；
潘教峰，中国科学院科技战略咨询研究院院长；
聂　飙，科技部科技评估中心主任；
江　舸，上海科技大学副校长；
裴端卿，西湖大学讲席教授、校长助理；
古伊列密·佩雷拉，巴西外交部科技创新处副处长、一等秘书。

提问 1：请主宾国代表古伊列密·佩雷拉先生介绍一下巴西科技评价的情况，同时分享一下听了中方专家关于科技评价与创新体系的阐述之后的印象。

古伊列密·佩雷拉：巴西是区域创新领导者，2016—2022 年，初创企业从 4000 家增加到 22 000 家。2022 年全球创新指数排名中，巴西在南美排名第 2 位，巴西的创新生态系统已经相当完备。巴西的创新体系是非常分散的，大学、研发机构、企业都有各自的想法和创新措施，但它们都对整个巴西国家创新做贡献。巴西国土面积非常大，有很多小微企业。整个国家的架构决定了国家层面、省层面和各个地方都有自己的体系设计及活动安排，很难有一个中央集中式的创新架构。当然，我们在创新、研究方面也有一些项目和计划。所有这些项目都是自己做科技评估，我们称为 BDI，这是葡萄牙语的缩写。例如，我们外交部有自己的创新促进部门，有 3 个评价标准，BDI 这个项目就是为了让巴西成为一个创新型国家，提供一个体系，让巴西创新生态系统的各个参与者、主体都能够充分发挥作用。从概念开始，我们就会做科技评价，制定评价标准，如说这个项目如何执行、执行的情况如何等。

提问 2：国家科技评估中心做了大量政策、规划、企业和国家实验室等方面的评估。

请聂飙先生谈谈在评估中心整个实践过程当中，你觉得现在整个评估机制对未来科技发展方向确定、对国家实验室运行、对企业成为主体的创新体系建设等产生了什么样的影响？

聂飙：科技评价是科技治理的重要工具，同时也要承认，科技评价也是一个世界性难题，被世界主要创新型国家作为一个非常重要的政策工具，且排在政策工具的前3位。针对这样一个世界性难题，随着科学技术的发展，我们可以预见，评价的主体将变得越来越复杂，除了对技术的预测、科研活动的评价、科研机构的评价，还会面临越来越多的挑战。大家都关注到，美国今年年初对费米实验室的评价和评估，直接导致了运营团队的更换。在评估实践当中，我们也发现，目前这个"指挥棒"的作用发挥得还不尽如人意，离国家要求、战略发展方向还有一定差距，包括其在组建国家实验室过程当中需要发挥什么样的作用等，都还有很多困惑和挑战。在这里和大家分享一下我们评估实践当中遇到的一些问题，以及对如何解决这些问题的思考。

截至目前，我们对正在进行的"三评"改革已经跟踪监测了5年。从监测结果来看，科技评价涉及科研机构、科研人员本身利益，社会关切很高，反馈问题也多。满意度、认可度达到80%，取得了一定成效。但还存在一些问题，可以归纳为3点。第一，"破四唯"以后，"立新标"确实遇到了困境。基层单位有很多是比较迷茫的，因为没有勇气走出建立新标这一步，靠国家出台细则，这个难度很大。第二，在代表作评价实际操作中，评审专家容易受到人情世故的影响。第三，人才、项目异化为"帽子"的情况，直接导致科技资源的不合理配置，个别单位还出现以"帽子"定薪酬的情况。"帽子"竞争成为人才的垫脚石，追逐"帽子"替代了追求创新、追求贡献。特别需要提到的是，我们发现，对无人区的探索性科技项目，因为是非共识的，评价当中不能用传统方式去立项评审，一定需要更科学的方式去做立项评审。但是在一些探索性项目中，确实遇到用传统方式做评审的情况，导致立项难度越来越大，因为无法取得共识。我们也都关注到像"达尔法模式"的做法，在很多国家不成功或者无法反映出来，所以科技评价不仅是评价本身的问题，还与科研环境、创新文化、国家文化背景等密切相关。这是我们发现的一些问题，需要对现行评价制度要做一些改革，建立更科学、更精准的评价体系。

针对刚才主持人提到的问题，现阶段我们确实做了一些实验室任务的评估评价工作。我们发现其使命导向确定、标准设立、研究问题起点的确立等，都还需要下大功夫做梳理，甚至有的机构章程设立等基础性工作还没有做得很完善，对目标、使命等还需要进一步梳理。解决这些问题，首先，要坚持系统思维，要分析这些问题背后的深层次原因，因为有很多是科技体制改革所面临的系统性问题，单靠评价本身的"指挥棒"作用很难实现整体目的，要依靠系统性改革，去推进科研主体发挥它自身的评价作用。其次，政府部门、科研主体或者用人单位、学术共同体等，在评价当中的职责一定要分清楚，明确他们各自要承担什么样的责任。科技评价归根到底是处理谁来评、评什么、怎么评、怎么用的问题，如果不需要用这个结果，那为什么要去评。当前要解决谁来评的问题尤为迫切，需要加快推进政府对评价活动的宏观统筹和制度化设计，发挥好评价的"指挥棒"作用。目前，国家也正在梳理重大计划，包括对实验室、平台、"帽子"进行系统梳理，目的还是要建立结果导向、绩效导向的评价制度，以科技创新质量、贡献和绩效为核心，把这些评价的导向作用层层传导下去，这是解决问题的整个思路。

具体要怎么做，宏观层面、中观层面和微观层面都需要做相应的设计。宏观层面上，国家在重大任务决策部署时，就要把评估机制和评估制度设计进去，要完善对重大战略规划政策的评估和统筹协调，既要做好事前，也要做好事中和事后评估。科技政策的事先评估，要把事后的督导、监测、评价、问效做好，战略、规划、政策和任务之间要有效衔接，避免割裂现象。中观层面上，要做一些评估的规范，我们评估中心也承担了全国科技评估标准化技术委员会秘书处的相关职能，正在积极出台一些评估规范，让这些评估规范能够通过标准的形式应用到实际工作当中，统一认识，促进统筹。微观层面上，评估队伍的建设、大数据的应用，我们评估中心也在就技术成熟度的相关标准做软件化的量化，并尝试做一些试用和公开使用，希望这些工具能够为未来机构投融资、项目管理、成果评估提供一些经验。总体来说，未来国家在整个监督评估体系建设当中，一定要将科技评估视为国家科技创新体系中非常重要的一个环节，提升其"指挥棒"作用，传导国家战略思想，以此推动国家创新体系整体效能的提升。

提问3：江舸教授，上海科技大学在人才评价中有什么新的做法或者有什么可以改进的地方？

江舸：我们有时候要放大一点看，评估的目的是什么？评估是一个手段，但我们不能忘记评估的目的，无外乎就是，高质量科技评估或者先进科技评估的最终目的是促进我们国家科技高质量发展。从这个角度来说，这恰恰是我们上海科技大学的使命。上海科技大学是由中国科学院和上海市共同建设的一所创新型、研究型高校，我们的一个目标就是建设成为小规模、高水平、国际化的创新型研究型高校，学校立校目标非常清晰。第一，培养高水平创新创业人才。第二，为国家和地区经济社会发展做贡献。在人才培养上，我们结合国际先进实践和国家实际要求形成一种模式，"破四唯"之前上海科技大学就提出"五重"人才培养和引进目标，即重品行、重育人、重学问、重能力、重公认。"破四唯"之前，我们已经有了自己的价值观和实践目标。刚才西湖大学提到的一些实践，如年薪制，我们教授所有收益和项目没有关系，招聘人才不以人才"帽子"为前提条件，而是根据小同行对其学术水平的评价，还包括教授序列，助理教授、副教授等的聘用。任何一个单维度或者单项动作的评估都有其不全面的地方，我们用自己的评价模式来弥补了。"帽子"也很重要，但是恰恰有一批没有拿到"帽子"的教师，也在学校有了很好的发展。

还有一点，我们觉得对院所的国际评估是非常重要的。评估还有一个能力问题，即是否有一种全面和高质量的评估能力？有时候我们可能还是有欠缺的。这个时候要借力，国际评估我最早在中国科学院就做过，后来对我们学校院所都进行5年一次的国际评估。对于人才评估，我们基本和西湖大学类似，也是长周期，我们招聘进来的年轻人，一般都是6～7年后才会对他们进行学术评估，不做年度学术评估；3年有一个中期评估，6～7年决定他们是不是能够提升为副教授。我们对于人才没有一个精准的定量，但有一个定性的要求。经过10年发展历程，从实践结果来看还是不错的。现在讲几个具体指标，如以基础研究的高质量顶尖论文来说，上海科技大学的全职教授数量只有300多位，大约占其他著名高校全职教授数量的1/10，但在基础研究领域发表的高质量顶尖论文常年稳居全国第7、第8位，我们对于人才的识别及人才的科技成果产出还是基本满意的。另外，上海科技大学在2018年全国高校成果转移转化合同榜单上排名第一，2019年第六、2020年第二，最近发布的2021年全国高校榜单，指标排第三。我们通过市场化手段，充分评价成果转化潜力，每年举行创新创业大会，邀请几百位投资人作为项目路演的评委进行评估。目前，学校已经孵化了近50家初创公司，这些公司通过接受市场和投资人的考验后，拿到投资，这就使学校专利得到了转化。我们历年位于全国高校转移转化榜单的前列，越到后面，技术转化越容易客观评价。例如，有一个指标，上海科技大学专利30%是国际专利，我们现在1000多件专利，其中25%专利已经成功授权转化给企业了。最终能够形成产品、商品，这是科技评估助力形成的非常好的指标。

  提问4：傅教授，英国是现代科学的策源地，拥有深厚的科学传统和悠久的科学发展历程，你是否了解整个英国科技评价的情况？是像中国这样如此之细、如此环环相扣，还是有另外一种方法或者另外一些观念。为什么英国能够不断涌现顶级科学家？你怎么看科技评价对科技发展的作用？

  傅晓岚：我对英国科技评价体系的了解，源于我自己作为其中一员的亲身经历。上海科技大学和西湖大学都非常国际化，他们的做法和我们非常近似。牛津大学新教师入职以后，5年有一次评审，之后3年一次领导谈话，但是没有成体系的如此细腻而且与经济收入挂钩的科技评价。领导谈话内容包括询问教师取得什么成绩、需要系里给予何种帮助等，谈话的目的是如何帮教师实现理想，而非打分，与职称和工资水平没有直接挂钩。谈话最后要给一个建设性意见和建议，以及表示系里将拿出什么实际措施以支持教师的职业发展目标。当然，牛津大学对于教授的评价不是这样的，因为英国大学经费不是很充裕，对于教授来说，有一个3年可以申请的优秀教授奖，一年也就二三十个人，每个学部只能够分到几个人，这是对顶尖教授的认可。英国对大学是有评价的，每5年一次。侧重的是研究优异性，英国还是想把大学定位为研究型大学，考评的是研究。但是研究考评里面文章只占55%，学科建设和影响，如社会价值、文化价值、经济价值，这些影响占25%，比重也非常大。对于教育部来说，大学经费来自纳税人，因此需要回报社会，评价既要有学术影响，还要对社会有回报。英国大学和中国大学在学以致用的精神上是一致的,做学术研究要回报社会,知行合一,学以致用。

提问5:潘教峰教授,你讲了很多评价方法,非常好。但是当你把人分类的时候,是因为我们这个评价体系和每一个人的工资、职称、申报不同级别课题的资格紧紧联系在一起,我们有没有可能在评价过程当中,创造一种和这些直接收入、直接荣誉、直接资格相疏离的体系和方法?

潘教峰:我们要建立责任和信任相统一的评价方法。实际上信任对科研工作者来说是一种最大的激励,科研工作者从事的科研活动是创造性劳动,是一个求真的过程,求真和信任是连在一起的。如果本身就不能感到被信任,与求真工作是相悖的。第一,要将科技评价作为一个治理工具。责任体现在未来科技一定更多地从管理走向治理,这样体系是多元参与的。如果从走向治理的视角看评价,评价的作用就会发生变化,过去我们更加注重结果导向,过于强化结果导向也会导致急功近利。结果导向与各种获得紧密挂钩,包括职称,还是有过于强烈的功利化思维。但是评价作为一种工具、一种基础制度,渗透在整个创新体系的方方面面、各个环节,从这个意义上说,科技评价要从单纯的结果导向走向状态评价、潜力评价。例如,基础研究人才评价,长周期、多阶段、小同行,其实也是这个想法。第二,在评价中要抓主要矛盾。之所以大家对评价这么焦虑,就是因为和资源挂钩太紧、和晋升挂钩太紧。主要矛盾还是要管住政府,抓这个主要矛盾。看评价要回归到本质问题,科研活动在价值实现上的进步程度,从根本上还是需要信任和责任相统一,作为治理工具,形成一套评价指标。

评价是一个系统性工程,首先要从观念和理念上转变过来。还有很重要的一点是,要认识到科技本身是一个慢变量,需要长期积累,科技发挥作用从基础研究、原创成果产生到成果应用都是系统性的。如果这个思维转变了,给一点耐心就好。还有一种观点,没有最好的科技评价,只有更好的科技评价,没有大家都满意的科技评价,这也反映了不同人、不同角度都有不同的利益诉求。评价者首先要有自己的坚持,坚持到底要什么,要回归到价值,始终坚守这一点,评价就会长期促进整个科技的发展。

提问6:裴端卿教授,西湖大学是一个很特殊的大学,对我们来说还带有一点神秘感。可能100%的教授都有国外留学背景,还有一些国际讲席教授,他们形成了某种西方的共同文化,因此,认可西湖大学的评价机制和聘用机制。你觉得西湖大学的聘用机制或者评价机制能够复制到中国其他大学吗?如离你最近的浙江大学。

裴端卿:我相信施一公校长当年也有这个想法,如果这个不能复制,他应该会很慎重。我们这个试点肯定是对整个创新体系有帮助的,是不是能够全部实现需要时间检验。科学的探索不管在巴西、非洲、欧洲,还是在中国,面向认知的科研是没有太多地域性的,探索的规律是一样的。过去国内已经做了很好的尝试,特别是我回国20多年看到整个科技的腾飞。现在我们到了深水区、无人区,美国最先进的评估体系也有亟待改进的地方,我们有自己的优势。回到西湖大学和其他兄弟院校相比,我觉得是相辅相成的过程。我们可能有些地方会胆子大一些，首先跨出去一步，只要这一步跨得是对的，我相信对其他院校肯定是有一定参照作用的。

回到创新上来看，创新也因人而异、因校而异。虽然面对的目标是一致的，把未知变成有知，但是和人性格有关系。为什么要面试，如果仅仅看分数就会有偏颇，要评估方方面面，很多都是凭感觉的，这就是所谓的评估。现在量化评估是没有办法改变的，多少分就是多少分。还有一种是印象分，有时候接触时间不需要太长，但是这个永远都没有办法用量化评估办法进行评分。实际上没有一个真正完美的评估，我们的评估还是有优势的，特别是国家现阶段鼓励像西湖大学、上海科技大学这样的大力探索，这种探索会为未来创新带来帮助。我们要非常自信，特别是教育刚入学的孩子们，让他们知道如何追求卓越。追求卓越，老师会把你带进门，但最终还是要靠自己悟。这个东西也是很难评估的，有的导师就能培养很好的学生；有的导师自己科研做得很好，但是培养学生方面可能会欠缺一些。西湖大学比较强调创新的基因是什么，每一个人都在思考这个问题，我们这里能不能产生下一个爱因斯坦、牛顿，这是我们该问的问题，我们不一定能够培养出来，但是能不能觉得这个人比较像，就把他招进来。

王元：科技评价在中国实际上是一个多维度的体系重构问题，我们面临的每一个具体的评价问题，都不仅仅是方法、观念问题，还涉及整个创新体系组织机制和组织结构的建设问题。在会议结束后，如果专家们的这些观点对大家的具体工作和理论研究有所启发的话，我希望大家进一步深入研究，更深入地揭示创新体系或者科技评价当中存在的重大问题，这也是我们今后可以深化体制改革的重要领域和重要方向。

第7章

主题论坛：区域创新发展——新领域，新赛道，新空间

1 论坛综述

党的二十大报告指出，开辟发展新领域新赛道，不断塑造发展新动能新优势。这一重大论断为我国区域发展指明了方向，即深化区域科技创新与转型。新赛道培育，应以科技创新塑造新空间，推动区域社会的持续发展。本次分论坛以"新领域，新赛道，新空间"为主题，重点围绕京津冀协同发展、长江经济带发展、粤港澳大湾区建设、长三角一体化发展、黄河流域生态保护和高质量发展等重大区域发展战略，探讨如何推进区域科技创新与转型，进一步发挥区域创新在塑造发展新动能新优势中的重要作用。

2 嘉宾演讲实录

科技创新，智慧协同

吴志强　中国工程院院士、长三角城市群智能规划协同创新中心首席科学家

> 推动城市创新发展的6个关键要素（K6）是科技人才、技术设施、资本市场、政策环境、生态环境和社会文化。运用"和板理论"和智能配置技术，可以发现各城市之间的最优合作模式，进而激活城市创新潜力和活力。具体操作为通过优

化城市资源配置，整合强势要素，促进创新要素在城市间的相互流动，建立起内部协同、外部全球联动的科技创新格局，形成更高效的创新系统。

第一主题是区域。区域极其重要，尤其在长三角。从全球竞争的历史中可以发现全球民族之间、国家之间的竞争，最后一定是靠大城市来代表的。这和农业社会不一样，一旦一个国家或一个民族进入现代社会，产品就需要持续创新，这就是工业社会和农业社会的本质不同。中国在2010年真正从农业社会进入工业社会，一半的中国人进入了现代城市生活，意味着中华民族要进入以创新为主体的国家，要靠创新吃饭，这时候区域就极其重要。区域中群落代表国家，一个国家竞争是大都会间的竞争，像纽约、伦敦、东京可以控制世界的生产、创新、市场、人才，这就是全球城市。2000年以后，全球竞争从城市的单打独斗转变成国家间的城镇群和城镇群之间的竞争。我们对长三角有3个非常重要的看法：

一是长三角作为城镇群落，需要大家共同面对创新问题。因为整个长三角的城市同步进入现代的城镇群，不再是过去传统的城镇群，小城镇和大都会都要有产业，只要有现代产业，就要有创新。第一，长三角城镇群之间协调的创新活动是依附于人与人之间的相互关系，研究长三角跨城市之间的专利、跨城市之间的新产品，会发现最后是老师和老师、老师和同学、同学和同学、朋友和朋友、隔壁邻居和隔壁邻居之间创新互动的结果。京津冀与长三角不同，北京的人来自全国，上海的人主要来自浙江、江苏、安徽。上海解放以前所有的典当都是安徽人在做，然后浙江人大量做商，江苏人大量做工，所以叫工商城市。现在的"星期日工程师""星期日科学家"，实际上都是回家乡去了，学到的东西回报家乡，所以京津冀比长三角难，就难在人与人之间的血脉关系。第二，要促进很多示范试验，为区域创新要素打通障碍。区域间的障碍，主要是行政设置导致，如上海政府层面的资源可否给安徽，领导需要考虑，但是学者不分，这就是关键切入点。上海目前做得非常好，在两省和一市的交界点做了试验示范区。第三，构建具有全球影响力的创新城镇群落是当前必须思考和探索的课题。我们跟踪了全世界40个类似大湾区的科技群落，观察它们共同的要素和堵点。

二是科技创新力是高级城镇群的关键品质。长三角不是简单地一体化，而是高质量城镇化的一体化。高质量的核心就是科技创新力。长三角的科技要素分割明显，上海拥有国际资本、国际专家；江苏地方政府拥有极强的组织能力；安徽拥有大量的科学家，但是这些科学家全部把科技产出放到了苏锡常，在苏锡常开花，安徽养这些科学家，当然发展不起来；浙江拥有大量民营企业。整合这些创新资源，会使长三角拥有巨大的创新潜力，珠三角同样也是。中国三大城市群，高质量发展的5个要素都被分割得非常厉害，这就是接下来我们要做的。具体来说，首先应该建立比较大的人工数据平台，由科学家负责研究。其次，区域内部的创新要素必须流动起来，通过项目之间的平台使资本、技术、人自由流动。最后，区域协同创新平台应该将长三角区域内部全部和创新关联的要素进行识别，将科技大平台、大设施、人才、科技计划等联动起来。

三是区域就是创新的区域。长三角作为一个城市群落，面临着共同的创新难题，区域创新发展，必将带来更多的合作机构。长三角需要大量的机构、试验平台和投资者，未来10~15年，长三角将会爆发式出现大量的机构、试验平台和投资者。其中，长三角的民间科研合作机构和平台将会爆发式增长，这时候大量试验平台都是私有、国有、私有与国有联合的，中国就完全起来了。我曾经问过科技部原部长万钢："为什么中国电动汽车那么成功？"他说："假如我们只有一个汽车部，我们就干不过，但是我们有那么多私有企业一起做，这才是中国汽车赢的根本点。"我相信15年之内，无数的机会供给私有企业，当然刚开始要政府做，将企业带动起来。最后，提升长三角的创新能级。

第二个主题是配置。除了配置智慧平台，还要通过平台智能查找最佳的领军人物、实验设备、科研投资者及合作机构。我们建设了追踪全世界城市群落的平台，跟踪了13 861个城市中的50万个街坊的所有动态数据，每周都会出动态报告。人工智能会根据这些数据进行分析，经过多轮筛选，最后选出UII（Urban Innovation Index，城市创新指数）。通过这个平台，我们对长三角进行了长期跟踪，依据人工智能的分析了解每个城市的短板与长板，这就是"和板理论"。每一个城市都有自己的强项和弱项，但实际水平是由短板决定的，长板要给短板的城市，这就是"和板理论"。例如，装水桶，用自己长板补别人短板的时候，针对自己的短板，要用同样号码的长板来补。6年前我就提出了"和板理论"，互补配置完以后还不够，因为科技竞争进入了全球化。长三角异板的互补是1.0版，谁补谁非常清楚。每一个产业进行串联，大家在一起做同样一件事情是2.0版。长板和长板联动是3.0版。

第三个主题是网络。朋友之间能做成的事，不信任的人是没办法做成的。例如，建设G60科技走廊，做1.0版的时候，要和书记坐下来谈，科研人员认识到重要性的时候，可以给领导说，然后领导就越来越多。2.0版的时候，人越来越多。现在3.0版开会，那么多城市的领导都出来，这样慢慢再影响下面，不断在下面沟通，上面沟通是不够的，下面一个个城市沟通，如昆山、绍兴、金华、无锡。

过去15年和未来15年翻天覆地的变化，将是区域创新。中国一定会形成几大群落，第一大群落可能就是长三角群落，因为经济需求特别大；第二大群落可能是粤港澳群落；第三大群落可能是京津冀群落，也可能是长江中游群落。当政府行动变成民间行动的时候，国家一定会发展到一个新的历史阶段。

区域发展创新，打造绿色未来

埃里克·索尔海姆 联合国原副秘书长、"一带一路"绿色发展国际联盟主席

> 中国经济的快速发展举世瞩目，尤其是绿色经济发展。中国以绿色技术创新推进绿色发展，已具备引领全球绿色发展的能力，在短期内实现这样巨大的转变有3点非常重要：第一是强有力的中央政府；第二是企业技术创新，新技术的最佳应用与实践需要在充满活力的企业中实现；第三是群众支持，不仅仅是政府和企业人才，还要有民众的支持与配合。中国的绿色发展实践，无论从技术层面，还是实践层面，都值得在其他国家复制推广。

2005年，习近平总书记在浙江省湖州市安吉县做了一个著名的演讲——绿水青山就是金山银山，绿色环保也是黄金。当时中国的污染比较严重，政府开始越来越重视绿色环保的发展。绿色发展成为大家的共识，过去的20年，从高速发展转向高质量发展，安吉过去有很多老工厂，散发出很多烟尘，环境污染非常严重，而现在这些工厂已经成为漂亮的图书馆、餐厅、咖啡店，还有供大家学习如何成为企业家的教育和培训机构。过去一个污染严重的地方，如今每年可以接待几百万名游客，没有一个国家能像中国转型这么快。中国现在60%～80%的地区已经被高速铁路覆盖，还有大量的新能源汽车、太阳能发电，大面积的植树造林及绿色经济。总体来看，中国正在引领绿色发展。如何在短期内实现这样的改变，有3点非常重要：第一，必须要有非常强大的中央政府，领导整个国家绿色转型；第二，企业创新必不可少，企业是绿色技术实践的主体；第三，群众支持。使中国全社会广泛实现这样的转型，不可能仅靠北京，政治的领导是设立愿景、激励人民，但实施需要脚踏实地，因此，地区的创新和实践都非常重要。

中国在绿色转型等方面开始引领全世界，实现分散式的发展。第一是能源转型。中国已经是世界上使用清洁能源、绿色能源最多的国家，不仅是北京，西安也是如此，西安的太阳能发电已创历史新高。宁德时代已经成为世界上最大的电池公司，宁德是福建一个非常小的城市，浙江、江西也有一些企业做得非常成功，这种地区的企业创新在中国不断涌现，这都是在中国政治领导的引领下实现的。第二是交通革命。中国现在是世界上电动汽车、地铁、高速铁路最大的市场，北京地铁、上海地铁都是世界上行驶里程最长、发展速度最快的地铁。中国电动汽车发展也非常快，现在中国电动汽车市场占全世界的60%，这需要10多家中国企业共同实现，深圳的比亚迪超过了特斯拉，已经成为世界上最大的电动汽车生产商。中国在传统汽车产业上虽不如丰田等知名品牌，但是中国不断创新，在新能源行业实现了"弯道超车"，出现了世界上最大的电动汽车生产商，并且渗透到了全世界，而且也打败了西欧和英国等国家和地区。此外，中国是植树最

多的国家，全球一半的植树活动都在中国，哪怕是条件恶劣的干燥和寒冷地区，如内蒙古、河北等地都进行了植树。中国现在还在推动国家公园的建设，这些也是分散化的、非集权式的发展。美国也有国家公园，黄石公园是美国历史上第一个国家公园，也是当时美国总统在内战结束后的一项举措，之后国家公园覆盖到世界上100多个国家，现在中国推出了世界上最大的国家公园建设计划，这种分散化、非集权化的发展做得非常好。

在发展过程中，还存在一些问题。例如，我们在内蒙古生产太阳能光板时，太阳能光板的部署和安装，还有手机零部件、电脑等都产生了大量的塑料垃圾，碳足迹很重，需要商业创新来解决。刚才谈到了中国分散化的发展、在能源和交通方面的创新及政府的重要作用。中国并不是孤独的，还有像中国一样人口众多的其他国家，但他们落后于中国。印度在经济高速发展的同时，也在推动绿色发展，也有中央政府的愿景，然后各个省市再实施，印度南部也推出了很多自上而下的绿色政策，某些邦也在加大植树和动物的保护力度。美国加州也在开展绿色发展工作，欧洲等地区也是如此，有些地区做得比较好，有些地区做得并不好。

协同创新，共赢未来——湖北推动区域发展与科创高地建设的实践探索

吴骏　时任湖北省科学技术厅党组成员、副厅长

> 城市群成为全球科技创新要素的集聚区，也成为区域协同创新发展的主要载体。武汉作为长江中游城市群中的国家中心城市，将以打造武汉具有全国影响力的科技创新中心为目标，持续增强科技创新能力，力争成为创新型国家建设的重要增长极，既要引领中部的发展，更要融入世界的创新。面向未来，一是加强构建中三角科技创新共同体；二是协同推动长江经济带高质量发展；三是深化科技创新中心建设交流合作；四是携手打造国际科技开放新高地。

第一部分，全球区域科技创新呈现分工协同的趋势。首先，城市群成为全球科技创新要素的集聚区，也成为区域协同创新发展的主要载体。其次，中心城市在虹吸的同时向外辐射成为带动区域创新一体化发展的核心力量。最后，国际科技创新中心成为各个国家抢占全球经济发展机遇和竞争主导权的主要承载区，国际创新中心或国内区域创新中心都是科技创新的重要承载点。

第二部分，介绍一下近年来我国区域协调发展的基本情况。中央高度重视区域发展，国家"十四五"规划了19个国家级城市群，可以分成3类：第一类是优化提升的，像京

津冀、长三角、珠三角，还有成渝经济带、长江中游城市群，是在已有基础上初见雏形的；第二类是基础不是很好，要进一步发展壮大的；第三类是需要成为新的发展空间，在全国勾勒出整个现代化发展的版图，需要进一步培育发展。在科技创新中心的布局上，国家布局了3个国际科技创新中心，上海、北京和粤港澳大湾区。从2016年开始，各个地方都在努力提升科技创新实力，希望成为国家科技创新的布局点，包括国家综合性科学中心、科技创新中心、产业创新中心等。中央布局了合肥综合性国家科学中心之后，武汉一直在积极争取，去年经过国务院同意，科技部和国家发展改革委正式批复了武汉具有全国影响力的科技创新中心规划方案，标志着国际科技创新中心和区域科技创新中心的统筹发展。另外，成渝经济带科创中心也比较成熟，今年年初还布局了西安。这3个科创中心在全国排名都是前十。

第三部分，湖北区域科技创新中心的发展目标。党的十八大以来，习近平总书记5次到湖北视察。2013年要求湖北成为中部崛起的重要战略支点，这是第一次定位，同时提出湖北是经济大省、科教大省、生态大省、农业大省，要求在新时代谱写湖北高质量发展的新篇章。2020年在疫情防控期间，习近平总书记专门到湖北视察，要求在高质量发展方面做出新的贡献。去年6月，习近平总书记参加香港回归仪式途经武汉，6月28日专门视察了武汉东湖新技术开发区，评价武汉东湖新技术开发区光电子信息产业在全国独树一帜。这是经过20年的努力，把武汉中国光谷继续推向世界光谷的关键节点，习近平总书记给予了充分肯定，同时也要求继续做出更大的贡献，在这里习近平总书记提出一个重要命题，科技命脉要牢牢地掌握在自己手中。

第四部分，湖北在长江中游城市群建设中如何定位。长江中游城市群是促进中部崛起的重要支撑，这里面有武汉、长沙、南昌3个中心省会城市，都有相应的城市群支撑。武汉城市圈已经建了15年，包括武汉和周边的8个城市。长株潭是自主创新城市群，科技的力量也发挥了很重要的作用。湖北、湖南、江西在全国区域科技创新评价报告里都有相应的评分，之前第一方阵80多分、第二方阵70多分、第三方阵60多分，经过多年的努力，湖北终于从68分提升至72分，成为第8位，和湖南长沙一起，成为区域创新高地。《国家创新型城市创新能力评价报告2022》对100个创新城市进行评价，武汉、长沙排名都在前十。《长三角区域协同创新指数报告》包括创新环境、产业发展、成果转移、创新合作、资源集聚等评价维度，武汉、长沙各个方面都在不断增长。长江中游城市群发展是长江经济带发展和中部地区崛起的重要支撑，同时也是全国高质量发展的重要增长极，还要成为具有国际影响力的城市群。长江中游城市群作为国家区域发展里的重要城市群，被称作中三角。希望长江中游城市群的发展，能够成为带动中部崛起的重要科技力量。

第五部分，国家对武汉科技创新中心的定位。去年武汉科技创新中心经国家批复后有4个定位：一是成为全球前沿科技的重要策源地；二是制造业创新发展的中国脊梁；

三是创新型城市群的第一方阵；四是绿色高质量发展的中国样板。既有基础研究的策源地，也有产业发展的重要力量，同时强调了城市群发展和绿色发展。习近平总书记2018年从宜昌沿江而下，专门提出"只搞大保护、不搞大开发"的要求，所以绿色高质量发展成为武汉科创中心的重要定位，特别要求武汉科技创新中心成为支撑中部、辐射全国、融入世界的科技强国的重要引擎。武汉科技创新中心有4项功能：一是以东湖科学城为核心载体，打造前沿领域原始创新策源地；二是以光谷科技创新大走廊为支撑，打造世界级产业创新高地，从武汉沿江而下到鄂州、黄石、黄冈，一共规划了700千米；三是以武汉都市圈为依托，打造内陆开放融合创新高地；四是以长江大保护为主题，打造长江经济带绿色创新高地。在武汉科技创新中心建设过程中，我们持续关注对武汉科技创新中心的评价。2022年自然指数显示，武汉在科研城市排名中居第11位，比2021年上升4位。《2022年全球创新指数报告》显示，武汉在世界城市群排名第16位，在中国排第6位。中国科学技术战略研究院发布的《武汉科技创新中心指数报告2022》显示，截至2021年，武汉科技创新中心的创新能力不断增强。武汉作为长江中游城市群中的国家中心城市，将以打造武汉具有全国影响力的科技创新中心为目标，持续增强科技创新能力，力争成为创新型国家建设的重要增长极，既要引领中部的发展，更要融入世界的创新。

第六部分，分为3个方面。第一方面，湖北对区域科技创新发展的看法。湖北是国内大循环的重要节点，要成为国内国际双循环的重要枢纽、内陆开放的新高地。我们想做的工作：一是搭建国际科技合作平台，拓展区域创新合作伙伴；二是探索多点跨区域的合作模式，不断扩大湖北开放创新的朋友圈。在国际科技创新合作方面，湖北所做的工作：一是在科技部的支持下，组织了很多会议活动，如中非创新合作中心，这是"一带一路"的重要任务。二是华侨华人创业发展洽谈会，简称"华创会"。三是提出了世界光谷建设的重要战略目标。四是谋划东湖论坛，成为国际国内重要的科技交流论坛。第二方面，不断拓展区域创新合作伙伴，包括科技创新的引领，协同打造长江中游城市集群。和长沙、南昌共同构建了长江中游城市群，达成湘鄂赣三省的创新协议；和广东拓展了很多在岸、离岸科技创新中心。第三方面，在跨区域协同方面探索了很多新做法，包括华中科技大学在广东创办的工研院非常有影响力。

最后，共同期待如何赢得新的机遇、赢得新的未来。一是加强构建中三角科技创新共同体，我们正在启动组建长江中游国家技术创新中心，推动湖北、湖南、江西三省联合创新，探索中三角科技成果转化协作机制，建立长江中游城市群的创新发展专项。二是协同推动长江经济带高质量发展，加快湖北长江经济带节点城市的联动，同时建立长江生态环境共保联治的协商合作机制。三是深化科技创新中心建设交流合作，前不久湖北省科技厅与中国科学技术发展战略研究院在武汉共同召开了"国家科技创新中心建设与发展交流研讨会"，探索如何发挥区域科技创新协作的功能。四是携手打造国际科技开放新高地，希望和上海、深圳，和长三角、珠三角、粤港澳大湾区共同合作好，组织好上海浦江论坛、中国国际进口博览会、武汉东湖论坛、中非创新合作与发展论坛。同时，还要更多地发起国际大科学计划和大科学工程。

创新发展与生态建设

保罗·马丁斯　巴西联邦审计法院审计员，
巴西利亚科技园商业、科技和创新部门执行董事

> 巴西利亚科技园的DNA就是"创新"，这是梦想和创新结合的地方，巴西利亚科技园不仅仅是一个技术园，它也是人才集聚的地方。近几年，巴西利亚科技园已经成为创业人士、创新者和全球初创企业的中心。园区有创新性的绿色基础设施，实现了技术和自然的共存。巴西利亚在20世纪被联合国教科文组织（UNESCO）认定为自然遗产城市，巴西利亚科技园极大地促进了巴西的可持续发展。我们要通过建设智慧城市，提升人们的生活水平；通过绿色发展激发创新活力，切实提高人们的生活质量，促进人与自然和谐共存。

巴西利亚是和能量、进步和创意共行的。巴西利亚科技园的DNA就是创新，每一块砖头都代表着梦想和决心，这是梦想和创新结合的地方，其有最先进的实验室，未来都会在这里创造。巴西利亚科技园不仅是技术园，也是人才集聚的地方，他们来自各地，有共同的激情，不断创新。巴西利亚科技园已经成为创业人士、创新者和全球初创企业的中心，他们代表着活力和激情，这是巴西利亚科技园的核心。

很多创新人士的生活和发展是同步的。图片中，整个城市从巴西拔地而起，这个地方以前只是一片荒芜，现在已经成为一个真正重要的园区。巴西利亚不断创新，明天经不起等待，今天就行动！过去当你想到巴西利亚的时候，它是一个传统的、与政治相关的地方，但现在它兼顾创新与传统。我们非常尊重历史，也在塑造未来。

巴西利亚科技园有创新性的绿色基础设施，实现技术和自然共存。巴西利亚在20世纪被联合国教科文组织（UNESCO）认定为自然遗产城市，巴西利亚科技园极大地促进了巴西的可持续发展，提高了人们的生活质量，实现了城市与自然的共存。我们的项目具有突破性，它的地理位置很有战略性，距离机场仅有20分钟车程。巴西利亚科技园代表着巴西的今天，推动着整个城市的智慧与绿色发展，真正影响了人们的生活。

中国和巴西的合作能够进一步促进各方面发展。中国有非常先进的技术，巴西有丰富多样的生物物种和绿色创新。

区域协同创新的逻辑与路径

王茤祥　京津冀国家技术创新中心主任

> 创新是发明创造科技成果，并在经济社会中应用且首次获得效益的行为。创新竞争不是单一主体、组织、地域甚至国家的竞争，本质上已经演化为创新体系的竞争。京津冀国家技术创新中心的核心是打造创新链—产业链耦合的京津冀协同创新共同体。中心本部在北京，并在上海、广州、武汉等节点城市布局了科技成果转化基地。京津冀国家技术创新中心在京津冀三地重点产业集聚区与龙头企业联合成立产业技术创新中心，将前瞻性、颠覆性成果引入产业链，并利用全球创新网络联合攻关，促进产业升级。

第一部分是区域协同创新的战略使命。根据熊彼特的定义，创新是发明创造科技成果，并在经济社会中应用且首次获得效益的行为。简单来说，如果没有首创的科技成果不能叫创新，有了成果不应用不叫创新，应用不成功不叫创新，所以创新实际是科学技术、产业应用一体化的系统性行为。创新有4个基本特征：第1个特征是科学技术一体化，简单说就是现在的重大发明都是基于基础研究突破之后形成的，科学研究越来越依赖于重大装备的支撑和应用验证。举两个例子，第1个例子，蒸汽机使用了300多年后，热力学方程才建立起来，这是先有产品，后有科学。第2个例子，麦克斯韦写出电磁波理论60年后，我们才用上电话，这是先有科学，后有技术。这个时代一去不复返了。第2个特征是交叉融合。第3个特征是高新技术产业发展集群化，一项技术的突破，如人工智能的突破，可能带来很多产业的革命；一项产业的发展，往往也越来越依赖于多种产业的共同支撑。第4个特征是发展速度是指数化的，不再是线性的。从这4个特征大家可以看出来，科学技术没有界限，学科没有界限，产业没有界限，所以创新活动已经突破了学科、技术、产业的界限。

创新竞争不再是单一主体、组织、地域，甚至国家的竞争，本质上已经演化为创新体系的竞争。创新体系就像生产线一样，生产线工艺流程及装备水平决定了产出的最大数量与平均质量，如果"生产线"不升级，投入原料再多，提高的只是产量，而质量不会有本质的变化。当投入过多，甚至超过其消化能力时，反而会降低质量。所以任何单位、任何区域、任何国家，都必须把创新体系的建设作为科技创新的基础性工作来深抓。创新体系没有统一的说法，简单来说，创新体系是在战略指引和机制推动下，创新地组织集聚人才、整合资本，推动人才与资本发生相互作用，从而产生创新成果的网络系统及制度安排。从这个定义中，组织是创新体系的核心，组建功能齐全、结构合理、协同共生、高效运行的创新组织系统是创新的基础工作。

回答3个关键问题,第一是如何让更多优秀人才投身创新?第二是如何让更多资金投入创新?第三是如何让人与资源的配置效率最高?没有优秀的人才,钱是不会来的。如果优秀的人才拿不到钱或资源错配,也做不出成果,钱不会挣到更多的钱,所以钱又走了,人也就走了。这个问题就是科技创新体系最终要解决的问题。组织是创新体系的基础,创新的组织类型很多,如国家战略科技力量包括国家实验室、国家研究机构、研究型大学、领军型企业,但如果理不清它们之间的结构关系和各自发挥的作用,就会错配功能。创新的组织大概分为两类:第1类是专业性组织,分为三部分:一是做功的组织,就是以价值创造为核心,是创新活动的核心实践者。二是赋能的组织,就是给钱的组织,如投资机构、孵化器等。三是助攻的组织,就是负责把创新要素进行勾兑,如技术转移中心等专业性组织。第2类是链式组织,也分为三部分:一是创新链一体化组织,从基础研究优势领域及重大成果出发,规划和攻关一批原创性、前瞻性、颠覆性技术,培育新产品及产业,并为解决"卡脖子"问题提供全新手段和路径。二是产品链一体化组织,以某具体产品为单位,逆向分析支撑实现所需要的系列技术或知识,开展多学科协同攻关,研发支撑该产品系列关键技术,解决"卡脖子"问题或提升产品竞争能力。三是产业链一体化组织。创新链与产品链通过产业链上下游实现连接,形成多产品链为主线、多创新链为侧翼的立体式产业链一体化组织,致力于系统化解决全产业链关键核心技术,如中国商飞。

专业组织或链式组织之间的结构关系,主要分为两类:第一类叫主建,为支柱,如大学、专业研发机构,这些是科技创新主建力量,聚焦特定领域形成基础研发、产业发展一体化的创新链,形成执行关键任务的专业能力,储备解决问题的专业手段,夯实创新根基;第二类叫主战,科技领军企业作为科技的主战力量,需要因势而变,致力于及时攻克重大战略任务。这里的主建和主战是从部队引过来的概念。现代创新需要不同主体专业做精,并根据不同任务协同攻关,任何创新主体都要在特定创新体系中找到自己的坐标。区域创新是创新体系建设的重要支撑,构建创新体系是对学术、产业、人才、资源、制度等的综合考验,主体众多、要素复杂、投入巨大,往往超过任何一个城市的科技水平、产业规模和承受能力,必须通过跨区域协同,整合最强主体、最优要素、最大资源,持之以恒地推进,形成区域创新体系的"四梁八柱"。还要进一步发挥体系中各区域、多主体的优势,链接更多全球高端创新资源,把内部的柱和梁不断加粗,把外部的柱和梁为我所用。

第二部分是在区域协同创新方面的实践。京津冀国家技术创新中心是国家第一个综合类的国家技术创新中心,核心就是要打造创新链—产业链耦合的京津冀协同创新共同体。京津冀国家技术创新中心的本部在北京,与国内外顶尖大学合作,加速重大基础研究成果产业化,组织全国创新高地开展国家颠覆性技术创新。今年年初成立了广州颠覆性技术创新中心;9月1日成立了上海颠覆性技术创新中心;武汉颠覆性技术创新中心进入了协议阶段。按照科技部规划,还要在成都、西安建立颠覆性技术创新中心,共同构成京津冀国家技术创新中心的支柱。

京津冀国家技术创新中心在京津冀三地重要节点城市布局了科技成果转化基地,转化形成前瞻性、颠覆性项目,培育高精尖产业,发展新业态。同时,在三地重点产业集聚区与龙头企业联合成立产业技术创新中心,将前瞻性、颠覆性成果引入产业链,加速应用并利用颠覆性网络和全球创新网络联合攻关,促进产业升级。在支柱方面,京津冀国家技术创新中心由京津冀的7所大学共同支撑,在英国、美国、中国香港设有研究中心,在10所全球顶尖大学里设有研究中心。在北京组建了200多人的工程技术团队,把大学成果进行中试放大,在京津冀甚至广州、上海找到最合适的地方进行产业化。国家重点研发计划专门设了一个新专项——国家颠覆性技术创新,是模仿美国 DARPA 的做法,没有指南,各单位都可以推荐项目,也可以自己申请。目前全国有24所大学为我们推荐项目,由中国科学技术信息研究所为我们公开征集项目,由科技部火炬中心组织全国颠覆性大赛筛选项目,所有项目由我们进行论证、辅导,最后推荐给科技部立项,我们代表科技部签署任务书,科技部进行资助,我们进行管理,节点取得阶段性进展时,就进行滚动支持。

长三角的区域创新体系和京津冀不一样,京津冀就是一核,其他外面的几翼都没长出来。长三角是我国科技资源最丰富、产业结构最完整、交通网络最发达、国际合作最广泛的区域,通过市场化机制初步构建了国内领先的区域创新体系,未来可进一步发挥有效市场与有为政府的共同作用,加快打造"功能—空间"分布更合理的区域创新体系,建立一个全新的生产函数,持续引领国家高质量发展。对长三角有两点建议:第一个是做强做大主建力量,把支柱做得更加齐全、粗壮。要支持区域内的一流大学,建设若干世界一流、主流及新兴的学校,依托一流大学学科建设一批专业的新型研发机构,持续开展前沿技术创新。在经济发达的城市加快成果转化,培育高精尖产业。加强国际合作,用世界智慧打造一流长三角。第二个是做深做强主战力量。一是发挥国家实验室、国家技术创新中心的集群优势,加快战略领域协同创新,打造创新高地;二是与重点产业领军企业共建若干产业技术创新中心,组织全产业链关键核心技术攻关,加快产业升级;三是围绕集成电路、航空等重大产业打造产业集群。

粤港澳大湾区创科发展的机遇

孙东 加拿大工程院院士、中国香港特别行政区政府创新科技及工业局局长

> 发展的重要极点。第一要打造国际化的产学研平台,要完善创科生态圈上中下游协调发展。第二要以高质量、高水平推进,把河套合作区打造成大湾区国际

> 科技创新中心重要极点和高质量发展的重要引擎。第三是发展数字经济和国际数据港，加快发展数字经济和建设智慧城市，积极推进第三代互联网、人工智能、区块链等关键数字技术，以及支持金融科技的相关发展。第四要搭建国际创新及人才交流平台，扩大国际交流合作。在国家加快建设科技强国、实现高水平科技自立自强的道路上，香港应当充分发挥自身优势，自觉履行新时代的创科使命，为国家发展做出应有的贡献。

粤港澳大湾区是国家开放程度最高、经济活力最强的区域之一，加上香港具有"一国两制"的独特优势，能够对接国际通行的创新规则与开拓国际交流合作，让大湾区有条件成为国家和国际科技创新发展的重要极点。

从"新领域，新赛道，新使命"3个角度分享粤港澳大湾区与香港的科创发展机遇。

第一，国家打造的新空间。粤港澳大湾区建设是习近平总书记亲自谋划、亲自部署、亲自推动的国家战略，是新时代国家改革开放下的重大发展战略，对国家实施创新驱动发展和坚持改革开放具有重大意义。2017年3月，国务院提交的2017年政府工作报告中明确提出，要研究制定粤港澳大湾区城市群发展规划，推动深化内地与港澳地区的合作，发挥港澳独特优势，以提升国家经济发展与对外开放的地位与功能，正式把粤港澳大湾区发展提升至国家战略层面。同年7月，在习近平总书记的见证下，香港特区政府与国家发展改革委、广东省和澳门特区政府在香港签署了《深化粤港澳大湾区合作 推进大湾区建设框架协议》，提出在大湾区构建科技产业创新中心和先进制造业基地，推动科创事业发展，打造国际创新中心。2019年，国务院公布了《粤港澳大湾区发展规划纲要》，标志着大湾区建设迈上新台阶，明确提出大湾区建设国际创新中心的定位和布局要求，建设大湾区大数据中心和国际化创新平台，加强产学研深度融合。2021年，国家公布的"十四五"规划有关区域发展的章节指出，要加强粤港澳产学研协同发展，完善大湾区的科技创新体系，便利创新要素跨境流动等。同时，"十四五"规划也明确支持香港发展成为国际科技创新中心，为香港迈向高质量发展提供了新定位、新方向，更好融入国家发展大局。国家结合新时代发展趋势和区域优势特点，赋予了香港成为大湾区的重要一员，国家打造的新空间将为香港创造重大的发展机遇。

第二，国家战略迎来了新赛道。科技创新已成为重塑世界政经版图的关键元素，甚至是国际战略博弈的主要阵地，全球各地都在积极推动科技创新，以求在这条新赛道抢占先机，新一轮科技革命和产业变革正欲兴起。科技创新是引领国家高质量发展、推进中国式现代化的关键。"十四五"规划及党的二十大报告均明确指出，坚持创新在国家现代化建设全局中的核心地位，把科技自立自强作为国家发展的战略支撑。面对新一轮科技革命浪潮及充满挑战的外围环境，我们必须更好地推进前沿科技关键技术攻关，不断壮大整体科技力量。粤港澳大湾区是国家开放程度最高、经济活力最强的区域之一，拥有超过 8600 多万人口和完备的产业链，经济总量超过 13 万亿元，相当于全球第十大经济体。此外，大湾区亦是全国创新活动最活跃的区域，以深圳、香港、广州为核心的科技集群，已连续 3 年在全球创新指数中名列全球第二，加上香港具有"一国两制"的独特优势，丰富的国际经贸经验和联系，能够对接国际通行的创新规则与开拓国际交流合作，让大湾区有条件成为国家和国际科技创新发展的重要极点。

"十四五"规划中提出，瞄准新一代人工智能、量子信息、集成电路、脑科学等科技前沿领域，聚焦发展新一代信息技术、生物技术、新能源、新材料、高端装备、新能源汽车、绿色环保及航空航天等战略性新兴产业。香港特区政府去年公布的《香港科技创新发展蓝图》中提出，聚焦发展生命健康科技、人工智能与数据科学及先进制造与新能源科技，与国家提出的聚焦方向契合。此外，香港特区政府在今年与内地相关部委先后签署了《内地与香港关于加快建设香港国际创新科技中心的安排》《关于促进粤港澳大湾区数据跨境流动的合作备忘录》等一系列重要科创协议，说明国家以实际行动大力支持大湾区和香港科创的高质量发展。

第三，千载难逢的新机遇。在国家加快建设科技强国、实现高水平科技自立自强的道路上，香港应当充分发挥自身优势，自觉履行新时代的科创使命，为国家发展做出应有的贡献。

一是打造国际化的产学研平台。国家"十四五"规划纲要明确指出要强化粤港澳的产学研平台，希望香港打造世界一流科技创新平台。香港拥有 5 所世界百强大学，上游基础科研实力雄厚，有卓越的从 0～1 的突破能力。就此，特区政府提出要完善科创生态圈上中下游协调发展，通过产学研平台，加大中游的商品化，推动下游的发展。通过建设全球产学研协同平台为国家汇聚创新资源。我们即将在年内推出 100 亿元的产学研"1+ 计划"，汇聚香港几百支初创团队，激励产学研协作。这也展示了我们打造世界级产学研平台的决心，利用河套、深港科技创新合作区进行产学研合作，目前已在位于香港落马洲河套地区的港深创新及科技园规划出产学研片区，再配合港深两地的科创优势与河套政府的政策支持，相信能够为国家打造出世界级国际化产学研平台。

二是建设世界先进产业重要基地。《河套深港科技创新合作区深圳园区发展规划》中提出，要高质量、高水平推进河套合作区深圳园区建设，积极主动与香港园区协同发展、优势互补，把河套合作区打造成大湾区国际科技创新中心重要极点和高质量发展的重要引擎。河套规划提出合作区的 3 个定位，助力国家在世界先进产业布局中发挥重要作用。香港的北部都会区也是国家参与世界先进产业布局的重要载体，位于北部都会区的新田科技城，将会是香港历来最大的科创平台，连通河套、香港园区，提供 300 公顷的科创用地，有助于支持科技产业发展及产品研发、中试转化等产业活动，加上毗邻深圳，有利于港深之间人员与技术交流，深化港深两地的科创协同发展。

三是发展数字经济和国际数据港。数据资源作为现代经济发展的关键生产要素，有助于构建现代化产业体系，是当今经济发展的有力支撑。国家早前提出数字中国战略，聚焦发展关键数字技术，如第五代通信技术、人工智能、大数据、区块链等，打造国家在数字经济领域的新优势。香港特区政府在科创蓝图中，亦提出发展数字经济和建设智慧城市的发展方向，加强支持第三代互联网、人工智能、区块链等关键数字技术及金融科技的发展。另外，香港拥有境外的特点，能够汇聚海内外数据资源。今年6月，特区政府与内地签署了《关于促进粤港澳大湾区数据跨境流动的合作备忘录》，为香港经济高质量发展提供了重要基础。

四是搭建国际创新及人才交流平台。扩大国际交流合作，有利于科创的可持续发展及丰富国际创新中心的内涵。香港具备背靠祖国、联通世界的优势，加上拥有完善的融资环境、健全的司法制度、四通八达的国际交通网络和丰富的国际交流经验，具有充分汇聚全球创新要素资源的条件。过去一年，香港举办了多个国际科创盛事，如数字经济峰会等。今年下半年将举办未来科学颁奖典礼，这些国际科创盛事有助于吸引更多的国际科创企业来港，为建设国际创科中心带来重要支撑。

3　互动对话

主持人：

霍佳震，同济大学中国科技管理研究院常务副院长、经济与管理学院原院长、德国BOSCH公司教席教授。

嘉　宾：

吴志强，中国工程院院士、长三角城市群智能规划协同创新中心首席科学家、原同济大学副校长；

孙　东，加拿大工程院院士、中国香港特别行政区政府创新科技及工业局局长；

吴　骏，时任湖北省科学技术厅党组成员、副厅长；

王茤祥，京津冀国家技术创新中心主任；

埃拉尔多·欧雷·拉莫斯·内托（Heraldo Ourem Ramos Neto），巴西波尔图数据首席创新官。

提问1：如何确认木桶原理1+1大于等于2的结论，是原理性的还是人工智能实现的，长板对长板一定会得到我们想要的最优结果吗？

吴志强：这个可以做大量模拟，长三角的资金、市场化要素、企业需求、大设备、大科研装置、人才、学科等在行政区划之间分割得很厉害。计算机进行大规模学习后，模拟推荐也是一轮一轮的，它是一代、两代、三代、四代、五代迭代，有很多东西可以非常互补。

提问2： 关于城市群的做法，武汉创新中心是怎么做的？和上海一样吗？

吴骏： 我们通过实践把它变成现实。一是科技资源共享共用。科技部长期以来一直在推动科技资源共享共用，之所以中三角是3个省的省会，是因为每一个省的省会是文化中心，也就是科技和教育资源的中心。例如，武汉基本囊括了湖北一大半的科技资源，算上今年新入学的学生，今年湖北省在校大学生数量超过200万人，武汉就占100万人，如果这3个城市能够联动起来，在资源流动上3个省基本就能带动起来。二是共同谋划科技项目和合作。三是加强科技成果转化。我们建立了一个科技服务协作网，把资源、资本、科技力量联合起来，让资本能找到项目、项目能找到资本。我们和长三角、大湾区，特别是广东深圳，在科技金融合作方面也做了探索，在交流协同过程中会发现很多机会，使我们的力量得到扩大。有个例子，华中科技大学在东莞办的一个工研院，刚开始还是"三来一补"的状态，处于产业链低端，现在已经成为大湾区科技创新比较强的一个高地，刚开始老师们不知道做什么，后来当地企业对好的技术需求很旺盛，这样结合起来就会很好，老师们也获得了团队的历练和新的项目资源，找到了新的研究方向。现在武汉和广东谈跨区域协作，希望我们的问题通过大湾区的科技平台从全国乃至全世界获得解决方案。刚才王主任讲既有主战，也有主建，我们很多力量是主建，深圳的主战能力比较强，上海可能主战能力也比较强，我们也需要利用他们的主战机制。

提问3： 京津冀产业协同的突破口究竟在什么地方？我们应该在什么地方重点发力？

王荞祥： 京津冀协同发展战略已经提出9年了，按照中国十年磨一剑的说法，应该差不多了，实际上差距还是很大的。这个原因多种多样：第一，从三地情况来讲，创新的资源禀赋差距巨大。第二，产业结构差距巨大，北京的高精尖产业偏软，而天津、河北的产业极其传统，二者之间天然的互补性较弱，因为技术不是孤立地发生作用，而是成组地发生作用。如果在复杂的产业链里，只有一个技术先进，其他的都落后，那先进技术没什么用，它融不进产业链。北京的技术大部分去了长三角、大湾区，在天津、河北落地的比例是极低的。今年5月12日，习近平总书记在座谈会上明确提出要提高区域内成果转化的效率和比重，但是从目前情况来看，还是无解的，这个要尊重市场规律，产业的链接极其薄弱。未来应该在如何让天津、河北做好成果转化承接条件上发力。刚才讲到主建，北京相当于做科技的设备，产业作为主战的力量，主要作用是把科技势能变成经济动能。现在水不会自动从高处流下来变成电，中间一定是有发电机在做转化，河北、天津如何把培育高精尖产业的机制建立起来，已有的传统产业如何升级，最重要的是要追产业的代差，天津、河北产业的代差不是一代，可能好几代，两线都要下功夫。

我们国内也有成功案例，如长三角的安徽合肥，以前产业的质量并不高，通过风险投资把整个城市做成成果转化的大体系，这几年安徽高精尖产业有了非常大的发展。北京也要有这种政治站位，但最重要的天津、河北要主动作为，一方面，传统产业要持续升级；另一方面，最重要的是要产业换代，走出新一代产业的培育，才可能真正和习近平总书记提出的京津冀协同发展战略相吻合。

提问4：追问一下，长三角协同创新比较多，北京的创新却没有到河北，会不会因为河北和北京的落差太大接不过来？

王茤祥：对的，就是产业结构差距太远，它是上个时代的产业占主导，如钢铁、水泥，制药也是传统的制药，不是现代新兴的生物制药。一个早期成果应该去环境最好的地方才最容易成功，如果在它还没长到很茁壮的时候就扔到产业链不健全、市场环境不是很好的地方，它只能死得更快。我问过曾经到长三角、大湾区的企业，为什么选择到长三角、大湾区，他们说成功的概率最大，这个对天津、河北的挑战是巨大的，用北京的力量可能补不上，毕竟是行政区的事情，这个代差非常明显。

提问5：吴院士介绍的系统里能看到全世界50多万个街道，肯定有很多城市群，有没有我们国家与国外的对比情况？另外，您说的长板、短板互补的概念，做了很多数据模型，哪几个数据您平常用得比较多一些？

吴志强：两个概念，第一个概念是科技创新需要要素集聚，如果要做科研，那如何才能高效做成科研，要素如何配置？第二个概念是空间，空间的要素和配置是两个学科，相互之间不接轨，过去说产业链下游、上游是什么、配什么，然后科研的人才链、资金链、创新链，以及辅助的产业链，但没有空间的，空间是非均质的，就是非连续空间。北京的第一科技去珠三角最频繁，可以通过航班看到他们的合作，北京是珠三角新想法、科技创新的主要输出地，过去是北京、上海两条线，现在这条线超过了与长三角的联动，说明科技的连线在空间上是非均匀的，非均匀性导致这两个科学必须把它透明掉，过去要么谈空间（城市规划不谈逻辑链条），要么谈科技链（里面是必然的逻辑），但是不讲空间，把链落到空间上就是我们数据库最重要的事情。既是逻辑的，又是落到空间的，然后进行学习，发现空间做什么链是最好的。把两大学科通过大数据动态洞察链接起来，可以做资金链、人才链、产业链、创新链四链的模拟，项目之间通盘，什么地方可以配置什么，或要某要素配置在什么地方最容易赢，这是历史性的突破。

通过看大数据库，50万个街坊是非常强大的，每个街坊的平均收入、人口、绿化率等，数据太多了。在创新要素选择上，我们认真遴选了12个要素，后来又花了两年多时间做了K6，这6个要素是最重要的。武汉的K6，第一是大学生素质，第二是万人创新，第三是R&D投入，第四是国际交往，这些要素对城市排名都非常重要。第五是齐全的服务业配套，这也是吸引人才非常重要的一点。例如，大学周边2.5~3千米，人才是非常密集的，超过这个范围，科创的联系就会衰减，不同城市的临界点可能是不一样的。第六是美食，吃饭很重要，这是武汉吸引青年人的点，基本科创人都是吃货，光谷一带很清晰，哪里有吃货的地方，哪里就繁荣，基本同步在空间上。

提问6：刚才各位专家都提到了中国有三大科创中心，集中在京津冀、长三角及大湾区。其实这3个区域的地理位置不同，资源禀赋也不同，历史沿革可能也有区别，这3个区域各自的优势和特点在哪里？是不是某个区域会对某一类产业或某一类新兴事物的科创会有更好的激励和促进作用？

吴骏：这个问题也是困扰着每个区域创新规划方向的问题，原来叫高新区，后来叫创新城市，现在叫区域创新中心，实际上都是在研究区域创新定的方向，同质化情况很明显，都在发展电子信息、生物技术、先进制造、新材料等。各个地方肯定还是有特色的，但是在发展过程中，如长三角相对比较完备，各方面都有最突出的地方；京津冀，北京独大，真正的产业优势包括电子信息、生物技术，这两个地方是靠实力"说话"。粤港澳、珠三角是靠引力"说话"，集聚着世界资本，同时也在集聚着全国乃至世界的科技力量。在发展过程中，优势是逐渐形成的，并不是靠政府规划能够明确的，规划真正起到的是指导和引领作用，以及归集或提炼作用。未来在做规划过程中，应该更具体到平台和项目上，会比较容易落地。区域创新中心，西安的制造、航天相对明显；重庆军工转民特色鲜明，武汉和长沙也有一些军转民；武汉科创中心主打光电子信息产业，现在智能制造的技术平台也集聚得比较多。

吴志强：补充两点。第一点，美国的分工是通过长期竞争形成的，不是天然规划好的，这是一个长期自然遴选的过程。长三角还处于一个非常年轻的状态，相当于一个小学生，现在要求"他"考入同济大学，太早了点，让"他"自由发展一段，然后慢慢看到优势在哪里，再慢慢归总，再科创区域集群，现在就通盘特别难，还是让"他"再自由生长一点，这个特别重要。第二点，刚才提到3个创新城市，这都是发展的过程，还会有第4个、第5个。

提问7：在区域创新发展中，什么是真正意义上的产学研，目前我们的产学研模式和硅谷的产学研模式可否横向比较？

王荍祥：首先产学研这个词说了很多年，这个概念不断在变，今天中国产学研的概念已经和国际上的概念不一样了。从演化的角度，政产学研到政产学研金，再到政产学研金介，金融的金，中介机构的介，这是个主体概念。其实国际上最本质的定义不是讲3个主体，而是讲3种活动，产是产业的发展，学是人才的培养，研是科学研究，这3种活动如何有机结合。现在国家特别鼓励产学研合作，这是对的，但是被理解为更多老师要去创业或者企业要更多地给大学出题，大概主流的做法是以下两种产学研的形式。

第一种在国际上比较少，国际上当老板的教授很多，下场创业的教授却是很少的。在湾区有一个统计数字，大学草根创业成功率为5%，教授创业成功率在2%~3%，而老师加学生的创业成功率在15%左右。原因是在技术转移过程中，80%左右是显性知识，20%左右是隐性知识，你只要写出文章，专业人员就看得懂，基本学得会，但是隐性知识是写不出来的，如果没有人出去，隐性知识就带不走。国内的做法，教授下场创业，还得考核他发文章，结果创业也没搞好，发文章也没搞好。湾区的做法，老师基本上鼓励学生替他做，学术体系里的各种亲戚关系，老师的学生、同事的学生等组成一个组合去创业，这样形成了显性知识和隐性知识的同步转移，大幅提高知识的转化率。对大学把老师鼓励出来创业这种行为，还是需要警惕的，这是两种逻辑，思维、语言体系、资源、能力的要求完全不同，老师应该要有服务社会的精神，但是不一定自己下场去做创业公司。

第二种，企业出题目给大学值得鼓励。之前在北京大学工作时，统计过企业给大学出了题目后回头客的情况：一个也没有。其实大学解决企业的题目很多解决得并不好，因为不只是技术本身的问题，还需要对供应链有充分了解，还和企业对技术的消化能力相关。国家应该设立更多的公共技术研发平台，把大学的知识创造能力和产业链的需求更好地做工程化研究。

提问8：区域协作之间是和板理论，在产业支持上，有没有什么更好的理论模式可供借鉴？在实操落地阶段，这个问题有没有更好的解决方式？

吴志强：国内各个区域都在努力培育产业链，地方政府的组织能力、决心能力决定了中国很多地方的发展水平。像浙江、江苏的很多地方，胆子很大，一定要完成，在什么时候要把整个产业做强到什么程度，地方政府起了非常大的作用，简单说就是主要决策者起了非常重要的作用。党委书记、市委书记和市长下了决心，在任期之内把产业做起来，真的是咬紧牙关做的，西方国家很少有关键决策者这样做。

吴骏：发展科技要举国体制，产业发展同样亦是如此，举国体制是指政府的力量，而不仅仅是指举全国之力。有的产业、大企业跟着领导走，领导调到哪，就到哪注册一个分公司，甚至整体板块都过去，这种现象是存在的。在布局产业链的过程中，还是以市场决定为主，政府规划是指导性、引领性的。再就是能够解决一些社会需要保障的问题，如要成为一个创新之城、青春之城，就要有创新的空间、交流平台等。

提问9：在城市管理规划中，在新领域、新赛道、新空间的探索中，卫星与城市管理规划可能会有哪些方面的结合？

吴志强：卫星对地下感知方面的进步是非常非常快的，包括精度、更新的频度等都是极快的，每半年都会有很大的进步，这些进步都会与双碳相关联，全国各个地方双碳的数据都是非常精准的，也在非常快地迭代。

第 8 章

科技创新青年峰会：开放科学——拥抱知识共享与科学合作的未来

1 论坛综述

科学创新是创造未来的关键力量，其中青年力量作为引领未来的生力军，历来都是浦江创新论坛关注的重点。2023浦江创新论坛科技创新青年峰会由科技部、上海市人民政府主办，上海浦江创新论坛中心、中国科学院上海分院、腾讯院士专家工作站承办，还得到了上海推进科技创新中心建设办公室、上海市中国工程院院士咨询与学术活动中心、Deep Tech 等众多单位的支持。

当前，肩负时代使命的开放科学倡议正在成为全球共识，而青年科学家身上也肩负着将倡议变为现实的重要担子。因此，本届峰会将主题定为"开放科学：拥抱知识共享与科学合作的未来"。希望在这样一个国际交流平台上，聚集众多具有国际视野的青年科研工作者，可以聚焦开放科学应用和实践，共同探索开放科学的未来。

2　嘉宾致辞

时任科技部外国专家服务司副司长李昕的致辞：青年科学家——创新与合作

李昕　时任科技部外国专家服务司副司长

> 中国政府和民间都致力于促进青年科学家的科技交流合作，重视解决青年人才面临的困难，为青年人才的成长创造条件，鼓励青年人才勇于探索，才能充分发挥他们的作用，促进国家人才发展布局。欢迎更多中外青年科学家进一步探讨和交流，对开放科学的未来我们充满信心。

感谢主办方再次邀请我参加科技创新青年峰会！首先让我做一个非常简短的引导性发言。

习近平总书记在2021年中央人才工作会议上，以及2021年底修订的《中华人民共和国科学技术进步法》，都将青年科技人才作为国家整体人才资源和人才发展布局的重要组成部分。总书记提出"青年人才是国家战略人才力量的源头和活水，要给予青年人更多的信任、更好的帮助、更好的支持"，同时各类人才培养引进支持计划要向青年人才倾斜，要重视解决青年人才面临的困难，让青年科技人才安身、安心、安业。《中华人民共和国科学技术进步法》修订后，各级政府和企事业单位要为青年人才的成长创造条件，鼓励青年人才勇于探索，充分发挥他们的作用。

近期，中共中央办公厅、国务院办公厅发布了《关于进一步加强青年科技人才培养和使用的若干措施》，提出国家重大课题任务、国家自然科学基金等经费用于支持青年人才。今年新组建了中央科技委，国家科技创新体系和创新基地也将进一步得到优化和提升。中国在"十四五"规划中提出，2021—2025年将积极促进科技开放合作，实施更加开放的人才政策。党的二十大报告专门有一个教育、科技、人才三位一体的部署专章，提出要扩大国际科技交流合作，加强国际化科研环境竞争，形成具有全球竞争力的开放创新生态。《关于进一步加强青年科技人才培养和使用的若干措施》中还提出，要加大力度支持青年科技人才开展国际科技交流合作，支持青年科技人才参加和组织国际学术会议等。

今天，中国拥有全球一流的科研基础设施，EAST也吸引了包括外国科学家在内的许多青年科学家来中国工作。中国建设的一系列世界一流、独一无二的大科学计划、大科学工程，也吸引了包括青年科学家在内的各国科学家来华创新创业。我们还开展了"一带一路"创新人才交流外国专家项目，包括外国青年人才计划。国家自然科学基金委、中国科学院、教育部、人力资源社会保障部等都为外国青年学者和优秀青年科学家设立了相应的支持计划。与此同时，中国与其他发展中国家、"一带一路"地区建立了科技伙伴关系，欢迎青年来华参加创新创业大赛。

中国实行开放的创新战略，不仅建立了政府间的科技合作，还建立了很多民间的科技合作，鼓励中国高校、科研院所和企业积极开展包括青年人才交流在内的民间科技交流合作，如举办中国国际人才交流大会等一系列活动。欢迎外国青年科学家到中国来，利用中国良好的科研环境和一流的科研基础设施进行创新创业。我们还与外国青年科学家进行了交流，他们提出一些有趣的意见和建议。我们也在逐步改善中国的科研环境，包括生活和服务保障环境。我们希望创造一个更好的工作和生活环境，吸引更多的外国青年科学家来华开展研究活动，来华创新创业。

青年人是最具创造力的群体。研究表明，在自然科学发明领域最具有创造力的年龄是 25～45 岁。对诺贝尔奖得主的统计显示，自然科学领域的获奖者年龄在 37～40 岁。我希望通过今天的研讨会，让更多的中外青年科学家能够有思想和思维的碰撞，进一步推动中外青年科学家之间的交流合作。谢谢大家！

3 主旨演讲

从分子到宏观：开放科学如何推动微生物学与环境科学的交叉合作

皮埃尔鲁克·川柏雷（Pier-Luc Tremblay） 武汉理工大学化学化工与生命科学学院教授

> 得益于开放科学，我们开始探索微生物腐蚀金属的具体机制，能够让我们找到相应的解决方案来解决生物腐蚀的问题。我们在这方面进行了大量研究，可以超越自然界 10 倍的效率，感谢国家自然科学基金资助了这项研究！

各位好！

今天我要讲的是微生物学和环境科学：这两个学科之间的交叉合作可以做些什么，如何进行国际合作，以及如何开展大规模的研究项目。

在武汉理工大学，我们主要从事两个领域的研究工作：生物腐蚀与微生物学。由于微生物会引起生物腐蚀，所以在这个过程中我们可以做很多有趣的生物腐蚀研究项目。

我们要介绍的核心技术之一是电活性微生物。它可以从固体表面（如金属、电极）获取能量。这个特性可能是缺点，也可能是优点。先说它的缺点——它会导致生物腐蚀。生物腐蚀是由微生物引起的化学腐蚀的加速反应，约20%的生物腐蚀是由微生物加速引起的。这个特性导致高昂的代价。根据《自然》杂志上的一篇文章，生物腐蚀每年可导致高达2.7万美元的经济损失。因而，这是一个很大的市场，如果能找到解决方案，就会有很多钱可以赚。

生物腐蚀几乎影响到了人类所有的基础设施，如管道、软钢、碳钢、不锈钢、钢筋混凝土等。然而，这种生物腐蚀的过程还没有被很好地理解，我们并不知道微生物是如何从金属表面获得能量来实现自身新陈代谢的。所以我们的研究团队想要了解微生物是如何腐蚀金属的。为什么要研究这个问题？因为需要了解具体的机制才能找到相应的解决方案来解决生物腐蚀问题。现有的一些防止生物腐蚀的方法会造成污染，还会造成有益微生物的死亡，影响人体健康，因此，相关的研究还需要进一步深入。

电活性微生物的优点是什么？我们可以用它做很多先进的生物研究，因为它可以减少二氧化碳的排放，并将其转化为有用的化学物质。我们都知道全球变暖会带来二氧化碳排放量增加等问题。中国希望2030年实现碳达峰，到2060年实现碳中和。然而，目前的技术水平几乎不可能实现这样的双碳目标。因此，我们正在尝试新的方案来解决这个紧迫的问题。微生物的优点是效率很高，且其相应的产品范围很广。微生物可以用来制造多碳的有机物质，如甲烷和众多生物聚合物。如果流程设计得好，有可能实现只生产一种产品，而没有任何副产品产生。

关于微生物的电合成，先介绍一下微生物电合成的原理。因为微生物可以从电极上获得电子和能量，二氧化碳被提供给微生物，微生物可以产生产物并产生能量。现在的技术是10年前发明的，通过这项技术可使C_2分子的生产能力达到1300 g/平方米，这在技术发展和进步方面是非常快的。我们做的这个装置的效率远高于自然界的效率。我们同事曾在美国、丹麦工作，现在来到中国做这项研究，并发表了很多研究成果。

我们为什么要生产生物塑料？生物塑料是可生物降解的。它已经被研究了30年，具备3个优点：第一，它是由微生物产生的，以二氧化碳作为原料，所以它可以捕获二氧化碳；第二，可生物降解，不会影响自然界；第三，它具有良好的生物相融性，是很好的医药材料。

人们会想，为什么我们要开发这种复杂的技术，为什么我们要研究生物塑料？利用自然界光合作用产生甲烷的效率很低。很多研究者利用人造光合作用来捕获二氧化碳进行生产，但问题是产生的非特定产物很多，而且很多产物同时出现，所以效率相对较低。我们可以实现的效率比自然界效率高10倍，而且产品的特异性较高，种类繁多，从C_2到高度复杂的产品都可以生产。MES生产更高效，可以充分分区，并且可以优化不同的组件性能。就像汽车有不同的部件一样，你可以优化每个部件以形成组合。而HP技术，更易于组装和操作，成本更低，组件更少，故障也更少。

总结一下，电活性微生物是生物腐蚀的关键，由于代价很高、损耗很大，所以需要我们去了解和研究。只有这样，才能弄清楚微生物是如何从固体金属中获取能量进行新陈代谢的。电活性微生物现在是两种先进的二氧化碳转化生物技术 MES 和 HP 的核心，这两种技术都可以在未来用作绿色生产技术。

非常感谢大家的聆听，特别感谢国家自然科学基金资助了我在中国的这项研究。谢谢！

AIGC 研究助力开放科学

张骁　腾讯 SSV 数据中心负责人、技术部副总经理

> 如果说核心科研知识和数据的共享是人类科技发展的基石，那么生成式 AI 能够帮助到开放科学的要点，它是开放科学的助手，能够立足于海量的科研子垂类数据，同时能够利用大语言模型高效地总结和归纳，理解能力强，帮助科研工作者在海量数据中寻找跟自己真正相关，以及最有价值的部分。

各位嘉宾，各位专家，下午好！

很荣幸今天能够在这里与大家分享我们团队在 AIGC 相关领域的研究成果，以及对 AIGC 如何助力开放科学的思考。作为青年人，相信大家对新技术更容易了解、更容易接触，也容易把新技术引入工作当中。AIGC 确实是最近一个非常好的方向，希望我的介绍能抛砖引玉，激发大家对这个领域的兴趣。

生成式 AI，也称为 AIGC。现在普遍认为生成式 AI 分为两大类：一类是图像生成类模型，主要代表是 Midjouney 等，这个与开放科学的关系不是特别大；另一类是 GPT 类大语言模型。GPT 类大语言模型，大家普遍能够接触到的模式是问答、对话式的 AI，再加上强化学习，实现了强语义理解能力、高效检索数据及互联网信息能力的语言模型产品，这也就是今天演讲所谈及的类型。

语言类 GPT 模型是今年上半年整个科技领域最靓的仔了，OpenAI 是有史以来最快达到 1 亿个用户的 APP，仅用了 2 个月的时间。今年年中还吸引了 50% 的 VC 投资金额。这一趋势在今年 3—4 月达到了高峰，从 GPT3.0 的发布开始，到后来的 3.5，甚至是 4.0 系列功能推出后，在 4—5 月达到了最高点。6—7 月有所回落，这也是非常常见的科技趋势。一般来说，当一个新的技术革新时，大家都会在短期内高估它的影响力，而往往在长期内低估它的影响力。刚开始使用时，我们觉得它很有趣，但使用了一段时间以后，我们注意到它能做的事情似乎有限，也不是那么能够改变大家的生活，这就是为什么我

们认为它处在高估阶段。这有点像 iPhone 最初的发明,当第一代被发明出来时,没有很多用户。真正流行起来是 iPhone3、iPhone4 之后,甚至 iPhone5、iPhone6 之后。相信再过几年,GPT 会慢慢渗透到所有人的生活中。但现阶段,我们可以探索一下它能够做什么,它的功能确实还有一定的局限性。

生成式 AI 能够为科学做些什么?首先说一点,我自己已经做数据相关的工作很多年了。从某种角度来说,我认为数据共享是开放科学的基础。实际上,人类的绝大部分科学研究都是站在了巨人肩膀上。这是一张非常有趣的图片。上面的大圆代表人类已知的所有知识,下面的小尖尖是我们作为博士生搞科研时所做的事情。也就是说,我们试图在大圆圈的点上扩展人类的知识。这一点点与人类已积累的知识相比是微不足道的,但对我们自己来说,是很大的一步,这在我们自己领域是很有成就感的一件事情。我们注意到,要取得这一点小小的进步,必然积累了大量前人的基础。

我们认为,核心科研知识和数据的共享是人类科技发展的基石。关于这一点,从我个人角度来看,我认为生成式 AI 是帮助实现开放科学要点。我认为它是最佳要点,它是开放科学的助手,它能够基于海量的科研子垂类的数据,并且可以使用大语言模型来高效地总结和归纳,理解能力强,帮助科研工作者在海量数据中寻找跟自己真正相关,以及最有价值的部分。

你只需要丢给它一篇论文,它就能在短时间内帮你阅读整篇论文,有些论文很精炼,也有大量的科研论文非常冗长,或者很大部分内容的价值不是特别大,可能仅有一小部分是你需要的知识,阅读它会耗费科学家们大量的时间。你现在把它丢在大语言模型里,用对话的方式和它交流,让它总结我关注的点是什么,还可以让它帮你在互联网上寻找跟这个论文相关的其他信息。我自己也经常使用这个工具,确实非常好用。

另外一块则是数据分析能力。科研做得多的同行会发现,无论做哪些类型的科研,或多或少都需要对数据进行处理,通过分析一定的数据得出自己想要的结论。分析和处理数据是统计相关的信息,这是相当复杂的。而有了 GPT,就可以有很多让它帮忙的地方。这是一个 GPT4 的例子,只要上传一张 Excel 数据,它就会自动帮你生成数据统计分析的报告,比大家自己探索效率高得多。腾讯在数字经济大会上刚刚发布了自己的 AI 产品,有一些小产品会帮到大家,如会议助手和文档上面的自动工具。

我们还注意到,大语言模型有使用的误区。右边是一个经典的例子,GPT 刚推出时网上发生很多有意思的事情。人们利用 GPT 生成了很多虚假信息,以至于网上很多信息会告诉你,象鼻山是有缆车的,其实根本没有缆车。相关的技术攻关难点,也许后续会有其他嘉宾做介绍,这也是很多技术专家所关注的。

因为我们在做腾讯 SSV 可持续社会价值,我们的生成式 AI 在社会价值领域也有探索。我们这个部门简称为 SSV,是腾讯在做第四次战略升级时产生的。腾讯从最开始服务好用户的需求,到为社会创造价值,这个转变是我们探索的方向。我们在很多领域尝试落地项目和解法，如有做普惠效率提升、科技创新，也有关注长期价值。我们在生成式 AI 领域做具体垂类方面的场景，与农业农村部合作，做农业农技相关的 AI 助手，给贫困地区做支教的设备，也做孤独症儿童教育相关的助手，还有应急培训的助手等。各个方面的出发点是一致的，我们可以招募更多人来参与这方面合作，这一点与开放科学的原则是一致的。

这是我今天的分享，谢谢！

开放科学：关于巴西的经验和趋势

米歇立·佩雷拉·达科斯塔（Michelli Pereira da Costa） 巴西利亚大学信息科学学院教授

> 开放科学无处不在，它有一套自己的生态系统，各种因素需要整合在一个连贯的系统中才能产生良好的效果。例如，在巴西，我们现在建立了一个系统，它提供了不同方面的科学信息，包括出版、发表、数据检索、研究团体、专利软件等，这些信息对于实现合作至关重要。

大家好，我是巴西利亚大学的教授。我在信息科学领域获得了博士学位，非常高兴受邀参加这次论坛。我一直在与中国研究人员一起从事开放科学研究，我认为中国和巴西有很多共同之处，特别是在科学家的工作和交流方面，两国科研人员需要加强合作，在许多领域相互学习，共同提升两国在国际科研学术界的地位。

我是怎么做研究的呢？我在巴西利亚大学信息科学学院工作，主要研究科学信息交流、开放科学和信息系统。在我成为教授之前，我在一家信息科学研究所工作。我们和巴西科技部有一些合作项目，任务是建立一个平台来支持巴西的开放科学发展。我们与公立大学、研究机构合作打造开放科学平台，因为它可以对巴西的整个学术界和研究人员提供更多帮助。我们主要是寻找一些学术论文和研究成果，通过公共政策的制定，让整个学术界变得更加透明，让人们在全球范围内更好地了解巴西的科学研究。

我的毕业论文是关于拉丁美洲的研究体系。在 2012—2013 年，我的研究重点是拉丁美洲的开放科学网络，特别是该领域的政策框架。我重点关注拉丁美洲的科研人员如何看待开放科学的发展，了解需要采取什么行动来支持这一体系的发展，以及了解他们需要什么样的服务和制度。

包括巴西在内的拉丁美洲在开放科学框架的建设上起步比较晚，但是我们也有一些做得不错的地方，COS 和 BBS 是两个比较好的模式。这两个体系是开放体系，COS 是一个开放的学术期刊，有几百种开放的学术期刊，供读者免费阅读，不需要付费，这也是得益于公共政府资金的资助。我写了一本关于开放科学的书，目前只有葡萄牙语版本，但由于它已经放到了开放平台上，所以任何人都可以翻译它。

再回到我的研究工作，其中一个明显变化是，很多时候，研究人员写的书的版权属于出版商，如何让它成为公开资料呢？这就引发了版权问题。为了打造一个开放的科学环境、一个平台，我们必须要了解清楚这些不同学术期刊的版权信息归属是如何划分的，并与出版商进行良好的协调和沟通。

我们打造了一个开放平台，上面拥有超过1000种巴西的学术期刊、开放书籍及研究者数据库。通过这样的一个平台，出版商、高等院校、研究人员等人都可以找到一些自己需要的信息，可以互相联络，进行互动。通过这种交流，可以在网络中产生很多有用的指标。

我做过一个关于病毒的开放科学研究，是关于疟疾、结核病等相关研究项目的开放科学体系。对于发展中国家来说，这些研究课题都非常重要，即便如此，政府、学术界对这些课题的关注仍然非常有限，而且在这些课题上尚未形成一个足够好的开放科学网络。这些领域非常需要开放科学研究，但是目前可用的资源非常有限，需要一个免费的渠道使研究人员尽可能多地获得有关这些主题的现有研究数据资料，特别是在资源有限、更多依赖开放科学成果的贫穷和发展中国家。一些发达国家已经做得很好，也有很多成果可以分享。

在我们所说的北方和南方国家之间建立起开放科学网络，进行科学家之间的合作，像巴西、中国之间建立开放科学网络，也会带来更高的透明度、更多的公正、更高的效率。正是在我博士研究期间，给全球带来挑战的一些病毒引起了我的注意。不仅在巴西，在全球甚至发达国家，都有这样一种影响各国居民的病毒。对病毒的研究资金越来越多，引起了越来越多的国家关注。我的博士论文就是研究这个病毒开放体系，我的目标是找到一个更好的方案来形成一个关于该病毒研究的开放科学网络。我研究了这个领域的科学家所面临的挑战，如什么问题阻碍了他们建立开放的科学网络。他们都知道，拥有一个开放的科学网络是一件好事，有助于研究。但是研究成果存在于不同的领域当中，他们知道现在全球范围内对它有兴趣的人很多，但其中一些可能出于商业目的，这将影响开放科学的策略，所以动机也是一个因素。时间有限无法深入细节，但总体来说，开放科学有自己的一套生态系统，各种因素需要整合在一个连贯的系统中才能产生良好的效果。例如，在巴西，我们现在建立了一个系统，它提供了不同方面的科学信息，包括出版、发表、数据检索、研究团体、专利软件等，这些不同方面的信息都可以集成到该平台，这都是整个生态系统的一部分，这些信息对于实现合作都很重要。

正如我所说，开放科学无处不在，我希望这是该话题对话的开始。很遗憾，我不能亲自到场，但我希望能够以这种方式与您沟通。这是我的邮箱地址和演示材料。我想说，让我们继续讨论开放科学，共同努力促进这方面的实践。谢谢大家！

交通运输系统运营之数据科学与运筹优化

金建钢　上海交通大学船舶海洋与建筑工程学院教授

> 在保障特大城市交通有条不紊运行的背后，是科学化的管理在推动着这个城市的高效发展。不同于欧美国家，我国交通系统的网络化导致了调度与规划脱节严重，为此我们围绕应急、反恐、常规3个方面的挑战，在交通运输系统智能决策方面开展了大规模组合优化问题的相关研究。

尊敬的各位专家，大家下午好！

非常荣幸有机会参加本次浦江创新论坛。我今天汇报的题目是"交通运输系统运营之数据科学与运筹优化"。我们的团队主要围绕交通运输系统运营中关键的决策问题，用数据科学和运筹优化的方法开发一些智能化的算法辅助相关决策。

改革开放40多年以来，我国在交通基础设施建设方面取得了举世瞩目的成就，建成了超大型的高铁网、海运网、公路网、航空网。我们国家交通基础设施的硬件设施是世界一流的，但运营管理水平相对滞后。如何发挥全世界一流的交通基础设施最大化利用效率，从而保障高效运营，仍面临着诸多挑战。

交通系统的网络化导致了调度与规划脱节严重，问题与欧美国家截然不同，迫切需要开发新的模型和算法。围绕应急、反恐、常规3个方面的挑战，我们开展了大规模组合优化问题的相关研究。

第一项工作，针对集装箱航运的场景，建立集装箱航运网络规划同港口资源调度优化研究。它的特点是组合方案会呈现指数爆炸特征，仅以5个航线、5个泊位的小规模航运为例，亟须开发新的模型和算法来解决决策方案组合爆炸的难题。常规采用全分解的模型并不能帮助我们捕捉决策的耦合性。我们的团队提出了分解＋协同的决策模型框架，在这样的框架下我们分别把航线的选择和码头泊位的调度构建作为主问题，然后反复求解两个问题，通过反复迭代、相互传递新航线的方式，实现决策的协同。为了高度求解上述模型的框架，我们提出了带有约束条件自动更新机制的递归式列生成算法。相比于传统的列生成算法，我们提出改进的这个方法可以将计算的效率提升3.6倍。所提出的模型和算法，可实现30多个港口的大规模航运网络自动的智能化决策，可在10分钟内自动为航运网络推荐最佳的10多条航线方案。同非协同的方式相比，我们提出了协同优化的思路，可以将码头作业不均的程度降低30%以上。在落地应用方面，我们的研究成果为中远海运集团等企业提供了决策支持。几内亚铝土矿项目涉及多个浅滩和不同潮汐时间的影响，我们为其运输方案提供了决策支持，为大型国企开展"一带一路"、走出国门提供了技术指导。

第二项工作，我们主要针对突发状况的处理。有时候地铁会突然停运，细心的人会发现，上海每一站地铁站台上都会有这样的告示，如果出现怎样情况应该去哪个地铁出口做应急公交接驳，这是我们特大型城市公共交通运行中面临的非常难的挑战。我们构建了突发状况下的网络化应急疏散模型，上海的线网规模位居全球第一，地铁日均客流量是1000多万人次，远超过欧美国家。一旦此类突发事故发生，以往基于经验式的应急响应已无法应对大面积的客流引入。这里我放了一些PPT，在座各位可能会遇到这样的情况。出现此类事故，地铁运营方最常见的方式是沿着地铁沿线开启应急接驳公交，提供辅助的运力，而这种方案往往效率比较低，造成地面、高架的交通拥堵。我们试想，如果采用多线的网络化应急疏散是否更好？然而，这个问题又缺少相应的数学模型作为决策支持。这个问题是典型的大规模组合优化问题，我们仅以25个车站、2条路线为例，决策规模可以达到数百万量级。如何制定最高效的应急响应策略，亟须开发新的数学模型的算法。我们提出了一种既考虑直达又考虑多站停靠的智能化路线生成方法，生成与当前客流相匹配的最佳应急公交接驳路径的集合。对于同一组乘客，当出现故障之后换乘公交时，不同人等待时间差异是很大的，因为公交车的载客量是有限的，一些人上了第一辆车，而另一些人必须得上第二辆车。已有的研究无法精准刻画个体的差异，为了克服这样的问题，我们引入了时间的维度，来构建时空网络图的方法，并构建了以最小化延误、最大化接驳，实现了路线择优和车辆分配的协同决策。通过案例研究，我们发现引入多站停靠果然有助于疏散的效果，可以把平均延误从43分钟降低到18分钟，滞留乘客的数量从79%降低到13%。我们发现，在上海、北京这两个线网非常密集的特大型城市，如果在线路网络非常密集的中心城区发生地铁突发故障，我们的应对策略更应该把受影响的乘客接驳至附近正常运营的轨交线路去，而不是再采用沿线的接驳方式。该研究成果得到美国工程院院士的评述。

第三项工作，围绕防恐开展资源配置。在实践过程中，一般都是依赖于人工经验，并没有很好的模型和算法来支撑。这页PPT展示了在全球特别是在欧美国家过去几十年发生的一些单独针对地铁的恐怖袭击事件。这里的数字非常触目惊心。针对这样的情况，我们如何安排特大型城市的警力部署和反恐资源的部署是非常重要的。从理论上讲，该问题又是一个典型的组合优化问题。我们仅以25个车站、2个攻击点为例来刻画攻击者是如何进行攻击的。在内层模型中，我们通过客流分配来评估袭击的影响。在外层模型中，去决策恐怖袭击分子在多点以什么样的强度开展攻击的，能够达到最大的攻击效果。通过这样的模型，我们准确识别出了符合现有公安部门的认知。当前公安部门以客流最大化为站点攻击是它的策略，同时我们也识别了多节点、分散攻击的组合攻击模式，同样具有很大的破坏力。我们这个新的发现可为公安和安全部门调整警力部署提供决策支持。进一步，我们把攻击的模型嵌套在外层防御模型里面，目的是想要识别出哪些站点一旦受到攻击之后，它的影响是最大的。通过研究我们发现，如果有针对性的防御车站，受影响的人数从73%下降到17%。我们还提出了一种双层变领域搜索算法，该算法只需要知道不到1%的出行数据对，就能准确识别出哪些是重要的站点。该研究成果也得到了美国工程院院士的评述和引用。在成果落地方面，我们的研究成果已被上海市公安局采纳，并编录在他们的报告中。

以上是我们在交通运输系统智能决策方面开展的部分工作，谢谢大家！

安全可信的智能化开放共享

孙博文　蚂蚁集团AI工程基础设施总监

> 先进技术的发展帮助我们的生活，带来崭新或者欣喜的一面，但是在它自由奔驰、自由狂飙的时候，如果你让它飞一会，就会发现其中有一些安全漏洞存在，我们的科研工作者就会快马加鞭解决这个安全的问题。在更多从事安全可信可控事务的科研工作者的努力下，才可以让技术的发展更好地服务于我们的生活、工作，科技的发展才能够让大家在更加共享、开放的平台上享受到真实且更加优质的资源。

尊敬的各位领导，各位专家，下午好！

我主要的研究方向是可信AI。进入2023年，我们看到了以ChatGPT为代表的AIGC进入公众视野，并赢得了广泛关注。它已广泛应用于文学、艺术、医疗、教育等诸多领域。如何使这些人工智能类的输出做到安全、可信的对外开放，是我目前主要的研究方向之一。

AI的新时代已经给我们的知识共享带来了很大的变化。小时候拥有一套《百科全书》，大家便觉得很厉害了。然而，为了做研究和学术工作，人们需要去图书馆查阅大量的资料，才能搜索到自己想要的知识。这其中的弊端显而易见，我们的查阅速度比较慢，知识的共享路程就比较狭窄，而好处则是可以很大程度上确保知识的可信与安全。

随着互联网时代的发展，搜索引擎技术横空出世，入门门槛相对降低，搜索引擎几乎垄断了大家获取知识的入口，以较低的成本带来了丰富的知识，给知识共享带来了很大的便利。

再往后，我们来到了大模型的时代，也看到ChatGPT和Bing的结合，使Bing在全球的下载量增长了8倍，一个月内网站访问量增长了15.8%。另一方面，AIGC的另外一项技能也在被广泛应用起来。传统的AI更多集中在任务执行上。一开始，AI的行为模式比较简单，后来在NLP领域，可以通过各种识别和判断来完成人类定制的任务。再到后来，我们见证了人机博弈时代的开启，在游戏、围棋等基于规则的博弈领域，AI已经逐渐进化到能够和人类平起平坐，甚至战胜人类顶尖高手的阶段。近年来，我们更是看到了AI呈现出智慧的曙光，能够自然地对话，甚至一本正经地胡说八道。

新技术变化非常快，世界上大约有170种大型模型，人们可以看到各国各行各业为推动这一领域的发展付出了大量的成本和精力。从人工智能从业者的角度来看，我们会客观看待其中会有哪些风险和挑战，更希望看到它对我们产生警示作用。在过去半年的研究中，已经出现了端倪，有迹象表明AI有幻觉，AI的一些结果也是不可控的。在《纽约时报》编辑和Bing的对话体验中，Bing采用很偏激的想法劝说他和妻子分开。在隐私泄露方面，有很多用户的个人隐私会被泄露出去。用户可以看到右下角，当时微软在Twitter上发布了一个机器人，它在24小时内就被人机交互变成了一个集性别歧视与种族歧视于一身的不良少女，如果不加以控制和引导向善的话，它有可能发展成人类的对立面。

这些具有生产属性和应用属性的内容，要么涉及人与人之间的知识共享，要么涉及人与AI之间的知识共享，我们如何构建一个安全的范式，让AI产生的内容和生成式学习下的知识能够安全、可控、可靠，这对我们来说十分重要。

我们的团队在应对这些风险方面做了相关的研究和实践，重点是训练可控、推理可控、安全可控。传统的大模型训练要求量大质优、多样性数据。基于学术界和业界的标准，我们也对训练的语料做了很多去除的工作。在推理可靠性阶段，我们利用一些工具，基于一些逻辑图谱和知识融合方式，使模型生成的结果更具逻辑性和可控性。

在实践中，为了让大模型的交互更加安全，我们从围栏、极速、情景防御3个方面落地了3项核心技术，使大模型生成的风险是可控、安全的。其实在生成式学习范式下的可控和可靠性检测还存在一些问题，我们团队也有一套三步走的方案：事前检测、事中对抗训练、事后对抗样本的还原，以期让整个模型的生成是可靠的、可检测的。我们团队也对外发布了一个平台，大家有兴趣可以去看看这个产品。以上检测技术已经集中在蚁鉴平台了。

什么是AIGC安全性评测？这里面有很多的对抗链路，由对抗生成、自动化请求，以及全面风险扫描的衡量标准、生成报告4个部分组成。其中有些链路是用一些种子和知识把风险的问题构造出来，测试对应的模型，看模型评价的效果，以及生成的内容中是否存在风险，最后形成向外界发布的报告。也会有一定的评测框架，而我们的评测框架也是基于我们使用的评测手段，包括测试用力、生成渠道、诱导等级、标准建立、标注识别的内容，以及整体评估的框架，形成对整个大模型和AIGC类能力的评测。我们的评测依据和标准也是基于12项法律，包括87条的规章指南，形成三大类199类标准，现在我们还结合了产业界和学术界的十万级种子，来对市面上已有的模型进行评测。

为什么把AIGC检测单独拿出来讲？我刚才谈到ChatGPT的Midjouney技术为生成

内容提供了许多非常便利的工具。潜在的风险是什么？可能存在对图像领域真实性的存疑，特朗普的图像被生成出来，实际上是虚构的，生成的内容可能是侵权的。社区充斥着大量低质量的 AIGC 内容，很难判断其真假。在音频领域，AI 歌手合成也涉及侵权。在视频领域，我们看到了深度合成伪造的技术，这种技术非常成熟，导致各种视频网站上的不良内容传播泛滥。这个检测框架我们也抽象成测试的主体和测试的流程，将模型的模态做分批处理，我们自己也要生成一些内容，这相当于是不断对抗的形式，来锻炼我们检测框架的生成能力，最后判定它是不是 AIGC 生成的结果。例如，图像领域的 AIGC 检测生成会用空间的领域、层级分类的算法，覆盖常见的生成方法。音频会比图像感觉好做一点，因为其中可能会有一些矢域的信息被我们采纳，我们用这些信息来判断它是否是语音合成技术。在视频领域，可以将视频抽成图，也可以将音频的内容拿出来，同时对视频进行 AIGC 检测。

个人觉得，文本对我们来说是最难攻克的技术，因为现在大模型说的话跟人说的话已经很像了，这里面只能通过融合词的特征增强对语法特征的补充，找一些 AIGC 生成的痕迹，引入注意力的机制评估哪一些文本更可能是 AIGC 生成的。这是有难度的，我和我的团队也在不断攻克这个方面，提高识别的准确率。

关于对知识共享开放、AIGC 与未来通用人工智能的看法。我们希望鼓励优质的分享和开放，希望能够拥抱更便捷的知识途径，看到对知识的理解变得更加便捷。另外，我们希望能够甄别 AI 的内容，并对生成的内容给予提示。第一，我们不想扼杀一些富有想象力的创作。第二，我们也想为大家提供水印技术提示，让大家知道这个东西是生成的，以免误用。大众不太容易分辨这是真实的还是生成的，我们希望给它加上水印，以避免它被滥用。第三，我们希望 AIGC 的技术是安全可信的。

总之，我们希望知识的共享和开放是安全可信的，我们也希望在通用人工智能领域涌现的智慧是向善的。谢谢大家！

4 青年科学家深度对话：平行未来的 N 次元特别版

主持人：
马俊珩，新基石科学基金会项目总监。
嘉　宾：
鲁伯埙，复旦大学生命科学学院教授；
刘　颖，北京大学未来技术学院教授、副院长。

马俊珩：今年是我第三次参加浦江创新论坛，也是我第二次主持"平行未来的 N 次元"环节。去年的话题是"科技创新如何推动双碳目标的实现"。坦率地说，在与三位杰出的青年科学家交谈后，我只记住了未来能源技术的改革可以让整个社会持续发展，其他什么都没有记住。

在这个方向我们得到了可持续的发展，对我们每个人而言如何高质量地发展，我相信这和在座的每位的生命健康是息息相关的。我想今天我们一起聊一下人、健康，生命科学的对象非常非常小，小到一个细胞、一个蛋白质、一个基因，它们之间的交互、交流、交叉、力量深不可测，今天很荣幸请到两位，也是我们基金会的好朋友，北大的刘颖教授和复旦的鲁伯埙教授，我们一起从微观的世界出发，去探索生命的奥秘，有请两位。

我们先请两位非常优秀的科学家做一个简单的自我介绍。

刘颖：各位嘉宾，大家好，我来自北京大学未来技术学院。我们学院主要从事面向生命健康的研究，包括对于一些疾病的发病机制的基础性研究，也包括一些科研仪器和医疗设备的研发。我自己是从事基础研究的，我关注的问题是细胞代谢和人类的衰老。

鲁伯埙：大家好，我来自复旦大学生命科学学院。我们学院是个很古老的学院，已经有快一百年的历史了，从生物系开始建设，谈家桢院士是我们学院的创始人之一。学院有很多个研究方向，我本人主要研究神经疾病方向的。谢谢！

马俊珩：第一个问题，我相信包括我在内，每一位在座的观众都特别关心，如何延缓衰老？首先问一下刘颖，你是从什么时候对衰老问题感兴趣的？

刘颖：我觉得自从我开始从事生命科学工作以来，我就对衰老问题特别感兴趣。其实，我特别想知道，我们人体每时每刻在发生着什么，为什么我们会变老，以及更关键的是，我们能否延缓衰老。事实上，当我去选择博士后研究小组时，我选择了从事衰老研究的课题组。当我进入这个领域的时候，我发现研究难度太大了，能够控制和影响衰老的因素太多，而且需要更多的时间去了解它，所以这些是我的一些个人经历。

马俊珩：请说一说你现在取得的一些工作进展。

刘颖：我在北京大学成立课题组已经有十年了。在过去的十年里，我们并没有真正研究和关注衰老本身。相反，我们一直在做一些更前置的研究，包括细胞研究。因为我学的是细胞生物学，主要的原因在于细胞是构成每一个生命体最基本的结构和功能单元，只有了解细胞内部发生了什么，我们才能了解器官和组织发生了什么。我关注最基本的问题是细胞如何感知每时每刻的能量和营养状态，这也是我们过去十年主要关注的问题。直到今年年初得到项目的资助，我才有勇气去做这个研究。

马俊珩：过去你一直在研究一个方向，确定代谢和衰老方面相关的工作，具体又如何定位到线粒体相关的研究？衰老和线粒体之间的关系又是什么？

刘颖：让我先解释一下线粒体。线粒体是细胞内最重要的细胞器之一，它最重要的功能是为细胞产生能量，所以细胞内90%以上的能量是由线粒体产生的。除了产生能量之外，它还进行许多生物大分子的合成，包括一些脂质合成，因此非常关键。除了控细胞寿命外，它还控制细胞死亡，一些程序性细胞死亡，其信号就是由线粒体产生之后传递出来的。

为什么关注线粒体？因为它决定了细胞的生与死，因此是非常关键的。所以我很希望了解当线粒体在遭受一些环境上的胁迫压力之后，我们的细胞能否聪明地感知到线粒体遭受的损伤？在感知到损伤之后，它能否产生一些适应性或者修复性机制来修复损伤？如果修复机制也失衡，也没有得到很好的调控，就会引起很多疾病的发生。神经也需要大量的能量来源，当线粒体受损时，就会发生许多疾病。

马俊珩：鲁伯埙你又是从什么时候开始对神经退行性疾病感兴趣的？

鲁伯埙：可能比较偶然，我是从博士毕业开始的。因为我在博士期间主要研究的是基础神经生物学，但是我仍然非常希望能够研究一些与疾病更为相关的工作，因为我认为这样的研究对社会大众更有价值。那时，我还参加了不少会议，了解了各种跟神经相关的疾病。根据我当时的粗浅认识，我发现神经退行性疾病算是神经疾病，治疗神经疾病一般都是非常困难的，但治疗神经退行性疾病我认为是最困难的。也许其他疾病或多或少还有一些效果不错的药物，但是神经退行性疾病几乎是无药可治，特别是在没有真正减缓疾病进展的药物的情况下。所以我觉得这个疾病特别有挑战性，想趁着自己尚未太衰老时尝试一下，就是这样一个很简单的想法。

马俊珩：您对神经退行性疾病的研究怎么对亨廷顿药物的治疗、开发开始关注呢？

鲁伯埙：我们关注亨廷顿病，是因为我们发现神经退行性疾病实在太难治疗了，而最常见的阿尔茨海默病发病原因很难搞得清楚。亨廷顿在神经退行性疾病里，原因是相对清楚的，所以在特别难的问题里面找到相对有突破口的疾病去研究。

我回国已经10年了，我的大部分精力都花在了与这个疾病相关的研究上。虽然我已经做了10年，但我发现这种疾病远没有我们想象的那么简单。虽然导致这种疾病的突变基因是明确了，甚至在30年前就清楚了，但是究竟产生了什么物质导致这个疾病，又是通过什么机制导致这个疾病，有什么方法可以去治疗，到目前为止，我们还没有真正成功。当然，我们有一些线索。已经找到了一些可能导致疾病的分子，已经发现这些分子下游产生一系列的变化可能对神经元功能造成异常影响甚至是死亡。我们通过调控这些分子来缓解异常影响，至少在动物模型、细胞模型中的确看到了一些效果，但是在病人当中会怎样，仍然需要做很多工作来尝试。

马俊珩：您刚刚讲得很长，我觉得我能理解的只有30%。我想问一下，从您发现这个分子可能存在的问题，包括后续神经元的退行等，在这个漫长的过程中您觉得最具有挑战性的是哪一环？

鲁伯埙：我认为最具挑战性的是搞清楚疾病的产生过程，再从根本上干预这个疾病。打个比方，这个疾病是城市的犯罪分子导致的，他们是突变的基因产物，但是犯罪分子在哪里造成影响，甚至有一系列的下游，产生了黑帮，对社会造成不好的影响。我们需要找到这些犯罪分子，哪些不好的分子是直接参与破坏工作的，找出来以后还要把它具体怎么破坏的，破坏的点找出来，找出来以后还要想办法修复它。整个过程比较困难，其中最难的是修复，因为毕竟突变基因已经知道了，坏分子的线索也比较清楚。但在细胞里找到这些坏分子并修复它们造成的损害是非常具有挑战的。

马俊珩：在座非常多的女士非常关注这个问题，我们如何延缓衰老？

刘颖：因为对衰老的研究已经进行了很长时间，包括我的博士后合作导师，我们最早对衰老的研究主要是在模式生物中，因为我们不能直接在人类身上进行研究。最常用的模式生物是一种小虫子。使用这种虫子进行研究的主要原因是它的生命周期很短，在实验室里大约20天就会走完整个生命周期。如果我想知道一些基因突变或药物是否可以延缓衰老，一个月就能得到结果，相应的试验放到小鼠身上可能要两三年知道结果，周期太长。

我们用化学试剂让虫子发生基因突变，试图找到那些基因突变之后拥有超能力的虫子，这些超能力就是它们的生命延长了，比普通的虫子要长一点。通过这种方式，科学家们发现许多基因的突变可以延长寿命并延缓衰老的一些迹象。但问题是，知道这些基因有这个功能，但要真正理解它是如何导致这个结果、如何参与这个过程是非常困难的。更难的一步是回到你的问题，如何减缓人类的衰老？因为我们之前所有的研究都是在这些低等模式生物上做的，这些发现是否可以应用到人类身上，肯定要做临床试验，但是临床试验的结果我们还需要等上几十年才能看到。

从目前来看，许多关于衰老的研究成果都停留在比较基础的层面，如对线虫、果蝇、小鼠等模式生物的研究。上升到更高层次的猴子研究后可以发现，如果线虫、小鼠甚至猴子适度少吃，该情形被称为热量限制性进食或适当的节食，可以显著延缓衰老，延长寿命。但这是否适用于人类，我们现在还不能100%确定，包括大家可能听说过的药物，如二甲双胍，它实际上可以显著延长模式生物的寿命。虽然英国正在进行一些临床试验，但至少现在恐怕不能确切地表明我们怎么做、需要什么才能够延缓人类的衰老。

马俊珩：我们之前也在线下交流过这个问题，少吃可以在一定程度上延缓衰老，这可能是一个常识性的问题。我来问一下，为什么要少吃？细胞能感知到你吃得多还是少，这背后的科学或者原理是什么？

刘颖：您问的这个问题就是我过去十年一直在试图研究的问题，当我们知道这些模式生物吃得少了，它的寿命就延长了。自然而然下一个问题就是它如何感知它到底吃了多少东西，如大家中午饱食一顿之后，如何感知到此时体内的营养物质是充足的，然后细胞把营养物质储存起来，到夜晚饥饿的时候再利用起来。

我现在所做的研究是研究细胞如何感知各种营养物质的水平，包括我们常说的三大营养物质：碳水化合物、蛋白质、脂肪。我们之前一直在研究葡萄糖，蛋白质被分解成氨基酸，以及细胞如何感知氨基酸，在每个细胞中都有一个非常精妙的分子过程。它首先感知小分子，然后逐渐通过蛋白质之间进行信号传递，最终影响细胞的代谢。如果有充足的营养物质，就会启动合成代谢，并且一直分解代谢；当营养物质不足时就会反过来。代谢和衰老也会有相关性的，我们也正在慢慢试图理解这些非常基本的生命科学问题。

马俊珩：鲁伯埙，您理解这个问题吗？

鲁伯埙：理解，对饿肚子我也很感兴趣，不知道刘老师的具体看法是什么？细胞是感知到饿了以后就会活得更长，还是它会让自己回到更年轻的状态？

刘颖：热量限制性进食或者所谓的少吃有很多的影响效应。今年年初的时候一篇最新的综述列出了 12 个有可能造成衰老的指征，包括线粒体损伤、端粒的缩短等。少食影响方方面面：第一，影响代谢，我们都知道当你适度合成代谢时，寿命会延长；第二，它肯定也会影响线粒体本身的功能，它不是造成衰老的单一原因，因为衰老太复杂，是机体的综合反应。

马俊珩：我们谈到了代谢、衰老、疾病，相信大家也都特别关心，我们面对这么多影响生命健康的疾病也好、问题也好，有没有什么药物可以治疗？鲁伯埙，你的神经退行性疾病的相关研究目前是否仍然处于无药可治的状态？在这个过程中，我们可以做些什么？

鲁伯埙：总的来说，它的确仍然非常难治。去年到今年有一个非常大的进展，两款抗体类的药物被发现可以一定程度上减缓阿尔茨海默病的发展。当然，它远远还没有达到可以逆转病程的作用，但它确实减缓了疾病的发展速度，这个药物非常受重视。

实际上，回头看药物的原理，它的作用机制可以追溯到 20 世纪 80 年代，甚至更早。阿尔茨海默病患者大脑里面是有淀粉样沉淀，这个淀粉样沉淀 1907 年就有报道了，当时阿尔茨海默病医生解剖的时候就已关注到。后来发现淀粉样沉淀的物质是 β 样蛋白，后来 β 样蛋白是不是导致疾病的原因一直存在争议，从最终成功的例子可以看到，至少部分还是有贡献的，而且的确可以对疾病有治疗的效果。从这个过程来看，首先基础研究是非常重要的，能够发现这个蛋白可能是导致疾病的原因，最后获得治疗的方法是非常重要的。另外，可以看到它是很漫长的，经过了好几十年，终于有一个药物获得了一部分成功，从这个角度不难看出药物研发的艰辛。

马俊珩：衰老方向代谢，包括瘦身减肥领域呢？

刘颖：如果是衰老方向，现在肯定是没有药物的，因为没有完成临床试验。但是在市面上能看到很多的保健品。

马俊珩：酵素。

刘颖：有些是基于一些科学家的研究，发现它其实是我们人类自己已经能产生的一些代谢中间物，想知道如果把它作为保健品的补剂是不是有作用，但是这些都没有经过临床试验。目前，还没有一种药物能够可靠而明确地延缓人类衰老。

鲁伯埙：刘老师讲到两次衰老临床试验的问题，的确非常难做。我们需要一个比较客观的指征去测量生物衰老的程度，这方面的进展如何？

刘颖：在最早的时候，大家一方面是在理解衰老，另外一方面也是在找衰老的标志物，以便研究如何通过测量这些标志物的水平高低来定义衰老，因为如果是同一年龄的人，两个人看起来衰老的程度也会差别很大。

目前，比较成熟的做法是对 DNA 甲基化的衡量，它可以用来定义衰老。我知道国外有一些研究做了大数据测量，比如测量不同年龄层面的人，对身体的 RNA 水平进行测序，如 10 岁、30 岁、50 岁、70 岁，每一种 RNA 的表达水平到底有多高、多低，然后通过这个进行建模。RNA 测序完成后，把它放在大数据中，它就会测算出你的年龄水平。

第三方面，今年我国许多研究衰老的科学家组建了一个叫做生物标志性的联盟团队。大家希望在自己今后的研究中，也去关注一下衰老的生物标志物，包括不同的组织、不同的器官也是不一样的。我们顺便也做一些肝脏、脑的衰老到底有什么样的标志物可以进行界定，这个也是目前正在做的研究。

鲁伯埙：这些标志物您觉得到什么程度可以被我们用于临床实验？看服药后一年的衰老标志物有没有减轻？

刘颖：这个没有办法说，不太能预见得到。

马俊珩：关于衰老和疾病，除了我之外，相信在座的很多老师一定也有很多的疑问，我们来看看大家对台上两位老师，关于他们的工作，关于如何减肥，关于如何延缓衰老等方面，大家有什么问题吗？

参会者：我想问一下刘老师，您说少吃可以长寿，有没有研究少吃什么更长寿一些？

刘颖：这方面有很多的研究，很多营养学专家在研究不同的饮食，如蛋白质缺失或者匮乏的饮食，或者低碳水的饮食，大家常听说的生酮饮食、地中海饮食。但是这些研究大部分主要集中在小鼠身上，因为对小鼠的饮食进行操控是更容易的。如果在人身上做相应的实验，其实你自己也很难做实验，因为不知道实验者脱离你的视线之后是否还按照你的标准饮食。基于一些小鼠身上的实验，有些研究会报道，如说饮食中缺少某种氨基酸，或者低糖饮食会有一些影响，但正如我所说，这些研究都还没有应用于人类，这很难说。但很多人都在做这方面的探索。

参会者：我有一个更具体的问题，您说到延缓衰老，您能不能更详细地讲一讲衰老和新陈代谢之间的机制？

刘颖：每次我们提到二甲双胍的时候，大家都会说它是个神药，它已经被用于治疗糖尿病很多年了。除此之外，包括我自己课题组所做的实验里，都可以发现它能明显的延长模式生物的寿命，抑制肿瘤的生长，甚至有抗癌抑癌的作用。对于二甲双胍的作用机制，在生命科学领域有很多人在研究，至今都没有很明确地说哪个蛋白质是它的药物的作用靶点。之前发表的一些文章可能已经发现了二甲双胍的靶点，但这需要更多的科学家跟进，看看他们是否可以重复出相关的实验。在明确知道它的药物靶点之前，它的作用机制我们很难明确地讲出来。

我做代谢的研究比较多，可以很明确地说，二甲双胍对代谢有明确的调控作用，因为它加入后，能一直激活代谢、分解代谢，至于分子层面它的机制是什么，这个还不是很清楚。

参会者：你好，我想问鲁老师一个问题，我是一个外科大夫，刚才几位专家聊的都和人民的生命健康紧密相关，鲁老师，您研究的是神经领域，我是消化道领域的外科医生，经常发现做过手术的病人会出现胃瘫、消化道运动不太理想的情况。我们发现这类情况在情绪、性格上比较内向的患者身上比较常见。

所以我有这样一个疑问，神经性的疾病与胃肠道的菌群是否有因果关系？能否通过干预消化道的菌群来调节神经，或者说通过调节中枢神经的状态来影响胃肠道功能？不知道鲁老师这边有没有相关的工作或者了解？

鲁伯埙：这是一个很大的问题，我本人不是这个领域的，所以我不敢说一些非常外行的结论。据我所知，肠道和大脑肯定是有联系的，肠道菌群应该是有信息可以传递到大脑，大脑也会传递到肠道菌群。研究偏多的是肠道菌群怎么样影响大脑的功能，大部分的研究是倡导菌群影响代谢进入到大脑功能。实际上，那些菌群会出现在各个器官中。在以往的研究中，研究肺、肝居多，我们传统上认为肠道菌群不容易进入。我认为至少有一定的可能性，这些菌群甚至可以直接通过外周神经向迷走神经进入大脑，尽管这条途径比较罕见，但菌群代谢物可以进入这些大脑，而这些代谢物中很可能有特殊物质影响。

还有一个例子，肠道菌群逐渐影响肠道的物质，这些物质可以进入到大脑产生影响。在我比较熟悉的神经退行性疾病领域里有一个典型的例子，就是一个蛋白可以产生纤维，这些纤维通过迷走神经进入到大脑里面，并在大脑里扩散，最终导致帕金森疾病。

参会者：两位专家，我们是一个智库，更加关注 2 个方向：第一，交叉学科的领域。例如，我们可以看到现在一些科技公司越来越多地使用自己的 AI 手段或一些科技产品来辅助生命健康的领域。我想请教两位专家，如何判断 deep mind 出来的 Alpha 数据库，这一类科技型的数据库它的价值？第二，从这样一类交叉学科出发，在未来辅助研究方向上，是否会出现一类全新的人才，既懂 AI，也懂医学，在进行辅助研究的时候会不会出现一些新的研究形态，或者人才特征？

鲁伯埙：这也是一个在我专业以外的问题。我们参与了一些药物的研发，药物研发有一个比较重要的方向，或者很大的帮助就是来自 AI。我们对药物研发的思路是基于寻找与特定蛋白结合的小分子化合物。这个是传统意义上的需求。传统的化学药物，特别是靶向药物，还需要寻找到与特定蛋白结合的小分子化合物。

在没有计算机技术，特别是没有 AI 技术的情况下，我们往往需要通过具体的筛选实验来做这一点。例如，以前我在诺华的一家公司工作时，他们有一个非常大的化合物库，有 300 多万种化合物，针对某一个特定的靶点进行筛选，看看这 300 多万的化合物有哪些结合特定的蛋白，再根据这些化合物由科学家构建类似物，成本非常大，周期也很长。现在有了 AI 技术的辅助，至少可以辅助进行预测，预测有哪些化合物可以结合这个靶点，有的时候我们称之为虚拟筛选，这可以相当于不做实验就知道哪些化合物。以后甚至还可以做的更高级一些，如根据靶点的蛋白质结构直接设计特定的甚至之前不存在的化合物，来作用于这个靶点。

还有个例子不是我本人参与的，但是也很有意思。我以前博士在宾夕法尼亚大学就读，我的一个学生是计算机专业的，他今年发表了一篇非常有趣的论文。他的研究方向是利用机器学习来预测 RNA 的结构。他发明了一个算法，根据病毒的序列，如新冠病毒、流感病毒的序列，设计了相应的 RNA 药物，应该说是 RNA 疫苗。他根据算法设计出来的疫苗在稳定性上比已上市的疫苗强很多，并且已经通过了临床证明，这是一个很好的应用。

还有一个应用是老药新用，因为已经上市了几千种药物，做过很多临床试验，也形成比较大的数据库。通过学习这样的数据，有人可以通过 AI 进行预测，预测哪些已经批准的老药或者上过临床相对比较安全的药物，它可能有别的适应证。

我认为 AI 对于药物研发和生命健康产业是非常重要的，它肯定需要复合型人才。我认为难度肯定也是比较高的，因为这两个行业都需要长时间的积累和大量的学习。如果能真正成为这样的人才，我想是非常抢手的。

刘颖：补充一个我觉得大家会感兴趣的关于 AI 的小故事。

今年 ChatGPT 刚出来的时候，我就很激动地问了它一个问题。我问它，如何能延缓人类的衰老？它给我的答案很长，但全都是基于我们科学家已有的研究发现得出来的。我又问它你能不能给我设计实验，怎么研究衰老的过程，理解衰老的机制，但它给出的答案我们也都知道。在那一刻，我觉得我们的工作没有丢，还要继续进行研究。

尽管人工智能对我们科研有很大的辅助作用，但是对于很多探索性的研究，在尚且还不知道是什么原因的时候，人工智能现阶段还是不够的，还需要我们人类进行原创性、探索性的研究。

马俊珩：最后一个问题，我们过去几年算是老朋友了，见面了非常多次，他们两位也分别是科学探索奖的获奖者，更值得一提的是，去年公司投入 100 亿发起新基石研究员项目，鼓励他们工作。也非常荣幸，他们两位分别获得了首批新基石研究员，获得了共计 500 万元的五年资助。两位分别拿了科学探索奖，又拿了新基石研究员项目。那么，在很多未知的领域存在很大的挑战，还有很多的无人区，科学探索奖和新基石研究员项目，在两位的科研历程中分别意味着什么？

刘颖：首先非常感谢腾讯公司对于基础研究的支持和投入，这两个奖项还是不太一样的，因为探索奖是奖励到个人的，对于个人的支持。我其实在几次采访中经常提到，科学探索奖的奖金我用来支付房子的首付，因为做科研工作确实工资收入没有一些行业那么高，我觉得它对于我而言是让我们沉得下气来做研究，而不用太担心自己的生活状况、生活水平等。

但是我觉得新基石是对于我科研关键的一步，持续五年每年500万的经费投入，可以让我大胆地去做真正想做而过去没有做过的科研。我今年年初拿到这个经费项目，真正开始做衰老相关的研究，而且我们从最早做小小的线虫，到现在实验室在做小鼠。它会让我不再担心在做科研过程中如果没有科研或者论文的产出就没有经费支持了，不用担心后面怎么办。另外，小鼠投入的成本大很多，也不会让我担心经费的使用。它对我的意义来说，真正地给了我勇气，能够让我做探索性的研究。实话实说，我也会有一些焦虑，会担心自己一下子因为这个经费的支持，真正地去做有挑战性的研究，如果做不出来怎么办？虽然也会有这方面的焦虑，但是我觉得先继续走下去，走一步看一步。

鲁伯埙：我首先感谢腾讯给我这么好的机会，感谢这个时代这么好的机会让我得到这些资源做科研。刘老师说的我也挺认同的，要补充的话，我觉得这个奖和基金还是个机会，通过这样一个平台，让我认识了一直是我偶像的刘老师，并且有幸有机会和像她这样级别高且特别杰出的科学家经常一起交流。通过这样的奖项可以认识科学家，同时可以认识奖项的科学委员会和更加资深的科学家，都给我的科研带来很多的帮助，包括一些想法上的启发，还有技术上的指导等，对我来说意味着更多的机会。

马俊珩：我们都希望无论是两位教授，还是科学探索奖的学者和新基石的研究员，希望他们可以更好、更心无旁骛地开展今天的科研工作。

我简单对今天的"平行未来的N次元"做一个收尾，去年七八月我们在深圳组织过一次以生命科学为主题的闭门学术交流。我今天有一个感受，生命科学需要我们所有人都认识到它的重要性；同样地，我今天虽然在主持这个环节，但我觉得生命科学是个特别奇妙的事情。在今天之前我可能并不知道什么是分子尺度，什么是标记物等，但可能在明年这个时候我就很自信地说，原来它是这个意思。我相信对于生命科学的关注，更多源于我们对于人类健康，对于高质量生存、生活的好奇心，而这个好奇心也是"平行未来的N次元"的主旨之一，我相信我们所有人都秉持这个好奇心，去探索未知的未知。谢谢大家！

5　互动对话

青年力量共创开放科学的未来

主持人：
李　昕，时任科技部外国专家服务司副司长。
嘉　宾：
李雪草，中国农业大学土地科学与技术学院教授；
玛利亚娜·莉拉·西尔韦拉，圣埃斯皮里托联邦大学电气工程博士；
俞可权，同济大学土木工程学院研究员；
安娜·科斯蒂安可，浙江师范大学特聘教授。

李昕：下面我们进入本届峰会的互动对话环节。青年是塑造未来的中坚力量，本次对话的主题为"青年力量共创开放科学的未来"。我们邀请了4位优秀代表，首先请允许我向大家介绍4位对话嘉宾：中国农业大学土地科学与技术学院李雪草教授、圣埃斯皮里托联邦大学电气工程博士玛利亚娜·莉拉·西尔韦拉、同济大学土木工程学院研究员俞可权、浙江师范大学特聘教授安娜·科斯蒂安可。

对于一个青年科学家来说，开放科学意味着什么？请4位分别分享一下各自的看法。

李雪草：我从我的科研经历上稍微理解一下开放科研的概念。第一，目前来说，有很多的条件和设施能够让我们更加适应地去从事开放的话题。从获取知识的角度来说，我们获取知识的程度比以前更加开放了。传统以纸质的书籍为主，现在有一些期刊、论文得有一些公开的途径，让每一个学者或者每一个感兴趣的人都能够很快地接触到知识，我们获取知识的能力和途径已经比以前有了很大的飞跃。

第二，从数据上来说，我们现在迎来数据大爆炸的时代，这样一个时代本身带给我们另外一个挑战，对于数据开放和包容的要求会越来越高。从传统微观分子结构的数据，到宏观地学的数据，包括遥感和地理信息的数据，目前变得越来越普及。10年前，很多的遥感数据不可以公开，而现在国外、国内很多的数据都可以支持研究者做感兴趣的工作。当数据从单一的拥有方拓展到多维度的角度时，可以很好地把知识的迸发点扩展开来，由不同的人去做会迸发出指数级的想法和应用的出口。

第三，我觉得开放另一个角度体现了对于技术和模型或者平台的开放。以前很多的算法比较保守，或者不是很共享。但是现在我们有一些大的语音处理或者共享的平台和手段，可以把大家的智慧和新的模型算法通过这类平台投放和公开，让不同的人都可以调用数据和平台的手段、模型，来支持不同领域的应用，包括在生态、环境、大气等领域，可以把原来单一的数据盘活，拓宽更多的尺度。

第四，开放另外一个角度取决于评价体系。现在很多期刊在追寻一种手段，一种公开并可以讨论式的评审方式，相当于读者和审稿人可以同时对这些文章或者成果进行评判，把评审的过程公开化和透明化，促进我们对科学研究的讨论，保证数据、模型、方法技术上有可信性和可行性。

第五，我们现在属于自媒体的时代，可以接触到很多自我宣传的方式和途径。教育方面可以通过慕课或者网络平台的方式去宣传研究成果，科学家可以通过公共平台包括微信或者一些媒体方式把这些成果快速地宣传开。我们目前接触到新想法和新思路的方式也比以前扩展了很多，这些领域都是可以促进开放科学主题发展的新举措。

李昕：第一，我们现在有很多的开放期刊；第二，数据大爆炸的时候有很多开放的数据集，特别是跨领域的研究比较多；第三，开源的模型、平台比较多；第四，在评价方面现在有很多的平台，对学术论文的评价增加了更多的互动参与。

下面有请玛利亚娜·莉拉·西尔韦拉博士谈谈对开放科学的见解。

玛利亚娜·莉拉·西尔韦拉：首先非常感谢你们邀请我来参加这个讨论。我其实不是教授，我是一个博士后，来自圣埃斯皮里托联邦大学。我认为就像刚才李教授说的，开放科学可以让我们有更多数字化的图书馆，数字化的数据库，甚至是基础设施也是可以让我们远程获取。我们认为这种方式的开放科学可以让我们的科学变得更加多元化，让更多的青年人能够获取相应的知识。我们可以通过开源来让大学生，甚至是高中生与科学的前沿或者科学的进展更好地保持沟通，而且开放科学的精神如果能够得到充分落实，就可以促进大家的交流，让发展中国家的那些资源不太好的大学或者研究机构可以获得更丰富的教育资源，让它们也能够更好地获得前沿的科学技术和设备，让大家获得更好的信息，促进更多的科研交流，也可以培训更好的研究者，让大家的视野更加宽广，做研究的时候也能够考虑到对社会的效应。

李昕：我的理解跟您一样，对发展中国家来说，开放科学其实是非常重要的，可以使得发展中国家的科研人员获取最新的科研成果。同时，能够远程利用科研基础设施。今天早晨很多的主旨演讲人也谈到了大科学工程，这些往往是全球唯一的大科学工程，也都建在发达国家，但是发展中国家也可以参与大科学工程的国际组织，能够获得科研的数据，参与相关的实验，一样能够推进本国科研的发展，一样能够培养本国的科研人才。

下面有请来自同济大学的俞可权研究员，土木行业是比较早的利用数据建模，您对开放科学方面有什么样的理解？

俞可权：特别开心有机会参与这样一个论坛，跟浦江论坛的渊源可追溯至2009—2010年，那个时候还是在读研究生，作为一个学生工作者来参与。今天也有幸能够坐在这里，我感觉也是另外一种开放的形式。

对于开放科学，包含了很多方法，开源期刊、开源数据等，顾名思义它是一种开放的状态，对我们青年研究人员，或者对我们土木工程专业意味着什么呢？我觉得在座各位年轻人或多或少都是一种开放以后的结果，如说我个人的求学，从本科到博士再到博后，从大陆到香港到欧洲到澳洲，再到美国，再回来，总体来讲那时候的科研状态就是一个电脑就可以了，因为我觉得地点的变化并不会对我的科研状态产生改变，这是因为我们处在一个开放的时代，我们所研究的所需要的要素在各个地方都是差不多的，唯一的不同在于我们用普通话还是用英语交流。

回过头来讲，开放科学对我们来说意味着个人的成长、发展和贡献，以及在各自领域内吸收营养，并且释放能量，取之于社会用之于社会的过程。结合我们当下的社会环境或者全球的环境，我觉得所有开放的科学或者开放的状态，还都是取决于全球的开放，取决于世界的开放，在这样开放的基础上，我们的科学才有开放的基础。

李昕：的确，经济的全球化带来了科技的全球化，也使得科技系统更加开放，带来了人员和科技信息在全球的流动。

下面请安娜·科斯蒂安可教授谈一下如何看待开放科学的问题。

安娜·科斯蒂安可：非常感谢，这对我来说也是一个比较大的、比较困难的问题。我认为科学是不可能封闭的，也不能是封闭的，这也是科学的定义，科学本身就应该是开放的。我们已经说过很多次，其实人类的进步本身就是取决于开放程度，过去的人类科学进步就比现在慢很多，所以我认为科学本身就应该是开放的，特别是要向年轻人开放。

说到开放就意味着它要使交流变得开放，使获取信息或者其他东西的程度是开放的。此外，科学本身应该是开放的，应该让更多人对科学感兴趣，要更好地普及科学，从幼儿园开始就应该加强科普教育。

对于我个人来说，开放科学意味着什么呢？我认为它意味着所有。我是乌克兰人，我到英国工作过，现在我在中国工作，所以如果没有开放科学的话，我不可能有过这样的经历。所以对于我来说，开放科学意味着一切。

李昕：我想科学家最大的需求可能就是跟同行交流，科学的本质也是开放，特别是青年科学家能够从开放科学中更多的获益，我也感谢安娜·科斯蒂安可教授，感谢4位的分享，4位嘉宾对开放科学的价值和意义都有自己的深刻认识。

4位在各自科研领域的研究方向都不太相同，关于科研领域的开放的议题，首先从安娜·科斯蒂安可教授开始。在联合国教科文组织开放科学建议书中，开放科学被定义为旨在实现人人皆可公开使用获取的知识，不仅对科学家要开放，还要对公众开放。您研究的方向叫作无穷动力系统的惯性流形，我不是特别理解，您认为在开放科学的背景下，类似于这种非常专业化和抽象的领域，如何不是仅让您的同行，而是让公众更加获取这方面的知识，了解您做的科研。谢谢！

安娜·科斯蒂安可：我知道我的研究方向听上去特别的不明确，很难懂，有多维的领域被概括进去了。你们如果深入挖掘，看看其他科学家的研究背景也会看到大家都是有物理背景的。例如，说无穷动力学，其实和我们普通人能理解的领域并不远。当我们坐飞机时，你可以听到空乘说现在飞机正在经历颠簸，这其实是一种物理现象，大家都可以感受到自己在动。我从事的研究是思考这种颠簸、这种现象可以怎样的推动无穷，或者通过有限的参数将其解释出来，如果说用有限的参数来解释这种现象的话，可能它会比较容易做，但是如果用无穷的参数来解释可能会更难。我的做法是先用有限的参数来解释颠簸，更好的研究颠簸的机制，然后用无穷的参数来解释它。

总的来说，又回到了第一个问题，我的研究领域是科学应该向大众更多地普及，要有更多的来源和更多领域的人参与进来。在不同的领域大家都在做出自己的研究，取得相应的进展，比方说考古学家做出了研究成果，我也会去看一看。我觉得各国政府应该更加努力把不同的科学领域综合起来，把它们做得更加容易被理解，让大众对科学更加感兴趣，而兴趣的培养应该从人类最小的时候开始，从幼儿园就开始进行科普教育，这是我知道的关于开放科学的想法，以及怎样把我的研究领域向大众普及的想法。

李昕：有关高深的科学研究，科学家也应该尽可能向公众解释研究的内容，让公众获取更多的科研知识。俞可权，你研究的是高性能水泥基复合材料开发的研究和利用，在开放科学的领域中，如何更好地促进这些材料的商业化？

俞可权：得益于国家的政策，我们最近几年把研究转向商业化，我个人对这个问题有粗浅的认识。

一方面，我觉得开放科学确实有利于把整个行业的蛋糕做大，因为开放了，大家获取信息的渠道越来越多。尤其是在我们传统的行业领域里，像比较精深的量子科学等。在传统的研究领域内，通过开放科学获取常规的知识是很方便的，能够提高整个社会对我们或者对某一样新鲜事物的认知度，它其实是能够让对我这个领域感兴趣的人迅速达到及格线的很好的抓手。做的人越来越多，对整个行业的关注也就越来越多，这样整个行业的从业人员越来越多，蛋糕就能做得越来越大。

另一方面，蛋糕做大的同时，要把蛋糕做高，如何把蛋糕做高，或者开放科学对于把蛋糕做高有什么作用？这一点我没有看到非常多的例子，我觉得开放科学对如何把蛋糕做高的作用不是显而易见的。讲商业化是要讲区别化的，你的特点、优点在哪里。开放是有限的，不会所有的东西都开放。所以把蛋糕做大这件事，开放科学能够起到多大的作用？我还是持观望的态度。

有一个非常好的例子，特斯拉汽车把自己所有的专利都免费开放了。在其他行业很难能够看到这样的例子，专利和研究能够很好地做一个匹配。谢谢！

李昕：谢谢，下面请玛利亚娜·莉拉·西尔韦拉，您关注的研究是用于变形监测的简化光纤传感器。在开放科学的背景下，如何一方面保护相关的知识产权，另一方面也能够推动技术的广泛应用？

玛利亚娜·莉拉·西尔韦拉：这两点要放在一起确实是比较困难的，知识的传播和知识产权的保护，我觉得两者之间需要平衡。至少我们的实验室在设计一个传感器的时候，会用一件专利来保护它。但是有的时候，我们还是会把最通用的那一部分、一些通用的原则或者说一些可以公开的东西来共享，这样我们可以在两者之间取得最好的平衡。一方面是能够分享我们的发现，另一方面又可以保护到知识产权，并且能够实现技术共享和保护之间的平衡，既不是完全的开放，也不是完全的保护。当我们和企业合作时，我们也是采用类似的做法，有一个新发现的时候，我们会用公开发表的出版物或者以研讨会的形式来共享。我们同样也会和企业共享，当然了，有的时候也并不能完全做到，但是我们会尽量这么做。

李昕：申请专利，就我的理解也是开放的表现，通过开放有关申请专利的信息来申请专利的保护，和商业秘密还是不一样的。

最后请李雪草教授，您长期从事全球城市化遥感监测及可持续评价的研究，在您看来如何通过开放的方式有效整合多来源、多尺度的遥感数据，以更加准确地模拟全球土地的利用变化？

李雪草：土地利用变化，往大了讲我们可以用遥感器回答国家重大的问题，如我们的城市在全球扩张了多少、速度有多快，农田里种了什么东西，产量怎么样，这个可以用大尺度来回答。微观讲，生活的环境里，每年夏天城市的酷热天气是不是越来越多了，这是由城市热岛效应导致的，还有我们有没有极端的天气现象，发生的程度和频率也跟城市下垫面相关。所以说我们做的工作主要是使用遥感和地理信息的手段，把城市下垫面量化好，同时对未来做些推演。

我在思考怎么样用开放科学的想法促进我们这个领域的提升。从数据的角度来讲，我们做的是全球尺度，我们接触到的数据尺度工作量非常大。我们从细胞结构上也有从宏观到微观的尺度，从天文学角度讲，在宇宙尺度上也有尺度关系，遥感是从地表到太空尺度上，我们看微观环境，看下垫面变化怎么样及去宏观上表现为全球或者全国尺度上的变化。

一个是得益于我们的数据开放，真正从遥感的角度来讲，从约10年前的时候，当越来越多的国外开放数据，包括国内的开放数据变得越来越普及的时候，遥感的应用呈现爆发式增长。去年遥感的科学和技术被提升为一级学科点，从小众的技术慢慢拓宽到大尺度和与生活息息相关的技术手段，可能大家都接触过无人机，出去旅游时可以用小型的无人机拍照，大一点的可以做到卫星尺度上，把地球上不同尺度整合起来，可以做全球和国家大尺度的研究工作。

就模型方法来讲，以前很多的研究尺度受限于研究区域范式的影响，在时间、空间维度上的扩充不是很开。现在我们有一些云计算平台存储了很多开源的遥感数据、地理信息系统的数据,大家都可以通过访问 API 的形式调用它,可以做一些 Global 的事情,这也是巨大的提升。

此外,我们的研究背景是全球和不同地区数据收集的差异化,不同的国家和地区对数据有着不同的政策和要求。我们将在科学界开发新的数据收集方式,基于公民科学的数据收集方式。例如,在地球领域,有一个非常重要的数据来源,它主要是基于每个个体自己的行为模式,如发现一条路,上传这条路的轨迹,审核完之后公开和发布。这是在全球尺度上比较精细的数据,如建筑轮廓、路网,这已经变得很普及。这些工作虽然是庞大的科学数据,但本质上还是基于很多个体提供的平台和方式,贡献自己的知识和科学价值,一起促成全球尺度的研究和工作。

李昕:我曾经参与过一些地球观测组织的工作,近年来遥感数据是呈指数级的增量,增长很快。在遥感领域,参与者也越来越多,研究的方法也好、目的也好,越来越多样,的确是开源信息、开源数据。云计算平台为我们利用各种各样遥感数据提供了新的思路和方法。

最后请 4 位嘉宾用简短的一句话概括一下,在各位看来,在当前科研环境下,开放科学由一个倡议或者一个口号逐渐变为现实,现在在这条道路上还面临着哪些挑战和机会?特别是大家也都知道,现在整体的国际环境存在大国之间博弈和竞争的情况,开放科学面临哪些挑战和机会?

李雪草:我谈两点。

第一,我们都知道数据共享说起来很简单,但实际上实操起来是一件比较难的事情,特别是对某一些数据,是人家花了很多时间和精力收集的,这一块所涉及的专利、数据保护、知识产权等需得到制度上的保障。

第二,优化数据管理和存储的模式。尽可能把资源集中利用,不要做重复性的工作,这样可以把一些资源更好地统筹和高效利用起来。

李昕:关于数据的共享,我们国家也发布了有关科研数据共享的政策管理文件,现在要新成立国家数据局,对这方面将来会有一些新的管理办法,既有政策上面临的挑战,也有实际技术上的挑战,确实是这样。

下面请玛利亚娜·莉拉·西尔韦拉,您认为开放科学进一步的发展面临哪些挑战和机遇?

玛利亚娜·莉拉·西尔韦拉:我觉得最大的挑战就是付费的数字图书馆,我们很幸运,有很多的数字图书馆可以用。我在海外攻读博士的时候,当时只有一个数字图书馆可以使用,我也没有经费去购买所有我想要的资料,而我觉得机会蕴含在更广泛的全球范围的学术合作中,这个是非常好的。谢谢!

李昕:的确,大学的科研人员接触期刊库也好、数据库也好,一直面临所谓的付费墙的问题,有的时候成本是非常高的,虽然现在越来越多期刊采取开放的方式,实际上还是有成本方面的问题。我们也希望能够通过更多的国际合作推进期刊和数据库的开放获取工作。

下一位有请俞可权研究员。

俞可权：我感觉整个开放科学之前的进程都是非常顺利的，联合国教科文组织在2021年时发布了一个报告称开放科学时代已然到来。我感觉我们现在面临的比较大的挑战还在非技术上，如逆全球化等措施，如人员的交流总归是最直接的，比我们再往上的交流要来得更迅捷、更高效一点。

在我的研究领域，我们也利用开放的形式把以前作为定性化的设计方法改为定量化的设计方法，基于生成式 AI 模型的方式，进行定量化的设计，推动整个学科领域内的发展，这是我对整个挑战和机遇问题一点浅显的看法。

李昕：开放科学也会面临一些国际形势、两国关系带来的挑战，开放科学也的确为全球的科技进步带来了很多好处。

最后我们请安娜·科斯蒂安可教授发言。

安娜·科斯蒂安可：我完全同意之前的几位教授和同行所说的，对于我个人而言，我觉得最大的挑战就是完全开放的科学。比方说英国的大学就要求发表的一些论文或者期刊，有一些必须满足的条件，他们必须是开放的等。但是在一些其他时候，或者其他领域，如我自己现在研究的领域，很难找到相应的开放数据。所以我们需要更多交叉或者融合的学科，而且这个开放应该是一视同仁的，不能说有一些期刊和大学是开放的，而另外一些不是。所以我觉得所有的人，所有的研究领域，各个不同的期刊，都应该能够获得开放的资源。

李昕：再次感谢各位嘉宾的精彩发言和观众朋友们的热情参与，今天的互动对话为我们打开了一个崭新的视角，让我们对开放科学有了更深刻的认识。开放科学不仅是一种新的科研范式，更是一种关注全人类未来发展的责任使命。在未来发展道路上，中国科学家与世界各国的科学家拥有相同的理念，相同的科研价值观，这就是开放、透明、自由探索、合作、尊重科研的诚信和科研伦理。

我们也希望每一位青年科学家能够充分利用开放科学带来的机会，同时为开放科学的未来，为全球科技创新和经济社会的进步，贡献我们青年科学家的力量。谢谢大家！

第 9 章

首届中巴纳米技术研讨会

1 论坛综述

纳米技术是中巴两国科技合作的重点之一。浦江创新论坛（第十八届）首届中巴纳米技术研讨会聚焦纳米技术和产业，探索中巴产学研合作新路径。研讨会重点关注技术发展与创新项目，介绍基础设施、行动路线、应用纳米技术改进产品和工艺的可能性、研发产品、纳米技术应用与开发项目的成功案例及双边合作关系的构建等。研讨会共邀请了 13 位嘉宾，分别是时任科技部国际合作司副司长徐捷，上海市科学技术委员会副主任、上海市外国专家局副局长黄红，纳米技术及应用国家工程研究中心首席科学家、上海交通大学讲席教授崔大祥，巴西科学技术创新部副秘书长奥索里奥·科埃略·吉马良斯·内托，巴西驻沪总领事馆总领事范天阳，巴西科学技术创新部赋能技术总协调人费利佩·贝鲁奇，巴西纳米技术国家实验室代表罗德里戈·卡帕兹，巴西圣埃斯皮里托联邦大学教授阿尔纳多·戈麦斯·雷奥·著尼奥，纳米技术及应用国家工程研究中心副研究员王敬锋，巴西马林加大学教授伊瓦尔·阿帕雷西多·多斯桑托斯，纳米技术及应用国家工程研究中心市场部主任邬淑红，书赞桉诺公司中国研创中心首席科学家李庭杰，上海交通大学讲师、博士于绪江。论坛与会中外嘉宾围绕中巴纳米研究平台及其成果展开讨论。

平台方面：第一，中国在布局国家纳米科技与产业发展上，专门设立纳米技术及应用国家工程研究中心，该中心是从事纳米技术应用研究的国家工程研究中心，负责开展纳米技术应用研究及产业化开发。第二，巴西政府在纳米技术发展战略下，专门设立巴西纳米技术国家实验室，该机构是巴西国家能源和材料研究中心的一部分，引领了可持续纳米科学、技术和创新领域的发展。第三，中巴共建了中巴纳米技术研究和创新中心，该中心是在中巴两国于2011年制订《十年合作规划》，明确把纳米技术列为两国科技创新合作的优先领域和重点项目之一的战略背景下，由中国纳米技术及应用国家工程研究中心和巴西纳米技术国家实验室于2012年共同组建的重要平台，平台致力于推动中巴纳米技术合作与发展。

成果与合作方面：近年来，中巴开展纳米技术研究并取得了一系列重要合作成果，中巴高校和企业建立了长期的双边交流机制，开展了技术合作与人才互动等活动，为两国更多机构间开展交往搭建了良好桥梁，推动了中巴纳米科技界互动。中巴双方均在科学研究、技术开发及应用、技术产业化等方面持续产出成果，也通过双边合作搭建了合作平台并推进纳米技术研发与产业化。未来，中巴两国将持续推进合作交流，共同谱写中巴科技合作新篇章。

2　嘉宾致辞

巴西科学技术创新部副秘书长奥索里奥的致辞

奥索里奥·科埃略·吉马良斯·内托　巴西科学技术创新部副秘书长

> 纳米技术是中巴两国的重要议题，巴西对该议题十分重视。巴西代表团希望以中巴友谊为基础，进一步和与会专家建立友谊，实现纳米技术及更多议题的合作，助力中巴共同开辟新的合作通道。

各位早上好！刚才，上海市科学技术委员会副主任黄红女士向我们致以热烈欢迎。今天，这里高朋满座，我非常高兴和大家共同探讨纳米技术。这是巴西非常重视的议题，也是中巴两国之间非常重要的议题。

当组委会向我咨询本次会议主题时，我想到的第一个议题就是纳米技术，这也是我们两国合作的中心。

今天是巴西代表团访华的最后一天，我们在这里度过了美好的时光，结识了新的朋友。这不仅是一次合作，我们希望与在座专家建立友谊，产生更多不同的合作。我们首先要建立两国之间、两国研究人员之间的友谊，相信我们一定能够找到纳米技术及其他议题的新合作通道。我们在此表示欢迎！非常期待接下来富有成效的讨论，谢谢！

时任科技部国际合作司副司长徐捷的致辞

徐捷　时任科技部国际合作司副司长

> 中巴互为全面战略伙伴，建交近50年来两国关系稳定发展。中方大力实施科技创新驱动发展战略，是巴方及拉美和加勒比地区最重要的合作伙伴之一。中巴双方遵循政府间科技合作机制框架，已开展广泛而富有成效的合作，双方科技合作的方式和内容不断拓展，合作新亮点持续涌现，正充满信心携手应对共同挑战。进一步深化中巴科技领域合作意义重大，纳米科技是两国合作的一大重点领域，希望中巴加强互利交流合作，深化科技界友谊，不断谱写中巴科技合作新篇章。

尊敬的奥索里奥·科埃略·吉马良斯·内托副秘书长，范天阳副总领事，尊敬的黄红副主任，女士们、先生们，上午好！

首先请允许我代表科技部国际合作司，向今天参加研讨会的代表和专家表示热烈的欢迎，尤其是向远道而来的巴西代表团和专家表示欢迎！感谢巴西科学技术创新部、巴西驻华使馆、巴西驻上海领馆对中巴科技合作的大力支持，感谢纳米技术及应用国家工程研究中心为筹备本次研讨会所付出的努力。

中巴互为全面战略伙伴，建交近50年来，两国关系保持稳定发展。今年4月卢拉总统对中国进行国事访问，习近平主席同卢拉总统举行了富有成果的会谈，共同为两国关系发展做出战略指引，引领和开辟新时代中巴关系新未来。

当前新一轮科技革命和产业变革正在重塑世界经济结构和竞争格局，在全球化、信息化和网络化深入发展的背景下，创新要素开放性、流动性显著增强。科技研究与产业化的边界日趋模糊，科学技术加速在全球普及与扩散，以科技促进经济社会发展成为国际共识。

近年来，中国大力实施科技创新驱动发展战略，将科技创新作为国家发展的核心，中方是巴方及拉美和加勒比地区最重要的合作伙伴之一。1982年，中巴两国签署了科技合作协定，拉开了40年友好互利合作的序幕。

在中巴高委会科技创新分委会、中巴高级别科技对话等政府间科技合作机制框架下，双方在合作平台建设、联合研究、科技园区政策对接、科技人员交流等方面开展了广泛而富有成效的合作。

中巴科技合作的方式和内容不断拓展，合作新亮点持续涌现，为双方人民带来了实实在在的好处，进一步提振了中巴双方携手应对共同挑战的信心，也增加了依靠科技创新促进中巴共同发展的动力。

作为东西半球最大的发展中国家和重要新兴经济体，中巴进一步深化科技领域合作意义重大。纳米科技是中巴科技合作的重点领域之一，中巴支持双方科研机构和大学在纳米技术领域成立了联合实验室，开展了务实的交流合作。

上海市是中国科技和产业的创新高地之一，巴西是今年浦江创新论坛的主宾国，很高兴双方共同举办此次研讨会。希望大家以今天的会议为契机，加强互利交流合作，深化中巴科技界友谊，不断谱写中巴科技合作新篇章。

预祝今天的会议取得圆满成功，谢谢！

巴西驻沪总领事馆副总领事范天阳的致辞

范天阳　巴西驻沪总领事馆副总领事

> 范天阳副总领事代表巴西对中国合作伙伴表示感谢。巴西代表团本次访华为两国学界和产业界搭建了面对面交流的平台，创造了合作机会，缔造了双方合作的新起点。中巴两国贸易关系十分强劲，科技合作有一定历史，未来将以纳米研究为切入点，共同致力于联系科技与发展、提高人民生活水平、让科技造福生活。

各位朋友早上好！我想接着奥索里奥副秘书长和徐捷副司长的发言补充几点。

我非常高兴代表我国外交部和大使馆，在此对中国的合作伙伴表示感谢！我们的合作催生了本次论坛，借此我们首次将巴西学者、学术界人士和企业带到中国与他们的同伴见面，并缔造我们合作的新起点。

过去几年，很遗憾我们无法开展面对面的交流，面对面的交流将催生新事物，卢拉总统在和习近平主席会见时，也表示人与人的交流非常重要。

奥索里奥先生方才谈到，本次巴西代表团访华，见到了许多朋友，见证了中国的发展，这是中巴继续深化合作的一次机会。我在此真诚感谢组织这次研讨会的所有朋友，尤其是承担了诸多工作的上海交通大学的崔大祥教授团队，衷心感谢该团队所做的工作。

中巴两国在纳米合作、研究室合作方面已有10年历史。我们已有企业进行实际应用，两国贸易关系十分强劲，是很好的合作伙伴。我们将继续发展、共同解决问题，致力于提高两国人民生活水平。我们会共同努力，让科技造福生活。

众所周知，世界上有些地区没有把科技与发展联系起来，但中巴两国会持续致力于联系科技和发展。两国人口较多，都致力于提高人民生活水平，双方共同关注的研究领域之一是纳米技术，这个领域将不断发展应用。最后，感谢大家参加此次会议！

3　主旨报告

巴西主要纳米技术项目及拟与中国开展的合作活动

费利佩·贝鲁奇　巴西科学技术创新部赋能技术总协调人

> 中巴签署新的谅解备忘录，第一项科技合作的内容就是纳米技术。费利佩·贝鲁奇介绍了巴西纳米科学和纳米技术生态系统，通过对关键项目和研究中心进行案例分享，介绍了巴西技术和纳米科学如何支持巴西十大科技政策使命。巴西通过纳米技术实验室系统支撑了INCT项目，召集研究机构投资巴西技术设施，强化产学合作，设立中心增强产业界互动，形成了丰硕成果。目前，巴西在纳米科技领域拥有领先的第四代同步加速器光源，广泛开展国际合作、建立企业联系、涉猎诸多科技领域。中巴两国就纳米技术达成了谅解备忘，并联合产出技术论文和合作经验著作，通过举办纳米领域的系列会议寻求合作。巴西对中巴合作表示欢迎。

中巴的各位同事早上好！我是费利佩·贝鲁奇，任巴西科学技术创新部赋能技术的总协调人。非常高兴参加今天的中巴纳米技术研讨会，和大家探讨巴西纳米科学和纳米技术的生态系统。

以下是我国科技政策的十大重要使命：一是科学技术和研究的基础设施；二是创新；三是数字化转型；四是亚马孙可持续发展；五是人才回报，即为巴西学生和研究人员提供一些福利待遇；六是科学知识；七是支持科技的激励政策；八是致力于保护国家历史和文化藏品的项目；九是国家战略的项目（包括国防）；十是生命安全。

众所周知，纳米技术和纳米科学可以为上述十大关键任务提供技术支持。具体而言，纳米技术在巴西有3个项目。项目一是巴西纳米技术倡议，这是巴西纳米技术的具体规范，已拥有较为先进的材料科学技术及创新政策。项目二是关于先进材料，其中包括纳米材料。项目三也是关于先进材料，是石墨烯创新政策，这是巴西较为强大的领域。该领域投资历史悠久，拥有良好的国际合作基础，在这里，石墨烯不仅仅指代石墨烯本身，还包括两种其他与碳相关的材料。

分享项目一：巴西纳米技术实验室系统。巴西拥有23个非常先进的纳米科学和纳米技术实验室，并在医疗、农业和电信等诸多领域广泛应用。我非常鼓励大家通过Youtube进一步了解这些实验室的内容和研究信息。由巴西各实验室的地理分布图可以看出，巴西各主要地区都至少有一个实验室。我们在此分享实验室名单，方便大家建立联系。这

23 个实验室还有一个庞大且重要的纳米技术项目——国家科学技术研究所 INCT。自 2008 年计划启动以来，该项目已为约 300 个城市提供支持。尤其在纳米技术和先进材料方面，17 个 INCT 共同致力于推进纳米技术和先进材料及不同领域的发展。

本次会议，我们列出了先进材料类目下的纳米技术项目，包括 17 个实验室、协调员姓名和相关网站，大家有兴趣可以和他们对接、联系。

分享项目二：关于研究和产业创新。我国有一个研究机构，负责帮助巴西的行业进行创新、加强产学合作。巴西共有 77 家纳米技术先进材料的研究机构，其中有 72 个项目和我们签约；我们共筹集两千万美元，其中 14% 来自上述 77 家机构。从巴西基础设施地图可以看出，许多有趣的研究基础设施分布在巴西各地，如超级计算机等。

今天我想谈的第一个中心，是巴西国家能源和材料研究中心，特别是同步加速光源。全球有两个第四代同步加速器光源，其中之一位于巴西。我们正在规划建造的巴西最大的生物安全实验室，通过控制同步加速光源设施，这个最大的生物实验室可以连接到一个光源束。

巴西国家材料研究中心内有一个国家纳米实验室，暂不赘述，因为罗德里戈教授将在后续介绍该实验室的具体工作。简要介绍第二个中心：我们正在贝洛市（Belo）建设新的先进材料和战略矿产中心，该中心旨在帮助与产业界进行互动，创造先进材料和纳米技术相关的新技术产品和新服务。

谈到中巴国际合作，我想提及第三个中心——巴西·中国纳米技术研究创新中心（CBCIN 中心）。巴西·中国纳米技术研究创新中心（本段下称"中心"）成立于 2011 年，巴西将该中心命名为 CBCIN。中心的理念是推动专家和研究人员交流，促进科学知识转移，加强科技合作，包括中巴纳米科技合作。具体而言，中巴两国在 2023 年 4 月签署了新的谅解备忘录，内容涉及巴西大部分与纳米相关的创新合作。这份备忘录的第一项内容就是纳米技术，内容涉及新材料，以及协调中巴多领域纳米技术合作。CBCIN 为一系列科学机构提供支持，如 3 年前以协议形式支持了 9 个项目。在成果方面，目前中巴已联合发表论文 13 篇，其中多数与环境学科有关；出版了巴西·中国创新和纳米技术相关著作 1 部，讲述了中巴国际合作经验。

我想谈的第四个中心，是材料科学和纳米技术网络中心。该中心的主要目标是在材料科学和纳米技术领域建立合作，与包括金砖五国在内的国家，就环境和农业问题、先进电磁和相关材料、能量转化、储能材料，甚至纳米医学中的生物材料等议题开展合作。2021 年，我们首次组织了该会议；2022 年，会议在巴西举行；2023 年，会议将在中国举行，因此我们将在几个月后再次访问中国。

这次合作中，我们有五个倡议，希望得到支持。我们将在 2023 年、2024 年再次发出邀请。我们部门关注知识技术的公共政策，大家可以通过 Youtube 再做了解。

最后一个项目是 CENTELHA，和技术、创业相关。我们与包括 SLMPK 在内的合作伙伴共同建立了方案，旨在鼓励企业家、创新者将创新想法转化为产品。我们收到了很多很好的想法，其中50%和纳米、新材料相关。为了增加这一比例，我们做了大量工作，我们发现纳米技术的很大潜力是来自于企业家创新和新技术创新。

分析市场可以发现，很多创业公司致力于开发软件解决方案，这需要增加与深度技术（如纳米技术）和先进材料相关初创企业所需基础设施。当前，很多巴西初创公司涉猎健康、科技和农业等领域，纳米技术将在这些领域做出很大的贡献。现已形成基于技术创业的框架，巴西设有5个专门项目，包括CNTELHA、CONECTA、Tecnova等，这些项目能够帮助创业者、初创公司发展成为较大的新公司。

非常感谢大家的关注！大家能够关注纳米技术和纳米创新，令我们非常高兴。欢迎与我、与场内外的巴西同事取得联系，今天在场的同事可以对接起来。谢谢大家！

中国主要纳米技术项目及与巴西开展的合作

崔大祥 纳米技术及应用国家工程研究中心副主任、上海交通大学讲席教授

> 纳米技术兴起于20世纪90年代，由诺贝尔物理学奖获得者理查德·费曼提出。纳米技术具有四大作用：吸附、信号放大、催化和特殊荧光信号；纳米材料因具有纳米效应而被应用于不同领域。中国政府对纳米科学和纳米技术有一定布局，如成立纳米技术国家科学中心和纳米技术及应用国家工程研究中心；提出"863计划""973计划"，分别从纳米应用和产业化、纳米基础科学研究方面推动该领域发展。纳米技术的交叉研究涉及领域广泛，中国在研究成果和培育人才的数量方面卓有成效。作者以纳米技术应用国家工程研究中心为例，介绍了该中心的成立初衷、发展目标、基础设施、研究内容、成果及合作畅想，列举了该中心与巴西、与国际的合作情况，指出了中心在各交叉领域的具体研究内容。最后，对中巴多领域合作进行展望。

女士们先生们，大家早上好！我是来自纳米技术及应用国家工程研究中心的崔大祥。今天我要讲述中国主要的纳米技术项目及与巴西的合作行动。主要包括5个部分内容。

第一，纳米技术发展史。定义上：纳米科学是研究0.1～100纳米的原子、分子和其他物质的类型运动和变化的科学。在这一尺度对原子和分子进行基团操作和处理，即纳米技术。起源上：纳米技术这一名称来源于著名的诺贝尔物理学奖获得者理查德·费曼，他首次提出纳米技术这一理念。1990年，美国商业机器公司使用扫描隧道显微镜，用35个原子在一个小液晶体上写下了公司的首字母IBM，这引起了全球的关注，一个新的纳米世界从此诞生。用途上：纳米材料有纳米效应，如表面效应、尺寸效应。可以

利用纳米效应解决很多关键的科学技术问题。功能上：纳米技术有四大作用——吸附、信号放大、催化和特殊荧光信号。实际应用中，可以增强图谱信号，可增强肿瘤标志物检测的灵活度和特异性。可用于纳米芯片、纳米处理器、纳米感应器，如功能化的纳米探针，可以穿透生理屏障，实现局部成像，用于肿瘤或者癌症治疗。

第二，中国政府对纳米科学和纳米技术的布局。机构方面：中国成立了纳米技术国家科学中心，主要在北京开展与纳米技术相关的基础科学研究。中国还成立了纳米技术及应用国家工程研究中心，主要在上海开展应用研究和技术产业化。项目方面：中国有一些关键纳米项目，一是"863计划"，始于1986年，主要关注纳米应用和产业化。还有很多其他纳米科技项目致力于提高产业化程度。二是"973计划"，始于1997年，主要侧重基础科学研究。还有很多其他纳米技术关键项目、纳米前沿关键项目。每年，这些与纳米技术相关的项目会增加50个。这些项目主要关注基础、前沿探索和关键技术研究，也关注新纳米材料和设备准备的方法，并产生更加原创性的成果，如新的理念、理论、方法和新技术。

第三，交叉研究。纳米技术和信息、能源、生物、医药、环境和其他领域的交叉研究，可进一步增强纳米技术在经济社会发展的关键领域的支持性作用。2010年起，中国研究人员发表了逾15 000篇/年纳米相关论文，居世界第1位。我们每年申请的发明专利逾2000件，每年培育纳米领域毕业生5000名以上。

以纳米技术及应用国家工程研究中心（以下简称"中心"）为例，中心成立于2003年，受国家发展改革委支持，由上海国家纳米技术研究中心营运。中心有10个股东，包括上海交通大学、复旦大学、华东理工大学，还有中国科学院上海微系统与信息技术研究所、上海陶瓷研究所、上海医药行业研究所及一些其他企业。成立初衷：中心成立源自市场需求，市场需要开发和应用技术以改善环境；需要开发功能性材料，推进清洁能源、表面科学和生物医药领域。这些都需要自我创新，需要把创造与生产结合、消化和应用。为此，我们一要提供行业进步的技术性和结构性共同解决方案；二要宣传研究成果，并推动产业化。发展目标：根据国家战略和要求，我们的发展目标一是满足社会需求，提高关键技术的竞争力；二是根据市场需求发展通用技术竞争力。此外，我们还要建立公共服务平台，培养人才创新、知识产权和标准化的意识，提高我们在这一领域的产业影响力。基础设施：我们在上海有40公顷的土地，建筑面积23 500平方米，有50多个研究室，此外有10 000多平方米的建筑专门用于试验和测试。研究内容：我们主要关注纳米材料，同时关注环境处理技术、功能性材料、能源纳米材料电池材料、电极材料、纳米医药（包括纳米医疗设施）、医药、表面科学和信息材料（包括薄膜材料和抗腐蚀材料）、传感器等。合作畅想：我们可以在国内研究的基础上，共建研究室，将其发展为研究中心、产业化基地、创新中心，还可以和研究所合作建立科技园。成果：荣誉和资助方面，当前我们已经建立一些研究所，在

2017—2020年蝉联中国千家国家创新企业,并获得了各种国家资助。专利和出版方面,我们已经申请专利1547件,还有很多出版成果;我们开发了新产品和技术50种,囊括功能性材料、生物医药、清洁能源、表面科学领域。截至2020年底,共有示范项目30个。

第四,我们研究中心与巴西的国际合作情况。2017年12月,在科技部国际合作司批准下,中心设立基地,主要用于促进中国和国际纳米研究所之间的合作,鼓励纳米技术产业化,力求赶上国际标准。中心与俄罗斯、巴西、古巴、美国、日本、韩国、澳大利亚、德国、西班牙等建立了合作关系,如与诺贝尔奖获得者托马斯教授,探讨了双方合作;与Pandoli omar Ginoble副教授合作开展用于同步成像和核酸酶量子点簇的研究。Pandoli omar Ginoble是我的学生,来自意大利。他和我的团队开展了基于纳米荧光免疫的测定、紫外可见吸收光谱的监测及纳米材料的研究,我们希望持续进行合作。此外,我们研究中心也和巴西圣塔卡特林娜大学合作,包括用纳米技术开展环境治理、建立联合研究发展中心,合作研究生物材料、生物医药等。我们希望能够进一步强化合作。研究领域方面:在环境治理方面,我们的研究包括空气污染、水污染、环境污染物检测与净化处理设备等,也包括不同的功能材料研究。在清洁能源方面,我们开展了针对不同纳米材料、锂电池和其他电池的研究。在表面科学方面,我们开展了纳米光电器件,纳米传感器、纳米级薄膜、防腐材料的研究,还开展了用于制造薄膜的凹印技术和气体感应材料的研究。在生物医药方面,我们开展了生物材料制备、分子成像诊断技术、纳米疫苗、诊断试剂盒开发和细胞疗法方面的研究。

第五,总结和展望。我们真诚欢迎巴西的朋友到纳米技术及应用国家工程研究中心参观,继续增强两国在科技方面的合作。我们的合作可以包括纳米环境、纳米能源、纳米信息、纳米传感、纳米生物医药和工程方面。我相信,我们的合作前景会越来越好,非常感谢大家的倾听!

巴西能源与材料研究中心的研究设施与机会

罗德里戈·卡帕兹　巴西纳米技术国家实验室主任

演讲者介绍了巴西纳米技术国家实验室的主要研究工作。首先介绍巴西非营利组织LNNano,包括内设的国家实验室、研究团队情况、部门架构,具体介绍了纳米材料、纳米生物技术和纳米设备3个部门的设备亮点与研究应用现状,并从设施用户、应用领域及研究突破3个维度,展示了巴西纳米技术国家实验室所取

> 得的丰硕成果。该中心已拥有在原子尺度上对物质进行原位可视的技术，氧化锆烧结演变过程可以通过 DFP 计算进行分析。

大家好！我叫罗德里戈·卡帕兹，是巴西纳米技术国家实验室的主任。我今天的演讲，是向大家简要介绍巴西纳米技术国家实验室（LNNano）的主要研究工作。

首先介绍 LNNano。LNNano 是由巴西技术和创新部监督的非营利组织，该组织建立于 2011 年，是巴西圣保罗州纳米大型中心的一部分。LNNano 内设 4 个不同的国家实验室，包括国家实验室、巴西生物科学国家实验室、巴西可再生能源国家实验室、光源系列实验室，它是巴西同步光源加速器国家实验室的一部分。

这个研究生态系统拥有巴西最高精尖的研究基础设施——光源，还有国家实验室，在不同研究项目中协同合作。我们的一个重要工作是向外部用户提供设施，包括学术用户、行业用户、产业用户，遍布巴西国内外。我们除了共享设施，还进行内部研究、开展不同的研发项目，为创新提供支持，为巴西及国际公司提供服务。我们不仅提供知识型合作和服务，也开展教育和知识宣传活动，如研讨会、培训等系列活动。

LNNano 作为国家纳米技术实验室系统的一部分，成立以来，接待了 7000 多名外部用户，为外部用户提供了非常先进的基础设施。国家纳米技术实验室系统遍布巴西，LNNano 就是其中最大的纳米领域战略实验室。研究团队构成：LNNano 的研究团队不大，共 19 名研究员，还有 20 位专家，他们都是多用户基础设施领域的博士或博士后。此外，LNNano 还有 40 名技术人员和 3 名行政支持人员。整体看，团队具有广泛的多元化背景，有化学家、工程师、材料学和生物学家等。部门架构：LNNano 包含 3 个部门：纳米材料部门、纳米设备部门和纳米生物技术部门。这 3 个部门的设施各有亮点。

第一，纳米材料部门。亮点一：它拥有不同的纳米材料合成技术，如透射显微镜扫描、电子显微镜光束、DYSTM、X 射线衍射及散射光谱实验室。我们有一个光电化学实验室，主要致力于开展绿色氢能研究；一个原位生长纳米材料合成实验室，它有不同的材料组技术 PLD 或 NHB 等。此外，还有一个关于纳米陶瓷的实验室。亮点二：TEM 设施，这是拉丁美洲设备最为齐全的电子设施。例如，我们有 300 千伏的 Titan（冷冻电镜），分辨率非常高；还有其他的 TEMS、SEMS。我们最近刚刚发表了一个实验团队和理论小组的联合研究，理论小组分析了烧结过程及单原子线的形成，在采用氧化锆的情况下，其烧结演化过程所形成的演变，可以通过 DFP 计算进行分析和理解。这是原子尺度上对物质进行原位可视的技术。

第二，纳米设备部门。拥有洁净室、电子传输测量的制造实验室、5S 半导体和微流体设施。所有设施都对外部用户开放，其中一个亮点是光刻技术和纳米设备制造，它可以为小于 100 纳米的结构进行构图。

第三,纳米生物技术部门。其中最重要的一个设施是冷冻电镜,此外还有纳米毒理学实验室、可再生材料实验室及纳米环境实验室。该部门的亮点设施是冷冻电镜,它是拉丁美洲的第一个冷冻电镜,带有 Titan 冰冻体。有一个团队专门研究生物和软物质样本。

上述设施大多对外部用户开放,对外开放的设施包括,TMS、CM、纳米制造、纳米毒理学、散射光谱、光电化学。近些年参与研究的用户量非常大。从用户量看,根据不同设施的外部用户图分析,据不完整统计,2023 年最流行的设施是微型 TEM 电子显微镜设施和 AFM。设施的用户数量稳步增长,即便在疫情防控期间也是如此。从用户领域看,我们的用户来自不同领域,有材料科学、生物科学和生物技术,以及物理学、化学、工程学等。

研究方面:CNP 研究计划分 4 个不同的子计划:可再生能源、可再生材料、健康环境和量子技术,有 4 个不同的国家实验室,实验室之间可能有不同的合作。具体而言,我所在的部门 LNNano,在可再生能源方面实力强大,特别在可再生能源设备中纳米材料的应用方面。我们实验室在这一领域的最新研究亮点是最近在拉丁美洲产生了绿色氢气新纪录;我们在纳米纤维素、生物质基材料方面的研究也较为活跃,如研究墨质如何实现纳米尺度的黏附;我们在生物监测传感器方面的研究同样活跃,如研究可穿戴设备、用于植物叶片的生物传感器,这些也是我们最近在这个领域的研究亮点。

在一篇论文中,我们描述了生物传感器用于新冠病毒抗体的测试。农业环境对于巴西很重要,因此我们开展研究,关注环境养护、环境传感,纳米材料,以及毒性和安全性材料。

在量子技术领域,我们有理论研究,也有实验。近期,我们开展了量子材料、量子器件实验的研究,包括研究 2D 材料、单光子发射器材料的缺陷等。我们近期发表了一些论文,大部分集中在理论方面;我们也着手开展一些实验,特别是在量子通信材料方面。

关于创新和产学互动,我们采用不同的方式为企业提供服务。企业可以使用设施,如采用测量服务,还可以以项目或较为长期的形式获取我们的服务。2022 年,我们提供了 9 个联合项目服务,新增 8 件专利,凝练出重要案例,内部出版物的平均影响因子在逐年稳步增长。

最后,提供一份会议和教程清单,包括组织不同类别的培训、研讨会、短期课程的计划。非常感谢!

医工融合促进纳米诊疗技术的研发与转化

崔大祥　纳米技术及应用国家工程研究中心副主任、上海交通大学讲席教授

> 纳米技术在医工融合中具有独一无二的优势。在国家健康战略大背景下，精准医疗和医工交叉成为很好的创新发展路径。当前，已初步营造医工交叉创新的良好环境，为纳米技术的诊疗应用奠定了基础。作者通过研发案例，介绍了纳米技术在不同情境下如何实现问题解决，如结合芯片开展胃癌早期筛查、新冠病毒筛查、标志物远程监测专家系统、纳米机器人、纳米粒子靶向药、二次荧光成像、口服靶向纳米探针、磁控机器人、微针贴膜、数字PCR试验等，均实现较好的成果转化、较高检测灵敏度，一些研究产品已获得医疗器械证，在全国推广应用。

尊敬的各位领导、专家，习近平主席强调人民健康是中国的国家战略，十九大之后，启动了健康战略，将人民群众的健康置于首位。

现在医疗装备的研发，体现了学科交叉及系统集成。中国强调没有人民的健康，就没有社会的小康，所以健康非常重要。此外，核心技术也是国之重器。

现在强调精准医疗，包括人类遗传信息、代谢和疾病预测，对合适的病人，在合适的时间，采取合适的治疗，强调个性化。但是如何实现呢？医工交叉是很好的创新发展路径。

20世纪70年代起，世界顶尖大学开始设立医工交叉的研究机构。中国从20世纪80年代起，对工科和医科进行整合融合，在纯医学—纳米医学—精准医学等方面取得了突出成绩，也发表了非常多论文。

医工交叉融合既有分子生物学、基因组学、人工智能技术、大数据，又有云计算、移动医疗、物联网、量子计算、5G、6G、纳米技术，还有物联网、AR/VR和其他技术，主要目标是诊断、预防和治疗疾病，以及民族医药技术创新。医工交叉融合有打造医工产业集群的计划，为此，我们设立了医工融合创新大赛，开放了成果落地，成立了专项基金，致力于服务国民经济主战场。纳米技术这一概念由理查德·费曼提出。纳米成像可用于治疗，医工交叉强调使用临床信息，以纳米技术作为工具，解决疾病诊疗问题，解决关键的技术瓶颈与挑战。

纳米技术的团队工作。人的呼出气体中含有很多反映人类健康状况的秘密，可以通过呼气诊断测出带有疾病的分子。呼出的气体结合芯片检测，就能判断个体患有哪些疾病，并做出预警。

针对胃癌的早期筛查案例。收集并选择出包括健康人早期胃癌、中晚期胃癌等情况在内的14个病人的标志物，建立标准图谱，对图谱进行软件编译，实现自动识别。研

究发现，分子检测的灵敏度可以增强到 10^{15} mol。结合芯片打造纳米诊体柱，可以提高检测准确率。采集气体可自动输送到五六个芯片里，做检测识别，用于精准筛查诊断。我们团队建立芯片、打造样机、发表文章，获得了国家好评。国家规定，满 10 000 案例才能颁发证书。当前，我们团队已经完成几千个案例，并在持续开展开放研究。在此基础上，我们开发了人工智能预测的模型，并作分析，结果显示模型对早期胃癌的筛查准确率达到 97.4%，健康人的筛查准确率达到 98%。该模型已经整合进软件里，并开始验证。

我们开发的这套系统，在新冠疫情期间，用于新冠病毒的筛查。通过在医院收集患者数据，发现新冠病毒感染者和正常人之间存在明显的标志物差异，从中选取 8 个进行检测分析，快速将其区分出来。我们开发了这个软件，建立了理论模型，进行了验证，确实能够实现很好的区分。通过不同的人工智能分析、建立不同的模型，发现 SOM 的效果最好。相关文章发表在《呼吸研究》杂志，我们想把它转化为真正的产品。

我们建立了呼吸标志物远程监测的专家系统，检测目标通过氧化锌阵列。可穿戴式设备，结合物联网实现实时监测，返回预测判断，实现疾病预防。

我们开发了纳米机器人，通过呼吸用于治疗。图示结构展示了它和靶向点的组装过程，成像显示，它能够在肺部起很好的治疗作用，延长了老鼠的生存时间。

我们也开发了纳米粒子，结合 MMP2 靶向分子，把药组装起来，通过表征和成像，发现它的疗效确实很好。我们现在想开发一个新方向，通过呼吸将纳米机器人用于疾病治疗。

二次荧光成像可用于前列腺癌的成像治疗。这是我们自主设计的，安全性非常好。成像显示，它本身可用于动物模型器官传热的治疗。它最大的优势在于穿透能力可达到 1.5 m，空间分辨率 25 μm。基于此，我们研发了磁控机器人。磁控系统可以将不同方向不同位置控制好。它不使用电池，由体外无线供电，可用于成像、治疗，延长了治疗时间。我们有一个技术优势，申请了发明专利。我们开发了探针，结合机器人口服，实现数据获取和成像治疗，深度很高。

我们开发了口服的靶向纳米探针。它能实现特异性结合，吸光产热消灭目标。通过成像，可以看到它在胃部的部位和用量。病理分析显示，通常在治疗一个月后，胃黏膜恢复正常，所有探针 7 天全部排出体外，很安全。在此基础上，我们建立了猪模型，治疗两周后，发现胃部炎症消失。我们现在申请了临床试验，想尽快实现成果转化。

在成果转化方面，这些产品的检测灵敏度都在皮克每毫升（pg/ml），相当于热磁检测。例一：新冠疫情期间，我们利用磁性纳米酶催化的特性，针对新冠病毒开发了包括疫苗在内的一系列产品。通过几个识别器，实现组合，效果较好。例二：我们也开发针对新冠病毒的药物，目前正在做转化。我们做了微针贴膜，并在 *Theranostics* 发表文章，须作进一步转化。我们也结合微芯片作癌细胞检测，用于疾病的预警和诊断，已经在医疗器械领域推广和应用。例三：我们也设计了金和银制锥形结构，能与靶向分子结合。血液循环过程中，血内癌细胞被捕获后，经过成像和光谱识别，从血液图片上被识别，灵敏度非常高。这个方法可以推广应用，但是成本较高。我们研发CT分离探测，并在去年申请了上海的医疗器械证，可用于推广。例四：2004年，我们团队发现和定位 BRCAA1 基因。制备了大规模抗体，与荧光因子结合，可用于核磁共振成像。结合基因，实现光声成像和治疗。例五：这是纳米药物SRNA阻断的结构。我们已经建立了它的治疗机制，并获得了中国专利及美国发明专利授权，正在和一家美国企业做转化实验。例六：手术边界失真的探针，我们通过临床试验、安检，发现效果较好。例七：数字PCR试验，我们已拿到医疗器械证，并在全国推广应用。还有四氧化酸锂，比常规的治疗效果好得多。例八：气体采集、核酸体检诊断，也拿了医疗器械证。例九：肠道内的炎症治疗，我们申报了临床试验注册证，研究显示，炎症因子显著降低、消化通路被激活、一个月后效果很好，复发病人少。这个研究现在还在继续观察，这篇论文正在《柳叶刀》返修阶段。例十：我们结合芯片，设计了胃癌早期标志物，通过机器编码进行检测，获得了医疗器械证。此外，用于治疗脑胶质瘤的中药效果很好，对于中药研发也很有意义。

我们在几年间，拿到9个医疗器械证，一些产品正在全国推广应用，真正推行纳米技术成果转化。总之，医工融合具有很大的优势，纳米诊断技术有转化前景，纳米技术有广泛的临床应用前景。

最后，我们办了《纳米生物医学工程》杂志，希望大家给我们投稿，与我们合作。谢谢大家！

4 主题报告

光子学和纳米技术：国内观点与国际合作

阿尔纳多·戈麦斯·雷奥·著尼奥　巴西圣埃斯皮里托联邦大学教授

> 演讲者来自巴西圣埃斯皮里托联邦大学，介绍了该校在纳米技术领域的研究基础设施及应用情况。学校有10个实验室，是巴西国家实验室系统的组成部分，实验室拥有很多基础研究设施，支撑了环境监测、医疗、纳米技术和工业物联网等领域的研究。演讲者介绍了纳米技术在表面等离子共振传感器的应用；与中国在纺织面料、智能医疗、光子服饰上的合作产品；在环境领域开展生物可降解材料纳米纤维素、光子接口的研究；不同公司在医疗方面提供的服务；与中国几所

> 大学的国际合作近况；重要研究应用；光子项目的发展愿景等。演讲者指出，掺杂纳米粒子的光纤，可以制备低成本、高品质的分布式光传感器，在智能城市中有非常重要的应用。

我叫阿尔纳多，供职于巴西圣埃斯皮里托联邦大学机械工程专业。首先和大家介绍巴西圣埃斯皮里托州（Espírito Santo）。这是一个很小的州，学校跨三区四县，其中两个县位于首都。圣埃斯皮里托联邦大学是一个州立大学，虽然不大，但教学质量很高，我们的国际排名在不断上升，影响力位列巴西第四。

我们应用和电信组下设 3 个研究室，共有 10 个实验室，占地面积超一千平方米；拥有很多不同的应用和设备，特别是光磁射频；拥有专门的数据中心，如边缘计算和云计算。基础设施支撑研究领域包括：环境监测、医疗、纳米技术、工业物联网等。不同的研究领域，使我们参与到国家实验室系统的系列研究中。

国家实验室系统由我国科学技术和创新部发起，项目之一是 Sisfoton，由本单位牵头。最近我们在 SisAssistiva 公开招募，聚焦机器人研究，项目目前待批，项目启动后即可建立实验室。纳米技术是一个非常广泛的概念，我们实验室主要关注 4 个子领域的应用：环境、纳米颗粒、光子和导热材料。光子是我们关注的主要领域，在面料等方面合作众多，可以将纳米结构提取至面料，还可以进行很多物理参数监测。Università di Trento 是我们的硅光子研究项目，有原型可用于神经网络，即光子神经网络研究、光学部件的纳米材料制造、传感器等光学设施应用。以上是我们研究业务的简要介绍，如果大家感兴趣，可以阅读我们的出版物或直接和我联系。

纳米颗粒的常见发展领域之一是表面离子共振传感器。纳米颗粒有不同的波长，可以测量不同物质，现在有个新发展，是在光纤中使用纳米颗粒，即掺杂纳米粒子的光纤，这些光纤可以跟踪不同人员或者用户的活动。对此，我们和法国合作，通过控制光的反射，获得低成本、高品质、高分辨率的分布式光传感器，这在智能城市等应用中非常重要。

在纺织面料方面，我们可以和两所中国大学合作，致力于智能医疗领域，测量血压、心率、pH 值这些重要生命体征。在紧急事件发生时救助病患。另外，可以在不同服装附件中放一些光子产品。它可用于日常穿着，嵌入传感器，不仅获得心跳、呼吸率，还跟踪行动、活动和动作。

在环境方面，第一个研究目标是纳米纤维素结构，即使用生物可降解材料纳米纤维素。该材料支持开发非常敏感的压力传感器、温度传感器和污染传感器。还可用于触摸响应，如照明和显示。第二个目标是光子接口，我们可以使用回收材料，如回收塑料，制作不同的光学设备，可用于生产光纤，可用于过滤，可用于制造传感器，还可用于电信应用。这些发展源自创新环境孕育的初创企业和公司。第一个智能传感器项目，已有一个公司正对其进行工业应用，另有一个公司，将其用于光学光电子的解决方案中。两种不同的应用带来了很多传感器的工业应用。

在医疗方面，我们为人们提供了低成本的选择、可移动的系统。VIHPHY 公司主营软件定义云服务；NOCS 公司主营能源应用方面的软件开发；MECSOLVER 公司主营光机械制造，主要提供不同的光学机械部件，可用于增量制造。

在协作方面，我们和不同大学、研究机构、公司进行合作。聚焦巴中合作，机构层面，我们有3个谅解备忘录，其中2个已经签订，一个正在讨论。高校层面，我们和中国曲阜师范大学、北京师范大学珠海校区合作，和深圳职业学校的合作历史悠久。我们的国际部副主任提供文化课程，有200多名学生；我们的语言中心提供中文课程，并配备大学工作人员。除了与中国合作，我们还参与金砖国家框架计划。

在光子创业方面，我们有利用二维材料辅助光子生物打印医学设备的项目，我们的目标是提供下一代生物医疗设施，模拟和选择不同材料。下一步，我们将发展光子生物打印，这是巴西有能力做的。

应用方面，我们正在开展一些重要的研究：一是伤口敷料，来自DCI。二是用于人力健康生物标记监测的等离子器件，用于脑机接口辅助的透明CD。三是生物打印设备。

巴西维多利亚是一个非常美丽的城市，希望大家到这里旅游，谢谢大家！

纳米环境与纳米能源技术的研发与应用

王敬锋　纳米技术及应用国家工程研究中心副研究员

> 演讲者聚焦纳米技术与产业国际合作基地，对基地基本情况、国际合作成果、中巴国际合作的纳米技术成果作了详细介绍。中巴纳米技术联合研究中心注重纳米技术及工程化应用，搭建中巴产业与科研之间的桥梁，促进纳米成果的转化。纳米技术与产业国际合作基地成立于2003年，基础设施完善、生产线齐全。该基地成立后与世界主要国家开展了丰富的交流活动。中巴纳米合作始于2011年，受两国领导人和双方科技部的高度重视，双方签署了多份合作协议，互派代表团参会、互派科研人员开展访学与科研活动。双方合作长期稳定，已从早期点对点，发展至当今面对面。以环境治理为例，中巴的甘蔗渣制备活性炭项目在巴西广受关注，双方还通过双边合作发表了很多论文，已形成良好的学研交流局面。

各位来宾，上午好！很高兴站在这里，参加第十六届浦江创新论坛。我将介绍纳米中心的合作基地。

今天的汇报分3个部分，一是纳米技术与产业国际合作基地介绍，二是纳米技术的国际合作成果，三是中巴国际合作的纳米技术成果，也是今天的重点。

第一，纳米技术与产业国际合作基地介绍。2003年，纳米中心经国家发展改革委批复成立。这个国际合作基地在2007年12月，由科技部国际合作司颁发牌子。基地主要进行纳米科技和成果的转化，促进对外交流，是一个"窗口"。纳米技术与产业国际合作基地经多年发展，现有面积23 500多平方米，拥有完整的实验室、中试试验线，可完成材料的规模化制备以及分散。包括煅烧等中试级别在内的生产线现已齐全。

第二，纳米技术的国际合作成果。国际合作基地建立以后，我们先后与日本、俄罗斯、巴西、英国、古巴、美国、澳大利亚等国家开展了相关的学术交流和深层次合作。例如，和日本大阪大学、英国帝国理工大学、德国巴斯夫公司、法国道达尔公司，开展了交流活动。

现在有多达十几个国家逾500人赴本基地学习、生活。一个典型的案例，2008年，我们基地参加了俄罗斯纳米产业的一个会议，我们和俄罗斯纳米集团签订了一项合作协议；2010年，俄罗斯纳米产业集团CEO来访，到我们基地参观。

在基地大量的合作中，我本人对纳米环境材料比较了解，所以在此介绍。纳米催化剂可用作空气检测、空气净化。例如，用一些贵金属，如铂钯催化剂进行一氧化碳吸附；用多孔材料，如炭材料进行吸附。在吸附剂方面，我们还做水污染处理、空气污染研究。

第三，中巴国际合作的纳米技术成果。中巴纳米合作基地的合作始于2011年，时任国务院总理温家宝同志和巴西政府签订了建立中巴纳米中心的合作备忘录。时任科技部部长万钢出席中巴联合研究中心的授牌仪式，在双方科技部的支持下，纳米中心合作基地和巴西纳米技术国家实验室成为中巴纳米技术的管理机构。这个基地的建立，和我们纳米中心一样，侧重于纳米技术与工程化的应用，通过合作吸收的方式，促进纳米成果转化，搭建产业与科研之间的桥梁。

合作协议：2012年，我们与巴西纳米技术国家实验室签订了一个合作协议；2014年4月，我们与巴西TNS纳米技术公司签订了合作协议；2013年3月，我们与巴西圣卡塔林娜大学签订了协议。当时的科技部国际合作司乐佳女士全程出席签约仪式，签约仪式较隆重，在圣卡塔琳娜官方网站做了全程报道。

互派代表团参会：2012年，中巴互派代表团赴上海参加纳米技术的交流会议；2013年3月，我们纳米中心基地派出代表访问圣卡塔琳娜大学；2013年9月，圣卡塔琳娜大学派代表团访问了我们纳米基地；2014年3月，巴西纳米技术国家实验室在巴西的坎皮纳斯举办会议；2015年9月，我们一同出席了相关学术会议；2016年，我们参加了圣保罗的纳米博览会。

互派人员交流：2015年，中巴互派人员，巴西派出科研技术人员到我们基地做实验；2017年10月，中国的纳米中心派访问学生赴巴西开展合作研究；2018年，巴西圣卡塔琳娜联邦大学派科研人员到基地进行学术和科研交流；2019年9月，我们纳米中心派出代表到巴西圣卡塔琳娜联邦大学，在佛罗里达阿布丽思作学术互访。

可见，中巴双方进行了长期、稳定的交流活动。今天，我从众多合作中，选择4个合作进行介绍。

合作一：我们纳米基地和巴西圣保罗大学开展了中国—巴西政府纳米联合研究中心及新能源开发，在多孔的材料，包括薄层的二维的碳材料，做了相关研究。

合作二：2013—2015年，我们与巴西纳米技术国家实验室开展了一项纳米功能材料产业化关键技术开发与推广活动。项目主要是对甘蔗渣和椰子壳生物质进行提取，受到有关领导肯定。

合作三：国家自然科学基金委的中巴金砖国家国际合作交流项目。中巴两国同志共同开展了长度主程性能研究。

合作四：上海市的国际合作项目"基于细菌纤维素的复合材料的开发及其电催化特性研究"，该项目是与巴西圣卡塔琳娜联邦大学共同开展的，我们对这些生物质进行再利用和转化。

中巴合作慢慢打开，从最早的点对点，到现在的面对面，在生物领域、环境领域（包括清洁能源）我们都有些合作。因为我本人从事环境治理，所以今天从环境治理切入，谈一谈中巴在固体废弃物和环境污染领域的合作：如光催化、臭氧催化及其他环境污染物治理，包括系统集成、工程应用系统集成、规模化制备整体式催化剂。

中巴合作的甘蔗渣制备活性炭的材料：研究聚焦水处理方向，由于甘蔗渣在巴西很便宜，或者说属于废物，所以我们和纳米国家实验室一起开展这项工作，合作效果挺不错。我们的合作伙伴还参加了当地的新闻会客厅，接受了当地新闻记者的采访。当地新闻媒介用很大篇幅介绍了我们利用甘蔗渣制备活性炭的技术。我们对甘蔗质施以简单的碳化、活化，制备出活性炭，最终用作水处理剂。这种材料展示出较好的水处理效果，现已实现吨每小时的装置设计。

我们在双边合作过程中，发表了很多论文，截至目前，国际合作基地和巴西的合作论文有50篇以上。这些论文加强了双边合作，加深了双边的深度交融。我本人和巴西圣卡塔琳娜大学圣卡塔琳娜奥古斯都教授合作，发表了多篇论文。

我们希望建立长期的互访和互学机制，希望培养纳米材料方面的技术人员。因为本人对环境领域比较了解，想在环境领域形成突破口，最终推动纳米技术在各个领域的应用。另外，我们也希望更多公司，或者更多研究机构能够加入这项国际合作中来。

感谢基地在巴西的合作伙伴，如巴西圣保罗大学的罗伯特·特瑞教授，巴西纳米技术国家实验室的菲南多教授，圣卡塔琳娜联邦大学的佛兰珂教授，TNS公司的加古斯都教授，我们对他们表示感谢。

谢谢大家！

INCT 应用于能源转换器的铁性体材料

伊瓦尔·阿帕雷西多·多斯桑托斯　巴西马林加大学教授

> 演讲者介绍了巴西 INCT 能源转换器项目和 INCT 铁素体材料。INCT 项目中，一些国家实验室负责能量收获与转换，探索不同类型能源的发电效益，已有团队推进相关研究的理论综述和计算机模拟建模，并取得论文和专利成果。机构的基础设施非常完善，开展了金砖合作项目，支持实现联合国目标、扶持初创企业、运营零碳能源等项目。在零碳能源项目中，中巴俄致力于研发颠覆性纳米技术，研制用于超低功耗计算的磁电自旋轨道。MESO 项目希望汇聚中巴俄力量，在不同领域分工，共同推进概念原型、原始设备制备并实现设备级联。

我是来自巴西的伊瓦尔·阿帕雷西多·多斯桑托斯。首先，我想感谢今天参会的所有人，也非常感谢主办方的邀请。今天，我给大家介绍 INCT 应用于能源转换器和 INCT 铁素体材料。

这个倡议来自国家科学和技术委员会，以及我们州的政府项目。我想向大家介绍我们是谁，我们做什么，INCT 国家科学和技术委员会资助项目的具体内容，巴西金砖项目，我们和中国、和金砖国家的同事开展的合作。

国家科技研究院是巴西科学技术创新部的一个大项目。我们承接的一个项目叫国家科技铁素体材料用于转换器，该项目由科技创新部下属机构 CNPKU 提供资金，5 年提供 150 万美元。60%～70% 资金都来自各机构捐款，向本科生和博士生提供资助。马林加大学的荷西担任协调员，我担任副协调员。

我们这些机构的主要目标，是进行材料和设备能量转换的合成、表征和计算机模拟。机构广泛分布于包括圣保罗在内的 5 个州。12 个院校共 14 个研究小组参与项目。

圣保罗的圣卡洛斯大学有一个国家实验室。该实验室收集能量，并试图将其转化成电能。当前在做纳米级能源转换，同时也把其他能源转化成电能。通过这个方法，我们可以探索生物质能、风能、电能等不同形式的发电效益，探索这些物质及属性。例如，风能、潮汐能、振动能、滞后能等都在我们研究范畴内。

我所在的机构创立于 2022 年，已发表相关主题论文 300 余篇，同时拥有很多专利。研究人员包括本科生、研究生、博士后，共有 14 个研究小组。主要工作一是基于科学和物理学的不同研究，作综述、特征描述，描绘所研究的物质材料，再通过计算机模拟和建模，对某种结构、某些物质属性等进行分析。研究过程会涉及很多模拟、建模，如机器学习。主要工作二是通过科学仪器进行物质特征描述，通过深入了解物质内部的属性，探索材料直接的行业应用前景。另外，我们在国内国际都开展合作，支持创业、支持初创企业，如在马林加，我们的机构支持了 6 个初创企业，涉及医疗与科学设备、建筑材料等领域，将来还可能拓展至教育领域。

我们有 12 个不同的大学院校，基础设施非常完善，可以支持药品处理、药品特征描绘、计算机模拟、机器学习、AI 等，还可以做设备原型开发，可以生产收割机、传感器、制动器。

金砖合作项目的重点，还有比较大的设备。在 MatFerrce 机构的工作范围上，我们建议实现下述联合国目标：摆脱贫穷，提高福利，人人有教育，我们现在有种族大学，提倡性别平等、洁净能源，还有经济发展。我们也支持很多初创企业建立自己的业务，我们机构非常专注于真正推进和在巴西实现可持续发展目标。

具体介绍零碳能源项目，打造一个零碳的未来社会。2011 年起，马林加州立大学、卡洛斯州立大学、圣保罗州立大学等和我们一同参与了金砖项目，做新纳米技术研究。2022 年，我们的项目得到批准，由我担任巴西方面研究的主要联络人，研究用于超低功耗计算的磁电自旋轨道项目。由中国北京航空航天大学赵教授担任中国联络人，由俄罗斯康斯坦丁担任俄罗斯联络人。项目的主要目标，是带来颠覆性技术，它是电磁自旋的、超高效的逻辑开关。它具有很强的数据处理能力、很低的功耗、很少的数据处理时间。此外，它可以增加数据逻辑密度，实现每平方厘米 10 亿 LU，节省了很大的空间。需要解决的一大重点是超低功耗、长期数据存储，可以开发新一代闪存，实现数据长期存储。

MESO 项目的战略，是希望把不同领域结合起来，汇聚巴西、俄罗斯和中国的团队力量，利用横跨大型到纳米级的材料处理与加工经验，更好地分析铁素体性。物理机制方面，我们可以结合电磁效应和磁旋轨道效应，采用铁素体和 SOC 物料，进行原始设备的制备，打造 MESO 自主研发设备，并进行设备级联。当然，我们希望中国同事可以帮助我们生产概念原型。

最后，我想介绍一下我们未来的发展方向。这是一个概念原型，已经由中国团队进行测试；这是实现的结果，即存在纳米级相变，30 纳米直径磁化的完全项目反转，它具有很高的数据存储能力，以及高密度逻辑单位。项目仍在进行中，还有两年结项。

再次向各位表示感谢，感谢巴西科学技术创新部，感谢巴拉那和秘书处等。非常感谢！

纳米技术及应用国家工程研究中心的研发方向及成果介绍

邬淑红　纳米技术及应用国家工程研究中心市场部主任

2003 年，纳米中心经国家发展改革委批复、获上海市政府支持，于上海落地。纳米中心立足纳米技术研发与工程化应用，通过自主研发、产学研用等模式，研

> 发产业技术进步和结构调整所急需的关键性产业共性技术,致力于推进科研成果转化及产业化。纳米中心通过纳米技术定义产品,依托5个实验室,研发出了一系列产品,涉及生产、生活的方方面面,在环境、功能产品、生物、信息材料技术、清洁能源等方面广泛应用。纳米中心以技术应用和产业化为重点,助力部分传统产业实现提升。演讲者以传统竹炭纤维为典型案例,阐述了如何将纳米技术应用于传统行业,并践行环境友好理念的具体做法。此外,纳米技术也可以应用于生物医药、传统美容和传统塑料行业,还可以应用于日常用品、改性无机粉体材料、涂料领域和水油分离行业,贯通于人们从清晨醒来到夜晚休息的全过程。纳米中心经过20年的发展,已承担众多大型或重大科研项目,并获得了许多发明专利等成果,有30多项产品已实现产业化应用并在市场上较为成熟。未来,纳米中心将继续响应国家和地方要求,以国家和市场需求为导向,进一步推进纳米技术研发,促进产学研合作,助力产业发展和升级,争取为国家、为中巴友谊做出应有贡献。

尊敬的各位来宾、各位领导、各位专家,大家上午好!今天非常开心,也非常荣幸能有机会站在这里,与大家分享纳米技术及应用国家工程研究中心(简称"纳米中心")这几十年的技术发展,以及所取得的产业化的成果。

在大会之前,我们的崔大祥教授以及王敬锋研究员已经对纳米中心的产品和部分成果做了介绍,我将再次向大家简要介绍纳米中心的成立、发展方向和规划。

纳米中心成立于2003年,落地于上海。成立之初,纳米中心由国家发展改革委直接批复,于2003年10月正式挂牌。纳米中心主要立足于纳米技术研发与工程化应用,通过自主研发、产学研用等模式,研发产业技术进步和结构调整所急需的关键性产业共性技术,以推进科研成果转化及产业化,搭建产业与科研之间的桥梁,努力为推进我国纳米科技与产业的健康快速发展奠定坚实的基础。

为此,国家发展改革委在纳米中心成立之时,在上海市政府的推动下,成立了有限公司对纳米中心进行管理。纳米中心的定位重在产业化的应用。为了推动纳米技术的应用和产业化的发展,纳米中心不仅配备了完善的实验室基础设施,同时还配备了一栋大约10 000平方米的生产车间。为了推进科研开发及产业化,纳米中心配备了相对完善的测试中心,为科研和产业化提供了有力的技术支撑。

由纳米产业链全景图可以看出,对于整个纳米产业链而言,从科研到产业化应用,我们首先开发出纳米粉体材料,通过纳米技术定义产品,这也是纳米中心一直以来的重点研发方向。我们通过这样的改性,也可以开发出纳米复合产品,采用无机、有机纳米杂化技术,开发出具有优异功能性的复合材料。这些复合材料的应用非常多,纳米中心开发出了一系列涉及社会方方面面的产品,例如:

在环境领域，有臭氧催化剂、光催化剂；有一些新技术，用臭氧、光协同催化，有效清洁污染物，实现包括改性在内的水处理。

在功能产品方面，我们也有非常多的应用领域。例如，改性涂料，有改性塑料、纤维等。我们的功能性产品一直非常注重分散性，为此，我们搭建了一系列平台和设备，对纳米产品进行高效分散，使纳米分散液具备较好的稳定性和长效性。我们可以做到纳米分散液30年不分层，均一性良好。

在生物方面，我们开发相关产品，如崔大祥教授刚介绍的纳米在生物材料和生物医疗方面的研究方向和应用，我不再赘述。

在电气的信息材料技术方面，我们有高精尖的传感器研发，也有表面处理的防腐蚀技术研发，还有电化学和电信息技术材料部门研发"卡脖子"技术。

在清洁能源方面，清洁能源在20世纪、21世纪及将来，都是非常重要的主题。我们做了一系列开发，纳米中心侧重于风电叶片市场，在能源电池市场做了一些产品开发和应用。

纳米中心立足上述5个方面的研发应用，专门成立5个实验室：功能实验室、环境实验室、生物实验室和电信息实验室、清洁能源实验室。这5个实验室开发了一系列产品，并广泛应用。

纳米中心的侧重点是应用和产业化，提升中国传统产业的发展。下面介绍我们做得较为成功、已经获得较好产业化应用的产品。纳米粉体材料有非常多的功能，我们通过添加助剂到传统产业产品中，可以极大提升其物理性能或化学性能。这种产品添加，给传统产业提供了巨大的技术支撑，帮助中国甚至世界一些传统产业的各个性能得到很大跃升。

以传统的竹炭纤维为典型案例，它在过去的几十年中，是非常普通且非常易得的原料。通过纳米技术的改进，将竹炭粉转化为纳米粉体材料，制成竹炭纤维。这样的功能性纤维不仅保留了一些竹炭纤维既有的优良性能，还增加了一些其他的、多功能的性能。纳米中心一直以来致力于环境友好，竹炭纤维取自自然，产品应用非常广，如纺织品行业。除了简单的分散处理，我们还可以通过萃取技术获得新的原材料。同样地，我们在传统产品中融合纳米技术，制成纤维料，赋予纤维料新的功能。这就是传统产品通过纳米技术实现改进，获得我们意想不到的新功能。

取自自然的普通产品，通过改进，制成纤维料，并应用于生物医药领域，应用于传统的美容行业。在医药领域，我们可以把它制成止血敷料，也可以"降维打击"，制成非常好的面膜进入传统美容行业。普通的纤维遇水变为透明状，而且极易吸收，所以是非常好的止血敷料。

对于传统的塑料行业，纳米中心开发了很多相关产品。在塑料产品中赋予传统抗菌剂，可以获得具有抗菌性能的塑料产品。进入20世纪，塑料产品在日常生活中应用的非常广泛。由于自然环境变化，病毒、细菌也时刻围绕着人类，给人类带来了一些困扰。有抗菌性能的塑料可以改善我们的生活，通过纳米技术添加助剂（纳米银离子、氧化锌），制成纳米产品，获得具有更好抗菌性能的产品。在使用时，可以通过这样的产品阻断病毒传播，为我们的生活带来更多便利、更加稳定和安全。

在日常生活中，这些产品可以是一个小小的牙刷，也可以是一个大大的洗漱产品，还可以添加到设备里或应用于食品包装领域阻断细菌传播，这些都可以为人类生活带来极大便利。同时，我们开发了一些改性无机粉体材料，这些改性无机粉体材料可以赋予传统塑料更好的拉伸性能、更好的弹性，我们甚至可以通过添加纳米粒子，延长其使用时间。涂料领域也常使用传统产品，通过开发纳米技术，赋予涂料功能性，可以获得非常好的硬度、较好的耐酸耐水性能。我们研发了超疏水涂料，目前已经成功应用到风力叶片领域，也可以应用到高速公路护栏，发挥其较好的防尘土、防污染功能，现已在中国的很多高速公路、部分风力叶片市场进行了较好的工程化应用。在一些水油分离行业里，也在测试和进一步推进纳米材料有关工作。

一直以来，纳米技术应用于我们生活的方方面面。早晨睁开眼，第一眼就要使用到纳米技术，我们开发了一些日常洗漱用品。当我们回到家，进入浴室，也有相关的纳米技术产品，纳米技术可以应用到卫生间系统和传统的纺织产品里。我们利用纳米技术在空气领域开发了一系列产品，这些产品为我们获取良好空气提供了较好的基础。今天介绍的产品，包括所有日用产品、空气系统、防护系统产品，都是我们和企业合作，进行产业化应用，同时在市场上获得较好反响的产品。

经过20年的发展，纳米中心的技术和产品得到了包括政府在内的社会各界的认同。期间，纳米中心承担了国内外较为大型的、重大的科研项目300多项，基于此申请了国内外专利，其中发明专利达1500多件。在市场上比较成熟地进行了产业化的产品，尤其是比较成功的产品多达30多件。

我们应国家和地方政府要求，在积极推进纳米技术，通过和地方联合、和企业合作，成立研发中心和产业化研发平台，更好地为行业和企业服务。

这些产品和技术得到了社会各界的认同，我们也获得了一些奖项，非常感谢社会各界对我们纳米中心技术和产品的认可。

未来，纳米中心将继续以国家需求和市场需求为导向，以国家需求为重点，力求打造国际一流的纳米技术服务、培育、转移和应用基地，希望通过纳米中心的努力，提高新兴产业发展，传统产业升级，提升自主创新能力，促进纳米技术和成果的产业化。

最后，我也衷心祝愿中巴友谊长存，让我们共同为纳米产业的发展做出我们应有的贡献。欢迎各位领导和专家有机会到纳米中心参观、交流，谢谢！

纤维素纳米生物材料：走向低碳经济

李庭杰　书赞桉诺公司中国研发与创新中心首席科学家

> 书赞桉诺公司是一家总部位于巴西的研发公司。该公司利用亚马孙森林以外的资源进行桉树种植并生产相关产品。公司结合纳米技术开展纸业生产，通过材料在纳米和微米级所呈现的化学性质巨变，制造纳米纤维、纳米晶体、MMC聚合物等，并应用到传统造纸业及其他行业中。演讲者以MFC微纤维素为例，阐述了微型和纳米材料的属性优势，并以书赞桉诺公司与中国的合作为例，阐述了相关产品可能的应用前景。演讲者指出：书赞桉诺实体创新中心将聚焦4个支柱，即中国客户、利益相关方互动、搭建开放创新平台、中巴相互学习，推动开放、协作、可持续的发展。演讲者介绍了书赞桉诺EC项目投资的7个领域，提出希望构建亚洲生物经济联盟，开发生物基纳米材料，推动中巴携手共促生物制剂商业化，推动低碳经济发展，为引领不同国家、不同行业、不同公司的合作发挥典范作用。

各位领导、各位来宾、各位学者，早上好！我是李庭杰，来自书赞桉诺公司在中国的第一个研发与创新中心。

书赞桉诺公司总部位于巴西，有19年的悠久历史。最重要的是公司每天种植逾120万棵桉树苗。公司并不从亚马孙河收割任何木材，其所有工厂和运营都在亚马孙丛林之外，共有6个技术中心，包括在上海设立的新中心。

纳米材料和我们公司有什么关系？从森林种植，我们有丰富且富有价值的木材资源，把木材运到工厂进行加工，经过层层加工成为物料，进入中国、进入我们的日常生活。还有来自其他行业的需求，我们通过研发来开发基于生物的纳米材料。

如何生产常规的纸浆材料？我们采用木浆生产纸张。我们还可以制造替代塑料，以应对全球变暖。利用机械或化学方法，可再生材料被不断地细分纤维，我们可以获得越来越小、越来越纤细的纤维，并称其为纳米纤维，我们也可以通过化学方法把它细分成纳米晶体。崔教授今天提到当材料进入纳米级或者微米级，其化学属性发生了巨大变化。纸浆，看起来像棉花，如果进入微米和纳米级，它的含水量非常高，超过90%，物理属性改变。这也可以应用到传统造纸包装行业以外的其他行业。

可以做一些聚合物——MMC，即纳米的纤维素晶体。我们可以利用纳米资源生产基于生物质的纳米材料，它可以用于各个行业，所以带来了更大的可能性，推动可持续发展。简而言之，从森林中获取原材料，经过各种研发、加工，萃取生产纳米纤维素。书赞桉诺有一点做得很好，它可以升级并进行商业化生产。我们作为世界上的R&D公司，把基于生物质的材料产业化。我们不仅待在实验室，也赴现场开展生产，应用于实践。

我们希望和中国合作的最重要的目标是实现更多的商业化，将生物纳米材料应用到不同的工业行业中。

举个例子：核心产品 MFC 微纤维素。这是我们的试点产品，同时进行了小规模生产。一个普通纸箱，4% 为固体；但如果进入微物质，只有 2% 的水。如果它的物理属性发生了 10% 的变化，该变化就更大，这就是微型及纳米材料的好处。

书赞桉诺公司希望将这一技术进一步商业化，这是可以进行跨国合作的典范。2014 年，一家芬兰公司 SPINNOVA，利用我们的微纤维素材料，创造了一种纺织纤维；2017 年，书赞桉诺投资了一家这样的初创企业，把它从实验室级变成应用级；我们又加大了投资，以商业级别进行生产；现在，市场上可以买到这样的材料。大家可以想象，我们在张江有一个展厅，所有的时尚产品所采用的材料都来自巴西植物材料。

Innovablility Hub：书赞桉诺的实体创新中心，推动开放、协作、可持续的发展。我们拟关注 4 个支柱，支柱一是众多中国客户，书赞桉诺想更好地服务客户，帮助客户更好地利用基于生物的可再生材料；支柱二是和不同的利益相关方互动，如研究机构、大学、政府单位代表，以在可持续和创新方面开展更多的合作。支柱三是建立开放的创新生态平台，开放创新对于商业化、对于生物的纳米材料非常重要。支柱四是中巴相互学习，我们希望把巴西经验、书赞桉诺经验带到中国，同时把中国经验带到巴西，将中国好的技术带到书赞桉诺的其他地区。

值得强调的是，2022 年书赞桉诺对中国进行投资，建立了第一个在上海的创新中心。我相信中国可以做得更好，同样地，中国和巴西的合作，可以把事情做成，加速生物纳米材料的进程。

另外，我们在中国建立了非常好的基础设施，疫情以来，我们做得更多。为此，书赞桉诺建立了 EC 项目，投资 7 个领域：包括碳捕获、农业森林收益、开发新技术新应用、采用纳米纸浆材料、基于石油基产品生产可替代塑料制品或者其他材料的产品。我们希望投资创建更有效的纸浆包装，将其应用于各个行业。

亚洲生物经济联盟：书赞桉诺推出亚洲生物经济联盟，相信可以和中国合作伙伴一起把生物制剂的材料商业化，全面联系相关方，在中国进行工业级试生产。

极氪纳米材料书赞桉诺希望把极氪材料商业化，大规模生产一吨的生物基纳米材料。书赞桉诺提供基质材料，并和本地大学开展合作。有一个私营公司试图帮我们做生产生物纳米材料的示范，基于生物的纳米材料不仅仅是实验室材料，它可以真正地进入我们的日常生活。

在研发生产和商业化应用方面，基于生物的纳米材料确需来自不同行业公司和国家的协同努力。我们相信，书赞桉诺公司项目可以很好地展示不同行业及中巴之间的合作，成为一个典范。谢谢！

用于生物医学治疗的光介导功能微纳材料

于绪江　上海交通大学讲师、博士

> 本报告分3个部分阐述了生物纳米材料的诊疗应用。该研究团队对标精准诊疗和个性化治疗，开展了如下研发及应用：一是体外检测，如推动可见光技术在体外诊断的应用及市场化。可见光技术成本相对较低且更加安全，光纳米材料在疾病诊断和治疗中可以发挥重要作用。团队致力于发现新的纳米材料，发展中国产权技术，已推出具有自主知识产权的仪器设备，可实现一次性检测100多个指标。二是研发成像手段，如活体成像。团队基于激光技术开发纳米材料，可以将传统CT、核磁共振结合起来，这一技术有待临床推广，应用前景广阔。三是基于X射线的癌症治疗，团队致力于降低X射线剂量，将照射纳米材料和现有药物结合，杀伤肿瘤，该手段具有治疗效果好、术中术后无痛、基本不复发等优势，有望真正进入医院治疗患者。

各位领导，各位专家上午好！我是来自上海交通大学的于绪江，很荣幸有机会在此分享我们课题组的工作。我的报告主要围绕生物材料作一些阐述，报告分为3个部分。

随着生活水平的提高，人们对诊断和治疗技术的改进也愈加关注。人们希望从诊断手段延伸出针对个体的精准诊疗，最终实现个性化治疗。光是我们非常熟悉的媒介手段，而光纳米材料在疾病诊断和治疗中，发挥着重要作用。

可见光技术在体外诊断的应用及市场化。医院经常通过做血液检测来判断病因或具体疾病诊断，主要原理是体外检测，包括3个过程，首先找到非常好的材料，把它建成一个标准库，这个过程也叫编码。通过材料体现出的生物分子相互结合，再利用仪器进行解码。悬浮阵列技术是一种高通量技术，在市场上得到了非常好的应用，纳米技术对于这一技术的贡献主要在两个方面：一是通过现有有机材料，实现双光路的技术手段，这个专利技术现在由美国公司拥有，技术再好也难以推广到中国和其他国家，我们认为这一材料的应用空间非常小。因此，我们逐渐转向一些新的材料，希望通过这些新材料，最终发展出中国的产权技术。我们对这样的技术进行总结，发现它在编码能力、解码方面有很多优点，在其他方面存在一些缺点，但是可以通过技术改进克服这些困难。

我们通过趋势看出，事实上，美国专利技术正处于主导地位，也发展得非常好。但在过去20年左右的努力下，我们课题组以合作方式，在2020年推出了第一款具有自主知识产权的设备。我们在实验室发展这样一项技术——这一技术可以制备多功能纳米材料，最重要的是可以规模化生产稳定的材料，最终将材料推广到市场上。在此过程中，我们引入了一项新的技术，它非常精准，可以进行磁场等功能的引入。我们在常用设备中进行了论证，结论为新技术可以满足设备的需求。我们克服了原专利的缺点，纳米技术的改进阻断了相互干扰。通过这一技术，最终实现 100 多个指标的一次性检测，现在也在实验室中进行材料的进一步改进，希望能更好地推广这项技术。

我们通过这些研究成果，最终通过了很多专利申请，其中一款设备获得了欧盟证书，也正在申请国内市场的医疗注册证。同时，我们发布了很多产品，这些产品适用于治疗肿瘤或免疫疾病等多种疾病。

我们实验室持续投入的两个方向包括：一是活体成像。众所周知，医院主要使用 CT、PET、核磁共振等设备，这些设备比较昂贵，也比较耗时。而光的成本很低，相比辐射也更加安全，在手术中或脑部成像中得到了非常好的应用。

我们课题组通过基于激光的技术，开发纳米材料。研究发现：它能在小鼠的肿瘤部位实现清晰的成像，同时还可以把传统的 CT 或核磁共振结合起来。近期我们实验室的一项工作是对比较昂贵的激光器作材料上的改进，在 LED 照射下或在常见白光照射下，也能实现比较清晰的效果。后续这一技术可以在临床中推广，使它的应用场景更加广阔。

二是基于 X 射线的癌症治疗。中国每年大约花费 2200 亿元治疗癌症，即便如此，只有 40% 的肿瘤患者度过了 5 年生存期。这一投入产出并不满足人民对健康的需求。即使在医疗环境较好的美国，也有半数以上病人涉及辐射治疗，如果单纯用辐射，需要比较高的剂量。过去 10 年，我们研究组也参与其中，降低 X 射线剂量，实现照射纳米材料和现有药物结合，最终实现杀伤肿瘤。X 射线和光疗法已在临床上被批准，X 射线光治疗的技术手段可以最终实现。

过去我们做了很多工作，虽然有一些前景，但从应用角度看已经走得非常远。举个例子，近来我们和医生讨论，发现膀胱癌致死率很高，主要在老年人中发病较多，复发问题大，经济成本很高。临床上只要使用介入的手段，患者就非常痛苦。我们在实验中发现，X 射线治疗手段的治疗效果更好，同时其治疗过程和术后诊断过程都是无痛的，并且基本上不会复发，所以我们把 X 射线治疗推向临床。

简单总结，我们课题组主要围绕 3 个部分开展研究。一是体外检测，我们的科研成果已经成功进入市场。二是研发成像手段，这比较有价值，也正在开展更多的工作。三是 X 射线治疗，它有望真正进入医院、应用于患者。这些工作离不开我们课题组组长李万万教授的持续付出，同时也感谢合作者及所有课题组成员。感谢有此机会和大家分享我们的工作。谢谢大家！

5　闭幕致辞

巴西科学技术创新部副秘书长奥索里奥的致辞

奥索里奥·科埃略·吉马良斯·内托　巴西科学技术创新部副秘书长

> 巴西科学技术创新部副秘书长表示，本次会议使他深刻感受到中巴两国的合作意愿，在聆听来自政府、学术界和行业的不同研究方法后，他感到中巴两国可以携手推进纳米科技方面的合作。巴西向中国发出关于2024年纳米技术的公开邀请。最后，巴西科学技术创新部副秘书长对中巴两国推进本次会议的负责团队表示衷心的感谢，代表巴方表示了对两国打通更广泛的纳米科技合作渠道的欣喜。

再次感谢！这是一个硕果累累的早晨，有很多关于纳米技术的观点，我想说几点感想。

首先我们深刻感受到，巴西和中国都有意愿开展合作，这一点非常重要。另一个很有价值的点是关于纳米的不同研究方法，有来自政府的方法，也有来自学术界和行业的方法，很有意思。可以看到，纳米技术是横跨各个领域的关注焦点，我们需要更多的研究来推动纳米技术发展。我们非常开放，我代表巴西科学技术创新部，很高兴看到两国有这种机会来开展纳米技术方面的合作。

我很高兴地宣布，巴西正在制定一个纳米技术方面的2024年的公开邀请。巴西学术界发出公开征集，以支持纳米技术网络和纳米技术方面的研究。我们建议把国际合作项目作为2024年的固定项目之一，可能很快就会有好消息。

感谢巴西团队和中国团队，没有你们，这个研讨会无法实现。最重要的是感谢中国主办了这一场活动，感谢这一切能够实现！

最后，我想再次代表巴西科学技术创新部、代表我们部长表示很高兴双方开启了更广泛的纳米技术合作渠道，希望浦江创新论坛获得圆满成功，明年再见！谢谢！

巴西驻沪总领事馆副总领事范天阳的致辞

范天阳　巴西驻沪总领事馆副总领事

> 巴西驻沪总领事馆副总领事对中巴纳米科技论坛展示的丰硕成果表示认可和感谢，号召巴西驻中国的各位同事，一起将会议的收获和想法转化为行动，共同

> 推进目标。最后，表达了巴西对中国人民的欢迎。

今天，我们看到了很多很棒的展示，我必须表示感谢！接下来，可以考虑第二届中巴纳米技术论坛，我知道在座各位一定有很多收获、很多新想法，让我们撸起袖子加油干！我在上海工作，我的同事维克多在巴西驻北京大使馆，还有 Gary、Allan，我们有共同的目标，一起推进这份工作的开展。

谢谢大家！我们的中国朋友们，巴西一直敞开大门欢迎你们，希望能够尽快再见，谢谢！

第 10 章

绿色低碳创新论坛：聚焦绿色转型，共享低碳未来

1 论坛综述

实现碳中和和人类社会可持续发展目标，是当前全球科技合作的重要议题。加快发展方式绿色转型，积极稳妥推进碳达峰、碳中和，也是我国推动高质量发展、加快中国式现代化建设的内在要求。

2023年9月11日上午，绿色低碳创新论坛在上海举行。科技部、上海市人民政府相关领导，柬埔寨工业与科技创新部部长韩万迪、中国科学院上海高等研究院副院长魏伟等知名专家、学者参加了会议。与会嘉宾一致认为，推动经济社会发展全面绿色转型，是一场广泛而深刻的经济社会系统性变革，需充分发挥中国智慧和中国方案的全球影响力，进一步深化绿色低碳国际科技合作，共同推进全球绿色转型发展。

2 嘉宾致辞

上海市人民政府副市长刘多的致辞

刘多　上海市人民政府副市长

绿色低碳事业发展事关全球未来。近年来全球气候变化问题日益严峻，如何

> 实现经济发展与绿色转型并行不悖、相互促进，成为当今世界各国面临的重要课题。面向未来，上海将实施更加"开放包容、互惠共享"的合作战略，加快实现双碳目标和高质量发展要求。一是不断做强国际化绿色创新服务体系。二是不断完善新赛道绿色产业培育机制。三是不断营造一体化绿色科技创新生态。

尊敬的韩万迪部长、祝学华司长，尊敬的各位来宾、女士们、先生们，大家上午好！很高兴参加绿色低碳创新论坛。首先，我谨代表上海市人民政府对论坛的召开表示热烈的祝贺！对各位嘉宾的到来表示诚挚的欢迎！也借此机会，向长期以来关心支持上海国际科创中心建设的各位领导、各界朋友表示衷心的感谢！谢谢大家！

绿色低碳事业发展事关全球未来。近年来全球气候变化问题日益严峻，如何实现经济发展与绿色转型并行不悖、相互促进，成为当今世界各国面临的重要课题。与此同时，在新一轮科技革命和产业变革的深入发展中，绿色转型技术将成为引领未来的重要驱动力。

在不久前召开的全国生态环境保护大会上，习近平主席强调要加快推动发展方式绿色低碳转型，坚持把绿色低碳发展作为解决生态环境问题的治本之策，加快形成绿色生产方式和生活方式，厚植高质量发展的绿色底色。在科技部的悉心指导下，上海加快建设具有全球影响力的科技创新中心，着力打造全国碳排放权交易市场的重要承载地，持续推动绿色低碳技术创新和发展方式转型，取得了积极进展。

目前，上海绿色专利申请总量已达1.3万件、经认定的国家级绿色工厂79家、绿色供应链管理企业7家、绿色园区6个、绿色产品57项。上海低碳技术创新功能型平台、绿色技术银行、上海环境能源交易所等一批平台和机构落户上海。近5年来，上海绿色技术交易合同额年均增长48.68%，2022年达到1174.7亿元。截至2022年底，上海辖内银行业绿色信贷余额1.03万亿元，较年初增长50.24%，高于同期各项贷款增速。上海碳市场所有现货品种累计成交量2.22亿吨，累计成交金额34.31亿元。在全球主要经济体加紧培育绿色产业赛道、抢占绿色技术创新竞争高地的背景下，上海成为绿色技术融创成果产生与交流的重要集创地，成为可促进绿色技术发展和产业化推广的重要孵化地，成为落实国家重大战略、实现联合国2030年可持续发展目标的重要承载地。面向未来，上海将实施更加"开放包容、互惠共享"的合作战略，加快实现"双碳"目标和高质量发展要求。

一是不断做强国际化绿色创新服务体系。对标国际最高标准、对接国际资源，进一步优化创新政策体系，提升政策服务效能，不断培育和壮大技术创新主体。二是不断完善新赛道绿色产业培育机制。瞄准新领域、新赛道和上海三大先导产业发展需求，抢抓产业数字化、绿色化协同融合发展机遇，围绕产业发展痛点、堵点开展协同创新和示范应用，不断催生新技术，降低技术应用成本。三是不断营造一体化绿色科技创新生态，发挥政策叠加和专业平台优势，进一步促进技术、金融、人才等创新要素的集聚和流动，实现科技、产业、金融的良性循环。

女士们、先生们，实现更加强劲、绿色、健康的发展是我们的共同心愿。上海始终坚持生态优先、绿色发展的战略定位，加快形成绿色生产方式和生活方式，厚植高质量发展的绿色底色，努力建设人与自然和谐共生的现代化国际大都市。希望在座的各位多关心、多支持上海的发展，多为上海的绿色转型建言献策。最后，预祝本次论坛取得圆满成功。谢谢大家！

柬埔寨工业与科技创新部部长韩万迪的致辞

韩万迪　柬埔寨工业与科技创新部部长

> 柬埔寨一直以来都希望能够不断加强绿色技术发展，并且期待能够落实前沿技术。绿色技术银行一直与我们紧密合作，我们不停去探索绿色转型及可持续发展解决方案。我们希望形成一个全球治理系统，确保公共外部性产品的可持续发展。同时，希望不断开启合作机会，使得柬埔寨能够加速向绿色低碳经济前进。

尊敬的上海市人民政府副市长刘多、尊敬的科技部社会发展科技司司长祝学华，我是柬埔寨工业与科技创新部部长，我很高兴也很荣幸今天能够在这里见到大家、与大家共聚一堂，共同参加2023年绿色低碳创新论坛。

首先我想要感谢主办方科技部及上海市人民政府，感谢他们对于绿色创新的全情投入。气候变化对我们所有国家来讲都是一个重大命题，柬埔寨一直以来都希望能够不断加强绿色技术发展，并且期待能够落实前沿技术，我们非常注重研发投入，希望不断开启合作机会，使得我们能够加速向绿色低碳经济前进。

我们也要感谢中国作出的表率，绿色技术银行一直与我们紧密合作，我们不停去探索绿色转型及可持续发展解决方案。因此，我们共同汇聚在这崇高使命下，希望与全球合作伙伴共同分享我们的解决方案，我们希望形成一个全球治理系统，共同确保公共外部性产品的可持续发展。对于我们来讲，我们的学者、公司及政府和银行，汇聚一堂，共同交流真知灼见，交流最佳实践。同时，我们探索业务模式及科学技术，共同创造一个绿色转型路线图。

柬埔寨一直以来致力于科技创新，希望能与全球合作伙伴共同前进。正如参加此次大会，我们希望借此共同深化我们的合作伙伴关系，并且确保柬埔寨的发展是符合标准的、是可持续的、是绿色的。同时，也希望能够与各方开启对话，尤其在科技创新领域。所有这些项目其实都反映了我们的承诺，希望能够与绿色技术银行有更多共同发展，并且我们也有相应绿色创新实验室，以助力在绿色交易和绿色贸易等方面的发展。

最后，我想再次感谢2023年绿色低碳创新论坛的主办方、承办方及所有参会方，携起手来，我们一定可以共创一个更加辉煌、更加可持续、更加绿色的未来。今天的知识讨论一定会点亮我们的绿色未来，谢谢大家的聆听。

时任科技部社会发展科技司司长祝学华的致辞

祝学华　时任科技部社会发展科技司司长

> 实现碳达峰、碳中和是以习近平同志为核心的党中央所作出的一项重大战略决策，碳达峰、碳中和是一场广泛和深刻的经济社会系统性变革，将带来由科技革命引发的经济、社会、环境等的重大变化，意义重大。在这里谈几点体会认识。一是科技创新是保障我国经济社会高质量发展和碳达峰碳中和目标同时实现的必由之路。二是我国碳达峰、碳中和科技创新发展布局目前已基本完成。三是我国绿色低碳成果正处于加速涌现时期。下一步科技部将深入贯彻党的二十大关于积极稳妥推进碳达峰、碳中和的决策部署，大力抓好科技支撑碳达峰、碳中和实施方案落地。

尊敬的刘多副市长，尊敬的韩万迪部长，尊敬的各位嘉宾、女士们、先生们，大家上午好！今天非常高兴代表科技部参加绿色低碳创新论坛，与各位领导同事、专家学者、企业界人士共话碳达峰、碳中和发展，在此对论坛的成功举办表示热烈祝贺！实现碳达峰、碳中和是以习近平同志为核心的党中央所作出的一项重大战略决策，碳达峰、碳中和是一场广泛和深刻的经济社会系统性变革，将带来由科技革命引发的经济、社会、环境等的重大变化，其意义不亚于第三次工业革命。下面我就发挥科技创新引领作用、助力碳达峰、碳中和目标实现，谈一些认识和体会。同时也向大家介绍一些情况，供大家参考。

一、科技创新是保障我国经济社会高质量发展和碳达峰、碳中和目标同时实现的必由之路

当前，我国二氧化碳排放总量居于世界首位，超过了经合组织国家的总和。同时，我国仍处于工业化、城镇化阶段，具有能源消耗增长的刚性需求。党的二十大报告明确指出，到2035年，我国发展的总体目标之一是广泛形成绿色生产生活方式，碳排放达峰后稳中有降，生态环境根本好转，美丽中国建设目标基本实现。我国到实现碳达峰目标还有7年时间，从碳达峰到碳中和也只有30年时间，远低于美国和欧盟从碳达峰到碳中和的43年和70年。所以，我国减碳任务之繁重、时间之紧迫前所未有。同时，在这么一个时间约束下，如果我们提前使有关领域的技术装备退役、频繁升级，将导致相关资产搁置浪费。

此外，我国能源资源禀赋也决定了我国未来满足巨量能源消耗将主要依靠煤炭和光伏风电。我国光伏风电资源主要分布在西北地区，人口与产业集聚在东南沿海，存在着能源供给与消耗空间不匹配的问题。未来电网需要接入越来越高比例的光伏风电，比例可能超过80%，将导致能源供给不稳定逐步加剧的问题。"双碳"目标实现所面临的以上这些形势和挑战，只有向科技创新要方法、要答案，也只有发挥科技创新的引领作用、实现绿色低碳发展，才能战胜碳达峰、碳中和道路上的各项挑战。

今后低碳技术研发和产业技术升级必须在以往重视技术成熟度、经济性的基础上，更加关注技术的减排潜力。当然，碳达峰、碳中和也将会催生和检验一系列相关科学结论方法和技术创新成果，绿色低碳领域科技创新必将进一步孕育和激发发展新动能。

二、我国碳达峰、碳中和科技创新发展布局目前已基本完成

科技部坚持完整准确全面贯彻新发展理念，联合国家发展改革委、工信部等九部门，编制发布了《科技创新支撑碳达峰碳中和实施方案（2022—2030年）》，提出了能源绿色低碳转型支撑技术、低碳与零碳工业流程再造技术突破等十大行动；科技部同时会同国家发展改革委等28个部门，建立了碳达峰碳中和科技创新部际协调机制和国家碳中和科技专家委员会，统筹推进实施方案落实落地。

目前，已组织实施可再生能源技术、循环经济关键技术与装备等一批碳达峰、碳中和相关领域重点专项，已建成能源催化转化、电网安全等5个"双碳"领域全国重点实验室，大力推动低碳建筑等"双碳"领域国家技术创新中心建设。积极参与国际热核聚变实验堆（ITER）计划等国际大科学工程，推动设立海洋负排放国际大科学计划，积极推动双边和多边低碳技术国际交流与合作。

三、我国绿色低碳成果正处于加速涌现时期

当前一批标志性、引领性绿色低碳科技创新成果令人欣喜。新型光伏电池技术效率屡破纪录，晶硅光伏电池效率达到24%以上，钙钛矿晶硅两端叠层太阳电池转换效率达到33%以上，超过了单晶硅电池的理论极限，具有国际先进水平。2021年，我国光伏项目最低中标电价不到0.15元，约为国际煤电平均标杆电价一半，使光伏发电更具市场竞争力。截至2020年底，我国光伏风电装机容量已突破7亿千瓦，光伏和风电发电装机均居世界首位，光伏组件、风力发电机等关键零部件和装备出口占全球市场份额比重提高至70%，我国光伏风电产业国际竞争力大幅提升。燃煤发电技术世界领先，泰州电厂266.5克千瓦时，远低于2021年全国303.7克千瓦时的平均水平。新能源汽车已从跟随向并行领跑转变。A级纯电动乘用车续航测试标准循环工况百公里能耗达到11千瓦时，主流国产纯电动轿车续驶里程已超过400公里，总体技术水平国际领先。全球首创实现从二氧化碳到淀粉的全人工合成，二氧化碳的高效资源化利用技术获得突破。该技术可

第10章 绿色低碳创新论坛：聚焦绿色转型，共享低碳未来 215

以成为兼具保障粮食安全和实现碳减排的重大技术选择。这些科技创新成果有力支撑了产业链优化升级，也让经济社会绿色低碳转型更加前景可期。

下一步科技部将深入贯彻党的二十大关于积极稳妥推进碳达峰、碳中和的决策部署，大力抓好科技支撑碳达峰、碳中和实施方案落实落地。一是要按照中央科技委办公室的职能定位，统筹协调相关部门及地方低碳科技创新部署，建立碳达峰、碳中和科技创新监测评价机制，促进各方形成合力。二是要营造适宜碳达峰、碳中和科技发展的创新环境，加大对低碳、零碳和负碳技术知识产权的保护力度，加强低碳科普。三是加强科技成果转移转化和产业化，形成促进经济社会低碳发展的新动能。四是加强科技创新国际交流合作，加强与包括柬埔寨在内的世界各国在绿色低碳等领域的交流与合作，让我们为建设美丽地球——我们人类共同家园而携手努力。

最后，预祝绿色低碳创新论坛圆满成功，祝各位身体健康、工作顺利，谢谢大家！

世界知识产权组织助理总干事爱德华·卡卡的致辞

爱德华·卡卡 世界知识产权组织助理总干事

> 世界是在不断发生变化的，气候变暖愈演愈烈，我们的海洋酸性化情况日益严重，同时降雨量已达到前所未有的高位。现在我们正站在十字路口，一方面我们努力摆脱全球疫情带来的深刻影响，同时我们又面临着经济和环境危机。现在有多种可行且有效的方法以应对气候变化，我们需要做的是为大家提供技术知识、充足资金及有力的政策措施。各国政府正加紧行动，政府的资金洞察力和创新至关重要，但公共部门的引导作用也非常重要，以确保我们朝着统一的方向前进，这种合作体现在绿色技术银行框架中。

尊敬的各位阁下、尊敬的同事们，非常感谢主办方让我们相聚于此，我感到非常荣幸，特别感谢绿色技术银行管理中心主任王先生的邀请。同时，我也兼任绿色技术银行高级顾问一职，尽管我不能够详述我们现在所秉承的使命，但是我确实能够深切感受到我们所肩负使命的紧迫性。世界是在不断发生变化的，气候变暖愈演愈烈，我们的海洋酸性化情况日益严重，同时降雨量已达到前所未有的高位。现在我们正站在十字路口，一方面我们努力摆脱全球疫情带来的深刻影响；另一方面我们又面临着经济和环境危机。

政府间气候变化专门委员会最新的综合报告明确指出，现在有多种可行且有效的方法应对气候变化，我们需要做的是为大家提供技术知识、充足资金及有力的政策措施，而创新是应对这一系列复杂交错挑战的关键，但同时也必须具有包容性。有限的资金和不成熟的创业生态系统可能会阻碍下一个伟大创意的采用和部署。各国政府正加紧行动，政府的资金洞察力和创新至关重要，但公共部门的引导作用也非常重要，以确保我们朝着一个统一的方向前进，这种合作体现在绿色技术银行框架中。

在前所未有的时代，我们所做的事情和所提供的服务比以往任何时候都更加重要。例如，我们正采取措施促进相关创新以应对气候变化的发生，我们的在线平台（WIPO GREEN）在绿色技术提供者和寻求者之间架起了一座桥梁。希望该平台可以促进建立切实的合作伙伴关系，确保相关技术符合当地需求。该平台体现了全球思维和本地行动，汇聚了来自140个国家的12.8万多项技术及相关专家和知识材料，使它成为联合国最广泛的绿色技术倡议。基于数据库，我们的绿色技术手册收录了上一届缔约方会议上可用于应对气候变化的适应技术，其中就包括来自中国的技术。该手册已被访问超过50万次，我们目前正在开发新版本，期望能够获得大家的支持，帮助我们确定合适的技术。

数据库不会停止气候变化，但相应的行动可以。WIPO GREEN 正在发挥自己的作用，不论是在拉丁美洲还是在中国，都在促进可持续发展，我们也在寻求合作伙伴和投资，某些情况下这是我们部署落实的先决条件。因为合作可以加快进展，而投资绿色技术则有利于商业发展。我们很高兴绿色技术银行和 WIPO GREEN 密切合作，因为促进技术创新和创新共享的并行工作是可持续发展的关键驱动力。我想再次祝贺第六届绿色低碳创新论坛胜利召开，WIPO 已经参加了其中三次。我们正处在一个决定性时刻，肩负着塑造可持续发展的任务，我做出郑重承诺，将为此贡献自己的力量。谢谢大家！

3　主旨演讲

绿色技术的成就与未来

盖万安　柬埔寨环境部博士

> 柬埔寨高度关注绿色经济发展，现已发布多个发展战略。柬埔寨在提升经济发展的同时也避免短期主义行为，关注绿色低碳技术研发和技术转移，柬埔寨愿和其他国家一起应对全球气候变化，希望和中国相关组织机构开展更多的研究合作。

大家上午好！我今天非常荣幸能够在这里跟大家分享一下关于绿色技术的成果及未来发展方向。今天分享的主题是《绿色技术的成就与未来》。

先跟大家介绍一下柬埔寨环境部的管理结构，再介绍一下柬埔寨绿色技术理念，最后是我们绿色发展的战略政策、科学技术领域研究议程和面临的挑战。

首先来看一下柬埔寨环境部的管理结构。我们有环境部部长，同时还有国务秘书及副国务秘书,部委当中一共有 6 个相关部门,下面有分支机构。大家可以看到,我所在的机构主要负责气候变化和环境保护相关的战略和政策。2021 年,可持续发展部经过了一系列架构重组,现更名为政策战略管理部。该部门下设 5 个子部门,分别负责气候变化和生物多样性等。我们关注的重点是绿色经济。绿色经济是涵盖非常广的概念,不仅涉及财政和经济发展,还包括社会发展和生态多样性保护及本地社区保护。因此,我们非常重视将公共部门和私人部门连接起来,因为二者对我们保护环境及推动绿色转型都是不可缺少的。

在柬埔寨,我们是如何定义绿色科技的呢?这里请大家看一下这张图。我们需要了解在柬埔寨绿色技术所带来的时代福祉,这里列举了 10 个环境部比较关注的绿色技术,我们主要关注的是降低能耗方面的 5 个。我们同公共部门和私人部门进行了一轮又一轮的讨论和磋商,以期明确何种技术可显著降低整体电力系统消耗,这是我们关注的第一个重点。我们关注的第二个重点是循环发展以降低废物、废料产生,这与中国不谋而合。我们和其他部门尤其是农业农村部一起紧密合作,希望能够推动相关农业科技进步。此外,还有降低污染和排放。这里主要指的是减少城市地区的污染源,即绿色城市政策。我们还关注降低整体碳足迹,该领域也来自包括中国在内的其他合作伙伴的帮助。

我们实施了诸多战略来支撑可持续发展,如 Pentagon 战略,这是柬埔寨现任政府明确的顶层设计,关注重点聚焦电力、能源、科技创新及本地社群。柬埔寨主要由政府牵头进行一系列科技创新。柬埔寨的绿色增长不仅包括社会经济发展,还包括生态文明建设、自然资源保护和全民福祉提升。柬埔寨是一个发展中国家,我们需要不遗余力地提升经济发展,但是同时要避免短期主义行为。此外,我们还有其他不同的行动计划,如 2021 年实施的固废管理计划,目的是降低自然资源消耗,保护自然资源,这与循环经济紧密相关。

针对科技发展,我们也做了很多研究,这方面我们同工业和科技创新部合作。这里介绍一下环境部的优势领域和新科技,希望环境部能够与各利益相关方携手保护环境,尤其是在新技术研究方面。我们昨天参观了固废处理的相关企业,认为这些技术非常重要。此外,通过 DNA 技术重塑蛋白质分子结构等新技术也引起了我们的关注。我们希望在食品安全、绿色标准、绿色认证等方面能够与包括中国在内的全球合作伙伴携手合作,希望未来有更多柬方科学家来华交流经验。

在应对挑战方面,柬埔寨在基础设施和人力资源等方面有所欠缺。虽然近年已取得长足进展,但因历史遗留问题,我们的起点比较低,绿色技术人才比较欠缺,绿色技术投融资相对疲软。此外,柬方高校对绿色技术方面的研究整体不足,这与相关人才和基础设施欠缺密切相关。因此,我们需要来自其他国家的支持。针对柬埔寨所面临的挑战,我们一方面加强绿色技术领域战略部署,下一步将与更多发展伙伴建立国际合作关系,深化绿色技术和绿色经济发展,并针对绿色技术研究形成模式和体系,发布绿色投资年度报告。中方企业愿意在柬埔寨投资，这是很好的技术转移转化模式。另一方面我们需要和其他国家一起获得更多技术支持和财务支持。希望能够和中国相关组织机构开展更多研究合作，上海作为金融中心和科创中心，我们希望未来能与上海高校和相关组织机构开展更多合作。同时，欢迎中方专家来柬签订相关协议。希望上海市人民政府可以关注这一点，共同促进中柬合作。谢谢！

原材料产品生命周期碳足迹评价现状和展望

魏伟 中国科学院上海高等研究院副院长

> 国际上逐渐形成了以绿色贸易为基础的绿色贸易壁垒，碳足迹是其中的核心。碳核算是我们评估各个尺度上碳减排效益的直接量化数据。碳足迹只有在有效沟通和对比中才能形成国际认可标准。

各位领导、女士们、先生们，我非常荣幸跟大家汇报一下原材料生命周期碳足迹评价现状和展望。

今天向大家主要汇报这几方面内容。碳核算是我们实现"双碳"目标的基础工作，是"双碳"进程中的度量石。不管是为我们国家区域、行业、企业提供技术数据，还是支撑服务气候变化谈判和碳交易（包括绿色金融公益性基础数据），碳核算都是我们评估各个尺度上碳减排效益的直接量化数据。碳核算是广义概念，我们可以把生产端、消费端及整个过程都叫作碳核算。目前，大家越来越感觉到要实现"双碳"或者实现碳中和，产品的碳足迹评价可能是最有力抓手之一。所谓碳足迹，我们要在5个环节上进行评价。一方面要告诉公众哪些产品是真正的绿色产品；另一方面也要向政府、企业明确哪些产业、哪些技术是真正的绿色产业和技术，这些都需在量化层面进行一些定量化描述。我们希望清楚回答碳从何来问题、精确刻画社会经济下碳传递及转移逻辑，最终推动绿色产业发展。因此，我认为碳足迹是非常好的抓手，也是非常好的牵引。

我们要特别注意，中国作为全球最大的生产基地，国家层面非常重视产品碳足迹工作。国务院及工信部、国家发展改革委、环境部、市场监管总局等出台了一系列政策文件，希望大家重视碳足迹，而且应该把碳足迹作为我们未来实现"双碳"过程中的重要抓手。这一过程中，各地方政府积极响应，典型代表是广东、深圳、山东，均提出了针对整个省域或者市域所有产品开展碳标签工作。我国碳标签的发源地是上海。2018年，我们举办"国际低碳会议"时，即发起成立了低碳经济委员会，以开展碳标签相关工作。几年来，我们在几个区域都取得了比较好的结果。特别是在浙江乐清，形成了整个社会或者工业体系的牵引，其中碳标签为主体牵引，在产业形成过程中发挥了重要作用。目前，在碳足迹方面的确还有些问题没有解决，但我这里首先向大家汇报一下整个产品碳足迹。

涉及几个因素，政策和机制支持层面包括顶层规划、催生政策、运行机制、监督管理机制，理论和技术支撑层面包括方法学、标准体系、技术数据、软件工具。在欧盟碳标签调节机制推动下，美国《清洁能源竞争法案》、欧盟《欧洲绿色新政》等都催生了若干政策。从方法学上讲叫全生命周期或者是在目前阶段的碳足迹，新的方法在这个过程中产生出很多标准体系。之所以在不同阶段出台不同政策，也证明在这个过程中的认识也在不断深化。这里我列举目前非常重要的几个主流标准，这几个标准在产品种类、标准界定、企业规则、贡献分配方式、特殊处理过程等方面还存在一定争议。

碳足迹在有效沟通和对比中形成国际认可的标准，这是必不可少的。在和欧盟碳标签调节机制相关人员交流过程中，我一直强调若没有中国的参与，欧盟制定的标准将存在很多学术上的问题。欧盟碳标签调节机制按照所在国前5%行业平均值来定价，中国有世界上最齐全的工业体系，而且有最先进的技术也有相对落后的技术，所以中国的数据是最全也是最公允的。目前，国际上形成了几大主流数据库。整体而言，美国从2007年3月成立碳信托公司开展碳标签工作，德国、法国、日本、韩国等国也快速推动。但是在一年多时间内，中国的碳标签工作得到了国际主流或者是国际先行国家的认可，而且他们也逐渐认识到，中国在碳标签行业中是不可或缺的一环。中国碳标签的相关工作进展非常快，包括方法理论、案例分析等。但我们在底层逻辑关系、理论研究方面仍欠缺一些东西，评价体系还不完善。虽然媒体上可以看到各国都强调自己是最权威的，但实际上各国政策都存在若干问题。在这里我列举几个基础数据库，我认为现在它们还不能真正为我们碳足迹甚至碳标签提供服务。因为上述数据库在底层逻辑关系方面还需进一步梳理，直到形成国际认可的方法学、形成国际标准，才能够服务我们未来行业发展。

为什么提出原材料，这源于欧盟碳标签调节机制。基础原材料来自矿业、农业、林业、牧业产品，加工材料特指钢铁、有色、建材、化工、造纸等行业产品。钢铁是我们工业体系中二氧化碳排放量最大的行业，一年有18亿吨，我们提供了全球50%以上的产品，有色行业一年有6亿多吨二氧化碳排放量，以水泥为代表的建材行业，我国年产能为24亿多吨，二氧化碳排放量为15亿多吨。所以，我认为原材料产业压力首当其冲。国际方面已对钢铁、水泥、电力、化肥等行业和产品强制实施碳足迹。因为我国产业门类齐全、产业链复杂，我国应该优先建设数据库。原因在于一般生产过程中不会仅生产一种产品，会有多种产品，相关碳计算原则存在多种方案。因此，在此过程中，我们要注意中国话语权的问题。此外，原材料在社会上的流动有5个环节，欧盟仅注重了前面2个（生产过程和间接排放）环节，但是处置部分和前端原料等方面尚未明确界定，因此有诸多问题需要解决。

我们开展方法学创新，争取国际话语权，这对我们科研工作者来说义不容辞。特别需要注意的是目前在以绿色名义形成绿色贸易壁垒或者绿色产业链条隔断过程中，我们要发出中国声音，形成新的方法学，同时积极参与国际标准制定。此外，要把碳足迹作为重要抓手，量化数据就要有权威性，在区块链技术、留痕技术、可追踪技术等方面，中国有优势。目前，欧盟碳标签调节机制即将实施，我们要为我国绿色产业、未来产业的布局和发展做出贡献。谢谢大家！

绿色技术创新加速可持续发展目标实现

埃里克·索尔海姆　"一带一路"绿色发展国际联盟主席

> 过去20年，中国在经济发展和绿色技术创新方面取得重大成就。中国在电动汽车领域的成功，已成为全球利用绿色发展创造新机遇的典型案例。世界各国需要团结起来，构建一个可持续发展的全球循环经济体。

大家好！很高兴能够在绿色低碳创新论坛上跟大家分享一些我的看法。今天在座的有很多是来自政府、银行、商界的杰出代表和联合国开发计划署的同事们，我很高兴能够在这里与大家进行分享。

回看2005年，时任浙江省委书记的习近平同志到一个非常美丽的山间小镇——安吉，他当时的演讲中有一句名言，就是"绿水青山就是金山银山"。用英语简单概括来讲是"绿色就是财富"。我也去过安吉，它的发展像奇迹一样，现在每一年大概有100多万游客到安吉。在安吉的老工厂中，我们看到墙上挂着很多过去的老照片。当时环境污染非常严重，工人在雾霾当中工作，像是重度吸烟者一样。现在我们看安吉的情况，到处是火锅店、咖啡店，还有年轻人的创业中心，旅游业也蓬勃发展，而且我看到了我此生见过的最好图书馆之一。我觉得安吉就是一个缩影——中国过去20年发展历程的缩影。过去20年，中国发展势头非常迅猛，但是当时注意力主要集中在经济发展和脱贫攻坚上，现在更多强调的是绿色发展，以及可以惠及所有人的高质量发展。习近平总书记提出了很多口号或概念，我从中获益良多，如说美丽中国、人与自然和谐共处、绿水青山就是金山银山、生态文明建设等。这些口号或概念调动起中国人民的积极性，同时在国际上也引起了巨大反响。

中国为什么会发生如此大的变化？如何能成为国际绿色发展的领头羊？我觉得其中有几个原因。

第一是政治领导力。习近平总书记的全身心投入及更广泛的政治领导力是非常重要的，因为只有具备政治领导力，才能指明方向和愿景，规范和管理市场。

第二是蓬勃发展的市场和企业参与。我们都知道，仅靠政府的力量是远远不够的，还需要中国人民的力量和主观能动性。中国人民表达了自己的想法，告诉政府及商界，我们是不能够接受环境污染的，希望能够拥有一个绿色未来。如果能够同时具备政治领导力、人民意志和企业力量，很多事情就会发生变化。现在我们发现，不仅中国发生了巨大变化，世界最主要经济国家也发生了变化。例如美国，拜登总统通过了《通胀削减法案》，该法案给美国绿色产业、绿色项目很多补贴，我们会看到美国绿色发展的加速。在欧洲，《欧洲绿色协议》激励银行还有其他行业积极促进绿色转型。在印度，虽然印度人均收入远远不及中国，但是在绿色增长方面也取得了很大进步，包括绿氢项目及电动车项目，这使得印度经济正朝向绿色低碳方向发展。

我们再次回到中国。现在中国占全球绿色企业的 60%～80%。短短 10 年间，无论是在太阳能、水能、风能、电动车、电池还是高铁等领域，中国都已是当之无愧的领头羊。例如，隆基绿能科技股份有限公司已成为全球最大的太阳能企业，三峡集团成为全球最大的水力发电企业，金风科技、远景集团已都是全球最大的风能企业之一，比亚迪成为全球最大的电动车公司，宁德时代已是全球最大的电动车电池公司。在所有绿色能源方面，中国的主导性是非常惊人的。同时，中国正激励其他国家。

第二个我想谈的是交通领域。如果看一下中国在电动车领域的发展，确实非常惊人，而且中国出台了一系列高瞻远瞩的产业政策。中国汽车领域缺乏历史悠久的品牌，丰田汽车不管是在非洲丛林、挪威山上还是智利沙漠，都是无人不知无人不晓的。过去中国缺乏知名燃油车品牌，但中国选择在电动车上发力。现在中国电动车增长的迅猛势头已经完全超过了燃油车，中国已经成为全球电动车领域的领头羊。最近我看到，德国作为汽车工业的摇篮，在慕尼黑汽车展上，大家的关注重点都是中国电动汽车。美国、欧洲各国、日本都希望追赶中国步伐。比亚迪现在已超越特斯拉，成为全球最大的电动汽车公司，这就是利用绿色发展创造新机遇的典型案例。此外，绿色产业可以创造新就业。

第三个是基于自然解决方案，中国在此方面也是领头羊。国家公园的概念来自美国。世界上第一个国家公园是 19 世纪 70 年代成立的美国黄石国家公园。现在全球范围内有 100 多个国家都已建设国家公园，中国也已积极参与到全球国家公园项目中。中国已在青海、西藏建设国家公园和大熊猫国家公园。此外，中国目前是世界上最大的植树国家，我之前去过塞罕坝，看到中国连续三代人在非常干旱、寒冷的地区植树造林，是非常艰辛、非常不容易的。现在中国很多地方可以实现无人机植树，可以用高新技术替代旧的方式，中国在这方面处于领先地位。最近，习近平总书记前往广东参观了红树林，并提出在深圳建立"国际红树林中心"，以期将中国最佳实践经验与"一带一路"沿线国家共享。我特别希望可以邀请西方领导人前去参观。

最后，我们需要循环经济。电子设备或衣服等都要循环利用，我们现在已建立了庞大的风能及太阳能产业，还需要相应计划来实现太阳能电池板等产品的循环利用。中国已在塑料循环利用方面处于领先地位，全球需要创造一个真正的循环经济。

结合上面提到的领域，加上绿色中国建设和循环经济发展，我们可以看到，中国在绿色产业方面已经领先一步。当然,中国不可能所有事情都自己来做,我们必须凝聚起来,包括美国、中国、欧洲国家、印度还有非洲国家,大家必须共同努力,要停止贸易战争。大家团结一致,我们才能够取得成功。非常感谢大家的聆听!

以科技创新助力上海发展海洋绿色能源,提升全球海洋中心城市能级

桂许德 上海勘测设计研究院有限公司党委书记、董事长

> 以绿色低碳转型的见证者、参与者、贡献者和受益者的身份,从以下4个方面讲述:一是瞄准清洁化,彰显绿色低碳"中国高度"。二是瞄准绿色化,彰显绿色低碳的"三峡深度"。三是瞄准科技化,彰显绿色低碳的"三峡厚度"。四是瞄准产业化,彰显绿色低碳的"上海速度"。

大家上午好!很高兴能够参加今天的浦江创新论坛,有机会以绿色低碳转型的见证者、参与者、贡献者和受益者的身份来跟各位领导、各位嘉宾分享,讲述我们的感受与思考、决心和行动。

第一,瞄准清洁化,彰显绿色低碳"中国高度"。能源是国家经济社会发展的动力源泉。2020年,习近平总书记在第七十五届联合国大会一般性辩论上提出了中国的碳达峰、碳中和目标,在国内单位生产总值、二氧化碳排放比、森林覆盖率、非化石能源消费比重、森林蓄积量等方面,都提出了分年度的详细目标。我们的碳中和目标非常清晰,2060年化石能源基本全部退出。围绕碳中和发展战略目标,我们正在着力构建以水电、风电、光伏为主的绿色能源供应体系,到2060年,天然气、石油、煤炭基本上都要退出整个能源供应结构。自2014年提出"四个革命、一个合作"能源安全新战略,我们在清洁绿色低碳化方面做了大量工作,着力提升我们电力系统的可靠性、灵活性和韧性。

第二,瞄准绿色化,彰显绿色低碳的"三峡深度"。三峡集团1993年成立,30年来始终坚守清洁能源主业,成长为全球最大的水电开发运营企业和中国领先的清洁能源集团,是中国最大的可再生能源集团。去年底可控装机1.25亿千瓦,清洁能源占比96%,资产总额1.27万亿元。国家主权级信用评级连续15年央企获评经营业绩考核A级。在大水电方面,三峡集团建设运营了全球前十大水电站的5座,第一大水电站是三峡水电站,第二大水电站是习近平总书记在2022年12月31日元旦献词时专门点赞的白鹤滩水电站,另外三座分别是溪洛渡水电站、乌东德水电站、向家坝水电站。现在展示的乌东德水电站是1020万千瓦、向家坝水电站是640万千瓦。三峡集团在以清洁能源作为主要

业务发展的同时，积极承担国家政治使命，按照总书记要求，在长江经济带生态修复和环境保护中发挥骨干主力作用。按照服务长江经济带发展国家重大战略，在促进区域可持续发展当中承担技术保障功能，三峡集团连续 4 届担任长三角生态绿色一体化发展示范区的执行长。

  清洁能源方面，除以水电为基础外，我们风光并举、海陆并进，开展多能互补，更好地服务"双碳"目标。我们的新能源业务遍布全国各地，总装机容量 3300 万千瓦。科技创新方面，三峡集团科研投入逐年提升，年研发投入数十亿元。创新平台方面，现有国家级科技创新平台 2 个、省部级 15 个、校企合作科创平台 8 个，还有科创平台和成果转化平台 13 个。科技成就方面，去年我们获得了 6 项国家级重点科技项目，获得了财政资金支持近 2 亿元，2022 年我们完成国内外专利申请 1644 件、授权 1153 件。在海上风电领域，实现了海上风力发电机组一体化控制系统国产化开发、海上风电柔性直流输电关键技术研发及示范应用，漂浮式海上风电机组设计研发处于国际领先水平。目前，全球首台抗台风型漂浮式海上风电机组——三峡引领号，在去年 7 月应对了 17 级台风冲击。今年 7 月 31 日，三峡集团跟上海市签署战略合作协议，围绕供水安全、能源保障、低碳转型、科技创新等全方位开展合作，同时连续 4 届担任长三角绿色一体化示范区开发者联盟的轮值执行长，为长三角生态绿色一体化发展示范区建设贡献三峡力量。

  第三，瞄准科技化，彰显绿色低碳的"三峡厚度"。长江三峡集团所属的上海勘测设计研究院有限公司是一家有悠久历史的技术支撑单位。创办于 1954 年，从新中国第一座大型水电站——新安江水电站起步，2014 年成为三峡集团控股子企业。在 69 年的发展历程中，业务已从水利水电发展到涵盖新能源、生态环保、智慧工程、建筑市政、数字化、智能化等多方面。科技研发方面，我们正在构建"1+N"科技研发体系，包括技术研发中心，这是我们的"1"，同时我们有两个院士工作站，上海市科委支持上海海上风能资源开发利用工程中心建设。我们同时也承担三峡集团三大平台和高端智库功能，三大平台就是技术支撑、科技研发和人才培养平台。我们以技术研发中心为依托，涵盖了清洁能源、生态环保、数字化、智慧化各个领域。能源绿色转型方面，针对中国东部沿海一万八千公里海岸线和 11 个省（市）的不同海况、不同地质条件，我们在海上风电的勘察设计方面拥有丰富的项目经验，带领中国海上风电从无到有、从近海走向远海，从早期的 10 万千瓦级到现在的百万千瓦级，乃至千万千瓦级，实现从固定式到漂浮式的跨越式发展。在国际合作方面，我们同葡萄牙电力合作成立了中葡新能源技术研发中心，分别在上海和里斯本设立两个中心，使其成为三峡集团同葡电的技术交流平台，也成为新能源领域中欧技术交流合作的重要平台，每年通过举办学术研讨会等形式，促进双方技术交流与合作。在重大关键技术方面，对于河口岸线的治理、潮滩生态修复、受损生态系统修复、堤岸生态改造等，都进行了广泛实践。

第四，瞄准产业化，彰显绿色低碳的"上海速度"。上海市肩负着建设全球海洋中心城市的重任。《全国海洋经济发展"十三五"规划》明确提出，推进深圳、上海等城市建设全球海洋中心城市。《上海市国民经济和社会发展第十四个五年规划和2035年远景目标纲要》明确提出，提升上海全球海洋中心城市能级，发展海洋经济，服务海洋强国战略。在海洋城市评价当中，上海排在第一梯队，科技创新成为助力上海海洋绿色能源发展重要手段。围绕推进上海海洋中心城市建设，我们聚焦三个方面进行努力。一是深入开展海洋智库中心建设。我们正在建设四个方面的海洋智库，分别是国家级海岸带国土空间规划和治理工程技术创新中心、国家级海洋蓝碳工程技术创新中心、国家级海上风能工程技术研究中心、国家级海洋生态环境评估中心。四大中心是我们开展海洋智库建设的四个主要抓手。二是深入开展海上新能源融合发展关键技术研究。深入研究了欧洲在海洋综合能源岛方面的实践，提出打造上海海上综合能源岛。海上综合能源岛是海洋能源技术集大成者，成为多能利用的集成平台。目前，我们正在加快制定海上综合能源岛实施方案，以期实现海洋能源和海洋生态两翼融合协同发展，我们要把海上风电、海上光伏、生态修复、海洋牧场、海洋碳汇结合在一起，更好落实习近平总书记"在开发中保护，在保护中开发"的理念。三是深入开展海洋中心城市建设政策研究，开展海域立体设权研究、深远海用海管理办法研究和深远海海上风电开发生态环境管理研究等。以上是我的汇报，谢谢大家！

开泰银行的脱碳路径与绿色转型可持续融资支持

维猜·纳隆瓦尼　泰国开泰银行高级副总裁

> 开泰银行在发展战略上嵌入碳减排目标，以期在银行体系实现绿色发展目标。2021年底开泰银行做出净零承诺，提供包括绿色基金支持在内的减排解决方案，持续推进绿色能源领域融资解决方案。此外，开泰银行为国外机构提供在泰国投资绿色能源的机会。

大家早上好！我很高兴能够从泰国开泰银行角度，跟大家分享一下我们在可持续发展及ESG融资方面的经验。

首先我先介绍一下开泰银行。开泰银行是泰国第二大银行，现已积累超过2100万用户，我们非常重视跨境电子平台构建及合作伙伴发展。气候变化给人类带来了挑战，对经济来讲既是机遇也是挑战。我们需要在2050年前持续投入才可使经济脱碳，涉及领域非常广泛，包括能源、交通、农业、智能制造等。因此，没有单个实体能够支持这么大一笔资金投入，需要政府、私营部门、金融机构的多方合作，通过共同努力才能够促成这一目标的实现。

为此，开泰银行在发展战略上嵌入碳减排目标，以期在银行体系实现绿色发展目标。过去10年，开泰银行始终以可持续发展为目标，连续14年入选道琼斯可持续发展指数，且是入选的唯一一家泰国银行。我们希望可以成为东南亚地区银行业绿色发展的领导者。

2021年底开泰银行做出净零承诺。一是开泰银行自有运营在2030年实现净零排放。二是金融产品组合实现净零排放。我们为2030年前分配了至少1000亿～2000亿泰铢，用于可持续发展的融资和投资。三是明确了相应行动计划，以确保目标实现。

关于自身运营方面的举措，我们做出承诺，明确相应目标，出台具体指南，通过多种途径减少能源消耗。政府机构也将指导我们建立相应法律法规，以监管我们的工作。此外，我们也需要同科技公司合作，他们可以提供可行的解决方案，以帮助实现净零排放目标。对于一些大客户，我们提供相应减排解决方案，包括绿色基金支持。我们持续推进绿色能源领域融资解决方案。对国外投资者而言，他们也希望能够在泰国寻找绿色能源的投资机会。此外，我们不仅有银行解决方案，我们还开发了一个电动自行车运营平台的APP应用，使运营成本降低、充电时间缩短。

开泰银行希望可以进一步帮助客户实现去碳化目标。总之，可持续发展是持续的过程，我们希望可以积极参与和广泛合作，以给社会带来积极影响。非常感谢大家的聆听！

支持中国低碳转型的融资机遇

肖恩·基德尼　气候债券倡议组织联合创始人兼首席执行官

> 气候债券倡议组织的目标和愿景是为我们创造一个美好未来。全球多个国家在气候减排方面现已做出了重大承诺，绿色科技和清洁能源成本持续下降。此外，我们应关注到，金融市场及债券市场在应对全球气候变化中扮演着重要角色。

气候债券倡议组织的目标和愿景是为人类创造一个美好未来。我们有相应的行动计划，虽然我们在全球范围内获得了一些成功案例，但也面临着一些挑战。我们希望能够实现去年G20峰会的目标，即在2027年将升温幅度控制在1.5摄氏度之内。我们第一轮行动并非特别顺利，我们必须做好准备在未来几年应对气候变化的挑战。以上海为例，未来几年热浪、台风的频率可能越来越高。此外，我们还需要关注到城市中的建筑物及其建筑标准。根据相关机构建议，在未来25年我们需要投资人民币6500亿元，这是非常庞大的资金。不仅是中国，全球主要经济体和其他国家都面临缺乏财力、物力和相关科技支撑的困境。

虽然我们现在面临很大挑战，但是如果可以真正调动资本市场，我们还是有成功的可能的。比如说，我们可以提出一个30年之久的经济刺激方案。在中国，我们现在可以看到很多财政激励政策。如果我们可以像应对金融危机一样去调动资本市场，秉持长期主义态度，我相信未来30年的长期经济繁荣目标是可以实现的。

我首先要提醒大家的是，全球各国在气候减排方面现已做出了重大承诺。例如，中国提出了3060目标，这是个巨大挑战，相信中国一定可以实现这个目标。全球各地其他国家和地区也纷纷做出碳减排承诺。例如，欧盟通过了《欧洲绿色协议》，美国通过了《通胀削减法案》。其中，《通胀削减法案》可以进一步释放资本市场活力，将资本注入更多绿色项目中去。未来，我们的可再生能源将会出现爆发式增长。中国绿色转型已经受到全球关注。

第二个趋势是绿色科技和清洁能源成本持续下降。目前，即使不考虑清洁能源价格补贴，很多国家的可再生能源成本也已经低于化石能源。我们现在所面临的唯一挑战就是资源禀赋，它既包括能力建设，也包括生产效率提升。在中国，国有企业发挥了领头羊作用，它们设定清洁能源发展目标。此外，中国电动车市场蓬勃发展，去年新售车辆中电动车占比已达到20%。目前，挪威和一些北欧国家的比例也很高，美国也有迎头赶上的态势。未来，我们可以看到电动车的比例会越来越高。此外，绿氢现已成为现实。在西班牙，绿氢已被应用于钢铁生产中，且成本很低。中国绿氢产业也在蓬勃发展，不仅对化工、石化、钢铁等行业产生重大影响，还对交通运输、化肥制备等方面产生重要影响。中国绿氢产业的成本不断下降，背后离不开政府和企业的共同努力。

现在想讨论绿色产品价值链，这不仅涉及一个国家，它需要多个国家共同协作。几个月前，我在上海参加了低碳技术展览会。我们看到，围绕绿色低碳涌现出很多新技术，这是我们共同希望看到的。它不仅对环境有帮助，更有利于在未来30年创造不竭的资本来源及就业岗位。

最后想跟大家分享的是，金融市场及债券市场在其中扮演着重要角色。目前，绿色债券已经有了长足增长，但与社会需要的投资总量相比，仍是杯水车薪。目前，绿色债券市场在拉美、美国、欧洲、日本、印度等地蓬勃发展。我们不仅要关注绿色债券，还要关注更多的新兴金融工具，比如说与气候变化相关的债券及转型债券。我们希望中国能够缔造一个绿色资本市场、绿色资本网络，使得金融体系更加绿色。

这是我们未来韧性的来源，也是各个国家银行的共识。我们虽然取得了很多进展，但还有很长一段路要走，我们所面临的风险是极其复杂的，挑战也是极其复杂的。我们希望通过产业、金融、市场及政府的多方合作，加快政策落地，中国在这方面是很好的榜样，我们觉得其他国家和地区都应向中国学习经验，感谢大家对此付出的辛勤努力。希望在未来或者在接下来几年当中，还有机会能够面对面跟大家交流绿色债券及绿色融资工具方面的新进展。共同努力，我们可以创造一个更加绿色、美好的未来。谢谢大家！

第 11 章

全球健康与发展论坛：创新技术的新应用和新市场加速促进全球健康与发展

1 论坛综述

全球健康正面临诸多挑战。这不仅关系世界上每个人的健康福祉，还会威胁全球的健康与稳定。为此，本次论坛以"创新技术的新应用和新市场加速促进全球健康与发展"为主题，邀请来自国际组织、政府部门、科研机构、企业等的专家学者共同研讨，旨在推动科技合作交流，为全球健康与发展贡献力量。

2 主持人致辞

时任"一带一路"国际科学组织联盟（ANSO）秘书处执行主任曹京华的致辞

曹京华　时任"一带一路"国际科学组织联盟（ANSO）秘书处执行主任

全球健康正面临许多问题和挑战，如突发的新型传染病、心理健康、环境污染和贫富不均所引起的不公平等问题，不仅影响个人健康与福祉，也威胁全

> 球的安全与稳定。我们需要进一步加强科技创新和国际合作，共同应对全球健康问题，促进全球健康与发展。我们期望通过搭建开放、包容、合作、共赢的平台，推动科技合作交流，寻找更多合作机会和解决方案，为推动全球健康与发展贡献力量。

尊敬的各位来宾，女士们先生们，大家下午好。非常高兴和大家相聚在浦江创新论坛——"全球健康与发展论坛"，我是"一带一路"国际科学组织联盟秘书处执行主任曹京华。很荣幸受邀担任今天大会的主持人。

健康是人类最宝贵的财富之一，然而全球健康正面临许多问题和挑战，如突发的新型传染病、心理健康、环境污染和贫富不均所引起的不公平等问题，不仅影响个人健康与福祉，也威胁全球的安全与稳定。我们需要进一步加强科技创新和国际合作，共同应对全球健康问题，促进全球健康与发展。

本次论坛以"创新技术的新应用和新市场加速促进全球健康与发展"为主题，邀请来自国际组织、政府部门、科研机构和企业等的专家学者，分享他们在创新技术领域的最新成果和经验，探讨创新技术在全球健康与发展中的新应用场景和新市场变革。我们期望通过搭建开放、包容、合作、共赢的平台，推动科技合作交流，寻找更多合作机会和解决方案，为推动全球健康与发展贡献力量。

论坛开始之前请允许我向大家介绍出席今天论坛的重要嘉宾。他们是：美国中华医学基金会主席罗杰·格拉斯先生；麦肯锡公司高级顾问、斯坦福大学商学院讲师戴维仁先生；中国科学院院士、中国科学院上海药物研究所研究员陈凯先先生；中国科学院院士、美国国家科学院外籍院士、中国科学院微生物研究所研究员高福先生；科技部外国专家服务司副司长李昕先生；比尔及梅琳达·盖茨基金会北京代表处首席代表郑志杰先生；上海市科学技术委员会生物技术和医药处处长、二级巡视员曹宏明先生。出席今天会议的还有来自大学、医院、科研机构和企业的专家，让我们以热烈掌声向各位领导和嘉宾的到来表示欢迎。

本次论坛共有开幕式、主旨演讲、全球健康与发展项目演讲和圆桌论坛4个环节，现在让我们进入开幕式环节。

本论坛自第一届举办以来得到了比尔及梅琳达·盖茨基金会的大力支持，盖茨基金会在成立伊始就致力于将人类的创新才能应用于减少和解决健康和发展领域的不公平、不公正问题。下面有请比尔及梅琳达·盖茨基金会北京代表处首席代表郑志杰先生为我们做开幕式主旨演讲，大家欢迎。

3　开幕式演讲

创新技术如何加速全球健康和发展的进程

郑志杰　比尔及梅琳达·盖茨基金会北京代表处首席代表

> 科技创新逐渐成为增进人类福祉的重要驱动力。确保科技创新成果能够被公平合理地应用,是加快全球健康领域发展,以及攻克多重挑战的关键。目前,盖茨基金会的工作已经涉及健康领域的全产业链,并致力于推动国际科技合作,以实现更美好的未来。

尊敬的各位嘉宾,女士们先生们,大家下午好。非常荣幸参加本届"全球健康与发展论坛",衷心感谢科技部、上海市科委及浦江创新论坛中心为举办这一大会所付出的辛勤努力,感谢今天来参会的各位伙伴、同仁,很期待与大家在这里一起探讨创新技术如何加速全球健康和发展的进程。

人类的故事是创新的故事,从历史的黎明开始,我们就一直与疾病、饥饿和资源匮乏做斗争,随着时间的推移,我们通过不断扩展科学和技术的边界,取得持续的进步。有医药、农业等领域的创新发展,现在有更多人能够享受到更长寿、更健康、更有活力和成就感的生活。现在科学发展速度比以往任何时候都要快,我们已经看到了全球范围内,受益于科学技术突飞猛进,我们拯救了更多的生命,增进了世界人民的健康福祉。例如,在过去 20 年期间,普通人的平均寿命增长了 6 年,而每年 5 岁以下儿童的死亡也减少了一半。在中国 20 世纪 50 年代,疟疾曾经是每年有 300 万例病例的恶疾,如今已经实现了本土案例零的突破。像信使核糖核酸(mRNA)、基因组学和人工智能这样的新工具也在不断地创造新的可能。这几十年来的惊人进展让我们有理由对未来充满期待。然而,进步虽然是可能的,但并不意味着它是必然的。只有确保创新成果公平地得到应用,才能应对我们今天面临的多重挑战,推动全人类的进步。

为此,盖茨基金会和世界各地众多伙伴开展合作,希望能够有所作为,也因此推动了很多合作伙伴关系在中国的落地深耕。我们和国家自然科学基金委合作,借助中国科研团队在相关领域积累的经验和专长,开展一系列联合资助项目,旨在探索安全、有效、可负担并且能被广泛应用的科技创新,以惠及最有需要的人群,支持落实联合国 2030 年可持续发展目标。例如,2015 年双方发起首个联合项目——"中国大挑战",资助了清华、复旦等中国高校发起的 4 个研究项目,旨在缩短结核病疗程的临床试验时间,以及基于结构的艾滋病疫苗的设计工作。2021 年双方又联合发起"户外疟疾媒介控制项目",

资助了6个来自中国科学院和国内高校的研究方案，聚焦"户外疟疾媒介控制项目"的创新策略、工具和产品，加快实现全球范围内消除疟疾的目标。今年3月，我们又联合发起农业领域的资助项目，支持科研人员开发创新解决方案，帮助低收入国家应对威胁农业生产的与气候相关的挑战。

实际上，在盖茨基金会立足中国的15年历程当中，我们的项目领域不断拓展，逐步涵盖健康和卫生创新领域的整个产业链，从研发、转化、监管、审批、生产到最后一公里的交付。我们深刻感受到创新生态体系对确保创新成果，并真正实现造福最有需要的人群至关重要，我看到今天整个浦江创新论坛的主题及我们今天的主题——"创新技术的新应用和新市场加速促进全球健康与发展"，基金会希望通过汇聚公共和私营领域的资源和专长，在关键领域展开国际合作，让中国在健康和发展领域的创新产品尽快抵达全球最有需要的人群，帮助世界应对重大公共卫生和全球发展的挑战。

我相信在座的各位在整个创新产业链中都正在或者可以扮演重要的角色，无论是创造适宜的政策环境、提供有力的经费投资、开展积极的科技研发，还是促成有效的产品转化、推动健全监管体系和交付机制等，这里面的每一个环节都关乎着创新是否能够真正触及那些最有需要的人群，切实推进全球的进步。

最后，感谢在座的每一位与我们志同道合、携手并进的伙伴，盖茨基金会期待和各位一起继续努力，创建一个更加健康和公平的世界。谢谢大家。

4　主旨演讲

创新技术改善资源匮乏地区的基层医疗服务

史蒂夫·克恩　全球健康实验室执行董事

> 创新技术赋能资源匮乏地区提升医疗服务水平大有可为。目前呈现3个主要趋势，一是AI技术可以帮助基层医疗机构冲破资源匮乏的约束，提升护理质量，缩小与医疗资源富集区的临床差距；二是依托大数据分析、AI等创新技术，建立能够适配于不同地区资源禀赋差异的医疗系统，更加科学合理地满足地方的客观需求；三是依托新一代信息技术等创新资源，推动基层医疗机构、政府、患者等主体互动，在提升医疗保健服务水平方面，加快市场创新。全球健康实验室作为一种新型资源，一直致力于缩小区域健康差距，拥有丰富的内部资源，可开展初步研究，未来希望在健康领域，能够与中国加深合作。

第11章　全球健康与发展论坛：创新技术的新应用和新市场加速促进全球健康与发展

大家好，我叫史蒂夫·克恩，是全球健康实验室的执行董事，非常感谢大家给我机会能够在"2023浦江创新论坛"上发表主旨演讲。很抱歉我不能亲临现场，但是我非常高兴能够通过视频发言和大家谈谈创新如何能够改善在资源匮乏情况下的基层医疗。

全球健康实验室是一种创新型的资源，我们致力于缩小健康的差距，特别是在中低收入国家。我们是一家非营利的机构，非常重视自己的使命，由盖茨私人企业支持，我们也会和比尔及梅琳达·盖茨基金会及其他的领导者共同合作开发技术型的解决方案。尤其关注以下3个领域。一是诊断技术；二是与生殖、孕产妇和儿童健康相关的技术；三是初级卫生保健或与初级医疗相关的技术。我们实验室独立于盖茨基金会，很多时候大家会误以为全球健康实验室是基金会的一部分，实际上我们是和他们合作的独立伙伴。我们规模比较小，但是通过和盖茨基金会的合作，我们的工作重点是非常突出的。我们的工作方式是和盖茨基金会合作，共同确定关键的全球健康需求。在这些需求当中，技术和创新型解决方案可能会有所帮助，我们的合作伙伴包括了外部专家和政府卫生部门，我们一直以来十分重视部委级的合作伙伴。我们还会和各个卫生单位合作，我们通过实验室和内部专家共同发现潜在的问题及可能解决问题的方法方式。另外，我们也会和临床研究人员、各国卫生部门的领导、潜在创新的使用者及商业合作伙伴共同推动研发工作，这些商业合作伙伴最后也会和我们共同开发产品，在这个模式中，其实我们可以在研发早期就参与进来，对部分想法进行风险排查，而且对一些产品的开发理念进行价值验证。当产品完成开发之后，会对商业伙伴进行授权，实现上市和规模化推广，并最终产生影响。毕竟我们的目标是通过推出产品和开展创新，帮助资源匮乏的国家和地区改善医疗服务状况。我们典型的许可模式是对商业伙伴免使用权，同时这种关系不是排他性的，意味着世界其他国家和地区的伙伴也可以参与进来。我们希望商业合作伙伴能够真正满足这些社区的需求，而且我们也明白不可能指望所有人只从慈善角度开展这项工作，我们要想办法让我们的商业合作伙伴在这个工作当中有所收益。一方面做到商业伙伴能够可持续发展；另一方面对于低收入地区而言，产品能够做到物美价廉，能够做到两者兼顾的确会面临不小的挑战。话说回来，我们本质上还是一个实验室，如果大家来到我们的实验室大楼，可以看到有不少试验设备相较于盖茨基金会有所不同，那里是没有实验室的，这是因为我们的创新是为了产生积极的影响。我们全球健康实验室团队由100多名优秀的科学家组成，是一个多学科队伍。我们通过运用技术优势致力于服务四大主题，包括基层医疗、传染病、儿童、孕产妇健康领域。

我们还有丰富的内部资源能够帮助我们开展一些初步的研究，这些资源包括了生物安全、二级实验室、工程机械、仪器实验室、电子设施、光学试验室等，我们的整体想法就是通过这种方式可以进行快速原型制作，还能尝试新的想法，看看是否具有成功的潜力，能够有效解决某个问题。如果值得进行开发创新，有哪些风险可以及时进行排查，让它在未来成为成功的产品。

简而言之，我们最关注的是由盖茨基金会和各个合作伙伴共同定义的需求最大的重点领域，我们概述了 3 个领域当中的一些创新型的具体实例。通过这上面列出来的各种方法，我们致力于解决全球卫生领域特定的、缺乏创新的问题，随着这些新技术的出现，我们希望能着手解决这些健康问题，提高医疗卫生服务质量，特别是在资源匮乏的国家和地区。我们产品的构成，其中一个就是人工智能辅助下的低成本超声检测，我们和中国的企业一起合作，推动这项技术的实施与落地。我们最初的重点是产科，在资源匮乏的国家和地区，帮助评估新生儿是否发育充分。超声波非常具有潜力，和其他成像平台相比成本相对低廉，而且对开展检查的放射科医生专业技术水平要求相对不高。我们要考虑使用人工智能超声，我们也在思考如何把适用于其他适应证的人工智能低成本超声检查应用进来，比如在成年人和儿童当中发现不同的肺病进展情况，如何帮助进行乳腺筛查等。我们的工作中还有三大主要平台，也是通过创新来实现的，包括人工辅助低成本超声检查、应用于人工智能的基础医疗应用和普通医疗服务点可以应用的诊断技术。总体思路就是希望这些服务不仅能在大医院或者中心化实验室使用，更希望通过降低应用技术门槛，在更大范围惠及更多的人民。

大家可以看到，我们敢于冒险，有很多人是不愿意冒险的，因为对于营利型企业来说，他们难以承受较高的财务风险。而我们可以参与到早期工作当中，证明这个想法是可行的，是可以开发成产品的。在这个基础上，我们可以进行风险排查，商业合作伙伴就更容易参与进来了，包括从概念验证，一直到开发完成最终的产品。我们通过合作的方式开展工作，合作的方式有很多，我们会自筹经费，排查风险，开展早期研发，我们认为和新的合作伙伴建立合作关系特别重要，我们非常重视在中国找到合适的合作伙伴，有了好的想法之后我们就可以对产品的原型进行开发和验证，共同开展产品的开发和产品性能的研究，通过开放获取知识产权及会同合作伙伴，在中低收入国家进行技术推广和应用，同时为合作伙伴提供商业授权和完成技术转让，并公布结果，推动实现多方共赢。这里有一个很好的例子，就是新冠抗原的快速检测，这项工作是 2020 年初开始的，当时新冠疫情刚刚开始，全球健康实验室和世界各地的创新机构致力于研发能够识别感染新冠人群的检测方法，2020 年 3 月开始，我们和研究伙伴使用实验室的高通量定制化机器人平台，对所有新冠病毒的抗体进行获取及筛查，我们识别合适的抗体并适配组合，这些结果在 3 周之后就公布了，2020 年 5 月我们就将结果在开放获取的期刊上进行发表，也帮助很多检测企业做后续的开发工作，通过合作的方式把知识转化成有效的成果。我们和企业的合作是希望在开发出产品的基础上进一步推广。对于我们来说，比较独特的一点就是在我们的协助下，市场机制可以服务低收入人群。大家知道在资源匮乏的情况下，市场机制的效果欠佳，原因也是多方面的，有时是因为利润率太低，有时是因为在低收入国家之中，低收入人群和政府预算有限，难以负担昂贵技术的成本。这些地区的基础设施和配送渠道也非常薄弱，导致交易成本十分高昂。他们的商业环境也充满了挑战,有时也会出现信息不对称的情况。例如,开发这些技术的人员及实施这些技术的人员之间存在信息不对称。此外,对于采购这些技术的主体而言,也难以确保技术背后的先进理念能够有效实施,并达到预期效果。当然,私营企业和投资者可以给我们带来一些关键的能力,然而当回报率较低时动员效率欠佳,我们需要帮助他们控制风险,让他们理解到如何能够真正地实现技术落地,推动技术在资源匮乏的国家和地区惠及当地的居民。我们创造了这样的合作机会,我们认为这是非常独特的,这帮助我们实现自身的使命,即在全世界提供更高质量的服务,也为那些想要开发技术的主体创造市场机会。

目前,创新技术赋能资源匮乏地区提升医疗服务水平有三大趋势。一是使用 AI 技术解决方案,我们可以使用 AI 技术弥补存在重大临床支持差距的领域,因为在资源匮乏的情况下,患者和照护者的比例往往难以达到要求。比如我们走进一个新生儿监护室,一个护士需要照顾 20 个甚至更多的幼儿,且这种情况并不少见。也有可能是没有足够的人员让医院来雇佣,同样让我们难以提供更高质量的护理,在资源匮乏的约束下,是有机会让 AI 来帮助提升护理能力和护理质量的。还有一个常见的情况,需要医疗保健的人和能够提供这些服务的人之间存在很大的物理距离,这种情况下,AI 也可以成为辅助工具,通过远程医疗和其他类型的应用帮助人们远程提供或获得护理服务,这些都是资源匮乏环境当中,通过 AI 来改善及缩小临床差距的重要机会。二是建立能够适应当地环境的系统。如果你把一个在西雅图或者其他地方开发的产品应用到撒哈拉以内的环境,这可能就不会成为正确的解决方案,有很多原因,如环境、湿度、温度,以及空气当中灰尘的差异,不同地区有不同需求,一种产品不一定能够满足所有的需求。我们要用一种创造性的方式思考怎么建立尽可能灵活的系统。三是进行市场方面的创新,我们能够创造一种技术,帮助全世界人都能够获得这样的技术。我们正在和政府及相关部门合作,无论是监管方面的障碍还是其他的原因,我们都希望能够解决。我们也希望通过这样的努力来开发强大的技术,更好地向患者提供所需要的医疗保健服务。

我希望在我简短的发言当中,大家能够感受到我们与这些实验室进行合作是很有帮助的,我留给大家的问题是我们能不能利用中国在创新和制造方面的能力,为低资源国家创造新的技术。我们已经在人工智能超声领域开始这么做了,这里有巨大潜力,我们知道为了应对新冠,中国已经大规模扩展诊断检测的能力,这样的能力是有机会扩展到新冠以外的,从而帮助那些患者。

创建宫内儿科学,助力国家人口战略

孙锟　上海交通大学医学院附属新华医院院长

提升人口的健康水平,预防各类型疾病,应从胎儿时期抓起。目前,儿科医

> 生不管胎儿诊疗，让新生儿失去了在胎儿期间的治疗时机。我们认为应该成立"宫内儿科学"这一新的学科，组建一支专业的医疗队伍，旨在提前干预治疗，帮助儿童健康成长，助力国家人口战略。

尊敬的各位专家和各位领导，我非常荣幸作为一名儿科医生参加"全球健康与发展论坛"。我今天和大家汇报的题目是"创建宫内儿科学，助力国家人口战略"。

在座各位包括中国国内的都一样，我们都享受到了中国改革开放的红利，见证了中国改革开放以后的发展，今年是我们改革开放45周年。我们为什么能够这么快速地发展，能够成为世界第二大经济体，成为全球制造大国，现在要成为创新大国，为什么会这样，除了党中央的英明领导，包括我们每个五年计划的扎实落实，实际上还有很重要的一个原因是人口红利。中国人口非常多，而且人口质量比较高，自然会吸引国外资本投向中国，在中国就形成了大量的制造业，中国的崛起是从制造业开始的，现在我们更加重视创新，致力于成为世界创新大国。对于人口问题而言，我们已经面临挑战。在国家实施二孩政策的时候，大家知道中国一年生多少孩子？1700万人。去年我们国家生了多少？1000万人，今年估计只能生700万人。中华民族一年只能生700万人，我们的人口红利还在不在？中国市场能否继续受到资本的青睐，人口是关键问题之一。

这个趋势已经很明显了，前期大家已经看到很多热搜。例如，韩国很危险，因为出现"死亡交叉"。生得少、死得多，人口老龄化和低出生率，威胁到韩国国家的存续。据说韩国很多幼儿园、托儿所已经关门了，以后可能变成养老院。我们上海什么情况？2016年，新生儿有21万人，去年新生儿数量不足10万人，今年可能也就7万~8万人。人口问题是摆在我们面前非常严峻的问题，上海老龄化也是走在全国前列，国家已经意识到人口问题，也出台了很多政策，包括开放三孩政策，还有双减政策等。这些问题到底怎么解决，如果单纯只管生孩子，生了孩子以后不补课，估计大家也不会生。更重要的是，怀上的胎儿是不是健康，这是大家最大的关注。国外很多理论讲得非常清楚，现在成年慢性肺感染疾病是最严重的，起源在胎儿。还有多哈理论，成人的各种疾病应该是儿童期进行预防，起源也是在胎儿，应该更多关注胎儿才是对的。现在很多理论已经支持这个观点，即胎儿也是一个病人，胎儿应该更多地受到关注。那么我们应该怎么做才能降低成年人慢性非感染疾病？现在有很多相关理论，这些理论我们老祖宗两三千年前就知道了。有一句话叫三岁看到老，只有我们中国人是讲虚岁的，这个小孩子2岁，虚岁是3岁，为什么会有虚岁的概念呢？老祖宗觉得胎儿在母亲身体内的近一年时间太重要了，加上这段时间就是3岁，以后五六十岁是不是糖尿病、高血压，和前面的3岁关系很大。我们既然关注胎儿的健康，我们用什么技术来关注胎儿的健康呢？像产前诊断技术现在发展很快，包括产前检查、影像学诊断、CT、核磁共振和超声等，这些技术都有长足进步，对罕见病和胎儿宫内状况都可以检测，可以说现在很多技术是可以关注胎儿的。但是大家有没有想过,胎儿这么重要,但是目前胎儿到底谁在管呢?我们的第一反应通常是产科医生在管,然后怀孕妈妈也在管她的胎儿。但是产科医生说不是,我们更多地管这个胎儿的胎龄是多少,剖宫产还是顺产,当我们筛查出胎儿存在疾病隐患时,肯定会去找儿科医生,事实情况也确实如此。而胎儿如何从受精卵这么一个细胞发育成五脏俱全的、成熟的新生儿,以及关注胎儿各个脏器的发育过程,这些对于产科医生而言是没有足够精力来研究的,他们认为胎儿应该由儿科医生管。实际情况是新生儿出生后才由儿科医生管,然而新生儿很多先天性疾病在妈妈肚子里就形成了。目前,我们的儿科医生是不管胎儿的,儿科医生碰到有问题的新生儿就像是在开盲盒,发现后便快速诊断,快速做手术方案,然后尽快治疗,失去了很多新生儿在胎儿期间的诊治机会。我们前期也做了很多创新,如三维心脏超声和心脏磁共振,希望诊断率提高,实现精准治疗。但是我们觉得这样还不够,在此之外我们还应该往前移,早点诊断是不是会更好呢?我们很早就开展了新生儿危重先心病的介入治疗,有些疾病在胎儿早期干预治疗效果会更好,或者心脏发育会更完整,是不是产前就应该干预呢?我们在2018年的时候,做了亚洲第一例胎儿先心病宫内治疗,效果很好。这个孩子如果不干预,他就胎死腹中了。我们现在的轨迹从大小孩到新生儿,再到胎儿,逐渐往前移,取得了非常好的效果。

既然取得了很好的效果,我们是不是应该考虑在儿科学中,关于出生缺陷的问题也应该往前移呢?这里有一个数据。中国5岁以下儿童死亡率下降非常快,遗憾的是有50%都死于新生儿时期,这和新生儿开盲盒有关系。下降50%死亡率,儿科医生需要往前移,具体来说就是要管胎儿。起码早一点做好诊断,做好手术方案,生下来之后马上手术,那治疗效果不就好了吗?你干预得越早,对新生儿后续健康的影响就越好,这是一个大的趋势。怎么样实现关口前移,让新生儿宫内起源的疾病能够把诊治做起来,这个很重要。中国是这个情况,国外也是这样,胎儿有些是小儿外科管的,有些是产科医生管的,有些是其他学科管的,我们应该建立一个新的学科叫宫内儿科学,关注胎儿在宫内的起源疾病,从受精卵到出生后至2岁这一关键时期,并开展研究实践,在儿童青少年时期辅之以序贯治疗,最终目标是帮助儿童健康成长。既然这么做,我们不是代替产科的胎儿医学,我们是和胎儿医学相融合,和产科医生一起把胎儿健康管好。这样才能保证胎儿的身体健康。如果有这么一个学科,后面就是我们儿科管的,我们全程贯通性管理,另外前移至受精卵,贯通整个生长发育,形成很多亚专业学科,如宫内遗传学、宫内变异学和宫内诊断学等,更多地把胎儿健康管起来,这是非常重要的。除了疾病以外,还要考虑到孩子以后发展潜能的问题,涵盖各大系统的情况。目前我们和产科医生是什么界限呢?产科医生有胎儿医学,是胎儿全科医生,是第一个接触的,但是宫内儿科学是胎儿专科医生,各个系统疾病我们都可以进行干预,早期进行筛查、防治,这是我们的工作。

我们新华医院之前做了很多工作，比如我们产时手术，这个时候妈妈是"人肉心肺机"，有些疾病我们可以在未断脐的时候就进行手术，手术做好了，脐带断掉，妈妈把胎盘剥下来。包括在产房，肠子在外面，直接做手术，直接干预，死亡率大幅下降。我们很多学科组成MDT学科，管理新生儿早期1000天。最早我们在全世界是第一个，我们有一个科室叫宫内儿科疾病诊治中心，儿外科、泌尿科等都有，通过这方面的序贯干预，成功率大幅度提高。这个学科有存在的意义。我们在宫内儿科学还做了全国的协作网，我们已经成立了5个省级中心，如福建、山东、浙江、湖南等，在各个省的出生率最高的医院我们联合推广整个宫内儿科学的诊治理念，提高他们对宫内儿科学的认识。我们现在每年能够管15万个用户，我们现在每个省都要推广这样的宫内儿科学的工作。另外，我们还建了一个队列平台——千天计划，老祖宗讲的三岁看到老是不是真的，我们在2016年就开始做千天计划，希望随访到五六十岁，这个时候看小时候妈妈肚子里是什么环境，有没有遗传的背景，有些人有高血压、糖尿病，有些人没有，这是一个前瞻性的队列研究，也得到了很多好的研究成果。

这个基础上我们在上海市医学会成立了一个组织——胎儿与宫内儿科医学专科分会。我们在亚太推广宫内儿科学的概念，全球同样碰到类似的问题，我们要提高人口质量，把胎儿健康管起来，这是宫内儿科学很重要的宗旨。前段时间我们专门写了一个述评，儿科应该往前移，管到前面，助力我们中国人口战略和策略。最近我们编制了国际上第一本宫内儿科学的专著，出版社专门请了一些专家，这本书叫作《胎儿和儿科医学整合新范式的概述》，提出了全新的管理范式，这块得到了国际上的逐渐认可。根据我们中国自己的情况，我们为什么不能有一个新的学科倡导向国际推广呢？这是逐渐得到大家认同的。宫内儿科学成立以后很多工作要做，我们还申请了先天性心脏病技术中心，有很多工作和宫内儿科学相关，如胎儿的远程超声和小分子多肽试剂盒等，我们已经在做研究了，也已经有样机了，这是宫内儿科学新技术的支撑。还有宫内介入治疗机器人，可以解决胎儿心脏介入的问题，包括其他畸形介入的问题。作为一个新的技术，有很多地方值得你想象，很多新技术值得研发。例如，我们现在宫内基因诊断条件非常成熟，很多疾病包括进行性脊肌萎缩症（SMA）这些疾病，尤其I型的，出生后6个月不治疗肯定死亡，这是不是可以宫内诊断出来，然后在宫内进行基因治疗，生下来就健康？我们也在做很多探索，希望融入新的学科并开拓更多的新技术和亚专业学科，凝聚更多学科力量，共同管好我们的胎儿。这是我们的初心和梦想。因为是一个新的学科，必须有新的队伍、新的规范、新的机制和新的体系，甚至于法律层面、保险层面和医生队伍建设。儿科医生直接做宫内儿科医生行吗？不行，因为他不懂产科知识，不能把胎儿搞好了却损害妈妈的身体。产科医生不懂儿科知识和胎儿知识也不行，应该有一支新的队伍，建立新的规范，推动我们这个学科的发展。

一直说儿科医生比较苦、比较累，但是我们儿科医生为什么兴高采烈地还在做呢，因为儿科医生有情怀。我们坚信，尽管只帮助了占人口总数20%的儿童，但是这些儿童是100%的人类未来。

诊断技术公平可及的发展趋势

马尔塔·费尔南德斯·苏亚雷斯　全球诊断技术联盟（FIND）首席技术官

> 创新技术赋能卫生健康领域，助力前沿技术惠及世界各国人民。目前世界上有很多欠发达地区，它们的卫生健康体系十分脆弱，人民对医疗服务的需求没有得到满足，医疗服务质量亦是欠佳。我们发现，以人工智能、大数据分析及基因组测序为代表的创新技术赋能卫生健康领域，能够让世界上更多的人民更加公平可及地分享到科技发展的成果。

大家下午好，首先特别感谢会议主办方邀请我参加本次活动，也要特别感谢各位观众能够参加这一令人振奋的论坛。我叫马尔塔·费尔南德斯·苏亚雷斯，是全球诊断技术联盟（FIND）的首席技术官，今天和大家谈谈在全球健康背景下诊断技术与应用的一些趋势。

在我开始介绍之前，先简单向大家介绍一下FIND。FIND是一个基金会，旨在以公平的方式在全世界加速获得可靠诊断技术，我们和全球健康机构开展密切合作，有不少代表就坐在今天论坛的观众席里，我们通过合作共同推动全球健康覆盖和全球健康安全目标的实现。我们已经在50多个国家和地区开展工作，工作内容涉及研发、创新、生产、制造、验证、临床研究、评估产品性能和对诊断试剂产品使用便捷性评估等，我们也会和各国开展合作，完善当地医疗卫生体系，对这些诊断制剂的实施和推广起到推动作用。我们之所以存在，就是因为很多国家的卫生健康体系，特别是中低收入国家的卫生健康体系非常脆弱，意味着很多诊断需求没有得到满足。中低收入人口占到世界人口总数的76%，而中低收入国家所使用的诊断检测数量只占到总数的36%，也就是说相对于高收入国家来说，中低收入国家在获得诊断检测服务方面还存在着严重障碍。这不仅涉及新冠，还包括我们特别关注的一些广泛传播的传染病，如结核病、艾滋、丙肝及其他一些非传染的慢性病。目前，检测的缺口比治疗的缺口要大得多，这意味着患者未能接受所需治疗最大的障碍来自诊断，也正因为如此，我们特别重视这个问题。基本的医疗基础设施越差，诊断技术需求缺口越大，加强医疗基础设施建设至关重要。但是我们也看到诊断技术正在迅速发展，在新冠疫情期间我们看到了这一点。我们现在正处于一个非常独特的历史时刻，我们有机会让所有人都享有健康，让大家都能够获得诊断检测。在新冠疫情期间就像警钟一样，大家都明白了诊断检测的价值和意义所在，已经出现了巨大的创新浪潮,接下来我会向大家介绍其中的一部分,这些诊断方面的检测技术是我们以前所不具备的。对于差距分析和改进能力及所需措施的建议,在今年 5 月的时候已经由世界卫生大会通过了这样的决议,此外像《柳叶刀》这样的世界性医学期刊也都发表了有关建议。今年 5 月的时候世界卫生大会通过了一项关于加强诊断能力的决议,这是世界卫生组织在诊断改进能力方面的一个历史性决议。现在这个决议已经通过,大家都在努力实施这项决议,从而加强各国的诊断能力。

我简单介绍一下我们的优先事项,我们是通过响应各国的优先事项来开展工作的。我们和各国直接合作,针对国家和地区需求,量身定制一揽子方案,国家内部不同的省和市,它们都有不同的诊断需求,我们会和卫生当局密切合作,过去几年当中,我们比较关注的重点就是出保和以患者为中心的诊断,其中也包括分子检测。我要描述的诊断创新非常专注于改善出保和诊断,这是存在最大缺口的地方。我不想太多地谈监测,虽然我也会提到这方面的创新和趋势,我认为在大流行的后期,监测及大流行的准备和应对都是非常必要的,它的必要性再怎么强调都不为过。然后是地区性的诊断,这也是一个趋势。时间关系这块我就不讲了,但是我想特别提一下,目前正在大力推动国家的意愿和国家的灵活度,使国家能够做出自己的决定。我们最终会大力支持这样的努力。我们今天所看到的全球制造业正在努力弥补这样的缺口,我们也认为全球制造业和更加区域化的能力,都需要去支持诊断生态系统。

在接下来的内容当中重点介绍我们在诊断技术方面所看到的 4 个趋势。我把重点放在出保和监测。现在有了新的创新,这就意味着我们可以更加接近那些需要他们的人。流行病之前我们的工具在全球来说很少,特别是在中低收入国家非常少。伴随我们把目标更多地转向出保甚至社区水平,我们可以看到,我们所具备的诊断技术是非常有限的。大家可以看到这些比较大的分子检测,往右边就是到医院层面,会有更多的中央实验室的大型分子检测设备,或者基因测序等,往左边是社区、计策的护理点。无论是医院层面,还是社区层面,诊断检测方面都有发生一些改变,我们看到在社区层面所选用的工具发生了比较大的转变。疫情有 3 年多的时间,现在有这样的技术,有一系列的平台,可以从实验室到快速个体检测。我们看到越来越多的去中心化实验室的做法,PCR 检测并不是个体层面快速检测的手段,但是在疫情当中随着需求的不断增加及技术的发展,我们也可以看到越来越多的快速检测试剂和产品出现在市场上,人们开始掌握快速诊断检测技术。我们这里选择的产品并不是全面的产品,也不代表我们认可这些特定的产品,只是给大家看一下大概的情况。我们今天看到的情况,是在绩效表现和可及性之间存在着权衡取舍,你的准确性越高,检测量可能就会少很多,而且准确度也会因为当时的技术有限性而受到影响。比较高的准确性只能在医院里做到,因为他们有训练有素的人员,还有很好的实验室设备。而到了基层社区的时候,我们能用的检测可能就表现得不是那么理想了,如快速检测。但是大家可以看到这个情况,的确是因为有了创新而发生了改变，这里我们可以看到分子检测的情况，如 2022 年第四季度的情况。目前，我们在市场上已经有 60 多个平台了，有一些还在开发当中。我们有一些平台已经在市场上了，中间橙色这一排就是真正的护理点的产品管线，都是非常小的仪器，可以做到真正的去中心化。而且他们的体积是非常小的，我们现在有更多的在研产品，有一些分子检测产品现在在市场上是非常少的，但是这个产品的管线发生了重大转变，这些技术大部分还在开发当中，只有少数进入了市场。

再给大家看一些平台的照片，并不是说我们把所有的平台都列在这里了，我们只是介绍一下现在的一些产品。幻灯片下方是没有仪器的检测，这是大流行之前从未有过的，但是现在我们有了这样的平台和技术，当然我们还是要做一些权衡取舍，因为我们的技术并不是那么完美。我们想要寻找的是非常准确、有高度灵敏度和高度特异性的检测，可以为我们提供可靠的诊断结果。我们也希望患者能够负担得起，特别是很多中低收入国家，它们是负担不起高昂的诊断检测价格的。另外，我们的一个优先重点就是在基层，也就是在出保当中，我们正在努力开发这样的检测手段，更接近患者，让患者更可及。大家可以看到一些举例，出于负担能力、临床使用的考虑，我们从一个样本当中给出卫生工作者、临床医生需要的答案。

我谈谈第一个诊断趋势，我们现在有了一些创新，使得我们能够把检测送到基层。第二，关于人工智能和数字工具的，我很期待听到其他演讲者的分享。有很多这样的技术我也不能一一向大家介绍，可以给大家简单地介绍一下这些技术现在能做什么。首先，可以看到这些人工智能技术正在赋予患者能力，我们有帮助患者聊天的，能够帮他们找出自己的症状，帮助他们做出决定。例如，应该是去看医生还是接受检查？是不是严重到需要患者本人做一点什么？是否要做症状的筛查？有一些应用程序可以听到你的咳嗽声，告诉你很严重。还可以用手表进行监测，现在有的手表可以让大家了解心电图、了解脉搏和血氧饱和度等，这些工具让医护人员更有能力，还有很多是在成像方面，如成像的分析、计算机辅助诊断、移动超声点，还有移动做胸部 X 光的技术。他们都使用了人工智能，我们都可以在没有专业放射科医生或者超声科医生的环境当中做这样的检查。对于普通的医护人员而言，还是需要一些专业的培训，以在人工智能工具辅助下开展 X 射线检查，并且解读胸片。人工智能也可以辅助临床决策，医护人员可以根据 IPAD 上面的提示有针对性地进行提问，并且基于患者的回答，具体判断要开展什么样的检测，要追问哪些问题，并且如何进行分诊。当然人工智能也有助于开展流行病学的分析，设计干预的措施，助力公共卫生工作的开展。图上列出了美国 FDA 获批的基于人工智能的各项技术，从 FDA 获批的这些技术当中不难看出，有 3/4 左右涉及放射科，如 X 射线、CT、超声等。

总结一下，现在我们已经涌现出了大批人工智能领域的企业，对于人工智能和软件开发而言其实是一件好事，因为起到了均衡发展的效果，技术和企业的分布也因此变得更加均衡。但是即便如此，拉美、南美和非洲依然没有得到充分发展，人工智能要充分发挥作用必须经过训练和开发，人工智能的开发所需的数据集在地域上必须具有多元性，否则基于北美人口开发的算法未必适合于非洲人口，这也是我们在推动人工智能发展过程当中必须要注意解决和改善的问题。这张图上我们看到了一个人在山顶上使用手持的X射线进行胸部扫描，完成了影像拍摄之后，可以在人工智能的帮助下进行影像解读。右侧柱状图显示了呼吸系统疾病，是人工智能辅助影像学设备关注的重点。最上面的柱状图表示的是CAD，即人工智能辅助诊断。下面几条紫色柱体表示人工智能辅助其他影像学技术的发展。全球疾病防范现在已经成为一大趋势，要利用诊断学技术支持各国做好防范工作，不管是流行病还是全球大流行。

简单和大家谈一下新冠疫情期间各国都加强了基因组测序的能力，现在很多国家领导人都希望能够在能力建设的基础上，通过基因组测序支持全民健康工作的推进，同时针对特定的测序做好结核病抗药性疾病监测和诊断方面的工作。很多都集中于基因组技术相关的方面。我们也可以看到端对端的解决方案实现长足发展，这对于基因组技术的实现发挥了重要作用，在新冠疫情期间很多企业都推出了多种解决方案，内容涉及样本制备、诊断库建设，以及针对设计进行解读等。另外一个创新的领域关乎数据分享，随着数据分享的实现，我们能够做到对新的病原体的变体进行追踪和识别。现在各国政治领导人都开始大力支持有效的疫情防范措施，一个很好的例子就是七国集团的百日使命，具体来说就是希望能够通过100天之内的行动措施，在下一次疫情出现的时候100天之内就能出现相应的诊断措施，对于诊断而言，我们正在努力推动技术的进步。精准诊断技术的发展一大重点就是对大流行的防范做好准备。

最后再谈一谈诊断及其技术的趋势。与此相关的还要考虑到技术如何落地，我们现在也在探索各种技术分配的渠道，包括直接触达消费者的方式。一般而言，诊断和检测都是通过医疗体系实施的，如通过医院或者中央实验室，起码是地方实验室，但是新冠疫情期间大家越来越多开始在非传统的环境下开展检测、自测，包括社区工作者开展的检测、工作场所下开展的检测等。另外，药店开展的检测也变得越来越频繁，很多国家都在推动药店检测的监管条例和政策落地，有时药店是很多患者寻求检测和护理的第一站，在这项研究当中，我们询问了印度居民关于结核病和结核病检测的相关问题，研究表明，67%印度消费者认为他们首先会选择药店询问结核病的相关症状，68%患者表示会选择药店开展结核病检测。这只是需求侧。从供给侧不难看出，药店为患者提供结核病相关建议的同时也为他们提供了药物，60%印度药店表示受过培训后，他们会对新的诊断产品进行备货，未来患者选择药店作为开展检测的重要场所将成为一大趋势。新冠疫情期间，我们可以看到相当比例的患者选择药店进行新冠检测，消费者越来越多选择在非传统环境当中寻求诊断检测和医疗护理的服务，这已经成为诊断的一大趋势。

总之，我们生活在一个令人振奋的年代，我们前进过程当中动力满满，必须抓住这些趋势,加强我们的能力建设,满足人们的需求。

谢谢大家。

亚洲病原体基因组学现状

保罗·普罗尼克 新加坡国立大学疫情准备中心(CoP)主任

> 亚洲人口稠密,是暴发疫情的高风险区域,也是基因组学或是管控风险的突破口。目前,世界上有近50%的人口无法获得基本的化验服务,延误了识别传染疾病的最佳窗口期,尤其对于人口密集的亚洲,已经威胁到居民的生命安全。基因组学可以缩短诊断各种疾病所需的时间,为及时管控疫情、防止传染病大面积扩散创造可能。

大家下午好,非常高兴能够亲临本次活动现场。前面两位嘉宾发言当中提到了诊断技术,我想更进一步,更加深入地和大家谈一下病原体的基因组学,具体谈谈对于传染病来说意味着什么。

首先和大家讲一个小孩,这个女孩3岁,来自印尼。过去几周身体不舒服,母亲希望找到发烧的原因,过去20年当中,我作为一个传染病医生在非洲和亚洲的贫穷国家开展工作,过去5年当中,在印尼农村地区工作。虽然传染病是杀死儿童的第一危险因素,但是很多时候大家重视不够,很多东西都是靠猜。世界人口当中有50%都没有办法获得基本的化验服务,诊断特别是用于细菌感染的诊断技术,在150年前就发明了,而对于病毒性疾病的诊断还非常落后。当我们进行患者管理的时候,时间非常重要,如果时间不够,可能对于这个孩子而言,就没有办法得到有效救治。再扩大一点来说,我们都知道在村庄当中可能有传染病暴发的风险,对于亚洲来说尤其重要,因为亚洲地区疫情暴发的风险是最高的,亚洲人口密度高,气候变化、环境压力很大,人口流动也存在风险因素,这些因素不会在短时间内消失。

大家都听说过基因组项目,这是2001年就做的,总投入30亿新加坡元,参与人员28 000人。这是基因测序仪,能够一次处理50个样本,接到电脑当中就可以产生信息,只需要几个小时,对于任何病原体都可以给出信息。我们可以看到细菌是什么样的菌种,对于某些抗生素是否具有抗性,是否是病毒的感染。例如,如果在上海出现病毒的感染,和柬埔寨出现的毒株是否有关联性。这也就意味着不需要使用特别复杂的实验室的备份,也可以得到这些重要的信息,极大地改变了我们的工作方式。遗传信息的重要性,还在于要求我们的快速检测技术能在简单环境下使用,大家对于mRNA疫苗很熟悉,但是mRNA其实只是基于这些设备开发出来的一个遗传性的产品,在5年前如果我们要进行疫苗开发，工作有点像农民，我们播种种子，希望下雨，如果一切都顺利最后就能够收获，而这要花很长时间。但是 mRNA 的过程像是做面包，风险低，灵活性更高，几个月就能够完成。之前技术科学都是有的，但是大家对于这个问题的重视不够，正因为有了新冠才得到足够重视，其实也给我们提供了机会，也意味着我们有责任尽早使用这些技术，对各种传染病做到早发现、早消灭。

下面和大家谈谈这个地区，我们所处的发展阶段在未来应该如何开展工作。首先我们必须认识到的一点就是这项工作极其重要，世界卫生组织最近刚刚发布了自己的全球基因组监测战略，主要是希望能够充分利用新冠的经验，将其拓展到其他病种。右侧图看到的就是成本下降、能力增强的趋势，我们看到摩尔定律算力极大提高，也带来了成本的大幅下降，可以看到基因测序方面，它的成本下降潜力甚至超过了半导体所遵循的摩尔定律。现在成本下降，很多企业进入市场，很让人振奋。在新冠期间，我们更多地开始使用基因组学，5 年前基因组学更多地用于基础研究，发现一些比较罕见的基因异常现象。但是疫情防控期间我们开始用此跟踪病毒的演变，看人畜互动的方式，看看在哪些市场当中有可能出现一些高风险的因素。除此之外，我们也将其用于空气和水源的监测，因为在废水当中我们很快就可以发现可能导致传染病暴发的病原体，不需要等到后面。过去 2 年当中我领导了针对亚洲病原体基因组检测项目的工作组，主要就是对现在 14 个国家尤其是东南亚和南亚国家的基因组状况进行调查，了解谁在开展这项工作，资金状况如何，遵循什么样的政策，有什么样的实验室参与进来，有什么样的质控措施。我们的伙伴网络很广泛，从印度到印尼都参加了这个网络，都是不同的研究机构、实验室、非政府组织等。现在每个亚洲国家都可以自己在国内做基因测序了，但是市场还是相对较小，只有 3～4 个企业为亚洲提供产品。中间有一个中国企业，它是以规模效应来开展工作的，就是华大基因。它的成本比竞争者低很多，我们也可以看到在亚洲有很大的业务潜力。非洲有很多的多样性，它比亚洲的多样性要高。对于病原基因组的筹资难以持续支持，有很多资金来自非政府组织，像盖茨基金会等。但是现在有一个顾虑是，随着大家的注意力不再聚焦于新冠上，也不知道将来还会不会有组织出这样的病原测序资金。我们知道大部分研究能力是在实验室里的，而且都是政府部门的。我们要建立这样的联盟，这是很关键的。测序现在本身还非常昂贵，我们接下来要关注的是哪一类疾病，肺炎、链球菌、疟疾、结核等？很多国家现在还在做计划。有了计划才能安排预算。还有一点也很重要，因为生产企业特别少，有一些国家被甩出了这个市场。左边图显示了贫穷国家要支付的购买基因组仪器和耗材的费用，比发达国家高出 10 倍。很多是因为规模效应，用得越多就越便宜。生产企业并不了解经销商会和客户收多少钱，我给大家看的很多设备对于客户来说还是非常新的，而这些生物制剂的产品储存货架期非常短，可能只有 3 个月，这点上我们需要考虑。还有一点挑战就是在资源受限的国家，市场是失灵的，你可能需要花很长时间才能修好机器获得这些耗材。因为它是基因组，所以对于已知和未知的疾病需要非常紧凑的时间表，目前在本地区要一个月，这一个月的时间实在太长了，从临床和公共卫生的角度来说时间太长了，这方面有很大的改进空间。我们是一个设在新加坡的中心，我们非常关注通过推动基因组测序进行疾病防控，我们希望能够及早地做基因组测序，来应对一些复杂的挑战，营造良好的环境。就像刚刚提到的要找到钱，要培训适当的人员、力量等。为了能够在亚洲有这样的基础，我们首先要做的就是人员的培训，我们在新加坡让厂家提供设备和耗材，这样各个国家的医疗或者相关专业人员就可以来到新加坡进行学习，我们还有一些巡回培训项目，尤其是实验室人员要了解这些基因测序的仪器所获得的结果应该怎么解读。世界卫生组织也有一个指南，但是各个国家的情况并不一样，像印度、巴基斯坦等各国的国情不同，每个国家需要有自己的重点，对于哪一些疾病要做基因组测序，放在哪一个设施上，放在什么样的卫生层级当中等，这些问题都是需要解决的。之后可能会有发言人讲到，哪怕你有非常好的设备，但是按国家要求必须在实验室才能用，出了实验室不能用，我们要尽可能考虑这些系统性的问题。

我们在做的工作有3个用处。第一，公共卫生的措施。第二，临床决策。第三，研发。现在大部分贫穷国家，因为收集样本到基因数据之间存在着很长的时间差，就很难作为公共卫生措施的基础。但是伴随着时间差的缩短，你可以更有效地开展工作，进行接触者的追踪，做临床决策，还可以开发一些新的诊断工具和治疗工具，对我来说，在中国很激动人心的一点是你们把基因组测序用于临床诊断。例如，在广州，像中山医院他们就用基因组测序进行临床诊断，这是因为他们有很高的流量，有大量的患者，有很丰富的结果。很多国家可能还不具备这样的条件，可以向中国学习很多。亚洲地区也会迎头赶上，来推动学习。

还有一点也是非常重要的，就是基因组的市场，现在来说是两个供应商来提供产品和技术的。我们要让市场更加多样化，这样就更好了。一般来说，你做基因组测序的时候要放在同一个房间里进行分离，用负压减少污染的可能。有一些就在一个非常狭小的空间里做，达不到生物安全的要求，这会改变检测的结果。还有这些基因组的序列，由中国开发出来的技术，可以让你一次性获得3000个病原体，检测的价格只要40美元，这是竞争对手费用的1/10。中国有着大量的创新潜力，从公共卫生角度来说，就是要把这样的技术推向市场。

最后，对于我来说，基因组真的是改变游戏的一个因素，作为一个医生我感觉生活在这样的时代真的是让人激动万分。我们可以很早地了解到这个孩子会不会出现基因方面的疾病，或者因为基因就可以知道哪些病是比较容易得的，我们可以很早地采取干预措施，而不是像过去那样只是在历史书上读到，或在博物馆里看到。

谢谢大家。

研究型医院建设，上海临床研究中心的探索

朱畴文　上海临床研究中心主任（院长）、教授

> 加快建设研究型医院，助力实现健康中国使命。对于研究型医院，需要兼顾临床实践、科研创新，以及合作交流，需要稳定的资金支持和人才支持，需要加强基础研究和临床研究之间的衔接，还需要考虑到患者和研究人员的客观需求，不断开拓创新。我们一直致力于发展成为一个真正高水平的研究型医院、研究型平台，不仅为自己服务，更为服务好大家。

感谢大会主席的邀请，在这里我向大家介绍一下我们现在对研究型医院建设的项目，以及我们在上海临床研究中心建设当中的一些探索。

人民的健康高于一切，这是国家定下来的方针。不仅在党的二十大，包括政府工作报告当中也提到了关于国家医学中心的建设。上海要建设亚洲健康中心城市，同时要助力国家医学中心建设等，这都是我们重要的工作方向。研究型医院脱胎于研究型大学，最早来自德国柏林，不单是教学，还要做研究，这些研究反馈到社会上，包括研究和教学，是一个良性互动，和社会发展要密切相关。我们必须要依据科研创新这方面的成果，带动临床诊治水平的不断提高。科技创新的成果的确要靠人来做，要靠我们的体制机制，不只是在医院里发生，我们一家医院不可能完成的，要实现健康中国的使命，应该是调动各方面的力量，包括社会及各种政策。国外不会自己谈自己是研究型医院，但是对于头部医院来说，它们把研究作为自己的生命所在，不断有创新和探索，尤其在北美国家，它们的大型医院里都形成这样的水平。国内外的基本条件、生态环境、承担的社会责任、建设规律、发展趋势、主要任务都可以做一些比较。研究型医院从21世纪初已经提出，经过近20年的发展，不断酝酿，也有一些自己的标准，当然还没有得到大家的公认。你在完成临床工作的同时，必须进行研究，这些研究有助于促进我们的临床工作，最终都是为了人民健康。这个情况下，涉及我们是不是有自己的理论体系，是不是达成社会共识，现在也做了很多社会实践。9月的时候曾经有过一次研究型医院高峰论坛，提出过使命，要看难病，不能只满足于看病，在疾病诊疗的过程当中，还需要总结规律，同时还要把新的技术普及化和全民化。

对于一个研究型医院来说，坚持临床实践、科研，还要合作，不可能一家医院完成所有的工作，需要与创新的生态进一步合作。对于大学公立医院来说，不仅自己做，还要引领。科学研究不可能仅在研究型医院里面做，各家医院有自己不同的定位，都可以开展不同形式的研究，这种研究也是组成我们生态系统的一部分。我们国家已经在10多年前开始建设国家临床医学研究中心，现在国家医学中心和国家区域医疗中心取得了

非常好的效果。当然还可以有更加细致的定义，这些医院是头部医院，不仅是提供医疗事件服务，提供高质量医疗教学，还要做很多这方面的研究，探讨我们人类没有搞清楚的疾病、发病机制乃至进一步的发展。国家临床医学中心专科化程度较高，每个领域建 1～3 个中心，到现在已经建设了很多这方面的中心，有的是一个中心好几家医院承担，既反映了各家医院的特色，也反映了这个任务需要大家共同完成。从这个角度来说，2013 年公布第一批，到 2019 年公布第四批，已经覆盖 20 个专业、4 个批次、50 家医院，上海有 5 家，上海的医院都是头部医院，包括瑞金医院、上海九院、华山医院等，也反映了这家医院发展的特征。我们各个领域都要建设重大转化设施和重大科技基础设施，上海由瑞金医院和上海交通大学承担，也和自身学科发展相关。还有几家，包括中国人民解放军总医院、北京协和医院、四川大学华西医院、西安空军军医大学，都有自己的特征，起到了非常好的作用。国家医学中心的称号很大，但是最初国家医学中心也是专科类的，近两年发展成综合类的。国家区域医疗中心，是在国家医学中心的指导下开展局部工作的，并且弥补各地区的差异，不只是医疗服务，也要提供各种医疗研究。国家区域医疗中心起到了很大的作用，不仅是纯科学上的进步，也要符合这个地区卫生健康的发展，必然要做很多的研究。国家医学中心专科类总共 13 个专科，上海有 7 家医院有幸进入到这样一个范围，也承担了非常好的任务，这也反映了上海市的水平。综合类国家医学中心进行了第一批辅导期，有复旦大学附属中山医院，还有瑞金医院，而且中山医院是第一个挂牌的，已经成为全国首批挂牌的。我们千万不能忘记在中国还有中医药类的，5 家中医药国家医学中心的创建单位，上海的龙华医院也名列其中。随着我们国家进入创新型社会、创新型国家，对于健康中国的建设，现在是医疗创新和转化的最好时机，但是也必须认识到，目前仍然存在相当多的不足，北京协和医学院的校长王辰院士曾提及，我们国家临床研究的生态尚需完善，尤其和美国、西欧相比还存在一定差距，我们患者体量很大，但是我们临床研究的投入资金不够，专项资金也不够，比例也不够，人才发展还存在欠缺。我们长期以来，头部力量还是以医疗服务为主，但是一旦投入研究，则需要稳定的资金支持和人才支持。另外，基础研究和临床研究之间缺少衔接，每家医院都要各方面的研究，但是和医学院、综合性大学的联系没有成熟的机制，在三级医院评定标准当中，临床研究、临床试验占的比例也不高，怎么促进这方面的工作还需要进一步探索努力。研究工作不仅是研究型医院在做，初级卫生诊断也要做很多研究型工作，包括完善分级诊疗系统，在统一协调的科研旗帜下用好医疗保健资源，理顺二级医院、三级医院之间的关系等，这都是我们需要探讨的。国家临床研究发表的论文，从相对比例来说远远低于发达国家，虽然患者是全球第一，但我们的研究资金投入是不足的，并且是分散的。我们医疗研发投入占总研发投入的比例较低，国家科研经费从来不包括研究人员的薪酬，任何这方面的研究，必然要由医院承担很大一部分费用，这就是我们要考虑到的相当大的问题。

基于这些考虑，我们要做各种研究，要进行各种创新。这种创新是谁提出来的，这些需求是不是能够得到大家的认可，并且这种需求能否适配患者和研究者的真实需求，同时也受到市场的认可，这还有大量衔接的工作需要考虑到。对于我们来说，医生、科研人员、创业者结合患者的需求，共同携手起来，才能真正创造价值，这个价值不仅为患者所用，也为医生、科研人员所用，更为全世界所用。对中国来说，由医生成功驱动创新和转化案例不多，我知道的有一位刘进医生，是一名麻醉科医生，创新的药物得到应用，并且成功转化，真正符合临床提出的问题在临床解决，并且实现价值。他把个人收入拿出来进行医生规培，非常高尚。我们国家临床研究的困境是，公立医院以提供医疗为主，如果我们开展各种研究，势必要投入，现在投入相对不足，即便在国家医学中心、国家临床研究中心投入也是相对不足的。我们有没有专门的人员在做呢？大专院校和医生分属不同机构，这些基础研究人员怎么获得临床需求，怎么进行和医院的合作，都有各方面的工作需要我们进一步开展。如何把临床和基础结合起来实现创新的转化，这都是我们要做的。要实现专业的人做专业的事，临床医生承担的主要任务，以及他们的思路和基础研究者、科学家不完全一致，怎么做好医理结合、医工结合还需要进一步研究探讨。

上海临床研究建设的背景，符合健康中国2030规划纲要、健康上海2030纲要，上海临床研究中心也列入上海市卫生健康发展"十四五"规划，还有上海市建设具有全球影响力的科技创新中心"十四五"规划，定位是承担集聚优质临床研究资源、聚焦重大疾病研究、培育临床研究多方向创新策源地等职能。上海科技大学的学科布局，为临床研究提供了重要的基础，这也是为什么会委托上海科技大学建设和管理。有生命科学的基础、物质科学的基础、信息科学的基础，上海科技大学是一所年轻的大学，我两年多前从复旦大学中山医院加入上海科技大学，筹建临床研究中心，上海科技大学经过10年努力已经进入"双一流"标准，这样的研究型医院和普通的医院相比，我们不以跑量为手段，我们不仅为自己服务，还为其他医院和研究机构提供服务。我们有强大的基础研究设施和多元化人才队伍，人员构成和其他医院相比也不一样。我们的科研是希望能够与大家共享，投入和考核机制希望有自己的特殊性。功能模块来说，有临床特质，也有高端研究的性质，希望我们用这种高端的性质支持内在的医生和外来的医生共同做好工作。临床研究远远大于临床试验，我们对疾病肌理的研究非常重要。我们所有的关键设施都是为了实现双向转化，目前还在建设当中，我们计划到2025年底能够竣工，2026年试运营，这个过程还有很多可以和大家进一步商讨的细节。上海科技大学的未来医学中心，床位扩张并不是主要目的，而是希望能有更多空间实现多层次的结合。我们科研和临床深度融合，一个楼面实现各种自由转化和组合，我们希望能够真正形成一个平台，聚焦肿瘤和神经系统为主，还能做其他的，MDT的方式，使患者得到诊治，使我们能够提出一些科学问题，进行各方面的工作。对我们这个中心来说，我们必然要合作，包括头部大的药企合作，企业资助，但是我们也要更关心研究者发起的研究，希望在我们这个中心能够得到很好的响应，并且落实各种资源。我们的研究方法论和研究的严谨性不能改变，所有的方法和过程都应该得到认可，并且可追溯，这样未来才能真正得到审批和上市。我们现在也在探究临床研究的合适路径，我们这家医院不是任何一家医院的分院，我们是全新建的医院，我们成立了临床研究与转化医学协作协同创新平台，在未来还没有运营之前有自己的空间，上科大提供了空间，我们进行自己的概念验证，包括信息中心的工作，我们也投入资金，卫健委也有科研资金投入，我们主要服务的对象或者研究的合作者，都与医院有过合作经历。同时我们联合培养研究生，这些研究生和他们的导师，都是我们未来非常好的合作对象，我们也请各家医院参与我们在这方面的设置。从我个人来说，认为培养感情、实现互补这都是我们的重点工作。很高兴上科大一些成果得到转化，我们上科大在成立不到10年的时间里，在生命医学转化上有自己的特色，也和自己的OTT，就是技术转移这方面特殊的政策有很大关系。我们希望这些成果，上海临床研究中心在未来能应用。现在我们和各家医院的合作也有一些IIT的研究，取得了相当好的反响和效果。我们要完善临床研究体系，未来想要做的体细胞、干细胞和医疗器械的研究都要得到审批，需要一定过程，这都是要进一步创造的。

临床研究到底研究什么，我们要走临床医学方面的研究，公共政策、医院管理、医学教育，包括经济学研究都是我们需要的，我们必须要采用国际标准、循证医学的标准实现我们的工作。

最后谈谈成果的展现、转化有多种形式，我们不能认为，我们的转化只是新药上市、新的诊断方法的上市，诊治效果是最好的转化。文章发表也是很重要的，需要强大的方法学支持。我们需要形成自己的共识和规范，可以转化为产品、商品，甚至得到一定收益，但这只是科研成果转化的一个方面，并不是所有方面。我们还有人才方面，对社会效益、学术效益、商务效益都是要的。上海临床研究中心建设过程当中要坚持自己的初心，并对研究型医院做进一步地探索，以及确定如何进行内部协调合作。同时我们是公立医院，还要考虑怎么体现特殊性。在通用性的基础上建设高水平平台，而且是可调节的，根据客观需求进行各种调节。围绕生命健康领域进行创新，这是美国FDA现任主任和主持人的对话，我们需要用真正的方法推动这方面的研究，而不是想当然的事情。当然我们要考虑疾病的技术评估等。我们临床研究存在的短板，第一条就非常重要，把基础研究的进步等同于医学进步，这是我们在未来要真正实现转化的重点。我们希望实现从0到1，也希望从1到10，做各种事情。这就需要优秀的人、足够的时间，我们也需要花一定的时间和机制进行探讨。最后实现一个真正高水平的研究型医院、研究型平台，不仅为自己服务，更为服务好大家。

谢谢！

5 全球健康与发展项目演讲

AI 赋能基层超声检测

倪东 深圳大学医学部生物医学工程学院副院长（教授）、度影医疗创始人

> AI 技术能够提升基层超声检测的质量。在中国，超声检测设备在基层的普及率较为可观，而专业的超声检测医生十分紧缺。我们创新提出全栈式智能超声概念，通过 AI 技术辅助基层医疗机构提高超声检测质量，目前在胎儿检测、婴幼儿检测，以及孕妇产后检测方面取得良好进展。

非常感谢有这样一个机会和大家汇报我们的一些工作。

今天这个会，前面有报告人聚焦了贫困地区的问题，我们中国很多医疗的问题是基层医疗的问题。今天在座各位可能对超声不是特别熟悉，实际上，超声在这个领域是可以发挥重要作用的。超声在基层很重要，今天我谈谈 3 个方面的问题。

首先，超声实际上既可以用在医院，也可以用在社区，基层有很多超声机器。另外，我们超声应用的范围是非常广泛的。我们去做体检都要做超声，还有每年在中国检查的人次高达 20 亿人次，这就导致我们超声医生的工作量非常大，还有超声医生是非常紧缺的，目前全国总缺口人数大约在 80 万人。还有整个影像设备，大概有 70% 设备都是超声设备。第一页的 PPT 我们展示了超声应用场景非常广泛，特别是在基层。同时超声医生特别缺乏，还有我们超声医生为什么那么缺乏，因为他的培养是需要比较长时间的。我们整个传统超声的检查可以分成很多步骤，第一，超声医生的扫查。我们拿着探头去扫查不同部位，扫查不同目标以后就可以获取不同部位的视频，大家可以看到中间动态的视频。得到视频以后，医生还需要获取关键帧，得到关键帧以后，医生还需要做定量的测量、勾画等。然后才能做诊断，最后才出报告。整个链条其实有很多步骤，导致我们在基层很难开展高水平的超声诊断。

我们这个团队 2010 年就提出来了全栈式智能超声的概念，所谓全栈式智能超声的概念包括 3 个维度。第一，X 轴。不同的器官，随着时间的推移，超声越来越广泛地用到不同的器官。第二，超声诊断的步骤。我们有七八个步骤。超声其实和放射影像有很大的不同，它的数据获取是非标准化的，需要用人手获取数据。只有专业的人，才能获取到高质量的、用来做诊断的数据，然后才能做量化和诊断。第三，我们超声诊断的模态。人工智能超声诊断是很复杂的，需要看黑白图像，还需要看多普勒、造影等，有很多维度的数据。我快速介绍一下我们团队在不同领域的一些工作。

我们团队在前面3个领域,包括胎儿产前、婴幼儿、产后孕妇都可以应用。先看产前超声面临的挑战,产前超声是非常特别的领域,第一,胎儿位置不固定,第二,扫查过程时间很长,大概需要30~40分钟时间。第三,它的专业性很强,整个扫查过程需要人为地找到几十个标准切面,去筛查和排除很多种常见的畸形。大家可以想象一下,培养一个产前超声的医生大概需要10年时间,在基层,我们怎么样才能够把这种高水平的产筛推广呢?没有医生,我们只有设备,类似于我们到了上海这么大的城市,我们开着车,我们也不认识路,怎么能够开车找到东郊宾馆呢?如果没有导航是很难的,可能永远都在不同的道路上转。大家可以看到我们做了智能导航,智能导航技术就像手机上的导航系统一样,导航以后,可以引导医生找标准切面,我们有质量控制的系统,可以评判图像是不是合格。进而再做定量分析,然后再是诊断。前面这些都非常复杂,但是我们真正要在基层推广,还需要把人工智能的模型部署在非常便宜的设备上,比如说1000元的计算设备上,还需要推理引擎。这就是我们导航的概念,首先我们要建地图,有了地图以后,我们基于自动识别技术可以进行定位,定位以后就有一个探头移动或者转动的引导,引导以后就可以找到不同的标准切面,进而就可以做后面的一系列诊断。

我们整个工作只有一页PPT,但是做了很长时间。我从博士后回国以后一直在做这个领域的合作。我们从2010年提出这样的概念,因为超声是非标准化的,要通过人工智能标准化。我们2013—2014年,在全球发表了第一篇会议论文和期刊论文,2015年发表了第一篇质量控制的文章,产前超声质量控制。非常幸运的是,2017年,我们首次在全球把产前智能超声集成到了超声设备里面,还把我们的研究和机器人进行结合。我们在2019年创办了一个公司,我们把产前导航,包括实时的质量控制做成了软件系统,目前已经在很多医院使用了。这样一个系统拿到了全国首个二类注册证。这个系统的价值,第一,起到引导的作用。第二,可以提高效率。第三,对产前异常进行预警。下面是一些定量分析,AI可以对胎儿几十个参数进行自动测量,定量分析三维超声的数据。

其次,大家知道产前诊断也是非常重要的,我们诊断的软件做了致死性畸形异常提醒,还做了子宫先天性畸形辅助诊断,这是和贫困地区胎儿的死亡有关,像非洲每年有几十万的产妇和新生儿死亡,里面有一个非常重要的原因就是早产。早产以后,有一个重要的死亡原因就是呼吸窘迫症,胎肺发育不成熟。如果我们有非常便宜的手段,通过超声就可以分析他胎肺的成熟度,我相信这样的技术可以真正帮到贫穷国家和地区的人。我们要把人工智能非常便宜地部署在基层,能够真正地在基层推广,一个非常重要的东西就是价格。我们为了降低价格,需要拥有自己非常核心的人工智能推理技术。我们做了5年,一直在做这样的工作。我们可以在非常便宜的几百元的设备上部署非常复杂的人工智能。

后面这个研究是我们新生儿髋关节的研究,在欧洲很多国家是普筛项目,在中国,目前只能在大医院开展。我们开发的这个系统也是拿到了二类证,可以通过10分钟培训让医生学会这样的检查。还有产后盆底的AI功能,主要是评估产后孕妇是不是受伤了,如果受伤了,我们要做一定的康复治疗,比较严重就需要做一些手术。这个工作量是非常大的,对专业要求也比较高,我们开发了人工智能的系统,我们医生只需要负责采集数据,后面数据的分析,包括诊断就可以通过AI来做。

最后说一下乳腺癌的筛查,乳腺癌是中国的两癌筛查之一。它真正的难点在于我们国家虽然给了钱,但是在基层很难推广。第一,没有人。第二,经费不足,难以做全国性的筛查。我相信AI一定能够帮助我们国家更好地实现乳腺癌的筛查。超声乳腺癌的检查也是非常复杂的。我们前瞻性数据一共做了4年,2019年做到现在。我们基于前瞻性研究开发了AI系统,未来我们想在基层完全做成一个"傻瓜式"的扫查系统,1～2年时间里可以做出来,拿到注册证。这是医学超声图像计算的实验室。

我个人是一个理想主义者,而且喜欢去探索不同的边界。2019年,我成立了这样一个非常有趣的公司,我们希望通过今天这个会议可以认识更多的朋友,有更多人支持我们解决一些基层的问题。

谢谢。

生成式 AI 赋能药物研发

任峰　英矽智能联合首席执行官

> AI技术逐渐成为加快药物研发进程的重要驱动力。传统药物研发面临诸多瓶颈,尤其在靶点发现、成药性设计,以及临床试验方法设计方面,普遍存在研发费用高、成功率低和周期长的困难。英矽智能通过搭建商业化的人工智能化学平台,缩短了研发人员从早期的靶点发现,到临床前候选药物发现的进程,并降低了研发成本,为加快药物研发进程提供了新的解决方案。

谢谢曹主任,感谢主办方的邀请,非常荣幸能参加这次论坛。我叫任峰,是英矽智能的联合首席执行官,今天和各位领导和同行汇报一下,以英矽智能为代表的人工智能在新药研发领域的赋能。今天报告的题目是"生成式AI赋能药物研发"。

英矽智能是一家扎根上海赋能全球的AI制药公司,英矽智能进入上海的时间并不长,2020年底在上海扎根,过去两年,收入实现10倍以上的增长,达到9000多万元。同时,上海也是英矽智能在全球的人才聚集高地,我们在上海的两年时间,已经发展到100多名药物研发人员,硕博比例92%。我们在上海申报了4项临床,一个在临床二期，3 个在临床一期。2022 年，在上海的研究经费是 3 亿元人民币，主要用于 CRO 外包服务。

为什么做人工智能？因为传统药物研发面临着很多瓶颈，众所周知，研发费用高、研发成功率低、研发周期长，平均一款新药上市需要 10 年以上的研发周期，耗费 20 亿美元以上的研发投入，最近报道大约需要 60 亿美金。之所以传统的药物研发有这样的瓶颈，是因为传统药物研发不能高效地解决 3 个方面的问题。第一，靶点发现。第二，如何能设计更好的成药性及更好的临床前候选化合物。第三，如何能够更好地设计临床试验方法，让你的分子在临床上最大可能地获得成功。我们发明了 Biology42、Chemistry42、Medicine42。我们有 3 款商业化的软件，我们的合作伙伴可以去购买我们的软件，我们收年费，让众多合作伙伴可以使用我们的软件。

英矽智能早在 2016 年就已经发表了文章，利用生成式 AI 攻关生物和化学领域的难题。生物学方面，我们的 PandaOmics 软件经过 7 年发展，最终实现了商业化。期间发表了很多文章，也包括专利，支持我们这个商业化的平台。Chemistry42 是一个做分子生成的 AI 平台，我们用的 AI 和 ChatGPT 用的底层逻辑是一样的，最主要就是用 AI 算法，我们有 42 种算法。同样我们 2016 年发表第一篇文章以后，经过 7 年时间，发展成了一个商业化的人工智能化学平台。InClinico 可以帮助我们预测临床试验 2-3 期的转化率，可以通过预测转化率优化我们的临床试验方案。

通过我们的人工智能平台，我们做了全球第一款由人工智能发现的新靶点新化合物，进入临床，这个药物目前在临床二期，这款药物的发现，从早期的靶点发现到临床前候选药物发现，只花了 18 个月时间，经费仅有 260 万美金，如果做同样的事情，靶点发现到候选药物确定，这原本是需要几千万到上亿美元的研发投入。这表明通过人工智能的加持，可以大大缩短研发周期，降低研发成本。同时我们还有众多的其他项目，从靶点发现一直到候选化合物确定，可以大批量地发现成药性很好的候选化合物。从 2021 年第一个临床前候选化合物确定，到现在有 14 个临床前候选化合物，2022 年一年时间就有 9 个 PCC，现在全球有 4 个临床阶段的产品，还有针对新冠、癌症和免疫治疗的 3 个项目在临床一期。同时英矽智能立足于上海，我们赋能全球，并和国内外众多的药企建立了广泛的合作伙伴关系，我们的软件已经销售到国内外各个企业。我们的战略合作，也就是利用 AI 平台和团队建立的战略合作也有很多，最典型的是 2022 年 1 月和复星医药建立的战略合作，我们做 5 个项目，首付款 1300 万美元。2022 年 10 月又和赛诺菲建立了战略合作，6 个项目，首付款 2150 万美元，总的里程碑付款可以到达 12 亿美元，还有销售分成。

我们不光是和药企建立广泛的合作，我们也和一些科研院校、基金会建立合作，如和盖茨基金会，现在避孕药只有那么几种，与孕激素相关的，我们希望找到毒副作用更小的避孕药，和盖茨基金会建立合作，今年开始我们有 3 个项目。第一，激酶抑制剂。

第二，双靶点抑制剂。第三，蛋白之间相互作用的小分子抑制剂。3个项目各有各的挑战，但是我们都有一定的进展。第一个时间，我们找到了几十个纳膜小分子化合物，第二个找到了双靶点抑制剂，第三个还处于起步阶段，通过人工智能加持，不仅可以帮助公司，还能帮助研究单位、慈善机构等，大大推进我们的药物研发的进程。

公司不光注重于实用，也注重创新。公司成立至今，已经发表了160多篇高质量的学术论文，国际性期刊，包括 *Nature* 等。我们和学术界的合作也很广泛，我们针对渐冻症，和哈佛大学、清华大学合作，还和慈善机构合作，得到一些数据，找到新的靶点，我们推荐给清华大学鲁白教授，他和协和医院合作，目前已经有40个针对ARS的患者入组，我们做了一个老药新用的药物，从我们合作到患者入组总共只花了一年半的时间，可以快速高效地推进，针对一些罕见病药物的研发。这是我们2019年发表的一篇文章，针对DDL1的靶点，通过人工智能只用了46天，就找到了针对它的小分子，只合成了6个分子，其中之一就是10个纳膜级别的小分子，DNPK也是很好的。

公司扎根上海，但是立足于全球，我们在上海、苏州、台北、香港都有研发中心，同时在中东的阿布扎比、加拿大的蒙特利尔、美国的纽约和三藩都有自己的研发中心或者办公室，我们是一个全球化的公司。公司成立至今，已经融资4亿美金，用于支持我们的算法开发，同时也支持我们项目进一步推进。

最后放一个短片，未来药物研发不光需要干试验，同时也需要你的湿试验，介绍一下我们的智能化机器人实验室，这是未来药物研发的方向。

我们希望能给大家带来一个有未来感的实验室，整个实验室完全无人，有3台智能机器人工作。未来希望通过我们的算法，结合我们智能机器人实验室，为更多的合作单位、科研院校和慈善机构提供新药研发颠覆性的解决方案。

谢谢大家。

赋能基层诊疗：创新分子POCT技术及平台

陈翀　普世利华总经理

> 提升POCT技术对基层诊疗的覆盖率，关键在成本控制。基层医疗单位普遍缺乏专业的实验设备，以及符合标准的实验室，还面临人才匮乏等问题，难以负担POCT技术。普世利华聚焦基层诊疗领域，通过搭建线上平台，为基层诊所应用POCT技术创造基础条件，旨在用技术创新推动产品创新，赋能基层医疗。

各位嘉宾，今天很高兴有这个机会和大家做一个分享。

我们公司的核心业务，就是在基层诊疗领域的分子POCT，我们一直在思考一个问

第11章 全球健康与发展论坛：创新技术的新应用和新市场加速促进全球健康与发展

题——做一个怎么样的产品，才是真正落地在基层医疗单位的分子POCT产品。一个典型的分子POCT，或者基层医疗单位有很多的特性，包括它的整个空间是非常小的，没有标准的实验室等，甚至做试验的空间只有一个台子，有些诊所直接在办公桌旁边就建立了检测的区域。人员配置一般就是一名医生，再加上两三位助理，整个操作人员是非常少的。同时对于诊所而言，它的门诊量相对较少，它对于价格都是非常敏感的状态。而这样的诊所在全球有非常庞大的数量，从我们中国而言，医院大概36 000多家，诊所级别接近100万家。对于全球其他一些国家来说，可能大部分都有这样的现象，诊所数量比医院多很多，可能10倍左右。整体覆盖人群很广，但是这部分分子检测需求未被满足。目前分两条路，第一，直接送第三方检测，样本送到第三方PCR实验室，这个之前只能做经验性的治疗，患者也不一定会回来复诊。第二，直接通过Rapid Test做检测，会面临漏检的问题。

我们看到全球有很多成熟的POCT产品，但是他们目前对于诊所的覆盖率比较低，我们认为最核心的问题是成本。很多整体的硬件成本供货端都是几千甚至上万元，每天检测一两个样本，一个月也就10~30个的量，无法覆盖这部分的成本。到底什么样的产品才能真正让诊所买得起、用得起，又用得比较好，还能解决他们的问题？之前WHO提过一个原则，非常好地概括了需要的特性。但是这也是既要又要还要的问题，要整合需求，它在产品端的难度是比较大的。对于这个方面的思考，我们认为最核心的就是从技术端做一个突破，只有我们技术本身无论特异性、灵敏度都不错才可以。如果技术本身需要分步骤，提取时间又长，做出来的产品是不能满足的。在这个路线选择方面，从我们公司角度而言，没有考虑PCR的方法，PCR是非常灵敏的工具，但是也需要比较昂贵的仪器。如果做POCT，可以提取到整个卡夹当中，有一些还有阀和多层结构，整个成本也不会太低。对于恒温扩增，我们最开始的时候，将市面上有的恒温扩增技术都搭建了一遍，也探测了一遍，每一个技术都有它的特点和优点，但并不是特别完美地满足我们的产品。例如，LAMP是运用最广的恒温扩增技术，但是某些情况下，对于一些非特异控制或者灵敏度是有欠缺的。RPA技术速度很快，但是对于一些复杂样本，如要直列往下做，会有抑制的因素。

基于这样的前期探索，对于酶的进化，它能够耐受原始样本往下做，实现进一步的优化。进行了这样的优化之后，可以把仪器做得更加简单，不需要提取，也不需要升降温步骤，只需要恒温装置就可以。酶的层面，我们运用了很多进化手段，包括理性设计和非理性的进化平台。我们把所涉及的核心酶类都进行了优化，整体体现出包括对于尿蛋白、粪便都有很好的抑制状态。同时我们在恒温扩增的基础上，引入了探针剪切的系统，原理就是恒温扩增里面增加了一个探针报告系统，探针两端进行结合，会有特异性核酸酶剪切，剪切之后会解离下来，并释放信号。这个技术的好处在几个方面。第一，引入了探针杂交，所以特异性比较好。第二，整个过程可以多次循环和放大，和恒温扩增一起的时候，整体灵敏度和速度都能有所提升。我们可以看到整体扩增的效果速度基本上在 10 分钟或者 10 分钟之内，而且阴性对应平滑度比较好。

基于这样的酶和技术底层，我们才开发了我们的产品，产品更加简单一些，性能和 PRR 是差不多的，但是成本很低，百美元级别成本。整个操作很简单，对于反应速度，目前最快的数据大概是 7 分钟能够报出来，阴性大概 30 分钟左右，而且不需要冷链。整体也可以做单检或者多重检测，能够满足对应的特性。整个操作步骤就是取了拭子之后放到检测卡当中，然后放到小仪器当中，可以看灯，如果需要连接到系统里面，可以通过蓝牙或者 Wi-Fi 和 APP 连接。这样一个操作对于实际操作的人来说难度不会太大。我们在一些国家和地区已经开始了 OTC 的检测或者储备。

接下来一个问题，产品做出来之后要真正落地，要用起来，产业化上我们也进行了一些投入。因为从酶到检测卡、仪器都是我们自己生产的，整体来说相对比较可控。我们也引入了自动化装载设备，目前每个月的产能在 100 万片以上，如果有需求可以快速复制和提升。去年推出到现在，已经有很多地方的验证，我们在呼吸道包括 HPV、STV 等方面，已经在多家医院开始做了，整体灵敏度大概是 96%～99%，特异性接近 100%。能够满足基层医疗的需求。我们很高兴和 FIND、盖茨基金会有了相应的合作，我们和 FIND 有 HPV 的合作，对于产品的易用性和性能方面有了验证。同时也提了很多宝贵的建议，关于下一步研发升级的方向。这个产品推出之后，在不同国家地区都有了一些验证，包括我们看到的像检测点、药房以及儿童医院的检测，很多需要的场景都能够进行分子 POCT 的应用，包括十几个 LMIC。我们甚至把这个产品推到了全球离大陆最远的岛屿，这个岛屿离最近的大陆 3000 千米，岛上只有 200 多人，我们推过去之后，这些当地的居民也获得了很多的检测，包括呼吸道为主，接近 1000 个检测。对于我们的一些理念，如果有场景和对应的需求，我们都可以尝试把 POCT 推到这样一些场景去用。产品和技术搭建好了之后，这是一个平台，基于这个平台我们可以开发各种各样检测的东西，包括 STI、HPV、TV 等的检测，也包括呼吸道的，还有一些动物疫病，如非洲猪瘟等。

简单举几个例子，我们做这个事的同时，还能为全球健康事业出一点力的地方，包括 SDI 这个项目，我们应用比较多的是东南亚这块，对于东南亚诊所而言，目前基本上采用送检的模式，做了检测之后大概 2～3 天才能拿到结果。对于检测的当时，实际上是经验性的判断或者经验性的用药，这还有滥用抗生素的问题。我们推出这个产品能够减少隐匿性的感染，去诊所当中 1 个小时之内就知道结果。对于 TB 项目，TB 现在国际上最广泛应用的分子检测，整体来说非常昂贵，而且用的样本以痰液样本为主。我们用舌拭子，更容易搜集，而且不需要提前处理，对于痰液更加友好一些。对于一些小朋友等场景，会有一些优势。前期一些数据，我们验证了同样样本之下有 100% 的统一性，我们也会在更多地方进行一些场景性的验证。还有未来我们可能的一些方向，包括 Malaria，目前疟疾最大的应用是抗原这块，我们产品好处是整体操作更加简单，而且针对主要的市场，如非洲，我们可以定向开发一些防尘、防湿度的措施等，从我们公司的理念来说就是从目标市场出发，目标市场需要什么产品，我们就可以定向开发什么样的产品。我们感觉POCT还是有非常重要的意义，尤其它能够实现早诊断、早治疗，而且同时期治疗，能够更早地发现一些病症，对于精准治疗和药物可及性方面还有更多的节省，包括药物精准地去用。

总体来说，我们公司一直秉承的理念就是用技术去推动产品创新，赋能基层医疗这块，我们有持续创新的能力，不断升级和优化。

谢谢大家。

6 圆桌论坛：推动全球健康与发展的新技术、新应用和新市场

主持人：

徐福洁，比尔及梅琳达·盖茨基金会北京代表处副主任。

嘉　宾：

李　昕，时任科学技术部外国专家服务司副司长；

高　福，中国科学院院士、美国国家科学院外籍院士、中国科学院微生物研究所研究员；

赵　伟，国际欧亚科学院院士、深圳理工大学筹备办副主任；

戴维仁（Steve Davis），麦肯锡咨询公司高级顾问、斯坦福大学商学院讲师；

郭晋疆，全球健康药物研发中心数据科学部负责人。

徐福洁：我们走到一起是为了全球健康的目标，提升人均预期寿命，降低婴儿死亡率和孕产妇死亡率。我们今天有幸请到各位软科学和硬科学的专家，讨论的话题是"推动全球健康发展的新技术、新应用和新市场"。首先请各位专家上台，他们是中国科学院院士、美国国家科学院外籍院士、中国科学院微生物研究所研究员高福先生；麦肯锡咨询公司高级顾问、斯坦福大学商学院讲师戴维仁先生；国际欧亚科学院院士、深圳理工大学筹备办副主任赵伟先生；科学技术部外国专家服务司副司长李昕先生；全球健康药物研发中心数据科学部负责人郭晋疆先生。

我们今天参与圆桌环节的嘉宾，有专研硬科学和疫苗研发的高福先生和做全球药物研发的郭晋疆先生。由于今天上午很多话题都是AI和大数据，我在第一轮想把话筒给戴维仁先生。戴维仁先生，首先和大家做一个介绍，和大家谈谈AI和数字化工具在发展中国家可以发挥什么样的作用，之前您在世卫组织也有相关的工作经验。

戴维仁：非常感谢徐福洁女士，我今天非常荣幸能够和各位尊贵的嘉宾同台共同分享一下自己的观点。我非常振奋，我花了很长时间思考全球健康的创新工作。有那么两

三个发言让我感觉备受振奋，如今数字技术和 AI 的使用成本大幅度降低，合理使用能够大大造福人类的健康。

我从 80 年代开始就对中国很感兴趣，在中国工作有 8 年时间了。我曾经在帕斯工作过，也在盖茨基金会北京办事处工作过，现在是麦肯锡的一个高级顾问，在斯坦福商学院也有一定的教职工作。我非常关注全球层面的数据健康，以及 AI 对公共卫生的助力和推动作用。政策制定者和其他人士都比我更加了解中国的情况，在座各位也一定比我更了解中国在数字技术、AI 方面的发展。我们看到，在发达国家和发达市场中数字技术及 AI 有了很多应用，但是在资源匮乏和比较贫穷的国家，情况却不是这样。国际社会和各个组织非常关切，非常希望我们不要忽略 AI 和数字技术对全球公共卫生能够产生的重大作用，同时也有很多围绕着这些技术的应用而带来的政策和成本的问题。

我前一阵子有幸为世界卫生组织主持一个关于数字健康的委员会，这个委员会是在谭德塞总干事的直接支持下设立的，希望能够用到一些数字健康的技术和 AI 技术，我们看到，现在每年有数十亿美元以多边或双边投资的形式注入全球卫生当中，也越来越多地看到国际社会非常关注数字健康和 AI 技术的使用。昨天的数据显示，83% 的国家都已经在考虑或已经在实际采用数字技术和 AI 技术助力健康工作，我真的是身处一个非常伟大的时代。我去了北大，在那里也是倍受鼓舞，我想说大家赶紧跳进去迎接这个伟大的时代吧。

我想讲两点意见，首先在建设这些工具和产品时要有一个非常强大的数据技术平台。我们也许能够拿出非常好的应用程序，但是旗下最基础的架构：整个数字底层技术和基础设施一定要建立起来，这样我们才能有一个强大的系统。很多人非常关注的一个问题，就是除了支持创新人员做这些全新的事情，我们还应该加强能力建设，让它具有可持续性，让它发挥更大的影响，我们也应该看到这些伟大创新所产生的影响。数据技术平台的特点应该是和数字基础设施紧密相连的。世界银行目前正在投入大量的资金做数据平台搭建，我们应该关注这一点。还有一点我们也要特别关心，就是价值确定。像数据健康或 AI 技术应该帮助我们具有灵活性，能够更好地应对各种各样的情况，能够让我们更好地开展远程医疗。但是这都不是具体的价值，而是直觉的判断。围绕这些技术的价值确定、估值和成本等方面的工作做得非常少，所以我们有很多工作要做，这也是我在麦肯锡的主要工作。

我们要考虑很多权衡取舍，我们需要遵守很多承诺，需要推动全球卫生，对于现有的技术手段和工具，还有很多这样或那样的限制，我们需要做更多工作说服政府财政部长和其他部门，让他们认识到为什么我们确定这个技术的净值是这样的。我还是很乐观的，虽然我们面对这么多挑战，但我们还是充满信心，因为我们看到大家都在一起努力。

徐福洁：刚才戴维仁先生提到了强大的 AI 技术，提到了基础设施的建设，包括注册、身份认证，你的身份在一个数字世界里就涉及了隐私、数据安全的问题，能不能谈一下拥抱这些新技术时需要遵守哪些指导性的原则和规则呢？

赵伟：在这样一个时代，我们对数据的隐私和安全的保护有什么考虑？首先，"大健康"就是老百姓要看病，但是现在你到医院去看病基本上都是数字化的，就是大数据。我前两天得了感冒，医生除了量量体温，连听都没有听，先做CT看看你的肺有没有毛病。医生一看肺没有毛病，然后马上化验，确定你这是细菌性感染，药一开就好了。很显然大数据在帮助我们的大健康领域。现在问题来了，这些数据有没有隐私性，需不需要保护，换句话说我们能不能共享这些数据。首先，你看病时，你的体温、血压值是你的，是病人的，医生只是用了而已。从这个意义上来说，病人隐私应该得到充分的尊重。就好比你买了一块布料，让裁缝给你裁衣服，最后做成了衣服，那个边角料还是你的。但是如果只强调保护个人隐私，那数据的价值就不能被用起来。数据说到底是一个资源，我们人类几千年前就知道怎么保护数据、共享数据，以及保护资源、共享资源。比如，种稻谷的农民和种棉花的农民，他知道我们交换一下，我给你稻谷，你给我棉花。数据是资源，如果只有一个人把住，就没有被充分利用，社会要进步，就应该实现共享。但是共享应是有价的共享，不应是免费的共享。免费共享听起来很好听，其实不对。大家设想一下，我们在东海有很多石油，那是资源，如果今天我们宣布东海的石油大家随便采，采出来归你，免费共享。这样对我们有好处吗？对我肯定没有好处，因为我买不起那么一个大钻井平台，要十几亿人民币。石油免费对我没好处。但是对有钱人可能就有好处，当资源被免费使用的时候，其结果大概率是穷者更穷，而富者更富。所以应该是资源有价地被共享。

这里面就出了一个很有挑战性的、超出健康领域的技术性问题，数据是资源，以后我给你数据，你要给我一点钱，这样我也公平你也公平，大家共享数据皆大欢喜。但是数据太容易被复制，复制数据几乎是免费的，所以现在数据被共享的时候，还需要做数据的有限版，我这个数据给你了，你再卖给别人则不允许，需要一些技术手段和法律手段来帮助我们，这叫数据有效、有价地共享，使人类都能获益。

徐福洁：我想举个例子，让高福先生回答一下。刚才讲到数据共享是有价，还是免费，那么我们在应对疫苗供应短缺时，到底应该有价分享呢？还是怎么更好地利用呢？大数据分享，尤其从全球的角度而言，这应该不是一个抽象的问题，有的时候已经很具体了。

高福：数据共享这个词听起来很抽象，刚才徐福洁主任把它比作交换，自从有了商品以后，人类社会所有的东西都有了它的价值。人类社会也希望大家都不需要交换，全部免费，但这样只能造成无政府的无序状态。如果大家都是免费，最后必定是贫富分化更严重。比如，钻井平台，平台需要人维持。数据也是一样的，数据出来以后，听起来很抽象，但是分享数据的平台是需要人去维持的，维持平台的这些同志要发工资，这样数据共享就变得有价值了。这就是为什么要全世界团结起来。刚才的讨论中也提到，疫情就是大家共同找到一个方案，研发疫苗，马上出了一个疫苗，全球共享疫苗。全球共享疫苗的前提是要把疫苗生产出来，生产疫苗的过程背后，是有价值的东西，资源共享也是有价值的东西，背后也是要钱的。有了价值商品进行交换，就是明码标价。盖茨基金会这样的非政府组织（NGO）可以花钱把它买回来，再给一些国家使用。这个事情是非常宏观的问题，比如，今天开会，如果大家可以免费进来，那么搬椅子的这些同事，如果不发工资怎么养家糊口，这都是很现实的问题。我们可以搞得很抽象，似乎没有价值，但是最后活没人干了。

如今的疫苗也是这样，生产疫苗靠企业家生产，生产出来，通过像盖茨基金会这样的NGO或中国政府把它买回来，而政府是没钱的，政府都是纳税人交的钱，政府的任务就是共同富裕，把大家挣来的钱给大家分着用，疫情来了，需要买疫苗，拿一部分钱买疫苗。世界卫生组织本身自己不创造财富，他只是协调好大家，可以不要钱的。但是具体操作上，最后所有事情，包括今天我们讨论的AI和数字医疗，能不能把高大上的概念最后落实到医疗预防，落实到具体干活的人，落实到最需要的人，这是我们要思考的问题。这次疫情，对于这么复杂的事情，全球还是做得相当不错的。我最近参加英国、美国医学科学院院长组织的百日使命，100天之内，人类能不能做出药物，能不能搞出疫苗。现在看来是有可能的。2009年大流感，中国87天搞出了流感疫苗。今天我们这些预防新冠病毒感染的疫苗大都是一年之内经全球批准的，通过这次疫情我们学到了很多，如果下一次疫情还是以冠状病毒为代表的流感，我们100天之内就可以把疫苗搞定，然后需要世界卫生组织或盖茨基金会、政府一起把这个事情协调好。

徐福洁：100天搞出疫苗，这是非常宏大的愿景。李司长，政府投入也好，促进合作和分享创新的结果也好，政府方面有很多工作可以引导。总要有人投入才能建设，才能运行。希望您能分享一下，从您科技管理者的角度来看，如何鼓励和促进新技术国际合作。

李昕：我讲讲我的一些观察。您讲的推动全球健康卫生新技术、新应用、新市场，最终还是要通过市场机制，来应对卫生健康领域的新技术特点及应用。卫生健康领域有一个很明显的特点，就是市场失灵。但是我感觉到，面对不同卫生健康的挑战，慢病也好，传染病也好，都可能有不同的失灵，我们在这个方面的研究可能并不是特别深入，怎么样才能让政府无论从研发的角度，还是市场监管的角度，包括医政、药政，来弥补市场失灵？最后还是要通过市场机制实现。

卫生健康领域技术挺有意思，一方面有非常激进的创新，像AI、大数据赋能等；另一方面在应用端又非常保守，无论是监管当局、医保体系、医疗机构还是患者本人，都非常保守。为解决前述两个方面冲突的问题，不仅仅要通过国际合作方式实现。除此之外，现实中还存在发达国家和发展中国家信息不对称的问题。从供需双方而言，卫生健康领域也有很多信息不对称的问题，怎么样把信息做到同步，对公众多宣传，避免误解。

另外，由于各方面临着不同的客观情况，国内外要加强合作机制的建设，至少应包括以下三点，第一，我们希望在国际合作中，标准能够逐渐趋同。我们在新冠疫情疫苗的研发中，看到一个很典型的例子，就是跨国多中心的临床研究。第二，新技术的发明者要考虑到风险、成本、时间等各方面的平衡因素。毕竟涉及国际合作，以及利益攸关方不同的体制差别。第三，在知识产权方面应有更好的安排。我们都知道药品专利强制许可，也知道《生物多样性公约》下面的《名古屋议定书》有关的安排，但是现在很多时候不是涉及对一个最终产品和某个药的专利许可的安排，而是对平台技术的安排。关于这些技术的知识产权的安排，影响到这些技术能否更好地扩散和应用，希望在这个方面有更多的讨论。

徐福洁：这个问题戴维仁也许能够做一些非常好的分享，包括市场失灵，以及对于除知识产权体系外的新技术，还有没有其他更好的创新模式。

戴维仁：其实这些问题面很大，内容也非常复杂。我完全赞同刚才司长先生提到的，我们需要重新审视知识产权的安排。另外，我们要找到创新的方式，并进行融资，因为您刚才说过了，整个创新过程需要产业驱动，他们有生产制造的能力，不论是全球企业、地方企业，还是区域层面的企业，涵盖世界各地。但难点是，解决这些问题的动力不足，当然在某些问题上，确实可以通过分级定价的方式找到合适的解决方案，不论是对于发达国家还是发展中国家，分级定价都是一个比较好的方案。但是对于热带病、疟疾这样的疾病，很多问题还没有得到妥善解决，我们现在需要重新调整政策的视角，比如，更加有效地使用知识产权、相应地改变知识产权的政策。我们还要找到合适的创新金融的方式，比如，在改善监管方面的做法中，找到混合式融资的模式，对创新风险进行风险排除。在这些方面还是很值得我们进行探讨的。

徐福洁：郭博士，您每天的工作非常辛苦，我有一个问题，就是有一个可以上市的药，这个药除了知识产权，还有什么能与我们分享的信息？

郭晋疆：感谢刚才各位专家关于数据方面的分享，我们全球健康药物研发中心针对全球健康领域的疾病，包括刚才提到的疟疾、结核病、抗病毒传染病的药物研发，中心采用了一些创新的技术和手段，包括使用人工智能高通量筛选和免疫疗法。但是在这个过程中，我们部门每天用的都是人工智能技术，包括基于结构学的物理学方法、生物信息学技术等，帮助我们的生物学家或化学家快速地发现可能的治病靶点，找到有效的化合物，包括化合物优化这方面的工作。这里面涉及数据的问题，今天也有很多嘉宾分享了人工智能技术，人工智能很大程度上依赖于数据。虽然各方面大家都是寄希望于人工智能，使我们可以有更大的药物研发的产出和影响力，但是我们经常会遇到数据不足的问题。当然我们用的数据量是非常大的，我们有不同层级的数据。从基因组学数据到药物分子数据，再到药理学的数据，但是我们会发现一个问题，之前的方法都是基于大数据上的小模型，由于现在通用人工智能的兴起，我们可以欣慰地发现所谓的多模态不同领域的数据可以进行融合。我们在和不同机构合作的过程中发现，医院及科技类的公司，会非常关注最后的产出和数据的安全，以及最后产出的 IP 知识产权怎么转化的问题。我们靠创新性的机制，包括共享我们的 IP，惠及更多患者，用人工智能技术或创新技术研发的药物，能够更好地惠及这些患者。比如，最近一个关于疟疾药物的项目，数据科学部有很大的参与，进展还是很不错的。未来也可以在非洲以一个非常低的成本惠及更多人。知识产权共享这块我就谈这些。

徐福洁：赵先生是数据的使用方，你这边要做很多协调，将多模态数据真正整合到一起，并且是高质量高效地分享。

赵伟：我想再强调一下，首先应该树立这样的概念，"数据是资源"。把这个概念树立起来了，后面的事情就比较好做了。

我自己是搞 IT 的，因为它是资源，所以我对它的追踪、开发等，都是技术问题。今天大部分同事是搞健康的，不是搞 IT 的，我个人看到，在数字技术这方面，现在逐步出现一些苗头，我们可以在保护数据的同时进行有效的共享和追踪。这是做得到的，而且我也坚信在 5～10 年内可以实现这样一种有效、有益、公平、透明的数据共享。

徐福洁：戴维仁，我想问一下我们如何能够安全地在全球使用数据？

戴维仁：我非常同意同事们说的，真的是没有一个简单的解决办法，我想甚至是还有一些挑战的。首先我们谈了很多数据，看上去好像是非黑即白的，但实际上关于数据，什么形式、什么类型的数据，怎么进行分享，这都是要回答的问题。

我给大家举一个非常具体的例子，在新冠过去之后，我去了日内瓦，明天晚上还要参加一个会谈，去谈下一代及早预警系统应该是什么样的。现在国际上正在谈，要设立一个大流行基金，中国也是慷慨解囊。围绕着数据有很多具体的情况，在多大程度上进行分享，这应该是大家重点的讨论内容。美国和中国怎么分享？可能是很多国家都在看的。具体到数据分享上，在什么样的情况下，分享什么样的数据，对于这样的问题，我们到现在还没有一个明确的回答。第一，数据是要分享的，这是很明确的。第二，关于人工智能，人工智能只有在保证了数据的质量的前提下才能发挥作用。我们刚才谈到有很多结构性的数据，数据质量仍然是存在问题的。我们现在需要有高质量的数据结构，让人们能够很好地应用这些数据。第三，围绕着数据使用。很多时候人们一上来就有一些很好的例子，如用数据创新等，大家都很激动。但是要在组织层面融入数据技术，其实是一些很具体、很详细、很琐碎的工作。比如，你可以通过数据技术和数据工具完善你的进度安排，提供更好的客户服务。我们是从具体的地方开始应用的，并不是从很宏大的层面开始应用数据技术的。

徐福洁：未来，我们很期待上海的解决方案，什么样的数据技术、数据工具能够支持全球健康？这个问题是提给所有人的，从高福院士开始，刚才讲到了及早预警的系统，我们人类时刻面对着可能出现的传染病的威胁，我们怎么应用人工智能技术应对这种威胁呢？

高福：今天大家都在讲预警，大数据、AI 确实可以帮助我们做很多事情，但是前提是数据的质量要好。过去我们只讲数据质量本身就是一种资源，现在还有另外一个问题，有人制造出了一些人为的假的资源，在创造数据的过程中，我们要确定拿到的是不是真实数据，数据造假会对社会产生很大的影响，好比一旦这个社会有了伪钞，金融市场就会乱。大数据预警的时候，如果这里面有一些信息是不对的，那么这个问题就牵涉到 AI，AI 有它的优势，它是搜集来的数据，但是这次 ChatGPT 把 AI 在社会生活中的关键词暴露出来了。靠 AI 搜集大量数据，不用人为干预，直接拿出来。如果社会上充斥着这种行为，可能会造成很大的影响，还可能会误导人们，我们的预警预测也可能会出问题。我们参与了 AI 和预警预测技术研发的整个过程，现在我们要好好总结一下。

徐福洁：我们现在正值展望未来的时候，郭博士，AI 在药物研发助力方面有很多尝试，从解决方案来说，药物是非常重要的一块，请您分享一下，您看到的未来愿景是什么样的？

郭晋疆：各位老师对人工智能技术寄予了很大的厚望，我们在日常工作中也会把最新的，包括生成式人工智能大模型用到我们的日常工作中。比如，我们目前的一些项目，就是我们知道了疾病靶点之后，根据这个靶点的位置，看能不能生成与它相互作用的化合物分子，同时我们也发现了一些关于数据质量的问题。数据质量其实不止包含数据的真实性，对于人工智能，我们发现它能够学习到的是它看到的这些数据，即便是告诉它，我们看到的是真实数据，它也未必能确定是真实的数据。比如，以 3D 结构冷冻电镜蛋白解析来看，蛋白质是一个晶体结构，在人体内转化是一个动态的过程。我们将此告诉人工智能，它不一定能够理解这个问题，也不一定能够真正找到这个生命体或疾病发展的运作机制，我们把更多动态的、时序上的，包括环境变量的信息，还有多模态、多层级的信息都融合到人工智能中，目前大模型可以做这样的信息融合，希望未来它能够真正理解疾病发展的机制，有新的对于生命运作规律的理解，给我们研究人员和药物研发人员更多的见解，产生新的、更有效的药物。

徐福洁：李司，在愿景方面，中国有哪些思考？从您科技工作者的角度而言，有什么可以和大家分享的？我们希望看到哪些趋势？哪些合作要尽快落实？中国能提供哪些解决方案？

李昕：我希望将来无论是南北合作还是南南合作，在卫生健康领域，都能够进一步缩小健康的鸿沟。2020 年，我在联合国参与讨论的时候，当时讨论的是千年目标，也在说数字鸿沟。现在我觉得，通过三年疫情，我们更多看到的是健康领域的鸿沟，我希望这些新技术，包括刚才讲到的人工智能和大数据有关技术能够缩小鸿沟，而不是扩大鸿沟。能够带来更多的健康卫生领域的可及性、可负担性和公平性，而不是带来更多的歧视。谢谢。

徐福洁：高福院士，从中国上海的角度，中国应该做的方面，您能分享一下吗？具体可以实现的。

高福：我们今天坐在上海，上海是国际大都市，它大在它的创新。展望未来，上海作为国际大都市，应该在百日使命这样的工作中凝聚全球的优秀人才，今天讨论创新，创新最后的主体是靠人，上海的人居环境、人居生态、社会创新氛围都非常好。展望未来，百日使命里面不管是药物、疫苗还是其他创新产品，上海在这里面都会发挥很重要的作用。最关键的是上海有凝聚人才的一套体制机制，人是第一资源，最后靠体制机制保障，把人的活力发挥到极致。谢谢。

徐福洁：戴维仁，对全球卫生来说，我们可以怎么做？刚才您从世界卫生组织、盖茨基金会、商业环境、麦肯锡的角度进行了分享，在很多方面中国都是很有潜力的，您是怎么考虑的？

戴维仁：我不想做很天真的人，我知道现在地缘政治非常复杂，也很敏感，不光是中美之间有冲突、有矛盾，如今世界上有很多地区、很多国家都有各种各样的冲突。我们首先必须意识到，要认识这个世界的客观实际，尽管如此，对这些冲突也不觉得意外，我对于中国能做什么、可以做什么，应该持有乐观的态度。很多人关注国内市场，但是在国际市场上，新的数字技术其实也有应用的潜力，不仅是有经济的获益，也能够表现出对国际社会的善意。我认为在未来，中国有可能会成为提供全球公共产品的领导者，可能是技术、疫苗、诊断等，我还认为，不仅是单个产品，更多要发展是如何加强其他国家的医疗卫生体系，对此我充满信心。我们现在面对的一大挑战，从盖茨基金会的角度来说，盖茨基金会所面对的挑战，很多思维都是基于供应侧，在欧美都是这种情况。但是好消息就是现在世界发生了巨大的变化，很多时候，过程都是需求侧驱动的。比如，我们需要考虑到基层需要的是什么，他们市场情况如何，需求方国家的情况如何，如何让这些国家更好地开展决策等。这其实也就意味着全球数字产品的供应难度确实更大了，而一旦能够找到合适的解决方案，就会效果更好、质量更高、品质更佳，相信中国有这方面的能力。

另外我还想说的一点，之前我们说到的百日使命，我认为上海有巨大的机会，盖茨基金会也很积极地与上海政府开展合作，和当地高校、研究机构进行协作，还包括产业界的代表和非营利的机构。百日使命不仅仅是生命科学必须面对的问题，之所以能够实现百日内的创新，就是因为我们能够应用新的数字技术，使用新的供应链模式，不只是过去那些方式，以及过去疫苗公司所做的贡献，很多其他因素也值得考虑。所以在上海，我们有很多很好的机会，因为在这里，我们有最好的AI、最好的供应链管理，以及最好的过程控制，临床数据和临床研究可以把杰出的人才汇聚到一起，相信可以造福世界各地。

徐福洁：谢谢，赵教授您来自不同的文化，既是科学家也是管理者，想听一下您的

第11章 全球健康与发展论坛：创新技术的新应用和新市场加速促进全球健康与发展

观点，对中国上海，您提出怎样的解决方案，如何更好地贡献于全球健康。在当前全球互通互联的主题之下，我们下一步可以怎么做。

赵伟：这也是一个很好的问题，我对这个问题稍微解释一下。徐福洁老师介绍我的时候说得很好，其实我和大家不太一样的一点在于，我的工作和生活发生在3个不同的地方。中国、中国澳门，这是在亚洲，还有美国，属于西方国家。除此之外，我也曾经在伊斯兰国家生活工作过。

您刚才提到的问题触及了人性的问题，无论是中国人、穆斯林人还是美国人，都有很大的差别，这是不言而喻的。但是我经过了全球化生活工作经历之后意识到，就像克林顿总统很久前就提到过的，本质上我们是一样的，我们有着共同的理念，有着最基本的基础价值，鉴于此，虽然我们有差别，但我认为我们还是可以共同取得进步的。要在运用 AI 和大数据的健康工作上取得进展，就需要根据合作，如果能够进行合作，我相信一定能够取得很好的进展。

徐福洁：在我结束今天的对话之前，最后一个问题由观众提问。但是我还是想先问一下郭博士，很显然您这个机构非常不一样，您这个机构有其独特性。对于中国创新、中国联动世界，作为年轻的新一代科学家，能不能和我们分享一下自己的观点？

郭晋疆：我们作为中国的青年科学家，我们在药物研发这个机构中能够学习到什么，未来在国际上有怎样的影响力呢？全球药物研发中心是一个新型药物研发机构，是在北京市政府和清华大学、盖茨基金会三方共建下成立的机构。我们针对第三世界，或者中低收入国家的疾病药物研发，发挥我们自身的能力和优势。我们是结核病加速器联盟、疟疾加速器联盟、欧洲冠状病毒加速器联盟，我们也和全球科学家共同合作，我们机构有来自世界各地的顶尖科学家和企业咨询顾问。这个过程中，我们每天都在不停地学习，我是计算机科学背景的，面临最先进的技术和离我比较远的生物化学知识，每天都有不同知识间的巨大碰撞。我们整个机构包括我们这个部门内部同事、年轻科学家都在不停地学习。在这个过程中，我们提出了自己的新想法，机构非常好的一点就是，无论是人工智能还是新的药物筛选流程，机构都有一个比较包容宽松的环境，帮助我们做湿试验的验证。我们发现这是一个非常好的迭代过程，我们实现了真正意义上的干湿闭环，从计算到设计，再到湿试验的验证，再反馈到我们这边，我们又不停地迭代，这是非常好的机制。我们在其中也是受益良多。

徐福洁：您刚才讲了好几个国际联盟，关于未来创新，中国要和国际上的各种机构，以及特定领域做得很好的机构产生互通互联。最后一个问题留给现场的观众。

参会者：非常感谢，我是巴西高级研究所的负责人，来自里约热内卢，是一名经济学家。巴西有两个创新型企业，有一些遗传解决方案、农业解决方案用的是同一个工具，但这并不是创新。我想问一下，这些工具有哪些性质？对于生成式 AI 的一个解决方案就是从盖茨基金会买专利，来解决我们现在面对的很多问题。

徐福洁：这个问题我们没有办法找到一个全球的解决方案，戴维仁，临时又问你这个问题，对这个问题有什么回应吗？

戴维仁：我也没有办法想到什么其他的解决方案了，但是我确实认为这个问题不太好回答，其实还有其他生成的工具。这是一个新兴市场，未来会有人重新对其进行定价，让其价值更加实惠低廉。另外，对于这些工具还有其他机会，说到知识产权的管理，不是说免费给，而是要找到一些创新性的工具。一方面能尊重知识产权，另一方面能找到相应的机制，让这些知识产权保护机制可以使用。过去这些年，我们也积极致力于疫苗的开发，无论是我们还是帕斯，最后都是给企业出资，让他们做创新型的研究，整个过程都是我们出资的，但是最后得出的成果，不是做专利或知识产权，我们是希望你作为知识产权的所有人。另外，我们希望和你有一个定价的结构，如对世界上某些国家和地区来说你可以大幅降价，甚至免费提供使用，这也是我们希望达到的效果。并不只是最后产生专利，过程肯定比这个要复杂很多。总体来说，就是要考虑到现在需要的工具有哪些，通过什么样的谈判方式，让这些技术的发明者能够愿意投资下一代的技术。一方面是希望技术能够不断地提高，另一方面我们也是希望通过改革谈判定价机制，能够让大家妥善使用这些新技术。

徐福洁：我们需要不断激励这些创新人员和发明者，他们劳动的成果要得到尊重，这样才不会打击他们的积极性。每个人用一两分钟时间做一个总结。

赵伟：数据是一种资源，我们要很好地利用这种资源。

戴维仁：合作合作再合作，要在不同行业、科学领域、学科之间进行合作。

高福：我回应一下刚才这位同事的观点。我想大家要注意伦理问题，全球健康必须是全球的，我们要一起来做。

李昕：回应巴西同事的问题，无论在哪个领域，知识产权领域还是基因领域，都要促进创新，要加速一种技术的创新和使用，要合作合作再合作。

郭晋疆：我们要加速药品的研发，为全球提供这样的产品。

徐福洁：谢谢大家，我们这一环节讨论得非常热烈，祝愿大家返程顺利。

第 12 章
全球创业投资大会开幕式及主论坛

1 论坛综述

为了进一步推动上海的科技创新,加速科技成果的转移转化,帮助更多的初创企业、硬核科技企业高质量发展。在上海市人民政府的大力支持下,全球创业投资大会应运而生。论坛首度聚焦科技企业专业孵化领域的培育,邀请全球和上海本土优秀的科创孵化界代表,围绕上海作为全球双创首选地,就如何发挥国际化、产业化、特色化的优势,打造未来高质量孵化新模式,树立双创孵化新标杆,挖掘前沿,孵化赛道,持续深化推动国际科技创新合作等议题展开深入的探讨,共筑上海创新创业生态的健康发展。

2 嘉宾致辞

上海市人民政府副市长刘多的致辞

刘多　上海市人民政府副市长

上海深入贯彻落实习近平总书记的指示要求,强化科技创新策源功能,持续深化体制机制改革,推动创新要素集聚,打造全球科技型初创企业最佳首选地。目前,上海独角兽企业数量全球第四,国内第二,外国高端人才数量位居全国第一,吸引了大量国内外人才和投资。同时,上海不断构建创新创业载体和政策服

> 务体系，强化金融赋能，优化创新创业生态环境，促进科技资本和产业高水平循环。未来，上海将继续发挥企业主体作用，构建科技创新体系，促进科技领军企业和高增长企业的发展，为推动上海高质量发展贡献新智慧、新力量。

  上海市人民政府对出席本次活动的各位嘉宾表示热烈的欢迎。对长期以来关心支持上海科技事业发展的社会各界朋友表示衷心的感谢。今天上午，浦江创新论坛隆重开幕。习近平总书记向论坛致贺信，指出，中国将坚定奉行互利共赢的开放战略，不断加大高水平对外开放力度，持续以更加开放的思维和举措，推进国际科技交流合作，建设具有全球竞争力的开放创新生态。在论坛开幕式上，科技部王志刚部长和上海市龚正市长共同为本届全球创业投资大会开启序幕。

  近年来，上海深入贯彻落实习近平总书记加快向具有全球影响力的科技创新中心进军的重要指示要求，紧抓强化科技创新策源功能这一核心任务，持续深化体制机制改革，加快推动创新要素集聚，提升功能服务，厚植创新沃土，努力打造全球科技型初创企业最佳首选地。截至2022年，上海独角兽企业达66家，数量居全球第四，国内第二。截至2023年8月底，全市高新技术企业认定5289家，技术合同成交额2132亿元，同比增长30.2%，累计核发外国人工作许可证约41.2万份，其中外国高端人才A类7.9万份，聚集外国人才和高端人才的数量均位居全国第一。上海已成为全球极具吸引力的创新创业与投资的热土。在此过程中，我们持续打造创新创业的追逐梦空间，持续构建主体多元、类型多样、有梯度、有层次的创新创业载体和培育体系，目前已有各类创新创业载体500余家，国家双创示范基地10家，形成了浦东张江研发中心、青浦华为研发中心、闵行"大零号湾"、杨浦国家创新型试点城区东西南北互为依托，各具特点的创新创业格局。2023年我们还发布实施了上海市高质量孵化器培育实施方案，着力建设一批产业领域聚焦、专业能力突出、孵化成效显著的高质量孵化器，更好地促进硬科技企业的成长发展。我们不断夯实企业创新发展的助推器，围绕企业成长全生命周期，建立健全覆盖创新创业团队、中小微企业、高新技术企业及科技小巨人科创企业上市培育的全链条政策服务体系，通过科技创新券、税收优惠、人才安居等政策，支持企业在沪开展技术研发与创新创造活动。同时我们不断强化金融赋能，推出了"浦江之光"行动，"3+X"科技信贷等产品，还正在谋划设立上海科技创新引导基金，促进优质资本项目技术和人才向高成长性的科技企业进一步集聚。面向未来，我们将持续优化创新创业生态环境，加快构建以企业为主体的科技创新体系，充分发挥资本市场服务科技创新的支撑作用，促进科技资本和产业高水平地循环，更好地培育科技领军企业和高增长企业，为做强创新策源引擎、推动上海高质量发展贡献新智慧、新力量。

  我们也真诚期待、热烈欢迎更多的创新创业者到上海创新创业。各位嘉宾，创新引领发展，创业成就梦想。希望通过本次大会进一步激发大家创新创业的澎湃动能，进一步营造敢干、敢闯、敢投的浓厚氛围,让梦想开花,让创新启航。最后预祝本次大会取得圆满成功,谢谢大家。

时任科技部副秘书长贺德方的致辞

贺德方　时任科技部副秘书长

> 中国政府在科技企业孵化培育方面取得了显著成果,在孵科技企业的硬科技属性增强,优秀企业层出不穷,投资规模持续增长。科技创新创业数据中心的建设运行有力支撑了政府决策和宏观经济的调控,累计形成了庞大的数据库。科技部愿意与世界各国加强在科技创业孵化和创业投资方面的开放合作,以支持科技人员转化科技成果、生产科技产品、孵化科技企业为主线,提升专业化、体系化、精准化的服务和支撑能力,提高科技创业体系整体效能。

尊敬的刘多副市长,尊敬的各位来宾,女士们、先生们,大家下午好。非常高兴参加2023浦江创新论坛、全球创业投资大会及孵化器高质量发展论坛。本次论坛国内外知名专家、孵化器、创投机构和创业者齐聚一堂,共同探讨创业投资和创业孵化这一全球热点和未来趋势。在此,我谨代表科技部对各位来宾表示诚挚欢迎,向各国朋友对中国科技创业孵化事业的大力支持,表示衷心的感谢。科技创新离不开科技、产业、金融之间的深度融合。今天开幕的全球创业投资大会,搭建了一个为项目找资本、为资本找项目的国际化科技创业对接平台,联动了国内外的科技初创企业、创业投资机构和科技企业孵化器,对促进科技创新全球化发展具有重要意义。

中国政府高度重视科技企业孵化培育,努力营造有利于科技型中小微企业成长的良好环境,推动创业链、产业链、资金链、人才链的深度融合。1986年,借鉴国内和国外经验,中国第一家创业投资公司——中国新技术创业投资公司在北京成立。1987年中国第一家科技企业孵化器在武汉东湖成立,标志着中国科技创业孵化事业的开始。经过30年的发展,中国科技创业孵化体系走过了从无到有,从小到大,从政策设计到模式创新的非凡成就,展现出全新活力,为经济社会发展做出了重要贡献。一是科技创业孵化体系快速健全。截至2022年底,中国建有各类科技企业孵化器机构,超过1.5万家,形成了苗圃、孵化器、加速器、科技园区,链条式的科技创业服务体系,覆盖了全国95%以上的县以上地区。2022年各类孵化机构服务初创企业和团队近68万家,带动就业人口500多万人。孵化机构当年享受国家的税收减免近10亿元。二是科技创业的硬科技属性显著增强。截至2022年底,中国在孵科技企业达到了23万家,平均研发投入强度达到了7.9%。近年来,从孵化器走出了寒武纪、国盾量子、太原科技、大疆创新等一批优秀的企业，占到科创板硬科技企业总数的40%。三是科技创业服务模式持续丰富深化，中国创业投资规模持续增长。2022年企业通过创投机构融资超过8000亿元人民币。科技部连续11年举办中国创新创业大赛，有效引领领军企业、金融机构及政府部门等共同支持科技初创企业，累计吸引参赛企业超过20万家，邀请战略科学家、领军企业家等组成创业导师团队，为创业者提供点对点的辅导帮扶，推动建设国家火炬科创学院，打造高层次科技人才创业孵化平台。四是科技创新创业数据中心建成运行，累计形成了覆盖全国40.5万家高新技术企业、45万家科技型中小企业、23万家在孵科技企业及1.5万余家科技创业服务机构在内的数据库，有效支撑了政府决策和宏观经济的调控。

上海是中国科技创新创业的重要高地，全市各类孵化载体超过500家，高科技企业累计超过2.2万家，科创板上市企业数量居全国前列。在加快建设具有全球影响力的科创中心进程中，上海市坚持建设高质量孵化器的工作理念，推动全市科技创新创业体系不断提质增效，发挥了科技创业孵化和科技创业投资的重要作用。

下一步，科技部愿意与世界各国一起进一步加强科技创业孵化与创业投资方面的开放合作，以支持科技人员转化科技成果、生产科技产品、孵化科技企业为主线，提升专业化、体系化、精准化的服务和支撑能力，提高科技创业体系整体效能。一是进一步增强面向科技创业的技术供给，加强技术转移体系建设，促进高校院所向科技初创企业提供高质量的技术供给和研发服务，鼓励科技人员通过科技创业孵化转化科技成果，大力提升科技创业的科技含量。二是打造高能级的科技创业孵化平台，支持建立一批高水平、专业化、国际化的科技创业孵化平台。聚焦细分技术领域，为全球科技创业提供从概念验证到供应链的高水平服务，着力培育更多硬科技初创企业。三是着力推动金融支持科技创业，加强与国内外金融机构、投资机构和资本市场的深度合作，创新金融产品，深化对接机制，引导社会资本投早、投小、投科创，促进资本要素向科技初创企业聚集。四是努力营造国际化、法制化的营商环境，进一步破除制约企业创新发展和创新要素自由流动的体制机制障碍，加大对初创企业、外资企业的政策支持和保护力度，继续实施科技创业孵化载体的各项政策，促进科技创业服务机构形成稳定预期，增强发展信心。

期待今天参会的国内外专家机构和创业者朋友们深入交流，积极对接，共谋全球科技创业高质量发展的新路径、新机制和新对策。最后预祝本次论坛取得圆满成功，谢谢大家。

3　嘉宾演讲实录

以高科技孵化新产业

侯安贵　中国宝武钢铁集团有限公司党委常委、副总经理

> 中国宝武保持高水平的研发投入，到2035年研发强度可以达到近5%。同时，中国宝武勇当原创技术策源地，成为低碳冶金现代产业链链长，致力于实现材料、信息、能源3个领域的引领，支撑了国内重大工程建设、重大装备制造及战略性新兴产业的发展。同时，中国宝武加快推进工业绿色低碳科技革命，制定碳减排目标，并联合相关研发机构加速构建低碳技术标准，促进低碳冶金技术的规模化应用。

尊敬的刘多副市长，贺德方副秘书长，各位领导，各位来宾，大家下午好。首先对WeStart全球创业投资大会主旨论坛，孵新局·跃发展–孵化器高质量发展论坛的顺利举办表示祝贺，同时也非常感谢大会对我们的信任，选择中国宝武钢铁会博中心作为举办地点，这里曾经是一座现代化的钢铁公司，希望今天可以用这里的工业风和钢铁文化，激发出充满活力的创新文化。全球创业投资大会是浦江论坛的重要组成部分，是一个具有重要影响力和国际知名度的高层次智库对话平台，为世界各国的决策者、学者和企业家提供了重要的交流与合作机会。

很荣幸今天有机会代表中国宝武在论坛上进行发言。我今天报告的主题是"以高科技孵化新产业，以新产业开创新未来"。我的报告分3个部分，一是中国宝武的科技战略，中国宝武是中央直接管理的国有重要骨干企业，总部位于上海。自2016年原宝钢集团和武钢集团联合重组以来，又陆续重组了马钢集团、太钢集团、新钢集团等相关企业。2020年中国宝武被国资委纳入中央企业创建一流示范企业。2022年6月，经国务院国资委评估批准，中国宝武由国有资本投资公司试点企业正式转为国有资本投资公司。2022年中国宝武钢产量达到1.31亿吨，在2023年8月发布的财富世界500强排行榜中，位列第44位，位居全球钢铁业首位。中国宝武定位于提供钢铁及先进材料、综合解决方案和产业生态圈服务的高科技企业，以"共建产业生态圈，推动人类文明进步"为使命，以"成为全球钢铁及先进材料引领者"为愿景，同时坚持绿色低碳可持续发展道路，积极推动钢铁行业绿色低碳转型。中国宝武加速推进专业化整合，持续提升竞争力。经过多年的实践，构建了以绿色、精品、智慧的钢铁制造业为基础，先进材料业、智慧服务业、绿色资源业、不动产业、金融业等相关产业协同发展的格局，坚持高科技战略，不

断塑造发展新动能、新优势，始终保持着高水平的研发投入。2035年我们的研发强度可以达到近5%，同时中国宝武还勇当原创技术策源地，成为低碳冶金现代产业链链长，致力于实现材料、信息、能源3个领域的引领，更好地发挥企业科技创新主体作用，加快建设开放型技术创新体系，着力发挥科技创新核心驱动作用。

　　二是我们创新的成效与实践。科技创新是人类社会发展的重要引擎，是应对许多全球性挑战的有力武器。创新是中国宝武的基因。长期以来，中国宝武坚持不懈，加强科技创新，聚焦关键领域，深入实施创新工程，主要表现在以下几个方面。一是致力于材料高科技，着力推进钢铁材料升级工程，以产品作业为日标，围绕高强度、高耐蚀、高效能打造了一批批宝武精品，实现了新一代高强汽车板、取向硅钢等产品，全球首发，有利于支撑国内重大工程建设，重大装备制造及战略性新兴产业的发展建设需要，同时面向未来，积极布局材料，着力打造特种冶金、轻金属、碳基、无机非金属等产业平台。在碳纤维、高温合金等领域取得显著进展。二是致力于能源高科技，加快推进工业绿色低碳科技革命。我国钢铁工业正在向高质量发展时期的绿色低碳阶段演进，未来绿色低碳将统领我国钢铁工业，重塑发展新格局。党的二十大报告指出："积极稳妥推进碳达峰碳中和，立足我国能源资源禀赋，坚持先立后破，有计划分步骤实施碳达峰行动。"2021年，中国宝武在钢铁行业率先发布碳减排目标。我们的目标是2023年也就是今年要力争实现碳达峰，2025年要具备减碳30%的工艺技术能力，2035年力争减碳30%，2050年要实现碳中和。中国宝武坚持创新驱动发展的顶层设计，联合相关研发机构，加速构建钢铁行业低碳技术标准，促进低碳冶金技术的规模化应用。结合世界钢铁技术发展趋势，中国宝武于2021年发布了低碳冶金技术路线图，制定了High Cross和High Risk两条供应路线，目前都在有序推进中，同时覆盖全工序，研究策划炼钢、热轧、冷轧等环节的低碳工业技术，使钢铁企业的低碳冶金技术路径愈发清晰，有力推动全行业向碳中和目标迈进。在积极探索绿色低碳冶金工业商业化应用方面，2022年7月，作为全球首个工业级别的富氢碳循环试验高炉在新疆八一钢铁正式点火运营，成功实现了在全氧冶炼条件下，1200 ℃高温煤气自循环喷吹和冶炼试验的安全稳定运行，取得了化石燃料消耗降低30%、碳减排大于20%的阶段性目标，代表着中国宝武在低碳冶金原创技术出让地建设中迈出了坚实的一步。同时，湛江钢铁正在建设一座百万吨级的以经济收入为基础的短流程零碳工厂，预计将在2025年前具备生产低碳钢甚至零碳钢的能力，相对同类规模的传统高炉工艺，每年可减少二氧化碳排放50万吨以上。加快布局清洁能源方面，中国宝武致力打造与清洁电力为枢纽的综合能源创新发展平台，通过基层氢加注、氢供热、氢发电等一体化示范，进行技术的集中验证和展示，打造了属于中国宝武的沥青特色零碳园区，去年完成了集团绿电全局规划，建成及布局了一批绿电重点项目，实现分布式能源项目投运130 MW、在建186 MW，积极开展风光绿色资源签约35 GW，扎实推进一体化项目及其他新能源基地落地事业，快速推进低碳冶炼配套示范项目，布局制备技术。我们韶关钢铁水电解制氢的项目，于2023年4月正式投运。我们新能源里很重要的一点就是布局，因为钢铁的还原剂现在用的是酶，未来我们要转换成氢，氢就和新能源的布局是紧密相关的。三是致力于信息高科技，推进数字化、产业化，实现传统产业转型，保护经济融合，融入国家数字经济战略，以自动化推动制造流程的检测化、高效化，从而达到低碳节能减排效益。全面实施"四个一律"，推进万名"宝罗"上岗履职，推进三化融合建设，加快工业互联网平台和大数据中心创新应用，构建宝武钢铁工业大脑。

三是汇报一下我们宝武创新创业产业孵化实践与探索。中国宝武的高科技战略，为新产业孵化注入了新动能，深度聚合生态圈，创新创业资源，发挥大企业推动创新创业的龙头作用，不断释放创新潜能，将创新创业引向深度，努力推动形成高质量发展的磅礴力量。一是营造良好的创新创业环境。目前集团有科技部认定的孵化器和专业化众创空间。武钢集团出台了创业扶持引擎计划，支持员工创业。为促进科技成果转化，还出台了利润分享政策。二是孵化培育创新创业企业，助力科技成果转化，打通产业链上下游各环节断点。建立欧冶云商生态运营平台、大宗商品智慧服务平台，平台入驻团队2053个，孵化项目2690个，运营中台、财务中台、数据中台相继发布，为钢厂与中小微用户提供精准低成本的供需匹配服务。推出店铺直营模式，为中小企业开拓市场，产品触达更多生态圈，为客户提供便利和支持，面向全社会不断开放研发和创新场景。设立低碳冶金创新基金，每年提供3500万元资金，支持低碳冶金领域技术研究和应用技术研究，举办欧冶云商杯大学生算法大赛，共同推动产业互联网的发展和进步，打造具有央企特色的产业孵化器。赋能中小企业，赋能央企，推动产业升级发展。以吴淞口创业园为代表的孵化器，面向中小企业，开放宝武创新场景。对接技术专家，用传统产业资源扶持新兴产业创新创业，解决大企业创新需求，提高大企业创新效率，助推传统产业转型升级。用中小企业新兴技术来反哺大企业，促进大中小微企业融通发展。加快成果导入，提供优惠便利政策，吸引初创企业入驻互联宝地，已惠及美团、德沃等龙头企业，聚焦人工智能、"互联网+"、汽车研发等产业。其中宝武碳中和产业园建设，上海新产业新赛道布局，对上海宝山原钢铁厂区实施转型，建设宝武碳中和上海产业园，打造出上海首个以绿色低碳创新及产业发展为特色的核心产业园区，既盘活了自身的存量资产，也成了宝山区打造科创创新主阵地的重要承载区，营造了良好的现代产业投资生态。

各位专家，各位朋友，未来已来，中国宝武将积极发挥创新主体作用，以高科技孵化新产业，以新产业开创新未来，引领钢铁行业低碳技术进步，为绿色钢铁美好生活贡献中国宝武力量。最后祝在座的各位领导和参会嘉宾身体健康，工作顺利，谢谢大家。

万科集团创始人、董事会名誉主席，深石集团创始人王石的演讲

王石　万科集团创始人、董事会名誉主席，深石集团创始人

> 以万科为例，中国房地产行业从制造、销售产品向提高服务转变。万科在公益出租和打造碳中和社区方面具有深入实践。万科通过博寓成为世界第二大公益出租公司，并计划在未来几年内成为全球最大的公益出租公司。在打造碳中和社区方面，万科在深圳盐田区打造了一个碳中和社区"生物圈三号"，整体能耗降低了40%，被生态环境部确定为中国8个碳中和示范区之一。

各位嘉宾、女士们、先生们，大家下午好。上海市科学技术委员会举办的论坛我应该是第三次参加了，这次和以往不同的就是一进来就有点岁月激情燃烧的感觉。真的是让人精神，尤其是疫情之后，特别是在大上海，这种状态非常让人惊喜。我觉得刚才侯总谈的未来的发展，显然碳中和是一条主线，我就顺着这条主线继续。我们知道宝武是大型国有企业，全世界500强的第44位，绝对的钢铁产量和营业额，我们说工商银行是宇宙第一大行，宝武是宇宙第一大钢铁集团。我想换另外一个角度，从一家民营企业的角度来谈谈对双碳是怎么考虑的，是怎么做的。今天站在这里，刚才又是介绍我是万科的创始人，又是亚洲赛艇协会的名誉主席，你看已经是两个荣誉了，但创始人已经退休了，亚洲的协会主席也退休了，除此之外还介绍了一个，深石公司的创始人，我想我就以最后的这个头衔来站在这里，因为我们这是一个硬科技的创新大会，我套点近乎。作为最后这个头衔，我也是一个创业人员和你们是一样的。不同的来讲，我是第二次创业，第一次创业是40年前，所以我就比较了和第一次创业的区别。当然最大的区别是比那时候大了40岁，今年周岁72岁，虚岁73岁。我想起云南红塔山创始人褚时健先生，他在第二次创业的时候恰好是73岁，我第二次创业，也是73岁。今天这个场合很特别，我就来谈谈我在做什么。

双碳经济应该是在2020年的9月，中国在联合国明确提出2030年"碳达峰"与2060年"碳中和"目标。刚才听到宝武的公布，我觉得非常厉害，他们的目标是比国家目标早10年达到。尤其是冶金行业这么大的企业，冶金行业是碳排放大户，在2023年宣布提前10年达到碳达峰碳中和本身就是非常了不起的，也是500强企业率先带头做ESG，自愿减排，这点应该给宝武一些掌声。可能大家会问宝武凭什么？我是2009年第一次参加哥本哈根的气候大会，之后几乎每年都会参加。所以对从2009年一直到2023年这么长时间，中国走的路、面对的压力、光鲜的承诺、我们现在的角色，我是非常清楚的。所以刚才听到了宝武的公布，非常兴奋，一直在讲他。还是转到我身上来吧。中国公布路线图之后，我即刻就像战马听到了冲锋号，我就觉得碳中和经济时代到来

了。实际上在参加大会之前我是非常清楚的,中国最高层智库非常明确我们要在21世纪内温度上升控制在2度之内,达到我们双碳指标,需要投入120万亿元人民币。当然我们知道有一个很大的争执,欧盟非常明确说现在就是2度,已经不可逆,2度没用的,温度升高一定不能超过1.5度。如果按照这样的指标,中国的投资就不只是120万亿元,三倍都不够,至少400万亿元以上。我们知道未来的投资规模是120万到400万亿元的一个中间数,无论从哪个数字来讲,碳中和经济时代的到来,不仅是对新兴企业带来了很大的挑战,我们所看的供给侧改革更多的是如何发展新能源、新的电动车、新的生产方式,对传统企业带来的挑战也是非常大的。比如,我们现在的碳足迹先不要说产品的追踪,城市的耗能基本占了当年耗能的40%以上,而40%以上的耗能主要是在建筑里面。当然建筑可能是住宅,可能是写字楼,可能是商场,可能是工厂,占比非常大。

我们再看看房地产转型,真的是首当其冲。这里不妨给一个数字,我们看看万科现在做得怎么样。2021年第三方认证,中国的百强房地产公司的碳排放排位的第一版,基本和你的碳排放开发量和碳排放呈正比。但是万科例外,万科2021年碳排放开发量排第三,但是碳排放量在第21位,在ESG企业的社会责任和绿色低碳中,万科是佼佼者。我现在已经不是万科创始人的身份,更不是万科管理者的身份,而是以创业者的身份来考虑怎么做。我们看到了中国的房地产转型面对未来的转型主要有两点:第一点,如何从制造、销售的产品中提高服务。无论是美国、日本还是欧洲的同行,他们转型前就是买地、盖房子、卖房子,这类行为占比达到了90%,逐渐降低到80%、70%,这样慢慢过渡到现在,基本上是买地、盖房子占比不到30%,服务占比70%,服务一定是和房地产有关系的。举个简单例子,日本第一大仓储物流公司你们猜猜是哪家公司?一般想的肯定是综合商社,或是三井。其实都不是。现在日本仓储物流第一大公司是大和房屋。我再请你们猜猜中国的仓储物流第一大公司是谁?万科。7年前我们组织一个财团把普罗斯在亚洲的整个业务通过私有化买下来,万科是第一大股东。英资在中国的第一大冷链集团是万科100%收购。现在真正的房地产转型更多的是从制造销售到各方面的服务。再说一个数字,你们知道房子不是炒的是住的,现在就是公益性的出租。万科有个博寓,出租的面积和房数现在排在中国第一、世界第二。按照这种发展趋势,不用5年,万科将是全世界最大的公益出租公司。第二个转型是什么?刚才讲了2020年,听到双碳政策我像老马听到冲锋号开始部署,到2022年的6月,就选择了深圳盐田,以原来的万科办公中心为中心点,打造了一个3.2平方公里的碳中和社区。社区打造了5年,完成之后社区整体能耗降低了40%。深圳规定未来新建社区,绿能配套需达到5%。我们老区改造达到了2028年的标准,绿电达到了5%。深圳是中国碳中和城市的先行示范市,而盐田又是深圳的先行示范区。万科在盐田打造盐田的先行示范小区,这个小区也不小,3.2平方公里。2023年8月初,这个社区被生态环境部确定为中国8个碳中和示范区之一,也是广东省唯一的碳中和示范区。当然原来万科的小区条件是不错的，这里就不展开说了，因为时间关系简单来说，在中国的几千个城市中，现在万科实际进入的城市应该不到 200 个，大概 150 个都不到。但是我打造的碳中和社区"生物圈三号"的其中一个口号就是中国每个城市都要有"生物圈三号"，这是和万科完全不同的。万科是中心城市、大城市的聚焦，城市群绝对不是散状的，一定不可能每个城市都有万科的项目，但是"生物圈三号"要在中国的每个城市都有，而且不仅仅是中国，实际上已经部署在剑桥、波士顿、西雅图、温哥华、慕尼黑了。可能有人不解怎么能够拓展到国外？因为碳中和很多技术是在欧洲，但是整个应用技术的综合使用是在中国。现在很多技术在日本和欧洲去应用、去实验成本非常高，但中国现在在新能源的应用方面，可以说远远走在世界前列。那显然在碳中和社区的打造方面，中国的市场和中国的政策是走在前面的。只有在中国应用了，成本才能降下来；只有在中国推广了，在其他地方才能推广。这就是为什么要同时在国际上开始"生物圈三号"。

最后，再来谈谈我对上海的看法。邓小平同志 1992 年南巡的时候非常明确地强调了上海的位置。万科是 1991 年进入上海的，为什么进入上海？因为如果你能被上海市场认可，那么你就是一个全国的公司了。这是我对上海的看法，到现在我的看法还没有变。这里不妨讲一下，我是从 2014 年就开始设计推广大运河文化，2022 年，尤其是疫情防控期间我带领团队 6 次出国，来回每次都是进驻上海。促进水资源保护、宣传大运河文化、经过大循环交流，这里长话短说，就运河网来讲，全世界最长的在哪里？中国的大运河从北京到杭州的这一段，几种算法最多不超过 2000 公里。但我说的运河网是一个城市的运河，论超级大城市的运河网，咱们上海绝对在全世界第一。你们猜猜上海的城市运河网有多长？南北大运河是 2000 公里，上海的运河城市网有 5 万公里，这个运河网的长度和管理水平，全世界一流。赛艇在这里发展的话，作为国际大都市招商绝对是一个非常好的品牌。所以在未来的创新、硬科技、软科技方面，上海没道理不走在前面，没道理不引领中国继续往前走，谢谢大家。

西湖大学遗传学讲习教授、副校长，复星领智董事长许田的演讲

许田　西湖大学遗传学讲习教授、副校长，复星领智董事长

> 生物医药和人工智能结合带来了科技革命，通过结合人工智能技术，生物医药领域得以推动产业的转化和应用，提高医疗诊断的准确性和方便性。同时，基因测序技术的进步也为疾病的预防和治疗提供了更精准的方案。中国在原创科技成果转化方面也取得了重要突破，包括利用转座子技术进行遗传筛选和基因治疗，

> 以及利用人工智能技术加速药物研发进程。这些创新和转化都在推动人类社会的进步和发展。

非常高兴在这里跟大家一起讨论。然后我也听到了 70 后的再创业双碳社区，碳中和社区要遍布中国，遍布全球，我对此非常期待。那么今天我来跟大家分享的是生物医药。首先我代表西湖大学 204 名教授及 3000 位师生员工，感谢大家对西湖大学的支持。

人类社会由一波又一波的科技革命推动。从 1771 年理查德·阿克莱特在英国开办了水力纺织工厂标志的工业革命开始，后面一波又一波的科技革命，推动了人类社会的发展、产业的发展、社会的进步。包括 1825 年乔治·史蒂芬森发明蒸汽机车，开启了铁路运输、钢铁托拉斯。1886 年发明了汽车的引擎，然后是汽车工业、石油工业，我们现在所处的是 1939 年第一台计算机开始的信息革命的时代。在这个过程中，有几个非常有意思的事情。作为个人，你最大的贡献是要在科技革命的浪潮上面，作为基础研究者，一个科技革命刚刚开始的时候，有大概 30 年缓慢的孵化期，那时候主要是研究孵化，还没有大量的产品出来影响社会。这时候个人可以作为研究者，但当科技革命浪潮变成产品快速推动经济发展的时候，大概 55 年到 60 年，这时候个人也可以起很大的作用。在科技革命的浪潮中，企业扮演着至关重要的角色。像苹果、微软、腾讯和阿里这样的科技巨头，通过科技创新引领了人类的发展。他们的影响力无疑是巨大的。

我有幸在改革开放的时代背景下离开故乡到上海求学，然后到美国留学并在耶鲁大学执教 25 年。在耶鲁，我与伙伴们共同创办了一家科技公司。2018 年，我全职回到国内，在西湖大学从事研究、教学和行政工作，同时也参与了孵化公司的业务。在耶鲁附近的小镇上，我们设立了罗斯伯格研究所，目标是把科研成果转化为实际的产品和公司。在此期间，我们成功孵化了 10 家公司，其中 9 家上市或被收购，还有 3 家成为独角兽公司。我们对此感到非常自豪，成功率达到了 100%。这段经历让我深刻理解了科技革命对社会和企业的深远影响。通过转化器，我们成功地将科研成果转化为实际的产品和社会价值。这是一个富有挑战和机遇的过程，也是对社会产生积极影响的重要途径。回国后，我开始在国内创办高科技公司。后来，我与复星医药一起在上海创立了复星领智，这是一家类似转化器的机构。

我们通过罗斯伯格研究所共同孵化了多家公司，今天，我想与大家分享其中的一些故事。生物医药是下一波科技革命浪潮的重要领域，自 1972 年基因克隆技术问世以来，生物医药领域发展迅速。在接下来的几年里，我们将看到一批生物科技公司崭露头角。深度学习人工智能是另一波即将到来的科技革命浪潮。自 2015 年参加上海论坛以来，我一直致力于将生物科技和人工智能结合起来，推动产业的转化。其中一家我们参与孵化的公司是 Butterfly Network，该公司的项目是一款手提超声波仪。我们使用 C-MEDIA 芯片取代了压力晶体来产生和接收超声波，使其可以直接在手机上看超声波的图像，并利用人工智能来判断病人是否可能患病。这是全球第一个获得批准的人工智能生物医药产品，目前已在30多个国家获得批准，改变了医疗结构。另一家我们参与的公司是Hyperfine，项目是一款可移动的核磁共振仪。传统的核磁共振仪非常昂贵，需要超导线圈和液氮冷却，使用起来很不方便。我们利用人工智能来解读核磁共振信号，开发出一种新型线圈，实现了微型化，可以直接推到病人身边进行检测。这种可移动的核磁共振仪具有广泛的应用前景，如在新冠疫情期间，它可以推到感染病房里对中风病人进行检查。此外，我们还参与了454 Life Sciences 和 Ion Torrent 公司的创立，开发了世界上第一台基因测序仪和第一台芯片基因测序仪，目前全球临床测序的60%都使用我们的机器。然而这只是基因测序，蛋白质测序仍然是一个挑战。为此，我们创立了Quantum-Si公司，开发了全球第一台蛋白质测序仪并在2021年上市。我还与乔纳森·罗斯伯格合作创立了AI therapeutics公司，这是全球第一个使用人工智能研发药物的公司。我们利用人工智能分析病人的基因表达变化和药物的基因表达改变效果，预测小分子药物是否可能治疗某种疾病，这种方法的成功应用将大大加速药物的研发进程。以上案例表明人工智能与生物医药的结合具有巨大的潜力和影响力。随着科技的不断进步和社会的发展，我相信这样的转化和创新将继续推动人类社会的进步和发展。在短短6年内，我们针对不同的适应证，成功研发出4种药物，并直接推进到临床阶段。其中一位患者经过7次化疗后，肿瘤全身爆发，病情相当严重。医生告诉他剩下的时间不多了，但是使用了我们的药物后，短短6个星期，肿瘤竟然全部消失了！另一个案例是渐冻症的治疗，尽管全世界至今仍没有有效的药物，但我们利用人工智能技术成功预测到某一药物可能对该病症有疗效。值得高兴的是，2023年4月我们已经通过临床二期试验，并开始进入临床试验最后一期。科技的力量正在帮助解决病人的痛苦。

以上几个案例主要发生在美国，接下来我会分享更多关于中国原创科技成果转化的案例。首先介绍的是药物牧场，这是我在上海创建的一家科技公司。我们的技术基础是转座子技术，这是我们复旦团队当年创新性地研发出来的技术。转座子技术在生物、戏剧、昆虫等领域都有应用，但在人和哺乳动物中的应用一直未被发现。而我们的团队首次发现了高效的转座子，开启了在人和哺乳动物中应用转座子技术的新篇章。这一技术发表在了《细胞》杂志上，也是中国第一篇发表在《细胞》杂志的封面文章。这种技术可以用于两个方向：基因诱变和大片段DNA的基因治疗与转基因动物。利用这一技术，我们在药物牧场进行遗传筛选，寻找全新的药物。以前遗传筛选的方法主要关注突变基因对某个生物学过程的影响，而我们在药物牧场则更进一步，通过系统地突变基因，寻找能够使动物不生病的基因，从而找到潜在的药物。你可能会有疑问，这样的方法以前就有，为什么现在才实现？这是因为以前的遗传筛选方法主要在无脊椎动物和细菌中进行，而药物研发需要在大哺乳动物中进行。以前没有有效的系统方法来实现这一目标，而我们的转座子技术使我们能够实现这一目标。利用这种方法，我们在药物牧场找到了一批首创的全新药物，包括治疗乙肝的药物，这是美国国家专利局首次授予中国公司新药法的专利。有了新药法后，我们接下来要研发新的药物，并真正将它们推向市场。在这个过程中，我们运用了人工智能技术。AlphaGo 的成功让我们看到了人工智能的巨大潜力。我们开发了一个人工智能药物化学家，它能够协助我们进行小分子药物的研发工作，并且取得了非常成功的成果。我们的药物已经进入了临床试验阶段，这是中国第一次将原创药物推向全球临床试验。目前，有两个药物已经进入了全球临床试验阶段。除了药物研发，我们的技术还可以应用于基因治疗，如针对罕见病的治疗。这些罕见病是由身体和皮肤连接的基因突变引起的，非常痛苦且无法治愈。我们利用转座子技术将新的基因插入到患者的基因中，从而治愈了这种罕见病。这一技术已经获得了批准，并进入了临床试验阶段。此外，我们还利用转座子技术将基因治疗应用于免疫疾病的治疗中。

最后，我想总结一下整个科技发展过程。科技的发展需要经过从科研到产品的完整转化过程。科学家和企业家在这个过程中扮演着至关重要的角色。科学家了解前沿科技知识，但他们的研究往往是随机的探索；而企业家更注重产品的商业化和市场价值。因此，科学家和企业家必须紧密合作才能推动科技成果的顺利转化。同时，建立联合攻关团队和提供软平台等措施也是至关重要的，这些措施可以帮助团队更好地实现科技成果的转化并提高成功率。只有科学家和企业家共同努力才能真正将科技成果转化为科技产品和科技公司，并为人类的进步和发展做出更大的贡献。

围绕高质量孵化器在中国、在全球未来的发展方向

徐洁平　璞跃中国首席执行官、管理合伙人

> 开放式创新的角度，发言者将企业分为四类，包括从研发部门、信息化数字部门、战略创新部门到多部门协同等不同类型的创新主体。同时，他也强调了企业需要从自身内部进行革命和颠覆，以适应新的创新道路。随着技术的不断进步和产业的不断发展，产业的边界正在被重新定义，未来的发展方向需要更多的跨界合作和创新。

谢谢主持人。大家下午好。在王总和许教授之后，其实我演讲是压力很大的，他们一个是很有人格魅力的演讲者，一个是本身有老师光环的演讲者。当然我觉得今天大会的主旨是高质量孵化器，相信会见到很多同行，特别是我们最亲切的、可爱的创业者。王总刚才说他是创业者，因为我们在硅谷开始，到中国做了 25 年，一直陪伴着创业者，所以感觉非常亲切。

今天我想跟大家分享的主题是围绕高质量孵化器在中国、在全球未来的发展方向。

第一个分享给大家的是，今天上午我参加了浦江创新论坛，今年的创新论坛主题就是开放式创新。其实今年也是整个世界开放式创新理论提出的20周年。在20年前的2003年，伯克利的Henry Chesbrough教授提出了开放式创新，大家可以上网去查，今年的确是公认的开放式创新理论提出的20周年。我跟清华大学的陈静教授一起将在今年的11月或12月请Henry教授到上海，我们能够一起向开放式创新20周年致敬，做开放式创新论坛。那么在过去的20年，如果我们去回顾中国及全球在开放式创新的几个要点，大家可以看到GDP的增长、中国R&D占比在整个GDP的比例及我们500强企业在全球的数量，企业创新研发的投入在其中扮演了一个非常重要的角色。特别是30年前，全球制造开始在中国蓬勃发展，过去20年至15年间，全球的资本和研发在中国的投入发挥了重要的作用。我相信这是引领从资本、产业到创新和科技为一体的一个创新生态的建设。

我们今年颁布了企业的开放式创新白皮书，也得到了非常多的合作伙伴，我们也研究了包括我们合作的全球近500家世界500强企业在做的开放式创新的核心洞见，我们将其归类为4类企业，当然每家企业都有一些不同的"画像"，但是当一个企业在做开放式创新的时候，就像大象起舞，是非常艰难的。本身要从自己的内部去革命，从内部去颠覆和转化新的道路是非常难的。当然我们也汇总了几个开放式创新的"画像"，包括研发第一个产品的研发部门，我们在会前也跟很多团队做了交流。产品的研发部门从创新的要点和痛点出发去做创新，也有信息化数字部门，特别是供应链团队、医疗团队从数字化和功能的角度来做数字化的转型创新。当然也有从战略创新的角度去做的，像是在之前我们讨论得非常多的生物医药，包括互联网企业当中的战略部门，独立地成为创新的主导部门、成为一个独立的团队，这也是非常重要的。当然讨论最多的还是多部门协同，创业者心里非常重要的动力就是从需求端拉动产业。因为刚才许教授说科学家是个人英雄主义，大家肯定是追求科学的高峰、无人境界，但是企业的规律和产业的规律并不是一个无序的规律，是以一个非常强的目的为核心的，所以我们有时候会说投资一个项目不能投太早，也不能投太晚，太早可能成了先烈，太晚可能就错失良机。

从一个技术的原创性来看，无论是科学院、科研院所还是产业到一个企业的创新，很多企业都在做开放式创新，包括用自己的痛点去吸引外部的团队跟自己做路演合作交流。但到产业的协同创新时，大家越来越会说现在没有产业的边界，其实不是没有边界，而是产业的边界在被重新定义。当我们说到元宇宙的时候，大家很难说这是个传统的汽车行业，还是个消费行业，还是文化产业，其实它是一个被重新定义的产业。当然在这当中，最核心的是我们希望依托于一个共建的生态平台，刚才主持人在介绍时也提到这是一个集科研院所、创业者、资本市场、城市和资源共同形成的一个创新生态基地。那么我们也在全球实践了近40个创新中心，走过了25年的路程，我们也前后孵化了近14 000个项目，投资了1400家、孵化了近2万家科技企业。孵化的模式在不断发展，过去5年历经的道路，我们可以归纳成3种，我们称之为基地、基业和基金的模式。首先，创新的孵化器的确需要一个很强的载体，无论是空间载体，还是数字载体，很多人说"我没有空间载体，我不需要做二房东。""二房东"在中国孵化器的模式中，已经被历史淘汰了，或者已经被验证说是非常难成功。但是数字载体、虚拟载体，以及空间载体相结合，这样一个孵化的载体还是非常重要的，因为我们需要近距离地跟创业者和科技公司做非常强的互动，特别是在疫情后。虽然说疫情后，像谷歌和微软的确现在每周还有两三天在家办公，但在中国我相信能够做线下的交流还是非常重要的，这是基地。基地中我们除能够为创业者提供1.0传统的服务外，还能够提升到2.0、3.0更多的深度服务。基业，是整个的创新，特别是科技的硬创新，其实刚才许教授也提到了硬创新，最难的是科学家跟企业家相结合。如果科学家跟企业家与投资界、政府结合在一起，我相信这会是一个基业非常重要的核心部分，所以在这个过程中会看到整个合作有像孵化器、科技公司、资本和政府形成一个多位一体的创新生态。最后就是基金，我觉得投资基金的属性对于创业者非常重要，在中国每一年可能加速400~500家科技企业。我相信今天在WeStart，每一家企业路演都会提到"我要融资多少"，我们很多的企业最后都会说，"我现在最缺的是融资。"首先有融资才能活下去，我有很多想法，但资本是很残酷的，永远会投跑得快的，或者是投了以后跑得快的。在这个层面上资金非常重要。用产业的需求、企业开放式创新的需求去拉动和筛选这些优秀的科技公司，资本永远会投跑得最快的。最后还有一个生存竞争的法则，在这个过程中，如果能够形成有效的筛选，加速投资的有效模式，我相信这会促使孵化器成为一个深度的产业孵化器，形成一个比较有效的机制。我其实也看到过几个例子，但今天我想我们可以就以西门子为例，因为在会前我们跟郝博士也交流了西门子的医疗创新。西门子在2022年底全球发布了X射线的新系统，百年西门子企业从CEO推进创新的模式，希望能够把西门子那么多的产业BD全部打通，形成一个创新的载体，以开放式的模式拉动所有创业者进入西门子的平台，以这样的方式来形成西门子本身，建立自己的创新生态。我相信，在这里可以号召最优秀的创业者和这样的百年企业形成最深度的产品和市场对接，这样就是一个企业在创业过程中开放需求，然后通过市场化的运作筛选需求，筛选出以后的项目，再加上资本的投入和市场推荐的整个开放式创新的能力，这其实是很难做评价的。因为每个企业的文化不一样，我们经常会说看到一个开放式创新，来评价这个企业做得好不好。企业做好开放式创新有3个要素，第一个要素是一把手工程。现在公司的创新战略往往是这个企业的最高级企业战略，我相信我们做创新，特别是做企业运动微信的团队应该深有感触，没有一把手的认可，很多企业打破自己的边界是非常难的。第二个要素就是需要有一个非常包容的端对端的考核和管理机制。第三个要素就是我们需要形成产业的逻辑。开放式创新的思路我们总结了6点，这也是为我们所有的同行，以及我们在做产业的垂直孵化器提供一些借鉴。第一，希望能够建立企业的开放式创新及孵化的核心战略。第二，希望能够搭建一个独立的开放式团队，这也是我在今年上海的开放式高质量孵化器的建设纲要中看到的，培养孵化综合人才，在企业中，这类人才其实非常稀缺。第三，构建一个外部、内部相融合的创新生态体系。第四，建设一个全生命周期的管理，从项目的设想到过程中的PLC，一直到最后的落地。第五，我们希望能够作为一整套的数字化管理与数字化建设，为企业在项目投融资中形成有效的基础。第六，最广泛的格局、开放式创新的格局，特别是从本土走向世界，从世界面向本土及跨界的交流。很多企业在和我们合作时就会提到，我们希望能够跨出边界，这就需要有很强的洞见和格局。

刚才王主席说没有占领上海就没有战胜中国的半壁江山，我也非常认同开放式创新在上海，特别是最近几年在政府和社会资源的共同努力下，开放式创新及开放式创新高质量孵化器在上海的建设迎来了一个非常好的时代机遇。那我们也共同期待，开放式创新高质量孵化器能够在上海这个舞台上立足中国、带领全球，形成科技创新的高地，也能够把孵化器在这样一个欣欣向荣的市场中做得更好。最后，我还想把我最好的祝福送给我们所有的创业者，主持人问我对创业者最想说什么？我最想说的一句话就是尊敬，因为创业是非常艰难的道路，但是会给你带来非常多的快乐和愉悦，谢谢大家。

中科创星创始合伙人米磊的演讲

米磊　中科创星创始合伙人

中科创星致力于解决科技成果产业化的难题，支持硬科技企业和顶尖科研人才，推动中国经济向创新驱动发展转型。为了实现这一目标，中科创星提供了耐心资本和专业的科创服务，投资了400多个硬科技企业，并建立了光芯片孵化和流片平台。同时，中科创星关注前沿技术，在很多领域都是最早一批支持者。投资方向围绕能源、能量、信息和交通等领域，推动新一轮科技革命。

大家下午好。非常高兴来到上海参加高质量孵化器的论坛。刚才许校长还有徐总都讲了高质量孵化器，我觉得今天这个活动真的是一个非常高质量的讨论和交流。我觉得上海未来真的有可能会成为全球的科创中心，这是一个非常好的时代和机遇。

大家都知道现在处在全球经济下滑的这么一个时代，为什么会有全球经济的不景气？因为康波周期。康波周期是指经济中存在一个为期50~60年的回升、繁荣、衰退和复苏的波动周期。为什么会有康波周期？康波周期是经济现象，但是其本质是科技革命。科技创新是推动经济发展的底层驱动力，如果没有科技创新，就不可能有经济的可持续增长。现在为什么经济下滑了呢？创新是一个S形曲线，也就是说所有大的科技创新，从工业革命以来都是需要60周年左右。经过60周年，我们的经济、我们的科技、一个大的科技革命完成从开始到技术红利的衰退和萧条这个过程。当技术红利衰退之后，经济就陷入一个衰退期和萧条期。所以我们上一次的科技革命实际上是从集成电路革命开始后经过60年左右，已经把集成电路的技术红利消化得差不多了，摩尔定律逐步开始失效，以集成电路推动的信息化革命进入尾声和一个萧条期，所以现在进入到全球经济不景气的时期。

经济高速增长需要通过新一轮科技革命和科技变革来推动。所以说现在我们其实更应该关注什么？早期的科技创新和孵化。过去我们的政府更多地关注大企业，但是实际上真正推动科技进步，甚至推动变革的都是初创企业，所以不要低估初创企业的价值。推动新一轮科技革命的，像Open AI也是一个初创公司，他并不诞生在谷歌，是谷歌的人都出来了。包括马斯克在当年也是初创公司，所有变革型的技术都来自初创公司。我们把科技革命再总结一下，过去200多年的工业革命总结下来就是机、电、光、算。也就是说200年前是机械革命，120年前是电气化革命，60年前是集成电路推动的信息化革命。未来会是以光子、人工智能、生命科学和新能源推动的新一轮硬科技革命，这才是我们应该更关注、更应该去推动的。

所以为什么我们提出硬科技理念，实际上就是因为在过去十几年、二十年，中国更多的创新创业——"大众创业，万众创新"是基于模式创新和互联网的，底层的推动，或者说底层的硬科技时代即将到来了。所以我们呼吁大家更多地支持硬科技创新。硬科技实际上不只是技术硬，我们更强调的是一种硬科技的精神，坚持做研发的这种长期投入的工匠精神和长期追求，能够把一个单点的技术做到极致、做到冠军的精神。我们当年定义的硬科技的八大领域，包括了生命科学、人工智能、半导体、新材料、新能源、信息技术、智能制造、航空航天，这些都是硬科技的领域。

我们中科创星实际上是在中科院做了很多年成果转化，当年很少有社会资本愿意支持中科院的科学家创业，所以我们做中科创星就是探索一个如何解决科技成果产业化的难题，尤其是围绕顶尖的科研人才和创新的技术方面，如何为他们提供耐心资本和专业的科创服务。总书记在上海提出支持硬科技企业上市，然后推出科创板，实际上对中国未来经济的发展也是非常重要的。国家对科创板的期望是什么？是要科创板肩负起引领中国经济向创新驱动发展转型的历史使命。所以说本质上科创板是支持硬科技的，是希望中国经济走创新型国家道路，所以才推出了科创板。大家都比喻金融是血液，我们就做了一个比喻，硬科技是骨头，实体经济是肌肉，虚拟经济是脂肪，要想经济体很健康的话，我们的脂肪不能特别多，如果脂肪太多就成个大胖子了，就像中国足球队一样，体脂率太高，像C罗的体脂率只有7%，所以才能踢好足球。中国经济要引领更多的金融支持硬科技和实体经济，我们的经济才能变得更加健康。我们在中科院也做了很多成果转化，中科创星到现在为止10年的时间，投了400多个硬科技企业，其中100多个都是中科院的，包括中科院各个所。统计下来，其实中科院的科研人员创业成功率还是很高的。因为科研人员有非常多的技术积累，长期投入，还有国家的投入，包括人才的筛选，所以成功率更高一些。当然除了中科院，我们还有很多高校研究所，包括北大、清华、西湖大学，我们也支持了好几个创业项目。顶尖科学家创业的成功率都是非常高的，咱们上海的很多高校，包括上海交大，成功率也都是非常高的。除了提供资金，我们还提供了硬平台，在光芯片这个领域，我们提供了专业的光芯片孵化和流片平台。这个平台我们到现在累计投入了 8 个亿，建立了 4 寸的化合物平台和 6 寸的化合物光芯片平台。通过这样的平台，我们能够集聚很多一流的光芯片创业者，同时为其提供资金和其他专业服务。我们也支持了很多顶尖的科学家去创业，在科研创业这边，我们至少投资了将近 200 个科学家的创业项目。同时我们在 2020 年与火炬中心一起发布了硬科技技术，围绕物质、能量、信息、生命和空间这 5 大领域，做了一个硬科技的课题，这也是我们未来关注的前沿技术，跟国家，包括上海推出的五大未来产业都是高度一致的。同时，我们在前沿性的技术上做了很多很早期的投资，包括我们 2013 年开始投光子，2014 年开始投半导体，2016 年投无人驾驶，2018 年投量子计算，2022 年我们就开始投可控核聚变。其实在很多前沿科技上，我们在国内都是最早的一批支持者。在中国，相对来说人民币基金看得比美元 VC 短，但是我们认为前沿科技周期比较长，这些技术的突破可能对我们未来的技术革命有非常重大的作用，包括大模型，我们 2019 年就投资了智慧华章，我们也是国内第一个大模型创业公司的天使投资人。所以我们在支持硬科技的早期创新上是真的做得比较早。我们的投资方向其实很简单，就是希望能够推动新一轮科技革命，所以我们围绕在能源、信息和交通这几个领域，因为每一次工业革命其实都是这三大领域的革命。当然现在还会有生命科学和材料领域的创新，应该说这五大领域的创新是能够推动下一轮科技革命的，所以我们在这五大领域都做了很多的投资布局。我们认为科技创新的规律随着时间的推移也在不断演进。应该说我们可以看到每一次科技革命的复杂度和投入周期是越来越长的，第一次科技革命蒸汽机的零部件只有几十个，第二次工业革命的内燃机零部件有几百个，第三次工业革命光刻机的零部件就达到了 10 万个，越来越复杂，越来越细，越系统化，周期就越长。所以说整个科技创新正在从复杂向超复杂，从不确定向超不确定发展，然后从中周期向长周期、线性创新向网络创新、单点突破向体系突破演进。而且每一次科技革命都伴随着金融革命，应该说是制度匹配，所以说随着第四次科技革命即将到来，科技创新向超复杂的脑科学、超微观的量子、超宏观的航天和超极端条件的可控核聚变演进。我们现在的体系越来越复杂，在这种复杂的体系下，金融制度和风险资本要匹配科技革命是一个新趋势。风险投资诞生于第三次科技革命，实际上银行、保险、股市的诞生都匹配着第一次和第二次科技革命。所以第四次科技革命一定要有金融制度的创新和改革。如果未来没有长青基金，可能很难支持像可控核聚变这样的新技术革命的出现。我觉得中国不只要做孵化，不只要技术革命，我们也要做金融制度和科技制度的改革和创新。第一次工业革命之所以能够诞生在英国，很重要的一点就是组建了月光社，也就是科学家、企业家、工程师、思想家的社群。这样的社群组织推动了思想碰撞和资源整合，然后才形成了第一次工业革命。我们认为月光社这样的组织在今天也是极其需要的。如何推动科学家、企业家、工程师、思想家高度融合和资源整合，推动我们进一步创新。《创新》（The Innovation）是我们100多个青年科学家共同创办的一个综合性英文期刊，这个期刊的影响因子在2023年7月第一次获得32.1分，现在在综合性英文期刊里面仅次于《自然》和《科学》，这也是依托我们中国科学家过去几十年的科研成果的突破。有这么多科技成果的支撑，我相信未来10年、20年一定是硬科技创新创业的黄金时代。顶级科学期刊的诞生，也能够有效推动科学家社群合作网络的建立。

我们建议上海打造全球有影响力的科创中心，建立国家火炬科创学院或长三角未来技术研究院，真正去推动前沿技术。当然，火炬科创学院也是许校长来推动的，在北京已经设立了首个中关村火炬科创学院。孵化如何升级，应该有更体系化、更复杂、更新一代的、整体的孵化体系的打造。上海非常有条件去打造更高端的、更有影响力的、媲美硅谷和以色列等的创新环境。谢谢大家，我的分享到此。

趋势线集团董事长兼首席执行官托德·多林格的演讲

托德·多林格　趋势线集团董事长兼首席执行官

> 医疗器械行业正在发生的变革似乎是专为中国量身定制的。趋势线集团、创新实验室及我们自己的发明家和开发人员一起创办公司，所有这些都是为了满足我们认为尚未得到满足的市场需求。我们所做的一切都是为了合作，与发明家、企业家和跨国公司合作，我们所有的成功都来源于此。要建立优秀的孵化器，我们认为这需要明确使命、关注焦点，需要谈论风险、拥抱风险、学习如何应对风险和失败，失败是找到成功的巨大机会。

感谢邀请，非常荣幸能与大家分享我的观点。今天我将提出一些可能看起来与众不同，甚至有些指导性的看法。请大家耐心听我介绍如何有效管理孵化器，以及如何推动中国医疗器械行业的发展。

我的演讲主要分为3个部分：首先，我想向大家介绍一下我们的公司——趋势线集团。我之所以要介绍，一方面是因为对我们所取得的成就感到自豪；另一方面，我希望通过我们的成功案例为大家提供一个可以借鉴的模型。我们的经营理念并无秘密，我们乐于分享，相信这样做能够惠及更多人。然后，我会简要讨论孵化器的运营。我会提供一些建议，帮助运营出色的孵化器。尽管我的分享会相对简短，但我希望强调的是，任何国家都不能简单地局限于成为大型制造商、产品分销商或仅依靠创业公司。要真正取得成就，必须构建一个全面的生态系统，这对中国来说，是一个不可多得的机遇。最后，我将深入探讨医疗技术和医疗器械行业。我认为，当前医疗器械行业的变革正好为中国带来前所未有的机会。对任何优秀的组织来说，宗旨明确是重中之重。趋势线集团就做到了这一点——通过投资改善人类的生活条件，这是我们投资医疗器械、农业及食品技术领域的原因。我们相信，随着全球人口的增长和老龄化，这些领域将带来巨大的机遇。

我们在新加坡和美国都有上市，在以色列和美国也有广泛的业务网络。下面我将为大家简要介绍公司的发展历程。在我们的成长历程中，我们成功孵化了100多家公司。在我们目前的投资组合中，共有58家公司，其中36家专注于医疗技术，其余的则是农业公司。看到这些公司逐渐步入盈利阶段，我们感到非常振奋。作为一家投资公司，我们已经成功让10家公司实现了对多国公司的出售，这让我们倍感自豪。

孵化这些公司的过程中，选择合作伙伴也非常重要。我们在自己的趋势线创新实验室内部孵化公司，由我们的团队亲自研发和扩展业务，这一切都是为了满足未被市场满足的需求。与所有孵化器运营者一样，我们和研究机构、高校合作，挖掘满足市场需求的思路。我们与企业家、医生、农民深入交流，也与欧洲、日本、中国、美国等国家的跨国公司有着紧密合作。这种广泛的合作网络不仅为我们带来了丰富的知识资源，也为我们提供了巨大的商业机会。我们的成功并非独立完成，而是依赖于与发明家、创业者和跨国公司的伙伴关系。在我们已退出的医疗器械公司中，有强生、百特、泰利福这样的行业巨头。

我们在医疗领域采用了一种独有的投资模式，专注于七大关键领域。但我想特别强调的是，这些公司为我们的投资组合增加的价值达到了近10亿美元的市场估值，这不仅反映了我们的股权价值，更是我们成功的标志。我们为此感到骄傲，欣慰我们帮助了很多人。除了这些成就，我们还帮助3家公司成功上市。正如我之前所提到的，一切都与合作伙伴息息相关。我们的工作节奏非常快。事实上，从公司成立到发展，平均周期近10年。我们专注于企业的初创阶段，不投资已经运营5年的公司。我们从第一天就开始介入，并计划在公司成立6到7年，最多10年时退出，因为我们的目标不是打造十亿美元的大公司，而是孵化初创企业，然后将它们转卖给我们的合作伙伴和其他投资者。

重申一次，一切都是围绕合作伙伴来进行的。虽然公司规模不大，在以色列、新加坡和中国共有大约40名员工，但我们在投资上手法多样、参与度深。我们工作的重点始终是帮助公司成长。我们在各个方面与公司合作，内部最大的团队是财务和业务发展部门，但也拥有自己的技术开发团队。我们全面参与公司的各个方面，因为我们深信，成功源自深入的参与和导师式的辅导。在指导公司发展的过程中，我们有时也需要严格要求他们，以确保一切朝着正确的方向推进。

谈到孵化器，资金是无法绕过的问题。据我了解，一些之前的发言者已经评论过这一点。投资界有一种说法，即公司在获得初期投资后，往往会进入一个被称为"死亡之谷"的阶段。关于"死亡之谷"的说法，唯一的问题在于它应该用复数形式表达，因为我们面对的是多个"死亡之谷"。尤其是为早期阶段的公司持续筹集资金，需要我们付出极大的努力。2022 年，我们为投资组合中的公司投资或筹集了 9500 万美元，这涉及了大约 40 次募资活动。我们通常每次只筹集少量资金，虽然有时会为一家公司筹集高达 2000 万美元，但更常见的是为公司筹集两百万到三百万美元，来帮助他们进入下一发展阶段，吸引更多投资者的参与。前一年我们的筹资数字与此类似，在过去几年中，我们每年通过多次募资活动筹集的资金约在 8500 万到 9500 万美元。考虑到当前经济形势和筹资难度，今年的投资总额预计将有所减少。

现在向大家展示的是我们的投资组合概况，虽然不打算详细介绍列表中的所有公司，但我想指出的是，在灰色区域中的顶尖公司都在中国有业务。我们投资组合中有 20 多家公司已经获得了来自中国的高净值个人、家族办公室或风险/战略投资者的投资。我们的一些公司在中国进行生产和产品分销，因此我们计划在中国进一步扩展业务。下面，让我来谈谈孵化器。建立优秀孵化器需要什么？要从宗旨出发，必须明确、有重点。

我们认为，孵化器不能面面俱到。虽然我们投资于两个领域，但我们是在不同的孵化器中进行投资。我们在以色列和新加坡各创建了两个孵化器，这些孵化器分别运作，由具有深厚行业经验和热忱的专业人士管理。有效的孵化器运作需要明确的目标和方向，并以此为依据对所有活动进行评估。交易流量是支持孵化器及投资公司所需的关键要素，而我们的方式与其他人略有不同。许多孵化器通常是被动地处理他们接触到的机会，这就像是购物。虽然购物本身并没有问题，但如果将这个过程比作采矿，我们会偶尔在开采中取得一些重大的成功。

我们的确会关注所有高校、研究机构及任何想要接触我们的组织，但我们始终会回到一个基本问题：市场上是否存在尚未满足的需求？我们是否能在市场上实现一些实质性的改进，从而完成我们的宗旨——改善人类生活条件？这意味着我们的工作起点是列出市场上未被满足的需求，我们通常将这种做法称为"寻找麻烦"。简而言之，我们的工作是发现问题，然后寻找投资机会。对趋势线集团而言，这通常意味着我们会与内部团队一起创新，同时也致力于与所有愿意与我们对话的人合作，共同寻找满足未被市场需求的创意。在评估我们认为的优秀孵化器时，我们总会回到"宗旨必须清晰"这一要素。寻找问题一直是我们的常态，这也是我们积极与医生、医院、护士及医院管理者等行业人员进行交流的原因。

在整个价值链中，我们与跨国公司合作伙伴保持紧密沟通，花费大量时间进行投资组合的评审，并讨论他们提出的需求。我们认为，在创业环境中，持续进行关于正确与错误的讨论至关重要。正如彼得之前所说的，讨论机遇及创业者面临的挑战很有必要。

成为一名创业者并非易事，开创一家企业同样充满挑战，往往热情满满的创业者并未完全理解其背后的复杂性。我们试图对这些话题进行深入讨论，并且不回避失败。每个参与者都必须明白，参与其中意味着面临风险。你要讨论风险、接受风险，学会如何管理风险和应对失败。实际上，失败本身就是探寻成功道路的宝贵机会。

我们最大的成功之一，就源自一位曾失败3次的企业家。分析他从失败中学到的教训及了解如何能与他合作后，我们共同创建了一家公司，并最终将该公司成功出售，让所有相关方都非常满意。目前，我们已经和他在另一家公司进行了合作投资。失败并不意味着未来也必将失败；相反，失败是学习和接受风险的宝贵机会，这使我们能够抓住更大的机会。在新加坡和中国多年的商业经验让我深知，这不是每个人都能轻易接受的，但如果你想在这个行业取得成功，你就必须这么做。这听起来可能是老生常谈，但之所以成为老生常谈，是因为它确实是真理。在评估投资机会时，我们必须投资于正确的人选。

如我之前已经3次强调过的，当我们评估市场机遇时，首要任务是评估那些向我们提出想法的人。如果我们认为此人不合适，我们就不会进行投资，而是会继续寻找其他机会。我们首先考虑的是市场潜力，其次是人选是否适合，最后是他们带来的概念和产品。希望大家理解，对我们而言，这些都是相对次要的。我们关注的是市场需求，致力于解决市场问题，我们愿意投资一个还只是概念阶段的项目；我们愿意投入一年时间开发一个项目，哪怕最终可能需要放弃这些努力。如果有人带来了知识产权或原型，我们会在项目初期的一年或一年半的时间里仔细评估这种做法是否最佳。我们时刻做好重新开始的准备，来更好地满足市场需求。我们不是在进行科学研究或是仅为了提高工程师技能；我们的目标是解决市场面临的实际问题，这可能要求我们随时准备转向新的技术方案。

我们已经提及资金的"死亡之谷"——为初创企业筹资面临巨大挑战，这是一项艰巨的任务，成功并非必然。政府在这一过程中扮演了非常重要的角色。因为当市场功能失灵时，我们需要与政府合作，而公私合营是成功的关键。我们在新加坡、以色列、中国、美国及欧洲各地都与政府机构合作，旨在帮助我们的公司安全渡过"死亡之谷"。接下来，我想花几分钟时间，专门讨论医疗技术领域，并对中国提出一些具体建议。在此之前，请允许我表达歉意，因为我的言辞可能会显得颇具指导性。在医疗器械行业深耕30多年之后，我有机会深入观察到行业内的发展趋势和周期性变化。目前，有两大趋势显得尤为重要，我认为如果中国政府有能力引导这些趋势的形成，将会非常有益于国家发展。

首先，让我们关注一下全球情况。如我之前所述，我们正面临一个日益老龄化的人口问题。如今，中国已经超过日本，成为老龄化进程最快的国家。我们需要为这些老年人提供服务，避免老龄化人口对医疗保健系统造成过重的压力，并需要不断推出创新产品来帮助老年人过上更长寿的生活。这一点非常重要，因为我自己也属于这个年龄段。

我们也在关注国际趋势。对跨国企业来说，创新是他们实现差异化、塑造品牌并寻找新机会的关键所在。这是他们销售机会的一环，也是其成长的关键因素。在当今的大型企业中，并购已成为最主要的增长手段，这要求企业必须对市场动态有深入的了解。用一个我常听到的跨国公司的说法，这就是"喂养野兽"。除了通过收购其他公司，他们还有什么方式可以实现增长呢？我们预见这种模式未来将会有所变化。

在中国市场，我们观察到了类似的趋势，但中国还引入了基于价值的采购策略，这使其在多个领域都走在了前列。基于价值的采购是刺激创新的重要因素，即使是那些因为收入和利润减少而不满的公司也不得不承认这一点。面对这样的市场环境，中国公司别无选择，只能更加专注于扩大出口和推动创新。虽然创新产品最初可能不包括在基于价值的采购中，但它们能提供高毛利机会，这对于筹集未来发展的投资资金至关重要。中国具备一些非常独特的优势，这里有世界上一些最顶尖的风险投资公司。

我们坚信，基于价值的采购是行业发展的关键驱动力。在这样的环境下，小型企业通过并购和扩张可以拥抱巨大机遇。但目前，我们观察到的全球趋势非常明确。主要集中在两个方面：除日本、德语区国家（包括瑞士和德国）、中国外，其他国家对制造业的兴趣正在减退。中国已经建立了完善的基础设施，并在制造业领域拥有巨大的发展机会，可以说制造业已融入中国的国家基因。但在欧洲其他地区和美国，我们会看到更多工厂被出售给其他合约制造商或私募股权公司。

从传统制造业中撤出，对资产负债表的优化是巨大的经济驱动力。将这些支出从资产负债表中剔除后，第二个问题便来了：不论是在制造业还是在创新、研发领域，这些开支都将转嫁到别人的损益表上。它们不再出现在公司损益表上，但开展并购时它们会被计入资产负债表，我们预见这将带来显著增长。现在，我们正在见证所谓的"定制后购买"交易的大幅增长。

我们目前正与多家跨国公司合作，共同创建公司，同时与合作伙伴一起投资，并在他们达到既定里程碑时完成收购。这对他们来说是极为明智的经济举措，能够更快、更好、更经济地获得产品。我们认为，这是中国的黄金十年，是中国在创新、孵化、投资及建设一个包括活跃创业氛围、创新环境和全球伙伴关系的完整生态系统中的重大机遇。这些是中国已经做到的，并且必须继续做的事情。我们还必须明白，孵化不仅关乎房地产，虽然房地产对于孵化是必需的，但它远不足以保证成功。

最后，感谢大家的聆听，非常荣幸今天能受邀出席。

时任科技部火炬中心政策与协调处处长于磊的演讲

于磊　时任科技部火炬中心政策与协调处处长

> 介绍了企业创新积分制的逻辑和目标。企业创新积分制开展以来在引导地方政府精准施策、协助银行授信等方面取得了一定的成效。未来，首先是将企业创新积分制提升为全国性的企业科技创新能力评价体系；其次是面向全国推广实施企业创新积分制，覆盖30万～50万家企业；最后是拓展应用场景，重点对接创投机构和资本市场交易所，将积分制更多地应用在股权融资方面，助力企业成长。

尊敬的许教授，各位领导、各位企业家、各投资机构，我争取利用10分钟把我们近年来开展的一个政策工具的实践从几个方面来简要介绍一下。

我们先来谈谈总体情况。大家讲了很多我们的投资机构、我们的孵化器，其实就是要给企业赋能，第一步应该是找到好的企业在哪，第二步是能识别出来哪些是好企业，其实我们这个工作就是为了发现早期有创新能力、创新潜力的初创企业，这也是跟我们中国政府的决策部署高度相关的，要给中小微企业的成长营造良好的环境，特别是科技金融环境。上个月国务院审议的加大科技金融、科技企业融资行动方案里，也专门对企业创新积分制工作做了部署。企业创新积分制逻辑非常简单，用8个字就可以形容一套评价指标、一套企业数据加一套对企业量化的模型，从而把企业的创新能力和发展潜力量化评价成一个分值，然后用量化评价的积分来引导我们的政府部门、我们的投资机构，包括其他社会机构来为这些企业提供精准的政策支持。其中最重要的是数据驱动，因为数据的覆盖面广才能做到，我们不是说对那些好企业锦上添花，而是要对真正有创新能力的初创企业全覆盖。那么我们这个数据驱动是怎么做到的？上个月国务院新闻发布会上，吴部长已经介绍了，我们是不需要企业填报数据的，所有试点的地方，把企业留存在税务、市场监管、知识产权等各个部门的数据打通融汇。我们把底层的数据打通，企业是无感的，也是没有负担的，只要企业同意计算，就可以获得积分。我从几个方面介绍具体的积分逻辑，首先是评价指标，评价指标我们跟各个专家团队，包括中农工建这些大行反复研究，设立了3个类别、18项指标，有技术创新指标、成长经营指标，还有一些辅助的指标，并且我们明确告诉所有试点的地方，这些数据可以参考从哪些部门获得。根据我们近期的沟通结果，很多机构最信任的是来自税务的数据和来自人社的数据，因为这些是实打实的，相对来讲数据的可靠性、真实度更高。

在这个基础上我们搭建了一套模型，包含了24个模型。把企业分成不同的成长阶段比较才有意义，分析一个制造业企业的研发投入强度跟一个互联网企业的研发投入强度是没有意义的，因为行业的差异很大，所以按照3个成长阶段、8个技术领域，每个企业进来以后在24个模型里面选择同领域、同赛道的企业进行排名。各个银行最看重的并不是分值，而是这家企业在赛道中的12 000家企业里面排第几名。他去银行授信的逻辑其实可能和我们想的不完全一样，他是前千分之一，还是千万分之一，还是前30%，银行自然就会对企业的创新能力有一个认可。数据审核我就不多讲了，我们现在要求地方把数据汇总上来以后，在全国用同一把尺子来计算分值，所以要进行数据的异常检测，检测完以后我们要进行量化模型的处理，把极值、异常的数据规避掉，再用标准化的方法把所有企业的量化评价结果回归到一个大家可以予以理解的数值范围之内。

目前积分制工作比较有生命力。从2020年底在13家高新区试点，当年只有2万家积分企业，到2023年已经覆盖133家高新区，积分企业数量超过15万家。马上我们会把积分制的工作按照国务院相关文件的要求和领导的指示，面向所有功能区、行政区推开，预计积分企业的数量会达到30万～50万家，对有研发活动的企业全覆盖。试点高新区在这件工作上都特别积极主动，银行也特别积极主动，各方都从中得到了自己想得到的，政府发现企业、支持企业，促进了企业的成长；银行找到了好的信贷的标的；投资机构找到了好的投资对象；最大的受益者当然是企业，获得了各方的精准支持。

主要的成效我就从两个方面介绍，第一是我们现在跟中农工建、邮储、招商、国开、光大，包括我们上海的交通和浦发，前期都已经建立了总对总的合作机制，正在开发或已经上线了积分贷。2023年3月25日，吴部长跟中行的刘金行长共同发布了1000亿元当年额度的积分贷。从3月到8月底，通过积分数据已经完成主动授信1300亿元，超过了原来计划的1000亿元的目标。所以去年我们统计各个银行依据积分给企业提供的无抵押授信是1178亿元，今年我们保守估计应该会超过3000亿元。

第二是引导地方政府精准施策，各个试点的地方政府把支持企业的政策挂起钩来，把土地政策、税收返还政策、财政奖补政策、入学政策等跟这个挂起钩来，从而做到对企业的精准支持。

然后，我们重点要做的是跟创投机构的对接，这也是今天报告的一个主要目的。试点工作的另外一个成效体现在从国务院到各个部门，对企业创新积分制工作非常认可，也做出了相关的工作部署。社会影响力体现在主流媒体有很多相关报道，同时像江苏、湖北这些省已经把积分制在全省进行推广实施。

下面我重点讲一下我们目前考虑的，银行需要的是大量的企业，所以前30%这几万家企业都是银行需要的，但是投资机构需要的是最具成长性的企业，所以我们现在的做法很简单，我们把这8个技术赛道，每个技术赛道里面成长性最高的，也就是积分最高的500家企业选出来，所以创新积分500企业实际上是8个赛道共4000家企业。一定要注明一下，上海现在还没有推动，所以这里面可能没有上海的数据，但从133家高新区来看，可以看到总共7万家企业的数据。那么我们看一下创新积分500企业去年总共是7万家，今年15万家正在做，集聚在电子信息高技术服务、先进制造、新材料这些领域的企业比较多。从这里来看，各个赛道最优秀的企业主要还是分布在长三角和大湾区。同时在具体高新区内，在南京、成都、广州、东湖、杭州、苏州高新区的分布也都是非常不错的。这些积分企业的平均研发投入强度远远要高于均值，所以其实我今天重点想讲的是我们未来会把每个赛道上最优秀的积分企业和投资机构跟资本市场去沟通。这次来本身也是跟上海市的一个国有头部机构谋划建立一个针对创新积分500企业的投资联盟，同时配套一只专项基金。对于创新积分500企业，这4000家企业里面的可能A轮、Pre-A轮可以直接采用打包式服务的投资策略来进行投资；对于C轮、D轮可能还是要通过其他基金来做。

最后的工作，第一，根据国务院的部署，我们会把企业创新积分制凝练提升为全国统一的、部门认可的、机构使用的、全国性的企业科技创新能力评价体系。第二，我们会把这项工作面向全国推广实施，未来可能会覆盖30万~50万家企业，也就是说只要有创新能力，有研发活动的企业，我们争取都纳入到评价范围，真正把需要支持的好企业发现出来，并且给予精准助力。第三，就是刚才讲的拓展应用场景，全国共有21家全国性银行，我们现在只剩其中两家政策性银行没有建立机制，其余19家都已经在开发积分贷或已经签署了协议。所以应该说现在积分制在信贷、债权融资方面，已经做得非常充分了。我们下一步可能重点会对一些头部的，特别是国有头部的机构，包括资本市场交易所去做点对点的对接，把积分制更多地应用在股权融资方面，助力企业成长。我的分享到此，谢谢。

爱思唯尔分析研究部资深分析师赵璐的演讲

赵璐　爱思唯尔分析研究部资深分析师

> 人工智能领域持续发展，中国科研占比增加。上海须把握产业布局，达到关键突破。通过科研发文定位新兴热门赛道，包括计算机视觉、算法等。上海在语言模型和AI多产业应用上具有潜力，需加强产学合作。

欢迎大家参与关于人工智能未来孵化赛道的发布仪式。我在这里将花几分钟向大家介绍一些定位未来赛道的背景信息，还有我们定位赛道的原理框架和主要成果。

首先大家都了解，人工智能领域是当前全球科技创新关注的焦点。全球人工智能领域的科研规模是在持续扩大的，其中中国和美国的科研发文占比已经超过了全球的40%，形成了双雄并立的格局，并且中国的科研占比还在持续增加。面对这样的趋势，我们该如何把握产业布局，并且达到关键突破呢？由于前沿技术创新已经成为人工智能领域竞争制高点，所以我们利用独特的数据挖掘技术，分割出了科研发文中高精尖的部分，希望能够为未来的产业孵化和布局提供一定的数据支撑和战略指导。

具体来说，我们从科研发文的角度，定位出当前全球科研人员密切关注，并且产生更有影响力的科研成果的细分方向。这些基本方向可以归结为具有发展潜力的五大新兴热门赛道。大家可以看到这五大新兴热门赛道的文献，是人工智能领域的头部文章，代表了人工智能领域的尖端科技和创新潜能，能够为产业高质量发展提供核心驱动力。这五大赛道分别是计算机视觉与图像处理、算法和信息分类、网络安全原模型、人机交互与机器人、AI多产业应用业务表，大家还可以看到我们每个赛道列出来的，在科研方面比较领先的全球企业，这些企业大多为中美高科技巨头和互联网大厂，其中中国的领先企业包含了腾讯、华为、百度、阿里巴巴和字节跳动。

上海在这样的大背景下，该如何开辟和发展新领域新赛道呢？为此我们提出了上海在新兴热门赛道的竞争力评估模型，这个模型主要结合了赛道整体的发展潜力，从科研影响力、科研门槛、在沪企业竞争度3个方面，综合对上海未来赛道竞争力进行评估，进而发现上海在AI产业的优势赛道和潜力赛道上有优势。综合评估之后，我们的数据发现，计算机视觉与图像处理是上海的优势赛道，一方面上海在这个赛道拥有比较强的科研影响力，以科研带动产业发展前景良好；另一方面，上海在该赛道产学合作紧密，已经形成了比较多元化的科创生态圈，所以上海在这个赛道可以进一步加强产学合作，扩大产业创新智能。接下来语言模型和AI多产应用是上海的两个潜力赛道。一方面上海在这两个赛道的科研影响力很高，对相关产业的发展有一定的牵引力；另一方面，上海在这两个赛道的企业参与度并不高，没有饱和，所以我们认为在这两个赛道存在挖掘科研低垂果实的潜力。

那么接下来我们聚焦到这两个潜力赛道细说一下。语言模型是上海乃至中国在未来AI产业布局的重要赛道，这个赛道是通往通用人工智能AGI的主要技术路线，已经产生了颠覆式的创新。技术创新是国内外科技巨头重点布局和研发的赛道。当前上海在该赛道科研影响力高，但企业参与度有限，特别是上海的领先企业。如何利用上海在这个赛道的科研优势引入本地的大型科技企业，是上海在这个赛道面临的挑战之一。AI多产业应用是上海孵化中小型科技企业的一个潜力赛道，这个赛道聚焦了各类AI技术的差异化应用，广泛涉及生物医药、医疗、商业决策、教育、金融、农业、公共管理等各个领域，充分展示了AI作为通用技术对社会带来的深厚影响力。当前上海的科研在这个赛道里也是比较靠前的，但是科研成果却只集中在高校，如何使科研成果在各个垂直领域有效转化，是上海孵化中小企业的方向之一。

那么未来赛道的大致内容我就介绍到这里，之后在我们的报告中也将会呈现更多、更详细的分析，期待大家进行后续的查阅。也希望我们基于科研文献分析提供的新兴热门赛道能够对产业高质量孵化有所助力。谢谢大家。

4　圆桌论坛：孵化新未来，破局新发展

主持人：
周俊夫，东方财经浦东频道主持人。

嘉　宾：
翁　巍，临港集团副总经济师、临港科技公司董事长；
赫　伟，西门子医疗上海创新中心负责人；
周鹰鹰，爱思唯尔大中华区研究分析部总监；
任　佳，上海新微科技发展有限公司董事长兼总经理；
曲　奕，新泽创业孵化器创始人兼董事长；
周　炜，XNode 创极无限创始人兼首席执行官。

周俊夫： 本来我们圆桌论坛环节是分了 3 个关键词，分别是孵化升级、创投协同、掌握未来。因为时间的关系，而且我们今天登台的 6 位嘉宾都是我们科创界孵化界的行业老兵了，这个不是说年龄，而是说经历经验，所以接下来我们就把 3 个关键词浓缩一下，汇成一个关键词，就是怎么来高质量地促进孵化器的高质量发展。首先来问一下翁总，咱们是临港集团下面的科创公司，怎么在宏观国家战略的层面下具体地去投资、去孵化、去促进我们初创企业的发展。请问您有什么样的心得经验可以跟我们分享？

翁巍： 各位来宾，大家下午好。非常高兴代表临港集团参加本次论坛。那么临港集团作为上海市国资委旗下，专注于产业开发、产业服务和产业投资的国有大型集团，我们在园区开发上有 40 年的经验，也有遍布上海的各个园区。在过去 35 年，围绕上海"3+6"的产业格局，包括在临港新片区，我们在产业孵化培育方面已经做了布局，包括我们的漕河泾科技创新中心，是国家级的孵化器，也曾经被评为亚洲最佳孵化器之一。在过去的 5 年，我们在专注于跟高校的产学研合作上做了新的探索，特别是在前沿技术领域，在学校完成从 0 到 1 的基础研究以后，在产业转化阶段，到园区来由我们提供服务。同时我们在专业培育、专业孵化领域做了新的重要探索。所以我觉得今天在浦江论坛，我们希望跟在座的企业家，包括孵化器的合作伙伴，共同推动产业生态的建设。另外还要感谢组委会，我觉得今天下午的论坛很高质量，内容非常精彩，谢谢大家。

周俊夫： 您这个问题回答得有些短。因为我们知道临港新区离市区很远，但离世界很近，我们今天又是一个全球投资创业的大会，在国际化这一块，吸引国际的一些创业资本也好，创业人才也好，请您再谈谈我们有怎样的思考？

翁巍： 按照总书记要求，临港就是在 5 个重要的特别区域，特别是在资本技术、人才，包括国际先行先试方面做重要的探索。所以在这个方面，我觉得作为一个新的开放创新和合作的区域，特别呼应总书记今天上午讲的，作为未来国际化开放创新的一个先

行先试区，临港应该扮演更重要的角色。实际上临港在人才合作上，包括在国际资本和国际的跨国科技合作上，都要率先做一些探索。我们希望在临港能够跟各位在座的产业和企业，包括高校做更深入的研究和合作，以帮助这些科技成果转化，同时进行国内和国际的科技合作和交流。

周俊夫：谢谢翁总，以后让我们在临港一起来寻找未来。赫总，您请。

赫伟：大家好，非常荣幸能够参加今天的论坛。我们西门子医疗商业创新中心是和张江集团一起联合打造的开放创新平台。在市政府和区政府的支持下已经运营了两年，在这两年中，我们已经成为上海市的外资开放创新中心。通过这个平台，我们和本地的初创企业、高校、医疗机构及供应的合作伙伴进行广泛深入的合作。从国际化的角度，作为一家跨国企业的开发创新中心，大概从4个方面支持我们本地的企业，第一个是国际化的需求，我们和我们在全球的业务部门联系，知道从全球的业务开展和研发创新角度的需求，通过全球的网络，在中国寻找和发掘一些初创企业，我们非常开心能在中国发掘到世界级的创新的合作伙伴。第二个是全球资源，我们发现这些资源和这些合作伙伴还处于早期，并不能以成熟的技术方案的方式给到我们客户，需要进行培育。我们用全球研发实验室、全球专家和全球的业务团队为他们提供支持。第三个方面是全球渠道，因为有很多创新企业，创新的技术来源于医院和高校，他们在某些方面很专业，但是在产业渠道方面，尤其在医疗专业的赛道方面有非常大的困难和压力。通过全球的渠道资源，以及我们的产品平台，他们可以很方便地搭载到我们的产品平台，通过我们的载体触及国外的客户。第四个就是全球的生态，欧洲有非常活跃的医疗健康方面的创新生态。在这个生态里有很多医院、很多高校及很多像西门子医疗这样的大企业，欧洲每个城市都非常小，城市在这个体系里面，他们的合作和互动是日常的，是非常活跃地、自然地生活在一起的这样一个状态。所以这样的创新机制，这种合作需要不断讨论、不断对接，是大家一起吃早饭、一起喝咖啡这样的一个状态。所以跟他们合作，我们能够发现很多来源于欧洲的好的创新，他们可以通过我们和张江集团去和德国合作。中国的企业想要发展到欧洲和美国，也可以通过我们这个渠道。我们可以通过这里去促进他们交流和碰撞，甚至一些业务的合作。所以我们今年正在筹划微股，把新一批的初创企业一起带到进博会，和西门子医疗的主展台一起来讲国际合作创新的故事。那么另外一个点，我从畅通联动角度来讲一讲。创新和创意需要非常多的投资助力和帮助，投资和助力也是为了更好地创新创业。所以我们创新平台也收到了很多来源于投资人的项目资料，希望和产业的合作伙伴能够很好地融合。所以我们结合需求，通过合作来支持早期创新、中期创新的培育和服务，以及后期的产业化。通过全创新周期的这个创投联动，来支持在中国的初创企业的合作。那么展望未来，我们希望在医疗方面加速发掘好的方向，促进好的创新，以及让这些好的创新能够很快落地。我们需要通过网络来形成闭环，让更多的创新来源于医院的临床实践，把这些临床实践转化成概念原型，把这些概念原型通过我们创新的载体，转化成可以商业化的产品，再把这些产品应用到我们的临床实践中，提高我们临床的效果、效率和可及性，形成这样一个闭环，从而非常好地推进从创新发掘到创新落地。谢谢大家。

周俊夫：谢谢赫总。我们来请教一下周总，刚才我们听了基于大数据和人工智能的报告和分析，所以相信您对行业孵化器应该也很有洞见，请您来分享一下。

周鹰鹰：好的，谢谢主持人。首先也是非常荣幸能够受到邀参加这次的圆桌论坛。然后我想声明一下，我个人来说没有科技创新创业或企业孵化的经验，我们今天主要是向各位专家大佬们学习，听到前面各位嘉宾的演讲也的确觉得受益匪浅。我们的主题是科技创新创业，高质量孵化，像我们就是基础科研。爱思唯尔作为一家全球领先的科研信息分析公司，有着海量的科研产出的数据，通过数据的挖掘，可以帮助企业或投资方发现某一个产业领域有哪些是全球的新兴热点的研究方向、热点的研究主题，或者是通过基础的研究，从最前端的科研分析提供一些洞见。比如，聚焦看AI产业领域有哪些是新兴的赛道，我们主要的方法是通过大数据挖掘前沿的研究方向。另外还有一个角度，很多嘉宾前面也讲到，强调创投协同需要企业家、科学家，还有资本互相间的协同合作。我们这边也可以通过一些科研数据的挖掘起到这么一个作用。我们通过数据挖掘，不光是方向的挖掘，也可以聚焦到某一个产业领域的某个具体的方向，然后是在这方面做得很好的科研机构或学者。比如上海，我们落地到上海的高校科研机构，就可以匹配到上海的企业。我们是一个全球性的数据库，鼓励开放科学和科学合作，因为不管是产权合作还是国际合作，对提升科学产出的影响力都很有帮助。

周俊夫：谢谢周总，研究报告能够助力我们很多初创企业选择赛道，在赛道上更好地发展。来问一下任总，咱们新微被称为离科学家最近的孵化器，请您介绍一下最近的主要工作和未来的期望是什么？

任佳：谢谢主持人。说新微是最接近科学家的孵化器，也是因为新微创业园10年来一直依托中科院在上海的科研院所，根植嘉定，挖掘科研院所的成果转化和为我们科学家创业做孵化服务。在10年的历程中，我们坚持聚焦在智能传感器这个赛道，智能传感器在集成电路里面是一个比较特殊的领域，它的应用非常广泛。所以基于这样的一个硬科技的基础，我们在IoT、汽车、医疗等方向上有非常好的交叉创新领域。说离科学家最近，是不是真正的能跟他们近距离，就是说我们做孵化服务的从业者，要能够跟科学家成为朋友，知道他们的创业想法、初衷，了解他们在创业初期会面临的痛点，我们才能够了解自己能为他们提供什么样的服务。10年来，我们在赛道上潜心耕耘，取得了一定的成绩。但是我觉得到今天这个时间节点，迎来了高质量孵化器的建设机遇，我们也非常希望能够在未来的3～5年里，新微创元能够继续在这样一个专业的赛道里面延续，深耕硬科技。同时对我们来讲，我们这个团队还不够强大，接下来将借助高质量孵化器的建设把团队升级，也会对我们的孵化模式进行升级和改造。换句话说，我们孵化团队的成员未来要能够有可能下沉到我们科学家创业的团队里面，跟他们共创。这个也是最近几年一种新的孵化模式，叫 Venture Studio，我们也是希望把资本和人一起投入创业项目里面，跟科学家们共创。新微创园要做成一个能够真正赋能创业者的弹射器。弹射器概念以前是在航空母舰里面，给战斗机起飞时的最大的初动能，最早的弹射器是蒸汽的，现在最先进的弹射器是电磁弹射。我想把这个概念延伸到孵化器里面来讲，孵化器要给创业者最初的起飞，要真正给他赋能，你必须真的有能量，并且传递给他。所以这个是我们新微创园未来 3～5 年的一个愿景。

周俊夫：谢谢任总，每次和您聊天不变的是您的热情，变的是每次关注的点，每次都有些新词让我们学习，弹射器我学到了。来问一下曲总，我们知道新泽是扎根张江集团十几年的一个民营孵化器，那个时候的创业环境，可能大家对孵化器相对陌生。一路走来，您最大的感受是怎样的？未来我们的发展的方向有没有一些新的选择？

曲奕：谢谢主持人，谢谢您的问题。我是新泽创业的一号服务员，今天时间实在太有限了，我就直奔主题。我认为不管是民营孵化器还是国有孵化器，都是我们国家创新不可缺少的一部分。我们也一样面临着时代的使命，面临孵化器升级的挑战和机遇，我个人觉得更多的是挑战。针对孵化器的升级，每个孵化器的资源禀赋是不同的，因此也有不同的发展策略。就我们新泽而言，我接下来想从我们的升级目标手段及我们矫正和调整的 3 个方面做一个简短的汇报。第一个就是我们孵化升级的目标。我觉得从广义服务就是广义上的创新创业来说，应该转向聚焦在某个特定的行业，能够瞄准前沿科技，促进拔尖人才和高水平研究所的科技成果转化。努力寻找和追求打破国外科技垄断、卡脖子技术。第二点就是孵化升级的手段。跟目标一样，应该有显著的变化，应该是从传统的全面服务转向帮助科学家实现无感创业，尽可能地提供无感创业的一切可能。助力成果转化，促使更多创新项目实现原始创新和颠覆性创新，而不是仅停留在模式创新和应用创新上面。第三点就是孵化升级的矫正与调整。这个环节是一个非常必要的环节，因为鼓励创新和培育创新需要在过程中不断去调整与迭代，特别是针对一些小众的市场，在短期的经济效益根本就没有办法衡量的一些高水平的研发项目上，这对创业公司、创业团队、尤其是科学家创业团队，同时也是对我们孵化器提出了很大的考验。大家应该跟科学家一起，在曲折的道路上螺旋式前进，在这个过程中可以逐步形成一些比较优势，然后在一些点上形成突破。在这样一个不断迭代和变化的过程中，不变的是我们对这些高水平项目的爱心、信心和耐心。然后第二个问题，关于一流的孵化人才，打造一流的孵化人才团队是一个永恒的主题。孵化人才队伍的建设主要应该依靠的是开放跟合作，最优秀的人才是很难被雇用的，更多的是应该在不同的领域实现各个专家的协同工作。我们的使命应该是在全球范围内持之以恒地寻找孵化服务的协同创新者。投资科学家是我们新泽最近 3 年全力以赴去做的事，跟创投协同有一定的共性，也有一些不同。共性就是持股孵化，跟科学创始人一起实现利益共担，同心同德。不同的是投资科学家首先要关注的是他的创新性，项目创新的目标是第一导向的，因为科学家是我们底层创新技术突破的来源，但是传统的投资是以财务投资风险规范为导向的，我觉得是不一样的。我们看到了未来原始创新，未来中国发展的十年可能会引发一个新的价值周期。这件事情是有意思、有意义、正确而难的，我们会开心地去做，我们也认为这会给我们带来长期回报。

周俊夫：谢谢曲总，不愧是咱们孵化器的一号服务员，听您说话就是一种享受，娓娓道来，非常温柔。周总，把您安排在最后发言，我觉得应该是有寓意的，XNode的"X"代表无限的未来和可能性。您请。

周炜：时间关系我就抓紧回答这个问题。我们过去8年来，一直干两件事，一件是帮助海外的科技中小企业落地中国，从2016年澳大利亚到之后的意大利、巴西、德国和新加坡，然后到韩国和日本，这方面花了很多心思。另外一件事跟我们徐洁平徐总是一样的，我们2016年开始应该算是上海第一个做开放式创新的公司，大概做了五六十家大企业开放创新的项目。可能刚刚提到不少的企业第一个在中国的项目都是我们在上海完成的，这是过去。下一步，围绕高质量孵化器的演变，我们怎么适应这个情况，尤其是在新的国际形势下怎么做？我谈以下几点打算。第一，我们会随着引进来的工作继续做下去，因为国别和政治不应该成为科技创新的阻碍，中国还是需要跟国外继续连接工作，继续把他做好。除了现在6个国家的项目，我希望能够在未来3年之内再签4~5个国家的项目，引进更多优秀的国外科技中小企业落到上海，到我们中国来。第二，我们从去年开始，尝试做了中国企业的出海，目前看来新加坡效果不错，可能很快在业内引起一些讨论。所以我想我们能够把中国企业出海的事在2024年上个新台阶，利用好我们在新加坡和欧洲的网络，我们自己的团队、我们自己的员工，用当地人的方式真正服务好这些优秀的中国科技企业，帮他们在海外落地，成长壮大。第三件事可能是一个比较凑巧的，我们2021年在新加坡设立了我们自己的第一个硬科技的孵化基金。我们在新加坡政府的资助下，从南阳理工学院、新加坡国立大学通过技术转让、技术授权协议，把技术协议先签完之后，再利用新加坡政府给的特殊权利，发创业准字，在全球范围内招募创始人。在这个过程中我特别赞同徐院长的意见，真正核心的并不完全是科技，甚至科技占比最大的是真正能把这个事干成的人。在这个过程中，我们在全球范围内目前做了30多个项目，我不在乎你国别是哪里，我们在新加坡孵化你，帮你从0开始做这个企业，目前有3家已经拿到了天使轮投资，也得到了新加坡政府下一轮新的资助，所以下一步就是把这些企业带到中国来，我不相信中国人做不了国际化的东西。我想在新加坡先做个尝试，接下来如果有可能的话，希望能够在国内跟新加坡和欧洲同步，我们把硬科技的网络搭建起来，借助基金的帮助，能够有机会助力这些企业，也帮到我们自己。这是我们未来两三年的计划。

周俊夫：谢谢6位嘉宾带来的精彩的分享，确实时间有限，但是我们发现在如此短的时间内，通过介绍我们能够看见他们在各自赛道上为我们展现出的对未来的无限的可能性，再次把掌声送给各位，谢谢各位。那么所有的朋友们，我们今天高质量孵化器发展论坛到这就告一段落了，再次感谢我们今天登上舞台的所有嘉宾带来的精彩分享，也感谢各位的参与，我们下次再见。

第 13 章

2023 全球技术转移大会暨第四届世界技术经理人峰会：万"象"需求，全球揭榜

1 论坛综述

加快科技成果转化应用，以科技创新支撑建设现代化产业体系，是构建新发展格局、推动高质量发展的"关键一招"。近年来，各地区、各部门促进科技成果转化的政策措施陆续出台，围绕促进科技成果转化进行了积极探索，全社会对科技成果转化投入明显增加，我国科技成果转化呈现出欣欣向荣的崭新局面。积极参与和推动全球技术转移是我国主动融入全球创新网络、强化全球科技创新资源配置的重要途径，对提升我国科技成果转化水平具有重要意义。

2023年9月10日，2023全球技术转移大会（INNO-MATCH EXPO）暨第四届世界技术经理人峰会于上海张江科学会堂开幕。本届大会以"万'象'需求，全球揭榜"为主题，科技部、上海市、湖北省等部门和地方相关领导及专家学者，以及来自巴西、塞尔维亚、韩国、荷兰、丹麦、匈牙利、法国、新加坡的政府代表和企业代表参加了大会，共同探讨构建高水平全球技术转移生态，培育专业化技术经理人队伍。

2 嘉宾致辞

时任科技部副部长张雨东的致辞

张雨东　时任科技部副部长

> 党的十八大以来，科技部以习近平总书记关于科技创新的重要论述为基本遵循，坚决贯彻落实党中央、国务院的决策部署，不断完善科技成果转化政策体系，持续推进高标准技术要素市场建设，强化企业主导的产学研深度融合，推动一批重大科技成果落地转化，科技成果转化实现量质齐升的良好局面。2022年全国技术合同项目数达到了77.3万项，成交额达到4.78万亿元，分别是2012年的2.7倍和7.4倍。全球技术转移大会是首个以创新需求为导向的科技型展会，是构建技术市场要素充分交融的集散地。本届大会进一步汇聚人才需求和资本需求，这对促进技术、人才、资本等要素自由流动和高效配置具有重要意义。

尊敬的各位领导，各位来宾，女士们、先生们，大家下午好！很高兴与中外各位嘉宾相聚上海，共同见证2023全球技术转移大会的开幕。我谨代表科技部向本次大会的胜利召开表示热烈的祝贺和衷心的感谢。

促进科技成果转化是连接创新链和产业链不可缺少的桥梁。党的十八大以来，科技部以习近平总书记关于科技创新的重要论述为基本遵循，坚决贯彻落实党中央、国务院的决策部署，不断完善科技成果转化政策体系，持续推进高标准技术要素市场建设，强化企业主导的产学研深度融合，推动一批重大科技成果落地转化，科技成果转化实现量质齐升的良好局面。2022年全国技术合同项目数达到了77.3万项，成交额达到4.78万亿元，分别是2012年的2.7倍和7.4倍。

上海市加快建设具有全球影响力的科技创新中心，坚定走创新驱动发展之路，坚持科技创新与体制机制创新双轮驱动，不断强化企业科技创新主体地位，加强企业主导的产学研合作，加快构建需求导向的全球技术转移体系。"十四五"以来，上海技术贸易发展迅速，技术出口合同额年均增速10%，2022年达到187.9亿美元，居全国各省市之首。

全球技术转移大会是首个以创新需求为导向的科技型展会，是构建技术市场要素充分交融的集散地。本届大会进一步汇聚人才需求和资本需求，这对促进技术、人才、资本等要素自由流动和高效配置具有重要意义。

第一，期待大会更好地服务国家战略，聚焦支撑重要领域关键核心技术攻关和高质量发展；

第二，期待大会进一步强化企业主导的产学研融合，为企业与高校院所深度合作创造机会，构建应用场景，共同推动科技创新，共同开辟新领域、新赛道；

第三，期待大会以需求促交易、以人才促交流、以资本促合作，广泛链接全球创新资源，形成更加广泛的全球技术转移合作网络，建立一个更加开放、包容、多元的全球科技创新合作平台；

第四，期待大会吸引更多的全球科技创新人才和队伍，搭建一个国际化的人才交流平台，汇聚更多具备全球视野和创新能力的企业家、科学家等各类创新人才，更好地服务上海国际科技创新中心建设和长三角一体化的发展。

今年是全面落实党的二十大精神开局之年，也是实施"十四五"规划承前启后的关键之年。希望上海进一步加大科技创新的改革和探索力度，增强科技创新策源地的功能，全面提高科技成果转化和产业化水平。科技部也将与在座各位携手共进，全面贯彻习近平总书记关于科技成果转化的重要批示指示，以强化企业科技创新主体地位和成果转化主导作用为重点，着力提升科技成果供给，着力增强企业成果转化能力，着力增强服务机构能力，着力打通重点领域跨国技术转移通道，为实现高水平科技自立自强做出新的更大的贡献！

最后，预祝大会取得圆满成功，谢谢大家！

上海市人民政府副市长刘多的致辞

刘多　上海市人民政府副市长

2022年上海技术合同成交额突破4000亿元，平均单笔交易金额1046万元，同比增长40%以上。上海高等院所通过转让、许可、作价投资3种方式的转让金额连续3年位居全国首位。同时，企业科技创新主体地位不断凸显，研发投入经费占比超过65.8%，企业对技术市场贡献率超过90%。面向未来，上海将以全球技术转移大会为品牌载体，大力强化技术转移体系建设，加快构建具有全球影响力的开放创新体系。

尊敬的雨东副部长，尊敬的塞尔索·潘塞拉先生，尊敬的高望先生，尊敬的各位来宾，女士们、先生们，大家下午好！很高兴参加2023浦江创新论坛"2023全球技术转移大会"，在此我谨代表上海市人民政府向与会嘉宾表示热烈的欢迎，向长期以来关心和支持上海国际科创中心建设的各位领导、企业家及社会各界人士表示衷心的感谢！

今天上午浦江创新论坛隆重开幕。习近平总书记向论坛致贺信，指出科技创新是人类共同应对风险挑战、促进和平和发展的重要力量。中国将坚定奉行互利共赢的开放战略，不断加大高水平对外开放力度，持续以更加开放的思维和举措推进国际科技交流合作，建设具有全球竞争力的开放创新生态。

近年来，上海深入学习贯彻习近平总书记重要讲话和重要指示批示精神，在科技部大力支持和指导下，围绕建设具有全球影响力的科技创新中心这一战略目标，全面推动科技成果转移转化，健全科技成果产权制度，推进机构平台人才队伍专业化建设，提升科技成果转化和产业化水平，取得了积极成效。2022年，上海技术合同成交额突破4000亿元，平均单笔交易金额达1046万元，同比增长40%以上。上海高等院所通过转让、许可、作价投资3种方式的转让金额连续3年位居全国首位。与此同时，企业创新主体地位不断凸显，研发投入经费占比超过65.8%，企业对技术市场贡献率超过90%，技术转移生态日益完善。

今年8月，我们发布实施了上海市科技成果转化创新改革试点实施方案，深化科技成果使用权、处置权、收益权改革，建立了科技成果单列管理、尽职免责等制度指引。此外，上海科技成果转移转化专业服务能力不断提升，形成了浦东、闵行、宝山等多个科技成果转化特色区域。面向未来，我们将更加主动地应变局、育新机，以全球技术转移大会为品牌载体，大力强化技术转移体系建设，加快构建具有全球影响力的开放创新体系。

一是努力拓宽供需对接的快车道，搭建好产学研深度合作，大中小企业高效融通的大平台，引导科技型骨干企业加大开放式创新，释放创新需求，提供应用场景，助力各类企业创新发展和产业转型升级。

二是努力做好人才培育的加速营，围绕科技创新与技术转移能力建设，开展丰富多样的专业化、高端化、国际化技术转移交流活动，加大复合型技术转移人才队伍的培育力度。

三是努力搭建国际合作的大舞台，积极融入全球创新网络，拓展对外科技合作交流空间，加强与国际科技创新机构企业与人才的务实合作，在合作互动中加强交流互鉴，在优势互补中促进开放共享。

祝愿全球技术转移大会在科技部的大力指导下，在各方的共同努力下，越办越好，越办越旺，早日成为享誉世界的国际化科技盛会，也预祝本次大会取得圆满成功，谢谢大家！

巴西驻华大使高望的致辞

高望　巴西驻华大使

中巴两国高度重视科技创新，这为两国搭建起了友谊的桥梁。早在20世纪80

> 年代，中巴两国就签署了技术转移协议，并提出了多种合作倡议。中巴科技创新合作为巴西带来了积极影响，涉及整个经济、社会的方方面面。深化中巴科技创新合作，促进中巴科技创新活力充分迸发，需要学界、政界、产学研所有有识之士形成合力。

尊敬的副部长先生、副市长女士及各位代表，大家好！我想先表示对大家的诚挚敬意，今天非常荣幸能够参与"2023全球技术转移大会"开幕式和大家共襄盛举。非常荣幸能够成为主宾国之一，参与到2023浦江创新论坛中来。

我们认为受邀前来参加这一次活动，显示出技术和科技创新的力量是多么伟大，搭建起了中国和巴西之间友谊的桥梁。近期我们可以看到，我们国家总统已经对中国进行了国事访问，科技创新一定是我们这次访问的重要目的和目标，显示出我们在这一方面要深入合作。两国科技部已经形成了备忘录，并且要进一步达成合作。所有这些都显示出双方对科技创新的重视。这是新的合作领域，我们最为重要的一些合作及倡议也都已经落地实施。在很早的时候，大概在1982年，我们就已经签署了中巴之间的技术转移协议并且提出了各种各样的合作倡议。毫无疑问的是，这次大会将能够让我们进一步推出各种各样科技创新方面的合作项目。

现在我们看到越来越多的技术已经帮助我们实现了非常多的技术方面的革新及创新。比如，利用卫星图像能够让我们更清楚地看到亚马孙丛林的图像。这不仅显示了双方友谊，也显示出我们能够携手同行，为双方带来积极影响。与此同时，有越来越多的意味融入其中。1988年，当时我们作为两个发展中国家做出矢志不渝的承诺，希望能够推出联合项目，促进高新技术发展。我们推出了中巴地球资源卫星（CBERS），这是激动人心的。此后，塞尔维亚参与进来，帮助我们实现发展中国家技术的转移。所以这并不局限于我们两个国家，而是涉及更多领域，并且影响到整个经济及社会的方方面面。

现在说到创新，人工智能、纳米技术、新兴材料只是其中一部分而已。与此同时，我想强调一点，尽管我们有政府支持，这点非常重要，有助于技术日新月异，但要真正实现创新，可能需要我们进行更多合作并涵盖更多方面，如我们需要强大的学界高校给我们带来新的产品、新的理念。

与此同时，我们需要有从实验室到市场的方式，让我们真正能够转化成果。甚至我们需要私营公司在各行各业参与进来，让他们充分涌流自己的创意和创新。

我们了解到浦江创新论坛要结合所有的有识之士。我们需要利用好更好的时刻，让中巴之间的科技创新活力充分迸发出来。这需要学界、政界、产学研所有有识之士形成合力，只有这样才能够共享成果和盛举，这是我今天带来的内容，谢谢大家！

湖北省科技厅党组书记、厅长冯艳飞的致辞

冯艳飞 湖北省科技厅党组书记、厅长

> 近几年来，湖北着力构建政产学研金服用"北斗七星"式的成果转移机制，以国家技术转移中部中心为基础、以湖北汉襄宜国家科技成果转移转化示范区建设为抓手，布局搭建纵向联动、横向互通、覆盖全省的技术转移网络体系。2021年、2022年全省技术合同成交额连续突破2000亿元和3000亿元。现在湖北正在加快打造国内大循环的重要节点和国内国际双循环的战略链接，努力成为内陆开放的新沿海。

尊敬的雨东副部长、刘多副市长、塞尔索·潘塞拉主席、高望大使，尊敬的各位领导，各位来宾，女士们、先生们，大家好！很高兴参加2023浦江创新论坛全球技术创新转移大会，也非常荣幸湖北作为主宾省参与论坛系列活动。

首先我谨代表湖北省科技厅向论坛和大会的召开表示热烈的祝贺，向科技部、上海市的邀请表示诚挚的谢意，向长期以来关心和支持湖北科技创新、与湖北开展科技交流合作的各位领导、国内外高校、科研院所、企业和朋友们表示衷心的感谢！

创新是引领发展的第一动力。习近平总书记强调，要以重大科技创新为引领，加快科技创新成果向现实生产力的转移转化。浦江创新论坛全球技术转移大会以创新需求为导向，以"万'象'需求，全球揭榜"为主题，搭建全球技术供需对接平台，共谋合作、共处交流、共求发展，必将为全球经济创新合作注入强劲的动力。

湖北作为主宾省，热切期盼与国内外的朋友和各界人士开展科技交流，共同打造创新、开放、合作的技术转移新生态，真诚希望与上海科创中心、上海技术交易所、国家技术转移东部中心等进一步加强合作，共同为长江大保护和长江经济带高质量发展提供有力的科技支撑。

技术转移和成果转化是连接科学研究、技术创新和产业化的重要桥梁，是推动创新要素跨区域流动、促进创新成果广泛共享的重要渠道。近几年来，湖北着力构建政产学研金服用"北斗七星"式的成果转移机制，以国家技术转移中部中心为基础、以湖北汉襄宜国家科技成果转移转化示范区建设为抓手，布局搭建纵向联动、横向互通、覆盖全省的技术转移网络体系，并与国家技术转移东部中心、西南中心、华南中心、海峡中心等20家国内区域中心建立合作关系，实现资源共享。2021年、2022年全省技术合同成交额连续突破2000亿元和3000亿元。此次大会我们遴选了100余项省内企业技术需求参与大会的发布，正是怀着高山流水觅知音的美好愿望。希望通过大会平台，加强与国内外各类优质资源的有效对接，实现合作共赢、互利共赢。

当前湖北正深入贯彻党的二十大精神，加快建设全国科技创新高地。2022年4月，武汉具有全国影响力的科技创新中心获批建设，成为继北京、上海、粤港澳大湾区、成渝科技创新中心之后，国家布局建设的第五个国家科技创新中心，将承担更多的国家战略使命和任务。我们有基础、有条件，也有信心与国内外各高校、机构、企业开展更为广泛的科技交流与合作。

湖北是全国三大智力密集区域之一，拥有高校132所，在校大学生近200万，国家实验室1家，已经参与优化重组获批的全国重点实验室18家，湖北省实验室10家，国家高新区12家，国家级创新中心88家。2022年，全省高新技术企业总数突破2万家，科技型中小企业突破2.5万家，光电子信息、生物医药、新能源与智能网联汽车等世界级产业集群加速崛起。此次大会，我们也带来了部分代表湖北近年来科技创新发展和现代化产业体系建设的实物展品和有效讯息，将在湖北馆进行专题展示，欢迎各位莅临参观，并提出宝贵的意见。

"潮平两岸阔，风正一帆悬。"武汉福被众生、市场广阔，是中国经济地理中心、国内交通枢纽，坐拥九省通衢的地理优势。一直以来，湖北将开放作为发展的前置条件。150多年前，汉口作为中国近代最早对外开埠的地区之一，推动武汉由传统商业市镇向近代商业都市转型，铸就了大武汉的辉煌。现在湖北正在加快打造国内大循环的重要节点和国内国际双循环的战略链接，努力成为内陆开放的新沿海。在此我们热忱地期盼来自国内国外的优秀人才、科研机构、领军企业、服务机构、投资机构等，通过此次论坛更多地了解湖北、关注湖北、链接湖北，挖掘开展更多技术交流合作的机会，促成更多有效的技术需求，共享发展机遇，共创美好未来。

最后预祝本次大会圆满成功，衷心祝愿各位嘉宾身体健康、工作顺利、万事如意，谢谢大家！

3　主旨演讲

巴西科创体系中的技术转移创新驱动

奥索里奥·科埃略·吉马良斯·内托　巴西科学技术创新部副秘书长

> 巴西科创体系主要包括五大支柱，分别是研究、基础设施、基金、人力资源和创新，这也是技术转移工作中非常核心的5个环节。就组成而言，巴西科创体系主要分为3个分支，即政治机构、融资机构及具体项目。巴西要打造强韧的科创体系，需要坚持协同、合作、互利、互惠，促进学界和产业界形成合力。

尊敬的各位来宾，女士们、先生们！非常荣幸能够来此代表巴西科学技术创新部技术发展与创新项目为大家做主旨演讲。

今天我想聊一聊巴西的技术转移工作。谈到巴西国家科技和创新体系，主要关注五大支柱，这张幻灯片上可以很清楚地看到，分别是：研究、基础设施、基金、人力资源和创新。这也是技术转移工作中非常核心的5个环节，这就是我们的国家创新体系。

我想跟大家聊一聊，昨天我在浦江创新论坛时一位女士在圆桌论坛上提出的一个问题，对创新来说最重要的3件事是什么？我必须很快给出一个答案，我第一个想到的是要有一个有组织的创新体系，这是我第一个想到的事情。这张示意图中可以看到巴西创新体系，看上去非常复杂，主要分为3个分支。

第一个是政治方面的分支，巴西政府有这样的使命来推动巴西科技和创新发展。我相信对所有政府来说，科技都是重中之重，所以巴西政府也有责任设计巴西科技创新的政策，巴西有一个专门设立的科技创新部门。除此以外，还有其他监管机构及州和市的政府办公室，也会针对当地制定因地制宜的监管政策和法规。同时，在我们的议会中也有专门部门和工作小组支持巴西科技创新工作。

第二个重要组成部分是融资机构，首先是巴西国家科技发展委员会（CNPq），它是推动巴西研发工作的。然后是巴西科学研究与发展项目资助署（FINEP），它是一个创始机构，主要负责巴西所有创新项目。最后是运营机构，是所有创新机构的受益人。通过这个图片大家可以了解到巴西创新体系的主要组成部分。在政府方面，除了行政的力量，在立法方面，我们也在重视科技的发展。刚刚给大家介绍了，FINEP也是创新体系中的一个创始机构，而且它不仅仅是国家层面的统一创始机构，每个州和每个市都会设立自己的创新研发支持机构。实体承载机构有哪些？最重要的是科技园区，现在已经有58个科技园区投入运营，15年前CNPq将两亿五千万巴西雷亚尔投入到了科技园区的建设中。在巴西建立这些科技园区有很多挑战，因为巴西主要分成两个不同区域，如巴西北部是亚马孙地区，南部是城市的所在区，要实现科技创新的覆盖，确实需要投入大量工作。

最后一个非常重要的部分，也是和科技创新部相关的，就是一些具体的项目。比如，巴西亚马逊国家研究所（INPA），INPA与科技创新部有紧密合作，在亚马孙地区有合作。还有巴西国家空间研究所（INPE），是对空间物理学做研究的机构，这张图片上可以看到具体承载科研课题的科技研究所。

我们现在正在制定全新的科技创新战略，我们现在的战略到今年底会失效，明年开始会紧锣密鼓地制定新的创新战略。

我想给大家提几个目标，大家可能记得巴西科技园区在建设过程中有一些挑战，我们需要在不同区域之间实现协同效应。巴西要真正释放创新活力，就必须将创新覆盖整个巴西的所有区域。南部地区有很多高校和研究所，北部亚马孙地区就不是创新的高地，所以我们必须要实现资源互补和均衡配置。

刚才提到，我们在制定新的科技创新战略，技术转移是其中一个非常重要的环节。在巴西，雨林保护是非常重要的科技创新支柱。我们一直在想，要完成科技创新战略，实现完整的版图，就一定要覆盖一级、二级、三级所有不同产业。雨林是可以将这3个产业进行结合的因素，我们在未来也会针对更多挑战作出设计。为了应对这些挑战和设计，我们也要去建立新的创新战略，以对冲风险和挑战。这样的策略有时候需要聚焦大的议题，如气候变化和粮食安全，以解决饥荒和饥饿问题，这些问题解决之后才能打造政策层面的创新。我们也希望能够通过统一的方式解决重大社会议题。

现在看看有哪些具体工具已经被我们设计出来了，以更好地促进巴西科创。最为重要的政策和工具有哪些？怎样反哺创新？首先是国家基金推出的创新，第二个是法案，通过法案的出台，能够更好地鼓励公司不断向前发展，并且进一步帮助他们提升自身技术实力。与此同时，帮助他们更好地运行及运营，甚至享受部分的税收减免。通过这样的方式和政策制定，我们希望这样的企业尤其是初创企业能够在运营过程中得到我们切实的支持。之后我再跟大家具体分享，一一介绍各种政策工具。关于创新的法律框架已经建立，这主要是为了让我们更好地创造巴西创新力，如今天要聚焦于技术转移，这一方面更需要公私合营，就是公共和私营领域要形成合力。更多要做的是什么呢？就是要打造更加公平的创新及技术转移的大环境。这就意味着巴西在这一方面可能需要提供更好、更公平的环境，让大家更放心地去投资、去开发、去不断地发展，这也是我们在巴西不断尝试的点。

下一点，说到初创企业的法律框架，其中有3个支柱。在这个支柱下首先会看到商业环境，我们希望能够简化投资，此外希望能够采取国家级别的行动。这一方面我们有非常多的目标。这里想强调的是其中一个目标，让各个公司间形成良性技术转移，需要我们用公共资源支持私营初创企业。有了这样的法律框架，就能够更好地促进整个政府在这方面的工作，并且帮助初创企业解决切实的挑战，这也是为什么我们在巴西打造新的法律框架并予以落地实施。

下一个是"良法"（Good Law），可以给我们带来公司在税收方面的收益，通过这样的方式进一步降低他们的研发成本。每个公司和企业在发展过程中都要投资于研发，有各种各样的研发活动应运而生，我们希望能够更好地让他们实现20%的税收减免，甚至有时我们希望能够把它降到30%。通过这样的方式，我们相信企业能够降低税收成本、税收负担，因此推出了更多项目。2021年，有超过3000家企业收到税收减免福利，这样的减税福利涉及3万个甚至10万个大大小小的项目，我们看到各种各样的投资、研发及运行活动都出现了。现在我们也希望在这一方面能够大量投资，通过减税或免税能够进一步提振经济活动。我们通过税收豁免涉及4.6%的投资及研发活动，可以说涉及面比较广泛。具体到企业案例，看看他们是如何受益于整个"良法"的。EMBRAER、brf和SEMPRE，前者是整个KC390货机和全系列客机的制造商，中间的brf更多聚焦于猪的遗传改良，最后的 SEMPRE 聚焦于杂交玉米。

　　整个国家的基金，就是国家科学技术发展基金，这样的基金专门动用财力资源，尤其是国家层面的财力资源，来打造科研和技术创新的基础设施。究竟这样的基金是怎么运作的？它的资金来源很广，如最开始来自不同的巴西行业，都是整个经济的基本面；来自财务补偿和一些使用权及整个授权等。所有的大大小小的基金在巴西加起来可能有四五十个，我们还有整个航空航天、能源行业等各种各样不同的行业，都能够给我们带来一部分的收入，也会推出创新性的项目。通过他们自己项目的运营，我们最终形成了这样的基金，通过基金我们不断利用财务资源促进整个巴西境内的创新。这一方面我要再次回到之前所说的问题，就是在浦江创新论坛第一天的时候一位女士问我的，我们必须有创新系统来促进技术转移，并且要体现出整个"三螺旋"计划，如果要达成这一点就必须要有政府的支持和介入。

　　创新需要促进技术发展，促进技术发展需要我们做基础科学研究，基础科学研究要求我们进一步打造强而有力的政府政策框架。大家可以看看整个创新传导链，我们就会知道我们需要学界及整个产业界形成合力。我想到几个关键词：协同、合作、互利、互惠。我们必须有强韧的创新系统，与此同时需要有众多的有识之士在各个行业形成合力。只有这样才能真正打造整个国家的创新力，只有这样巴西才能走在整个创新政策制定的前列和科技创新的前列。

　　再一次感谢大家的聆听，也希望大家在今天的会议中能够有所收获，有自己的真知灼见。谢谢！

中美科技发展与未来经济

基恩·哈金　上海张江波士顿企业园董事、首席媒体官

> 中美两国未来几十年将会是一贯的合作伙伴，同时两国关系也存在一定挑战。推动中美科技创新方面的合作，需要双方建立一个全新的贸易合作伙伴关系。如果美国企业想要投资于中国，想要与中国的合作伙伴合作，就一定要了解中国的体制，了解中国的环境，因地制宜调整自己的战略。美国未来在经贸领域要制定更为清晰的战略，通过坚持合作共赢精神与其他国家共同创造更大的发展空间。

　　女士们、先生们，尊敬的各位领导，尤其是在我们的观众当中的年轻人们！我非常荣幸可以和大家共聚一堂，并祝贺大家对未来保持畅想和展望，大家都是未来的领导者。

　　我想从美国向大家带来问候，我们期待未来中美两国之间可以有更好的合作和更好的关系。首先我想说一点，美国和中国未来几十年将会是一贯的合作伙伴，因为美国和

中国是世界经济的两大驱动力，也是世界上两大最成功的经济体。虽然我们对于这两个世界大国，都知道未来存在一定挑战，但是我们还是要静下心来看一看美国现在的经济发展趋势及美国企业在中国的广泛合作空间。

现在中美两国科技领域进入了一个竞争状态，似乎有人鼓吹联合博弈的观念。但是我不认同，每一个国家都有自己的经济体系和政治制度，每一个国家都会针对自身的挑战制定相应政策，像人口和医疗资源问题及环保的问题，每一个国家都有自己的发展道路。发展道路会针对外部因素变化而做出调整，我相信未来中美两国之间有广泛的合作领域。好消息是两国政府依然保持着积极沟通的态度和沟通机制，致力于解决人类共同面对的挑战，如气候变化，但是我们的沟通不够。另外，我们知道疫情影响了所有人的生活，对于全世界都是一样的。疫情对所有人来说都是未知事件，不知道怎么应对。在全世界成百上千万人死于新冠之后，我们吸取了教训，也学习到了很多宝贵知识，未来将做更好的准备来应对类似的人类危机。当前我们在中国依然看到了非常强劲的经济增长动力和科技创新动力，过去中国的人口红利和大量的劳动力人口实现了中国经济飞跃。

接下来我想介绍一下未来两国有哪些机制和政策可以推动科技创新方面的合作。明年是美国选举年，所有党派都在积极为选举做游说和准备。现在游说最重要的主题就是中国，因为在美国大家可能还是从美国人视角看待中国，我认为我们应该以中国人的视角看待中国。美国有两个政客都是著名反华人士，一个是前总统特朗普，还有现在的总统拜登，对中国也不怎么样。在过去几年，我们看到很多贸易摩擦，这一点我们一定要做出改变。我并不相信下一届大选拜登或特朗普任何一个人会成为总统，我相信会有一个新的总统，他会引导美国走向未来，并且与中国建立一个全新的贸易合作伙伴关系。

现在在美国有几个重要的事件和现象在影响美国人的生活。一是高通胀问题，每个美国人都能够经历到、体会到高通胀对他们生活的影响。如果能很好地解决通胀问题和生活成本问题，就可以获得大量选票。还有一个潜在的政治竞争领域就是中国贸易。中国市场是潜力巨大的，同时中国的企业和中国的经济环境跟美国是不一样的。所以如果美国企业想要投资于中国，想要与中国的合作伙伴合作，就一定要了解中国的体制，了解中国的环境，因地制宜调整自己的战略。如果不这样的话，我们将看到他们会吃苦头的。

美国国际贸易委员会（ITC）制定了很多贸易相关政策，很多是负面政策，深入影响了中美两国之间的关系，它甚至试图将资金从中国和美国转移出去。我认为，未来在经贸领域我们需要制定更清晰的战略，并且坚持合作共赢精神，与其他国家共同创造更大的发展空间。我们都是在一个地球村，我们可以共同取得成功。有一个让美国政府非常紧张的问题是中国的知识产权保护问题，很多美国议员对这个问题非常头疼，甚至使得一些美国企业决定撤出中国。接下来探讨一下技术知识产权保护方面，中美之间可以怎样进行合作？中美两国的政治领导人也有一定的沟通机会，在这方面最主要的领域是生命科学。生命科学是两国之间可以有共同利益的领域，两国之间可以通过合作拓展发展空间，为人类谋福利。还有一个领域是通过中美合作为美国创造更多工作机会。在美国如果多一个人有工作，美国政府的负担就少一点。这样的立场，也是可以吸引到投票的。所以，我们认为美国的研究所和科研机构，也可以在中国寻找机会。现在有很多美国科研院所和相关机构对中国市场非常感兴趣。

第二个中美未来可能有共同合作的领域是西非。中国在非洲已经有很多业务和基础设施建设项目，在西非地区也可以通过提升当地人的生活水平实现共赢。在非洲地区，中国和美国都是大有可为的。

现在我所在的马萨诸塞州，有非常响亮的一个名号就是上海张江科技园区。上海张江波士顿企业园也就是我所在的地区，积累了很大知名度和影响力，我们也和马萨诸塞州政府进行积极的接洽，扩大合作基本盘。我们也希望，上海张江波士顿企业园可以使所有参与者受益。这个企业园在过去的疫情冲击下依然茁壮成长，我们也非常乐观，企业园可以作为中美合作的缩影，在未来实现更广泛的中美科技合作。

我们知道，技术在不断变革，其中一个最大的驱动力是AI，AI会彻底改变人们的生活方式，我们不知道在多大程度上改变，但是它一定是会有改变的。有可能要花上10年时间才能真正看到AI进入人们生活的方方面面，可能会有一些人失业，但一些新工作岗位会被创造出来，生活质量会提升。所有国家和人民都会参与到这个巨大变革中，每个国家要做出切实的行动，更好地规范AI。如果让AI自由发展的话，不会是一件好事，也不会成功，会导致一些问题。

世界变得越来越小了，像是一个多米诺骨牌效应，每一个行为都会导致它的反应。随着世界越来越互联，变得越来越小，我们必须更多地尊重不同国家的利益。虽然每个国家可以有不同的立场，但是一定要有尊重。我可以代表我自己和很多美国人来说，我们期待与中国合作的美好前景，与中国民间合作、与中国政府和企业界合作，可以看到的美好的前景。

虽然有很多领域可以提升，但是我可以清楚地说一点，就是我爱上海。

持续改革，促进科技成果高质量转化

奚立峰　上海交通大学党委常委、副校长

为促进科技成果转移转化和高质量发展，上海交通大学聚焦人才队伍建设、转化机制探索和科创环境营造进行了一系列改革，并取得显著成效。面向未来，上海交通大学将围绕科技成果高质量转化持续集聚国内外优秀人才，打造科研力

> 量,并以推动"大零号湾"建设为着力点,吸引国内外科技领军企业与学校共谋发展。

非常高兴有机会给大家介绍一下上海交通大学(以下简称"上海交大")改革,是如何促进科技成果转移转化和高质量发展的。

2020年6月,上海交大若干教授给李克强总理建言,要求深化科技成果转化体制机制改革。李总理在2020年9月到我校考察,围着一个计算机屏幕跟教授们来商讨,解决科技成果转化问题,像国家很多政策,为什么执行得不好?他认为大环境已经有了,一些小的障碍约束了发展。自此以后,上海交大2020年以来承担了国家部委包括国家发展改革委、科技部,以及上海市等部署的多项改革试点任务。具有标志性意义的是,2021年上海交大承担科技部、教育部高校国际技术转移机构的试点工作,这和今天大主题非常贴切。上海交大也把做科技成果转化作为一项系统工程,通过小的切口,大的突破,找一些改革试点。比如怎样加强研究的投入?培养技术转移人才?要求学校科研、国资、财务、审计等部门加强协同改进,确保科技成果转化依法合规。学校通过科创企业的金融支持、税收减免、人才引进等创造优秀的科创生态环境。

学校改革分为三方面:人才队伍、转化机制、科创环境。人才队伍中的第3项,学校建立了技术转移专业硕士培养体系,第2项对学校从事转移转化专职人才、老师给予了职称和评聘激励机制。第二大点转化机制中有合规性的整改,帮助企业阳光化发展等。科创环境中的第12条,在学校周边创造科技成果转化全链条生态。学校按照自己对标斯坦福大学做硅谷的目标,创造学校周边全链条的转化生态。举个例子,比方说我们在给予老师职务科技成果的所有权方面,在现金的收益方面,学校、教授所在的学院,还有他的科研团队,分配比例是15%∶15%∶70%,股权的分配是20%∶20%∶60%。我们还在全国首创完成人实施的模式,提出现有标的成果衍生的成果的赋权路径。我们按照先授予教师长期使用权,科技成果转化以后,支持学生老师创业,收益可以在创业成功之后再予以支付,我想这在国内的高校都是非常创新的。

第一方面,我们学校制定了明确的12条免责情形和22条的负面清单,消除了老师走出校园进行科技成果转化的顾虑,激发了老师创新的活力。从老师承担的职务科技成果单列的管理情况来看,以往我们每年新增知识产权大概有2000件,但这些成果不转化,它就产生不了效益。往往我们看到授权3年以后,放弃维护失效的高达40%,成果的来源多,也没有办法来归集,还有一系列的困难。所以我们学校也制定了学校的一些方案,我们在研究阶段就不把这些专利和研究成果作为无形资产,等到开发阶段,按照发生的费用进行记账,这些都是学校的一些开创性举措。

第二方面,介绍一下我们目前取得的一些成效。一个是科技成果转化体量实现了跨越式的增长。2020年以来3年期间我们成果转让、许可和作价投资总额超过了30亿,是改革前的 5 倍。2022 年单单这一年我们技术开发咨询服务的产学研合同金额就达到了 22.2 个亿，也是改革前的两倍。刚才说到总理所关心的去除一些小的障碍，解除细绳子这方面，我们做了一些工作，促进了科技成果转化的蓬勃发展。目前学校老师直接持股的科创企业，我们达到了 139 家，不包含再派生出来的企业，目前市场的总估值超过了 700 亿。其中有 12 家拟报 IPO，绝大部分集中在上海地区。这也意味着学校对上海地区科创和上海地区经济的贡献大部分集中在人工智能、先进制造、新能源、医疗器械和生物医药等等方面。

学校也深化了"科研 + 人才 + 转化"的产学研合作的新模式。学校特别注重跟高端企业也就是头部企业的合作。这一张照片可以看到 2020 年疫情之后，任正非访问高校的第一站就选择上海交大。我们学校跟宁德时代等等一批头部企业也有共建的联合研发机构，我就不再一一展开。

在上海我们学校闵行校区的周边就叫"大零号湾"，发挥着推动新兴产业，促进区域社会经济发展的作用。我在智能制造这个平台担任董事长。今天特别高兴，颁布的百强里面我们排在第 89 位，智能制造平台才刚刚创立了 5 年。上海交大在徐汇区的人工智能、青浦的导航、长兴岛的海洋装备、奉贤的智能网联等方面开展科技创新，推动区域新兴产业发展。学校"大零号湾"成为上海科创中心建设的新力量。2021 年 4 月，时任市委书记李强到上海交大调研，要求学校畅通科技成果转化的链条，多鼓励教授创新创业，带动社会经济更好地发展。2022 年 12 月 20 日，现任市委书记陈吉宁书记，要求学校形成科学家敢干、资本敢投、政府敢支持的创新资源配置方案，为上海科创中心建设做出新贡献。

2021 年 10 月，学校获得教育部批准成为中国第一个技术转移专业硕士点，构建自主招考和企业、学校共同培养的体系。今年和去年一共两届学生，加起来总共是 243 名学生。我们学生的平均年龄是 34.8 岁，因为都有工作经验，平均工龄是 9 年，平均在企业担任管理岗位 6 年。学生也有一个画像，42% 的学生是企业高级管理者，平均每位学生有 0.5 件专利，基本上很多是上市的医药企业创始人，政府平台、投资平台的负责人，还有四大银行科技金融方面的，还有一些孵化器负责人，还有高校里担任技术转移公司的总经理，等等。

第三方面，未来工作思考。学校全力推动"大零号湾"发展，希望争取市里最优惠科创政策，希望争取市和区两级支持，希望能够引进一批科技领军的国际企业入驻，跟学校共谋发展。目前学校和闵行区宁德时代共建未来的产业科技园，加快建设相关验证平台和共性基础平台。比如我们跟宁德时代合作，希望在学校周边形成未来能源、智能机器人、生物医药等产业的集群。特别是，加快我校医学和附属医院成果转化，因为生物医药也是上海重点发展的三大先导产业之一，市场规模非常大，但是产业瓶颈问题一直非常突出。国家和上海市去年颁布了若干个操作细则，我校第九人民医院在开展试点工作。

要集聚国内外优秀人才，打造科研力量。这张片子可以看到学校投入资金在张江周边成立的张江高等研究院，主要做基础研究，另外成立了李政道研究所，做物理和天文学的研究。应用基础研究方面，建设和升级了临港智能制造平台，这是我在负责的。这个平台主要是瞄准科技成果怎样从实验室1走到10再走到100，主要基于工业母机、机床、智能制造、燃料电池、核电装备的测试平台，培育一些专精特新科创企业，提升产业现代化的水平。

最后，感谢大家长期以来对上海交大的支持，上海交大希望未来能够为科技成果转化提供学校模式。我们是理工科见长的大学，力争提供硬核科技给社会，同时输送大量的科技成果转化人才。希望和在座的企业家朋友、政府官员等，一起打造更好的科创生态。谢谢大家！

科技创新与全球治理

武卡欣·格罗兹迪奇　塞尔维亚科技创新部国务秘书（副部长）

> 塞尔维亚在科学人才培养方面有着很好的成就，很多杰出的塞尔维亚籍科学家在全球社会上都留下了历史性的印记。如今塞尔维亚政府持续致力于发展国内知识型经济，创建初创企业生态系统，并且提高其科研产出。塞尔维亚希望从中国的人才库和创新基础设施中发掘更多机遇，通过深化合作实现双方发展目标。

尊敬的各位阁下，各位来宾，女士们、先生们！今天很荣幸站在大家面前向大家介绍塞尔维亚正在通过哪些举措发展国内的研发能力、支持初创企业及创新经济活动，创建知识型社会。首先感谢浦江创新论坛的主办方，尤其是中国科技部以及上海市人民政府邀请我们来到上海，并且向我们展示了中国科技发展的惊人速度。中国正在以创纪录的速度在科研产出、创新经济活动以及技术出口等方面跃居全球领先地位，同时也为所有新兴经济体树立了光辉的榜样。

塞尔维亚在科学人才培养方面有着很好的成就，我们培养出了很多杰出的人才，这些科学家在全球社会上都留下了历史性的印记。他们是来自塞尔维亚的杰出学者、科学家和发明家，他们不仅为自己的祖国争光，也对整个世界产生了深远而广泛的影响。

举几个著名塞尔维亚科学家的例子，他们为人类发展做出了不可磨灭的贡献。一位叫尼古拉·特斯拉的塞尔维亚科学家，首创了现代交流电供电体系，从根本上改变了人类历史进程和我们的生活。还有一位科学家叫米卢廷·米兰科维奇，他是塞尔维亚著名的数学家、天文学家和地理物理学家，创造了现存最精确的热力系统之一。通过他的研究,我们逐渐了解到更多的地外元素,特别是太阳以及地外的这些星球如何影响地球气候。他也使人类有能力去预测气候长期的变化趋势,尤其是成功地预测了人类史前的冰河世纪。还有一位科学家叫作米海洛·卜平,他是美国 NASA 的创始成员之一,也是塞尔维亚普利策奖获得者。他的卜平线圈让全世界受益匪浅,他让世界通过通信更紧密地联系在一起。

塞尔维亚的女性在科学领域也取得了非凡的成就,她们突破了性别的障碍,留下了不朽的遗产。他们的科学成就鼓舞人心,同时也表明性别永远不应该成为追求卓越的障碍。人类最著名的科学家之一就是爱因斯坦,但是大家可能不知道米列娃·爱因斯坦作为爱因斯坦的夫人,其实据说是相对论的共同提出者。她最初就读于苏黎世大学医学院,后来转入了苏黎世理工学院学习物理和数学,她是当时第五位被该校录取的女性,也是第二位在该校完成全部学业的女性。

这些塞尔维亚籍的科学家,他们不仅在塞尔维亚,同时也散落在世界各个地区。我们也希望能够建立这样一个人才网络,推动形成人才合力,以实现更多新的创新和发明发现。在我们塞尔维亚的整个历史进程当中,这种人才和人力资源毫无疑问是最重要的一个支柱。

接下来我们就来探讨一下塞尔维亚的科技行业。在过去的很多年,我们的信息和通信技术部门每年以超 30% 的高速度在增长。今年将实现信息和通信技术进出口比去年增加 41%,总进出口达到 19 600 亿欧元。同时,我们在研发投资方面也在不断增加,目前我们的投入占到国内生产总值的 1%。《金融时报》的直接海外投资指数中,我们一直名列前茅。

为了巩固我们作为东南欧领先创新者的地位,我们将继续推进更加广泛的措施,加强研究与法律框架构建,确保融资渠道畅通,使科技研发和初创公司可以获得充足的国内国际资金。同时我们也为初创企业和研究活动提供税收优惠,促进技术转化,加强生态系统中的人才能力,培养一批高技能人才。

同时我们对知识产权产出的税收降低 20%,这是给初创企业和研究人员很好的激励措施,鼓励他们为社会做出更多贡献。我们的科学发展战略毫无疑问是继续加强科技投入。我们看到很多国家将科技园区建设作为很重要的支柱,在塞尔维亚也是一样。过去 10 年中我们建立了 4 个科技园区,投资总额超过 1 亿欧元,这些科技园区总占地面积达到 6700 平方米。我们计划将这些科技园区扩展到更多的城市,未来 3 年的投资总额将达到 7000 万欧元,届时将会有更多的企业家、科学家在这里兴业。通过这些投资,塞尔维亚旨在为初创者建立强大的基础设施和网络,鼓励他们在整合技术的基础上开发创新的商业模式。我们始终致力于为这些初创企业和国内技术孵化创造必要条件,这也是我们塞尔维亚向知识型经济转型的关键一步。现在我们的经济还是劳动密集型经济,所以科技转化和国内初创公司的孵化毫无疑问至关重要。在孵化初创企业的时候我们会关注来自农村地区的优秀创新者，我们希望他们能够获得与大学科研中心的人才同样的机会。正是本着这一目标，塞尔维亚政府在地方工业龙头企业研发部门支持下，在全国建立了23个地区创新创业中心，最终目标是在塞尔维亚建立繁荣的资本市场，将知识从研究机构转化到商业领域。

数字化方面，我们进行了大力投入，投资了5500万欧元，建立了国家数据中心。这是非常现代化的空间，它的服务器承载了支持政府政务数字化的基础设施，这些基础设施可以与商业企业进行合作，像亚马孙、戴尔和甲骨文这些国际科技巨头已经与我们的国际数据中心签署了谅解备忘录。这个数据中心是按照最高的技术和安全标准设计和建造的。我们向区域科技大国转变，不仅仅限于基础设施的投资，也需要为研究人员和创新者提供从事突破性研究及应用所需的资源和支持。在这方面塞尔维亚科技创新部设立了两个基金，一个叫作科学基金，一个叫作创新基金。科学基金为我们的国内研究人员提供资金和其他方面的支持，我们尤其引以为豪的项目包括青年人员优秀项目计划，为处于职业初期的研究人员开展项目提供支持，加强他们的专业能力，并且为他们进行项目管理方面的培训，使得他们未来能够更好地在国内和国际获得资金支持。

因为意识到了人工智能的巨大潜力，我们也一直在推进人工智能项目发展。这个项目计划大力投资人工智能的基础和应用研究领域，以确保塞尔维亚知识经济在全球获得更高竞争力。随着AI融入日常工作生活中，我们也将与其他国家合作开展AI研究。最近成立了塞尔维亚人工智能研究与发展研究所，这是最大的项目受益机构，也是东南欧人工智能研究的主要机构之一。

最后我们有一个概念验证计划，主要用于支持后期阶段的研究活动，帮助研究人员将成果转化为具有商业和社会价值的企业。我们已经投入了1500万欧元，私营企业会跟投，通过匹配资金的投入来帮助这些研究人员快速实现成果转化。

女士们、先生们！塞尔维亚和中国建立了坚不可摧的友谊，这种友谊在各个领域得到了体现，催生了双边高速发展的经贸往来。5年时间中，中国已成为塞尔维亚第二大直接投资国，年投资额增长10倍多，达到14亿欧元。中国通过"一带一路"倡议大力投资塞尔维亚基础设施，建立桥梁、铁路、高速公路，将人与城市联系起来。中国也大力投资塞尔维亚冶金工业。来自中国的游客数量不断增长，虽然受到疫情影响，但整体持续上升。随着未来两国之间直飞航线开通，这一增长趋势将会持续下去。现在塞尔维亚航空公司和海南航空公司分别运营从贝尔格莱德到天津和北京的航班。我们的双边伙伴关系正在日益活跃地进行双向奔赴，中国正在成为塞尔维亚出口的重要目的地。

习近平主席和武契奇总统越来越多的会晤深化了两国的双边关系。访问的频率和级别也表明，中国对于中塞关系持续发展的重视。对于塞尔维亚这样相对较小的国家来说，得到中国这样的世界强国关注，并且能够与中国建立合作关系非常令人欣慰。中国很早认识到了投资塞尔维亚的经济潜力。无论是基础设施还是工业，中国不断证明自己是塞尔维亚可靠的经济合作伙伴。如今我们的政府将持续致力于发展国内知识型经济，创建初创企业生态系统，并且提高我们的科研产出。为此我们一直寻找有意愿的国际合作伙伴，让他们帮助我们实现双方发展目标。希望能从我们的人才库和创新基础设施当中发掘更多机遇，让合作伙伴受益。

借此机会，希望中国与塞尔维亚的钢铁友谊能够持续快速发展，并且能够尽快拓展到研究技术开发和创新经济的领域。再次感谢各位的关注，希望今天的讨论能够取得丰硕成果。非常感谢！

中法科研合作赋能创新药物研究

张勇民　法国国家药学科学院院士、法国国家科学研究中心（CNRS）一级主任研究员

> 中法科技合作由来已久，特别是在创新药物方面的联合研究取得显著成效。科研机构方面，巴黎高等师范学院与浙江大学的合作较具代表性，双方成立了药物化学联合实验室，围绕联合培养研究生、联合申请科研项目等进行了深入合作。研究成果方面，中法科技合作的重要成果包括治疗黑色素细胞瘤的策略、结核病疫苗研究、急性髓系白血病治疗研究等。

尊敬的各位领导，各位来宾，女士们、先生们，大家下午好！首先，感谢大会的组织者对我的邀请，我今天的演讲题目是"中法科研合作赋能创新药物研究"。

中法合作已经很久了，1978年的时候，中法在北京签订《中华人民共和国政府和法兰西共和国政府科学技术协定》。这是中国政府与西方国家政府签订的第一个政府间合作协议，由此中国和西方其他国家也陆续签署了科技合作协议。今年4月，法国总统马克龙先生访问中国，4月7日发布了《中华人民共和国和法兰西共和国联合声明》。今年5月，中国科技部与法国驻华使馆共同举办中法科研伙伴交流计划启动仪式。大家看到这个启动仪式，中法两国的相关领导，比如说中国科技部的部长、法国外交部部长都在线祝贺致辞。

我来自法国国家科学研究中心（简称"法国科研中心"），目前担任法国科研中心主任研究员。法国科研中心是欧洲最大的公立科研组织，有2万多名科研人员。法国科研中心简称CNRS，是首批同中国科研部门与机构签署双边合作协议的国际组织之一，也是第一个法国机构组织。后来中国的国家自然科学基金委员会及北京大学、清华大学等国家机构和顶尖科研院所和高校都与法国科研中心签署了合作协议，进行科研合作。

下面简单介绍法国科研机构和中国科研机构的一些科研合作情况。我曾经在巴黎高等师范学院工作17年，巴黎高等师范学院是法国顶尖大学，人数不多，每年招收200个

学生，学术地位非常高，这么小的学校一共出了十几位诺贝尔奖获得者。2004年的时候，巴黎高等师范学院和中国的浙江大学成立了联合实验室，联合实验室研究侧重于药物化学，叫做巴黎高等师范学院和浙江大学药物化学联合实验室。在杭州浙江大学成立，可以看到当时法国高等师范学院校长和浙江大学的校长共同为联合实验室揭牌。

浙江大学、巴黎高等师范学院从实验室成立以后就非常积极地开展合作研究。合作是多方位的，一方面联合培养研究生，另一方面进行科研项目申请以及开展科学研究。联合培养学生是浙江大学的学生到法国联合培养，学生在两边轮替地进行科研工作和学习，学生答辩有双方教授共同参加，同时授予法国和中国的两个学位，也就是巴黎高等师范学院和浙江大学的学位。当时巴黎高等师范学院的学生注册在巴黎第六大学。我们也组织了很多高水平的中法学术研讨会，比如说2007年在杭州组织召开了中法生物有机与药物化学研讨会。这个会议上有很多法国著名学者来杭州参会，我们可以看到，左上角做大会主题演讲的教授是诺贝尔奖获得者，不到50岁的时候就获得了诺贝尔化学奖，研究超分子化学。右边图片，左侧是陈凯先院士，陈凯先院士曾在法国留学，回到国内曾担任中国科学院上海药物研究所所长，而且担任过上海中医药大学校长。

2011年在我的推动下，我们组织召开了中法药学研讨会暨中法生物医药企业对接洽谈会，左侧图是法国药学科学院和天津市委、天津市科委领导共同签署合作协议。右边图是大会上请到法国巴斯德研究所著名教授吕克·蒙塔尼，他是2008年诺贝尔医学奖获得者，他在大会上做报告。

2011年大会通过后，我们筹建了中法联合实验室。上图是2011年6月28号，我们在天津科技大学为联合实验室的科研楼举办奠基仪式。下图是2014年8月25号，经过3年筹建，实验楼盖好了，所有筹建工作就绪，当时由法国药学科学院代表和天津市委、市政府领导参加揭牌仪式。同时看到法国驻中国大使馆的科技参赞也来参加揭牌仪式。天津中法联合实验室成立后，有若干名法国科学家到天津科技大学工作，其中包括法国药学科学院院士和法国科研中心的研究人员。中法食品营养与安全药物化学联合实验室科研成果产出比较多，比如2015年依托中法联合实验室获批科技部国际合作基地，同时主持完成科技部国际合作专项1项、中法杰出青年交流项目2项、法国大使馆徐光启项目1项，同时联合培养研究生20余名，合作发表高水平论文30余篇，共同申报发明专利4件。自成立以来，中法食品营养与安全药物化学联合实验室交流非常频繁，活动有的在天津举行，有的在巴黎举行。我们不但有教师互访，同时也有协调的相互交流，定期组织研讨会。

刚才我在开头提到，中法今年5月启动了中法科研伙伴交流计划。这个交流计划现在开始申报，我们今年参加了第一批的申报，在7月20号提交了项目书，由法国的索邦大学（就是我现在工作的大学）和天津科技大学联合申报，我们的研究课题是神经保护活性的寡糖及其衍生物的制备。

下面我列举几个中法科研合作产生的研究成果。

第一个是治疗黑色素细胞瘤的策略。大家知道肿瘤是危害人类健康的重大疾病，黑色素细胞瘤也是其中非常重要、危害很大的一种肿瘤。我们中法联合在新的机制之下对发现和治疗黑色素细胞瘤的方案做了初步的尝试，生物活性非常好，首批的结果非常喜人。

中法合作在做靶向药物治疗肿瘤过程中取得非常可喜的成绩，发现一系列糖脂类化合物具有非常好的选择性杀伤肿瘤细胞的作用，而不影响正常细胞。同时，我们对新的作用机制，比如说抑制表皮生长因子受体活化过程进行干预，这是肿瘤细胞增长过程中的重要过程。通过这个机制，我们发现了一批比较好的化学分子，他们对于卵巢癌和胶质脑细胞瘤都有比较好的生物活性。

糖尿病现在也是威胁人类健康的一大疾病，现在全球有10%左右的人群受到糖尿病的危害。糖尿病分为一型和二型，一型糖尿病是胰岛素依赖型，大概占10%～20%，80%以上的糖尿病是二型糖尿病患者。我们在二型糖尿病药物研究上发现了一类新元环的糖化物，它们对于治疗二型糖尿病是非常有前景的先导化合物。

20世纪80年代，科学家发现了一类新的化合物叫富勒烯，典型代表是碳60，富勒烯的发现为人类科学研究提供了非常好的素材。富勒烯不但在生物学、化学物理学上有广泛应用，在材料学上也有非常好的应用前景。我们对于它的生物学特性进行了研究，发现富勒烯本身由于水溶性比较差，所以生物利用度比较低。因此我们试图研究富勒烯水溶性化合物，结果发现这类化合物对于丙型肝炎病毒有比较好的抑制作用，这是人类首次发现富勒烯水溶性化合物的这种特性。

另外我们研究了富勒烯和环糊精的原生物，主要在阿尔法环糊精上进行研究，它的水溶性不错，大概是每毫升0.5毫克，但是还不令人满意。后来我们进行了探索，把碳60连在伽马环糊精上，伽马环糊精的开口比较大，所以能够把碳60包合进去，因此它的水溶性的大大提高。目前我们的研究成果是，富勒烯用环糊精修饰以后，尤其是用伽马环糊精修饰以后，它的水溶性增加到每毫升550毫克，是目前世界上报道的环糊精或者碳60本身衍生物的最高水溶性纪录。这类化合物有什么用？我们把它作为抗流感病毒的抑制剂，发现它对流感病毒的抑制作用非常好。我们做了对比，跟现在市场上的药物奥司他韦进行了对比，效果差别并不是很大。这只是初步结果，目前正在深入研究，希望发现效果更好，同时毒性比较低的抗流感病毒药物。

下面我再介绍一下关于中法合作研究结核病疫苗的新进展。结核病大家比较熟悉，目前全世界每年大概有1000万人群感染结核病，其中大概有160万的病例死亡。因此现在世界卫生组织做了决定，要在21世纪的2030年消灭或者控制住结核病。这个挑战很大，对科研人员来说，时间非常有限。结核病的疫苗并不新鲜，100年前也就是1921年，法国两位科学家首次上市了一款结核病疫苗叫作卡介苗，用这两个科学家的姓氏首字母命名。这款疫苗100年以后效果也不错，但是还有一些问题，比如它的免疫力，产生疫苗的效果是0～80%。为什么是0～80%呢？它对婴幼儿效果非常好，能达到70%～80%，但是随着疫苗接种者年龄的增长，疫苗对青少年效果下降，对成年人基本上没有效果。它的免疫时效也不长久，因此我们希望能够研究出新的结核病疫苗。对于新的结核病疫苗，我们现在的策略是对结核分枝杆菌的细胞壁上分泌的一类脂多糖类化合物进行结构改造，我们初步的研究结果比较好。我们利用一些天然的结核分枝杆菌细胞壁里的多糖进行了修饰，进行了化学合成，发现了小分子寡糖、四糖或者六糖，这些糖类化合物对于结核病人血液当中的抗体有非常好的亲和力，所以这是一类非常有前景的结核病疫苗。

我们中法联合研究的一类原创性的治疗急性髓系白血病的工作，也取得了非常好的进展，药效非常好，毒性非常低。我们做了动物实验，发现它对模型老鼠，在14天的时候效果非常好。左下角是用对照品生理盐水给老鼠灌胃，右下角是用合成分子做成药物给老鼠灌胃。左下角的生理盐水红色点比较大，说明老鼠肿瘤负荷比较高；右下角是用分子合成药，用我们的药作对比，可以看到红点基本消失，说明老鼠肿瘤负荷非常低，也就是药物效果非常明显。

还有一个是绿色农业上的应用，用糖研究了一类植物疫苗。植物疫苗有两个非常好的效果，一是可以减少化肥和农药使用，二是可以促进植物生长。我们去年在河南省南阳市进行了测试，测试结果还是比较喜人的。去年夏天虽然炎热干旱，我们做的这个实验，在小麦、玉米、花生、大豆上都进行了测试。其中玉米的效果比较好，我们可以使玉米的增收达到30%～50%，这个效果非常好。如果将来能够大面积推广，对于农作物增产增收以及抗病虫害有非常大的成效。

下面简单介绍一下我们学校。我们学校在巴黎市中心，塞纳河左岸。这个学校是欧洲最古老的大学之一，叫索邦大学，是1257年成立的。这张图是在塞纳河东北方向拍摄的，从中可以看到埃菲尔铁塔。图片右侧很近，走路10分钟左右，能看到巴黎圣母院。左边是我们学校，主楼24层。去过巴黎的人可能都知道，巴黎市区很少有高层建筑，我们学校是一个非常特殊的情况，建了这么一座高楼。右下角是学生阅览室。这是法国索邦大学糖化学研究中心，左边是2017年我们组的合影，右侧是2022年7月20号我们组的合影。图片中可以看到研究中心有很多中国学生在工作学习，我们是一个中法学生共同组成的大家庭。我们实验室我培养的学生，多数学成以后会回到祖国，其中有两位回到了上海。一位是许欢欢博士，她是2013年回国，现在中国科学院上海药物研究所工作。另外一位是吕丹博士，2014年回到中国，目前在上海交通大学工作，吕丹博士今天也在现场，你站起来跟大家认识一下。希望我培养的中国学生回到祖国，能够为国家的科技发展和经济建设做出贡献。

最后，祝愿中法科技交流与合作不断取得新的成果。谢谢大家！

中新科技合作新模式新经验

黄立伟　新加坡知识产权公司（IPI）首席执行官

> 新加坡和中国一直保持着良好和密切的科技合作，在科技创新领域有着悠久的合作历史。新加坡知识产权公司（IPI）是新加坡企业发展局下属的非营利组织，其使命是通过创新和科技为新加坡本地中小企业提供更好的商业机会与全球发展舞台。IPI在与中国企业沟通合作过程中学习到很多宝贵经验，包括市场敏感度及高度适应性、中国速度及强大执行力，以及永不言败的创业精神。未来中新合作还有非常多的机遇，双方可以加深在人工智能和区块链等新兴软件技术领域的合作，共同探索未来的科技前景。

尊敬的各位领导，各位来宾，女士们、先生们，下午好！我是来自新加坡IPI的黄立伟，首先我要感谢中国国家技术转移东部中心（NETC）邀请我参加今天的浦江创新论坛，能在这里与各国的专家切磋和讨论是我的荣幸。

先向各位简单介绍一下自己，我是IPI执行总裁，负责领导IPI战略和增长，通过技术和创新帮助企业扩展业务。加入IPI前我曾在飞利浦工作25年，也担任过不同职位。其中包括在中国苏州的飞利浦彩电厂当过3年厂长，以及另外3年担任新加坡飞利浦执行总裁。在苏州的短短3年让我汲取了在大陆工作的宝贵经验，也对中国有了更深的了解，结交了好朋友，同时也提高了我的汉语水平。离开飞利浦之后，我先后任职于新加坡体育城以及一家在新加坡上市的水处理公司，担任其首席运营官。

接下来的15分钟我想和大家简单介绍一下IPI在全球创新网络中扮演的角色，以及分享IPI和中国创新伙伴包括NETC在内，在合作交流中学习到的宝贵经验和心得体会。

新加坡是一个缺乏天然资源的弹丸小国，在世界地图上只不过是个小红点，可是麻雀虽小，五脏俱全。新加坡自开国以来为了生存和提高国民生产总值，一直致力于科研与创新、技术商业化，务求提高新加坡在世界上的竞争力。新加坡是目前唯一跻身IMD竞争力排名前10的东南亚国家，在全球创新指数中，新加坡也一直名列前茅。新加坡和中国一直保持良好和密切的科技合作关系，在科技创新领域有着悠久的合作历史。早在1992年，两国就签署了中新政府间科技合作协定，并成立了中新科技合作联委会。在过去的几十年里，两国在科技创新领域的合作取得了显著成果，涉及材料、生物医药、智慧城市等多个领域。例如中国苏州工业园区、天津生态城以及2015年启动的中新重庆互联互通项目就是很好的见证。

接下来分享一下IPI在创新生态系统中所扮演的角色。IPI是新加坡企业发展局下属的一个子公司，是政府支持的非营利组织。IPI的使命是通过创新和科技为新加坡本地中小企业提供更好的商业机会与全球发展舞台。IPI 提供端对端创新服务，包括技术搜索、技术景观研究、技术专家和创新咨询等。

　　IPI 连接着全球的创新生态系统，为新加坡企业提供全球创新资源，这张图显示了 IPI 创新系统的国际合作伙伴。例如 IPI 与中国 NETC 等机构建立合作伙伴关系，为新加坡提供了进入中国市场的机会。和 NETC 类似，IPI 有自己的创新平台，发布最新的新加坡科技成果与需求，也组织展会与创新相关的活动。其中 Tech Innovation 是 IPI 每年最大的基建科技展会。今年我们的 Tech Innovation 将于 10 月底在新加坡举行，我们也邀请和欢迎在座的嘉宾以及我们的全球合作伙伴共同来参加。我们最终的目的就是为中小型企业创造机会，以加速企业的创新进程，希望帮助它们提高竞争力，以便打入国际市场。IPI 致力于通过各类国际创新合作项目来鼓励企业间的跨境合作，为初创企业和中小企业提供平台、渠道和新的市场，以加速行业创新。

　　接下来分享 IPI 促成的合作项目。Neeuro 是一家位于新加坡的医疗科技初创企业。2021 年，Neeuro 和上海鼎博医疗科技有限公司共同参与了新加坡和上海联合举办的创新挑战赛，推出了 Neeuro X 项目。这样的联盟使双方能够结合各自在技术和临床试验方面的优势，为市场带来最佳的解决方案。目前 Neeuro 正在积极探索中国市场，也进入了 InnoMatch 平台，IPI 在帮助 Neeuro 寻找更多的医疗落地、商业落地和科技方面伙伴。

　　与这么多来自不同国家的技术创新伙伴合作，免不了会面对各种挑战。作为一家有丰富国际合作经验的公司，我们希望能够扮演积极角色，充当一个桥梁来克服企业合作过程中所面临的各种挑战。在文化差异和语言障碍方面，我们能促进交流活动以弥合沟通上的不足。另一种挑战可能是监管的复杂性，我们会分享对本地法规的见解，也能介绍法务方面的合作伙伴。在知识产权方面我们也能够提供知识产权保护策略的指导。最后因为地域时区关系，跨国合作常常在线上举行，我们也希望通过倡导开放创新促进合作，建立双方信任关系。

　　今年 4 月 NETC 在新加坡正式签署了一份合作备忘录，这是双方合作的开始，也是两国政府致力于营造技术合作环境的战略统一。我们双方会通过共享基础设施和平台来互换知识、扩展信息和增长市场，以达到互利共赢的合作宗旨。自从签署了合作备忘录，中新双方团队便不遗余力地沟通和交换信息，以寻求一个适合双方的合作模式。讲得更具体一点，我们已经在 InnoMatch 平台上设立了 IPI 主页，同时发布了两个技术成果。IPI 的创新平台叫作 Innovation Marketplace，也是一个连接技术供应商与技术寻求者的自助平台。目前这个平台有超过 3 万个订阅用户，NETC 也将会把他们经过筛选后的技术需求发布在 IPI 的平台上。虽然 NETC 和 IPI 的合作刚刚起步，但已经有令人鼓舞的开始。同时我们在和 NETC 以及中国企业沟通合作中也学到宝贵经验，这里和大家分享 3 点。

　　第一点，市场敏感度及高度适应性。中国的企业和创新者对市场的需求变化极其敏感，具备极强的适应性，能够快速调整策略，积极求变求新，他们不断寻找新的方法和技术来解决问题并推动业务增长。

第二点，中国速度及强大执行力。中国速度世界闻名，我们在和 NETC 合作中也感受到了这一点。中国商业环境经常发生变化，我们遇到的很多创业者，敢于大胆采用新技术，抢占先机，高效发展新产品。

第三点，永不言败的创业精神。中国的创业精神强调了坚韧、决心和不放弃的重要性。这些特质令我们印象深刻，我们遇到了许多中国伙伴，总是愿意克服各种挫折和困难，坚持不懈地追求自己的目标，这使得中国创业者能够在竞争激烈的商业环境中蓬勃发展。

未来中新合作还有非常多的机遇，我们可以加深在人工智能和区块链等新兴软件技术领域的合作，共同探索未来的科技前景。来自中国的人工智能技术也可以被用到新加坡的商业应用场景中。同时，可持续性绿色能源和智慧城市方面的联合倡议，将为环境保护和城市发展带来新的希望，这也是新加坡政府大力扶持的领域之一。此外，通过与高校研究机构、工业界之间的研究合作，我们可以汇聚智慧和资源，共同解决世界面临的重大挑战。最后，促进人才交流计划，将有助于知识传递和技能提升，培养更多的人才为未来的合作提供坚实的基础。

中新合作不仅将带来商业机会，还将促进两国之间的友谊和共同繁荣。这是一种充满潜力的合作，我们期待未来成果。我今天分享到此结束，谢谢大家！

技术转移人才队伍建设——湖北实践

陈汉梅　湖北技术交易所所长

> 新时代的技术经纪人不再仅仅是消除信息差的"中间商"、撮合交易的"红娘"，而至少应该扮演 5 种角色，即翻译官、构架师、赋能者、跨界王和设计师。基于新时代的 5 点要求，国家技术转移中部中心通过技术转移人才培养基地，构建了一个"四体系"的培养模式，包括教学体系、实训体系、交流体系和资源配置体系。技术转移人才培养是一个开放式的命题，需要多方合作，进行氛围共创、资源共享、生态共建。

大家下午好！很荣幸能够代表湖北介绍技术转移的实践工作。湖北科教资源相对比较丰富，有大量科研院所，我们急需建立的技术转移体系里最缺的是技术转移人才，我今天以这样的小切口来介绍技术转移人才队伍建设情况。

今天我的分享分为 4 个部分：一是关于当前技术转移的趋势；二是关于技术经纪人

在新时代的要求；三是湖北在这方面所做的工作；四是未来展望。

当前科技发展呈现多点突破、交叉汇聚的态势，新兴技术正以前所未有的加速度实现产业化应用，重构经济社会的生产关系。去年，中国科协发布了科技经济融合的十大趋势，我们觉得有3块跟技术转移，尤其是技术转移服务从业者关联较大。

第一，就是前沿技术交叉融合，产研协同创新纵深推进。新一轮的科技和产业革命方向不仅仅依赖于一两类学科或者是单一的技术，而是一个多学科、多技术领域的高度交叉和深度融合。技术创新、商业模式和金融资本的深度融合，进一步加速了前沿技术的交叉融合、重大突破与产业化应用。

第二，科技创新模式发生了根本性的转变。人工智能、大数据、物联网等技术的新业态新模式加速涌现，"科学—市场—科学"双向循环的科技创新模式进一步深化，创新链和产业链加速深度融合。

在这两点上，我们湖北有一个关于这方面的案例，是湖北的华工科技、瑞科激光和华东数控。这是我们三大产业链的链主，他们在同一条产线上结盟，展示了一个多企业、多领域、多学科交叉的协同创新模式。3个链主成为出题者，围绕数控系统、切割头、激光器延伸的各产业链的所有环节成了答题者，整个应用场景非常丰富。

第三个趋势是重大科技成果的产业化提速。院所加速拥抱实体经济，推动科技成果的产业化，这是我国创新驱动发展战略的一个重要路径。背靠高校院所的初创企业，将进一步加速人工智能、新材料、生物技术等前沿领域的科技成果实现产业化。

结合三大趋势，新时代的技术经纪人就不再仅仅是消除信息差的"中间商"、撮合交易的"红娘"，而是有了新的能力要求、角色定位和新的使命。在科技成果转化打通堵点、破解难点上，技术经纪人至少应该扮演5种角色。我们提出了5个比较形象的说法来说明5个维度的要求，即翻译官、构架师、赋能者、跨界王和设计师。

第一个是翻译官，让科学家和企业家进入同一话语体系。科学家和企业家两者的思维模式、底层逻辑的差异使技术经纪人必须成为出色的翻译官，让科学家更懂企业经营的需求，也让企业家更懂科学发展的特点，让两者进入统一的话语体系交流，向着共同的目标前进，各司其职。

第二个是架构师。技术领域是一项复杂的系统工程，因此技术经纪人必须化身为技术转移系统的架构师，做好战略规划、分析转化流程、设计转化路径、调配资源并进行项目管理。技术经纪人要在各种不确定性中拨开迷雾，用系统思维找到标准化蓝图。

第三个是赋能者。新时期的技术转移工作实践表明，只具备通识能力的技术经纪人是很难找到工作的突破口的，而在细分领域拥有专才的技术经纪人则更受欢迎。无论是技术商业化评价或者概念验证，还是技术投融资环节，都需要有细分专业能力、细分服务能力的技术经纪人去承担，去进行价值创造。

第四个是跨界王。随着科技经济的融合和交叉学科的兴起，要求技术经纪人能够玩转跨界,链接原本互不相连的领域,将已有的技术在新的环境、新的状况下实现突破,为产学研合作不断寻找多元化的应用场景,实现创新要素在不同环境下的融通,找到战略蓝海。

最后一个维度就是设计师。大家知道资本在技术转移中的作用是举足轻重的,这也要求技术经纪人成为为技术要素、资本要素匹配构建快速通道的设计师,帮助项目做好股权结构融资方案的设计,做好项目匹配,找到有耐心、懂硬科技、能够带来战略资源的智慧资本。

基于新时代的5点要求,国家技术转移中部中心通过技术转移人才培养基地,构建了一个"四体系"的培养模式,帮助湖北的技术经纪人完成内核升级。

第一个是打造教学体系。围绕湖北技术转移学院的建设,我们形成了一个"1+5+N"的教学体系。这个"1"就是湖北技术转移学院,"5"就是5项基础的支撑,包括升级培训教材、建设导师库、建立线上学习平台、办好杂志及运营好媒体公众号。在此基础上,我们又开发了N套培训产品,包括技术经纪人的分级培育,产业技术经纪人的专项培养,还有高校科研助理的培训,以及科技成果转化联络员培优等等专项定制的培训产品。在学院成立后,湖北的持证经纪人实现了倍数发展,现在已经超过2000人次。除此之外,我们还开展科转沙龙、科创公开课大讲堂、专业领域论坛等活动,并且针对技术经纪人关注的问题,组织形式丰富多样的知识普及活动,截至目前近3年线上线下共有5万多人次参加。

第二个是打造实训体系。这个目的在于实现以学促用、以用督学的双向循环,我们以培养技术经纪人的实操能力为目标,首创学用结合的新模式,开启技术经纪人的职业化征程。通过建设专业细分领域的实训基地,鼓励学员以职业技术经纪人的身份参与到科技成果的转化活动中,并且引导高校院所制定相应的技术转移经纪人的聘用相关政策,比如佣金、聘用岗位等等。就像最近我们还在跟人社部门协调,希望能够在省属的一些单位开展试点,真正将这种从事技术转移工作的行政人员转为专业技术人员,给他们相应的职业认可,并且我们也推动省内的知名技术转移机构市场化地聘用高水平的技术经纪人,最后实现双向循环。

第三个是打造交流体系,开辟技术经纪人跨区域交流的新格局。在2020年我们开启了高级技术经纪人培训的序幕,启动了高级技术经纪人研修班。通过组织学员前往上海、北京、深圳、青岛等地与各地建立交流通道,在学习研修机构走访项目对接过程中拓展了朋友圈。在2011年我们联合湖南、江西的国家技术转移培训基地,举办了长江中游城市群技术经纪人大赛。这也是全国首个区域性的针对技术经纪人这一群体的赛事,展现了技术经纪人良好的职业风貌。由于社会反响热烈,这项赛事被写入推进长江中游三省协同发展的要点中,作为常态化的工作推进。

第四个是打造资源配置体系,建立长江中游城市群综合科技服务平台,为技术经纪人来赋能。这个平台是由我们所来牵头,依托国家重点研发计划,由鄂湘赣三省科技厅共同投入,来支撑服务业的发展。这个平台通过资源集成、业务集成和服务集成,建立了一个跨区域、跨领域、全链条的运营模式和协同服务体系,以复杂需求的拆解、接单、分包、佣金激励为特色,鼓励技术经纪人参与到成果转化的全链条中来,优化了三省的产业资源、服务资源的配置。

以上就是我们在湖北技术转移人才培养上的一些实践做法。当然技术转移人才培养实际上是一个开放式的命题,并没有标准的答案。但可以肯定的是,这需要大家共同努力,因此我们从以下3点进行了展望,也可以说是我们想发起这3点倡议。

第一是氛围共创。打造技术经纪人发展的全新格局,优化技术转移的氛围,让技术转移人才在自由开放平等的环境中加强交流和合作,特别是跨区域跨领域的合作,以国际化的视野共同构建技术经纪人发展的新格局。

第二是资源共享。完善技术经纪人的多元培养体系,共享师资体系、实操实训政策等资源,取长补短,打造科学规范多元化的技术转移人才培养体系,促进技术转移人才各梯队高质量发展。

第三是生态共建。构建技术经纪人的区域协同机制,通过成立区域技术经纪人发展联盟,举办区域技术经纪人大赛,组建产业技术转移专项小组等方式,共建技术转移良好的生态,促进技术经纪人的深度协同。

很高兴今天有机会在这里跟大家分享交流,也希望后续能够得到各位同仁和各位专家的指导。今天现场在座的也有我们湖北技术转移学院的导师,也借今天教师节机会祝大家节日快乐!我的分享到此结束,谢谢大家!

4 圆桌论坛:经验与未来——国际开放创新生态建设

主持人:
宰承峰,中欧科技创新网络创始人兼董事长。
嘉　宾:
费睿阳(Freek-Jan Frerichs),荷兰驻华大使馆科技参赞;
李镇守,韩国驻华大使馆科技官公使衔参赞;
何　穆(Martin Rune Hoxer),丹麦王国驻上海总领事馆创新领事;
鲍洛安(BALOGH András Zoltán),匈牙利驻华科技一等秘书。

宰承峰:大家下午好!非常欢迎大家来参加圆桌论坛对话环节,这个圆桌论坛会聚焦开放创新的系统搭建,以及未来整个发展趋势。我们会讨论不同国家如何在技术创新方面发挥作用,在全球层面上如何合作来解决技术转移以及可持续发展相关的各种困难和挑战。我们需要探讨与全球开放式创新以及技术创新息息相关的问题，我们知道不同国家在不同技术方面各有专长，我们如何能够进行合作？第一个问题应该是让所有人回答的，也就是在全球创新合作方面，我们如何能够打造一个高效的生态帮助我们进一步推进技术转移尤其是跨国技术转移，请大家分别回答这个问题，谁想成为第一个回答问题的讲者呢？离我们最近的这边请李镇守先生为我们回答这个问题，您来自韩国，与中国最近的国家。

李镇守：首先讲一下对今天论坛的印象，今天我听了很多嘉宾的主题发言，印象非常深刻。在不同的领域，我们听到了不同的意见，像巴西的、塞尔维亚的很多案例，我们在韩国是很难听得到的，对我启发很大。刚才主持人问我关于国际开放创新以及技术转移的生态，尤其是跨国技术转移生态如何建设。这个话题非常重要，但是也很难。

为了进行跨国技术转移，对于研究人员来说，是有国界的，但在科学领域没有国界。人类过去几千年当中共同发展科学，科学已经成为人类共同遗产。最近开放创新、技术转移的重要性越来越突出，世界变得很平，国际交流越来越活跃。在国际交流方面，每个国家都有它的优点和缺点，所以如何发挥自己的优势，凭借自己的优势跟对方国家的优势进行结合？这点非常重要。发达国家的产业政策和科技政策以前一致认为不需要国家的介入，都要转给民间领域。但在我们经历疫情过程当中，很多发达国家已开始介入制定科技政策和产业政策，所以科技治理已经成为国家层面的战略选择。

在国家层面，政府、学界和企业界的合作很重要，在跨国技术转移的重要性越来越突出的情况下，我们也在思考跨国技术转移该怎么做。举个例子，韩国算是通信领域的技术走在前面的国家了，在三四十年前，其实韩国在通信领域是非常落后的。在20世纪90年代的时候通信领域的方式主要是GSM这个方式，韩国作为后发者，当时韩国没有技术。所以当时韩国跟美国的初创企业高通合作，高通当时具有CDMA技术，高通还是一个初创企业，韩国选择了美国这家初创企业高通。现在CDMA已成为韩国通信技术的一个基础，CDMA技术造就了现在的韩国通信技术，这是跨国技术转移的非常好的案例。

费睿阳：我们与中国在创新方面和创新系统搭建方面是有非常紧密连接的，作为开放的经济体，我们和全球生态息息相关、荣辱与共。在这样的生态联系搭建方面，很多中国高科技公司利用自身专长，进军欧洲或者荷兰，在欧洲当地建立研发中心，提出各种各样的技术解决方案。

当然在整个城市发展、水资源管理、可持续发展和农业发展方面都得到了他们新兴技术的赋能。我们的合作伙伴也日益强大，在整个国家也有了越来越多的合作伙伴，的确一些事情做得非常可圈可点。借这样的东风，我们希望有更加开诚布公的技术科技以及创新方面的沟通交流。与此同时，创新得益于开放态度，我们希望能够在竞争过程中保证竞争公平性，很重要的是携手同行，并且打造相应框架。只有这样我们才能够达到一个很好的平衡。一方面达成协议，让中国和欧洲的科技发展路线图能够渐行渐近，并且能够得到落地。与此同时，我们也能够实现自身的长远发展。

还有一点非常重要的是，我们一定要解决不确定性问题。看新的法律法规对我们运行的影响，比如新的数据方面的法律法规可能会不断推陈出新，甚至有一些电商相关的法律法规也会应运而生。所有这些都要中国和欧洲政府以及专家来拭目以待，并且看看如何通过合作完成这样的任务。谢谢！

宰承峰：我之前也去过一些在欧洲的中国企业的研发中心，在那边看到很多中国代表团，他们来自中国不同城市。可以说的确有非常多中外交流，在伦敦方面，我们也可以看到整个英国也打造了这样的一些生态系统，很多欧洲国家紧随其后打造类似生态，现在我要用同一个问题问一下何穆。

何穆：非常感谢您的提问，我代表丹麦在上海的创新中心非常感谢您的提问。在2007年的时候，我们都希望能够和上海形成合力，并且在中国不断深耕发展。聚焦于清洁技术、绿色技术，还有可持续发展技术，丹麦和中国在科学和技术方面展开了高效的研究，可以说在这方面我们已经有了数十年的合作，无论是开发还是研究都已经如火如荼地开展。

在过去的几年中，我们的确遇到了各种各样的挑战，比如说有人才方面的挑战，有资源方面的挑战。但我觉得无论如何，我们再一次看到了中国学生能够重回我们整个科研的重镇和舞台，也看到有越来越多的丹麦公司进驻中国市场，这一点我们是一定要认可的。因为中国、欧洲、美国现在有一点点渐行渐远，但是我们必须找到利益最大公约数，只有这样才能让我们更好地实现绿色转型，支持全球的健康事业。无论怎样都需要我们产学研形成合力才行，这也是为什么我们今天共聚一堂，为的就是达成这方面类似的对话。希望能够深入挖掘，是不是在产学研合作方面有可能性和更多机会。通过这样的方式实现技术的转型，与此同时支持清洁技术、绿色技术以及各行各业技术的长远发展。在这方面我们也有非常庞大的丹麦代表团来到南京进行考察。

关于如何进行高科技企业的管理，我觉得在治理污染方面、科技方面、废料处理方面应该没有国界概念可言。我们应该坦诚交流，我们有全球共商共建平台，毫无疑问这是丹麦和中国之间开放创新的平台。对于中国、韩国、荷兰以及我们国家，在全球版图上，都可以发挥自身的角色和作用，和美国进行其他方面的合作。在知识产权保护方面，刚才有嘉宾说到这一点，这方面我们必须要仔细思考一下，是否能够建立一些相应的框架，这样我们才能够保证整个中国合作伙伴的利益，并且不断拓展自己的经验。我们在知识产权保护方面，也看到伦敦做得很好，我们也借鉴了他们的经验，希望能够反哺我们自己的生态系统搭建，希望伦敦、欧洲和中国都能够形成合力，这是最为声名卓著的欧洲项目了。

宰承峰：的确如此，鲍洛安您怎么看？

鲍洛安：我完全同意刚才嘉宾分享的真知灼见。在欧洲方面我们已经有了一些这样的协议和认识，看看如何加强合作，携手同行。的确我们有了各种各样的在欧盟层面的国际合作，比如说我们有这样的一个欧洲高分子研究中心和实验室，它的资金就来自欧盟和不同的成员国。我觉得国际合作无疑非常重要，因为现在我们需要通过这样的合作来解决我们共同面对的挑战，比如说疫情就是其中之一，还有气候变化等等，不一而足。希望通过这样的方式放弃我们的偏见，形成共识，一起找到解决方案。

科技一直以来都是整个全球合作以及中欧关系的重要一环。从1953年开始中欧之间已经有了技术合作协议，20年前我们还签署了双方的技术合作协议以及一系列的技术文件。通过这样的文件签署，搭建了非常大的框架，我们进行多样化的科研。与此同时，现在已经有了100多个匈牙利和中国进行合作的项目，并且已经成功落地。我们也希望能够给中国研究人员更多机会，让他们能够来到匈牙利进行相关的研究，参与到欧盟研究计划的项目之中。与此同时找到我们的共识，更进一步地推进整个科学的发展。

宰承峰：我之前去了匈牙利很多次，现在疫情结束了，之后希望有机会能够去匈牙利。现在匈牙利有非常多的初创技术企业和高新技术，他们是非常硬核的初创技术企业，这也是为什么我们一直觉得这样的技术真的是由匈牙利开发出来的。

鲍洛安：是的，匈牙利是很小的国家，也是为什么我们必须要很努力地来形成合力，和其他不同的国家进行各种层次的合作，推出五花八门的硬核技术来支持自己的合作，希望我们之后能够促进中国和匈牙利之间的紧密合作。

宰承峰：下一个问题问李镇守公使。我们知道韩国在与其他国家进行合作，韩国也是亚洲四小龙之一，韩国在技术领域的发展日新月异，我们也对此感到惊讶，您如何看待韩国的经验？如何建立这样的科创中心？今天在浦江创新论坛，我们在中国能不能再谈一谈与中国之间的合作？

李镇守：刚才说到70年前韩国有内战，20世纪60年代左右的时候，韩国是世界上最贫困的国家之一，当时的我们人均GDP只有80美金左右。60年代开始有了一定经济发展苗头，我们追求经济发展，当时重点是科学技术方面的发展，我们培养了非常专业的人才，为普及科学技术做了很多努力。在70年代韩国建立了有关科技方面的专门部门，到90年代有了专业的ICT部门，这也是非常早的。相关的科技研究所和非常多的专业研究所在90年代成立，在人才培养部分，在纺织、纤维、科学技术和机械部分，我们也有非常多的发展。随着时代的科技发展，我们在大学设立相关学科，还有很多人才到海外留学，回到祖国之后为企业做出更多的贡献，也有很多人才进入研究所进行科学技术的研究事业。

值得我们重视的是，现在韩国GDP中我们研发所占的比例为5%左右，全球应该是第一或者第二的水平。在这样的国家立场当中，预算领域有关研发和科技方面的投资比例比较高，这也是非常显著的特征。刚才说到和中国合作的相关领域，我们知道去年是中韩两国建交30周年。在过去30年里，中国有非常快的经济增长，作为邻国韩国也跟随着有非常大的发展，也有相互互补的关系，相互之间的关系也非常好，我们也希望未来合作关系更好。

客观来讲，现在的情况，这是我个人的想法，中国的经济增长已经达到了非常高的水平，韩国的经济和中国的经济发展阶段已经到了差不多的水平。过去我们的互补关系比较强，但是现在在很多的科学领域和产业领域，我们有了一定的竞争关系。在这样的情况下，我们要寻找新的中韩之间合作的关系。我们的立场和过去产生了变化，现在也需要重新梳理关系。在科学领域，很多嘉宾讲到了，共同面对气候变化的问题、低碳社会建设问题，在这些领域，中韩两国需要共同交流合作，合作空间是很大的。希望我们在未来新的科学领域中，在一些非常先进的领域，在初始阶段中韩就开始合作，作为战略性的合作伙伴，从一开始就共同研究，共同开拓前景，这是我希望的。

宰承峰：如果中国的研发也能够占到GDP的5%的话，这会成为非常大的利好。您说的没有错，我们一定可以找到共同利益所在的，并且中韩之间的合作也是一衣带水、源远流长的，我相信未来一定大有可为。荷兰在可持续发展技术及绿色创新方面也是全球翘楚，我想问的是，我们将如何提振跨境合作与创新来应对挑战。大家知道中国有"3060"双碳目标，也就是2030年实现碳达峰，2060年实现碳中和。在中国方面可以学习非常多荷兰方面的经验，现在想听一下您在这方面的真知灼见。

费睿阳：绿色创新及可持续发展方面荷兰一直排在全球前五，这是因为我们是全球化的国家，很重要的一点就是我们有国际合作关系，所有这些构成我们彼此合作的基础。我们相信合作才是共赢之道，更不用说中国本来就是非常重要的合作伙伴之一。您说的太空、农业、可持续发展方面，的确形成合力才能解决气候变化以及相关问题。

在科技方面、创新方面这些领域我们已经和中国携手了，希望能够进一步促成创新，并且形成科技方面新的成果。我们也希望能够和中国合作伙伴找到之后的合作路线图，看看在哪些科技方面能够进一步深耕，同时提出相应的解决方案。像浦江创新论坛就是一个非常好的平台，同时全球技术转移大会也很重要，帮助我们找到彼此的利益共同点和契合点。去年我们利用这个平台做到了这些，希望通过这样平台的回归，能够再次加强我们之间的联系。

去年我们聚焦于能源转型的重大议题，同时聚焦于气候及水资源管理方面，去年会议中谈到这些。在这样的议题方面，我们也希望能够和大家共同建立整个的合作伙伴关系，比如说在可持续的塑料业或者可持续的塑料处理方面，我们希望能够有战略合作。

宰承峰：现在在座的很多国家都在关注中国的减碳进程，今天来了4位总领事和很多位参赞，大家的目光都聚焦于中国，希望在中国可以找到合适的合作伙伴，共同推动全球的减碳进程。何穆先生，丹麦在清洁能源方面也是领先者，我们如何与丹麦合作？如何在技术转移方面建立合作机制，共同推动高能效节能减排的工作？

何穆：我可以给大家介绍几个例子。过去几年我参加了中国的进博会，这也是中国最重要的盛会。我们邀请了35家丹麦企业参加，我们也参与了北欧在进博会的展馆。我们在进博会组织了一场可持续医疗方面的论坛，我们在进博会不只带来了35家企业，也带来了不同行业的可持续发展实践。今天在中国有很多丹麦企业，从丹麦角度来说，我们也是要去支持这些在中国发展的丹麦企业，包括北欧的企业，在绿色能源、数字技术等领域有所建树。

您的问题是关注可再生环保方面，节能方面给大家举一个例子。我们与苏州大学进行了数字技术方面的合作，对低碳建筑做了联合研究。很多的团队成员都来自苏州，他们是苏州大学的学生，在绿色建筑当中我们对于能源循环做了深入研究。我们也非常高兴看到来自中国的合作伙伴给我们贡献了非常多的创新解决方案，未来我们还将在这个领域做更多的工作，以此与中国合作伙伴扩大合作的空间。

宰承峰：谢谢！确实我们在大学有很多合作项目，包括与丹麦的大学合作，我也有印象。除了政府与大学之间建立的合作项目之外，有没有和企业之间的合作，比如与中建集团合作，让他们在真正的实际场景下运用绿色建筑的技术？

何穆：您说得非常好，我再补充一点。我们在中国的创新合作中心就是以一种开放的态度进行工作的，我们也想和韩国、荷兰、匈牙利的合作伙伴一起合作。我也知道来自中国的参与者非常积极地想要将这些技术带到"一带一路"项目，带到其他的国家中。

宰承峰：非常好，确实通过这种方式，我们的工作将不仅局限在研发领域，不仅局限在实验室，而是可以进入实际的生活和商业领域。鲍洛安先生，您对于技术创新也是有深入洞察的，匈牙利如何在全球开放创新中发挥自己的作用？匈牙利有很好的地理位置优势，在中欧的要地，匈牙利一定可以推动中欧地区的创新生态系统建设。我们考虑创新的时候，往往不太会关注中欧这块地区，我们应如何提升它的关注度？我知道在匈牙利也有非常多的顶尖大学和教授，他们也在技术方面有非常显著的成就，那么如何提升对匈牙利的关注度？如何增进与中国之间的合作？

鲍洛安：我们是一个小国家，我们的人口才1000万，我们的GDP水平绝对数值比较低，但是增长率可以达到7.1%。您刚刚说到匈牙利有很多顶尖的大学和学者，我们也有很好的中学教育和其他高校。学生来到匈牙利可以以较低成本获得更优质的教育资源，毕业之后可以进入研究机构和其他用人单位，匈牙利是欧洲研究网络的一部分，我们也欢迎来自中国的研究者到匈牙利。

2010年匈牙利政府决定，要启动开放东欧的项目，之后我们也想更多地与来自东方的国家尤其是中国建立联系，过去几年韩国与中国已经成为匈牙利最大投资方之一。随着更多人在匈牙利投资，我们的市场会越来越开放，我们确实是处在欧洲要地，甚至可以说处在欧洲核心地位。从匈牙利可以很方便地到欧洲其他首都，只要两三个小时，不光是往西边走，还可以往东欧走。这是很好的优势，中国企业如果想要进入欧洲市场的话，可以考虑将匈牙利作为一个中转站。

匈牙利因为国土面积不大，这就意味着可以面对面地与匈牙利的政府官员对话，这是一个小国家的优势。而且你不需要大量的投资就可以获得政府的关注，政府会给你各种各样的优待和商业发展的机会，也会抽出时间与你面对面的沟通。我们每半年都有这样一个面对面沟通的机制，你可以通过这样的机制与政府达成协议。

我们在匈牙利也有一个很大的中国社区，因为我们是欧洲唯一一个有亚洲根源的国家，我荷兰的同事可能会有不同意见。但是不管怎样，匈牙利一直觉得跟中国有文化渊源，中国也可以感受到与匈牙利的文化渊源，这是每次和在匈牙利的中国人聊天的时候感受到的。很多来自中国的人他们本身是想去欧洲其他国家，但是他们到了匈牙利之后就在这里成家兴业，确实匈牙利对中国人是有很大吸引力的。我最后想说，匈牙利人爱中国人。

宰承峰：非常好！因为我们时间实在不多了，最后一个问题，展望一下未来，大家可不可以给我们非常快地讲一讲，你们对于国际开放创新合作有哪些期许和建议？何穆先生先开始？

何穆：我希望国际合作可以加深，我们现在所面临的问题是全球性的问题，并不是某一个国家可以单独解决的，所以我们必须建立合作机制进行对话。

费睿阳：我也同意，我的愿景是让世界所有国家关系更加紧密。我们也在荷兰投资了很多私营企业的项目，这些项目就是针对全球化的问题设计和开发的。建立政企的合作，也是我们未来还会继续做的，并且会加大投入做的一件事，这也和中国的做法是不谋而合的，我们也期待未来有更多的卓有成效的合作。

李镇守：今天中国政府帮我们搭建了浦江创新论坛这样一个很好的平台，这也是国际开放创新的一个案例。现在数字化转型是全球的重要议题，在数字化转型方面也需要国际开放创新。我们已经经历了数十年的全球化，很多国家现在都是连接在一起的，像中国和韩国都是在全球化过程当中得到很多利益的国家。但是刚刚大家也讲到，目前在经济方面、安全方面其实也出现了很多不确定性，尤其是出于地缘政治影响，大家都在推进保护本国经济、本国利益的政策。

当然，世界上会有不同的想法，但是我们为了克服共同的挑战和应对共同的议题，还是要开展合作。刚刚主旨演讲当中一位美国演讲者也讲到，现在国际关系方面有一些敏感的议题，但是我们的世界越来越平、越来越薄，所以我们不能放弃开放，我们一定要坚持开放，互相合作。

宰承峰：我完全相信开放是非常重要的，最重要的一点是为全人类，而不是某一个固定的国家谋福利，我们希望大家能够铭记这一点。鲍洛安有什么想说的呢？

鲍洛安：刚刚讲者说得很好，我们必须开诚布公地面对彼此，这才是合作要义所在。无论我们的肤色如何，在哪个地方，有怎样文化的不同之处，我们都有共同的利益，并且要处理全人类面对的共同的全球挑战。

我们现在真的是休戚与共，要采取行动的话必须形成合力才行。我们希望能够打造友好的环境，只有这样我们才能够真的去保护我们共同的地球母亲和地球村，为此我们必须要尊重彼此，理解彼此。

宰承峰：再一次感谢大家参与到圆桌论坛中来，希望今天只是一个新的起点，而不是圆桌论坛的终点，也希望借助这样的一个起点，在未来能够有更多的合作和讨论，谢谢大家！